国家出版基金项目
NATIONAL PUBLICATION FOUNDATION

「十四五」时期国家重点图书出版专项规划

中国考古发掘报告提要

隋唐五代卷（下册）

刘庆柱 ◎ 总主编

丁晓山 ◎ 主编

中国文史出版社

湖南省

长沙市

610.长沙赤峰山2号唐墓简介

作　者：湖南省博物馆　周世荣
出　处：《文物》1960年第3期

1958年秋，湖南省博物馆在长沙赤峰山清理了一座完整的砖室墓。简报配以照片、手绘图予以介绍。

据介绍，该墓平面是一个"凸"字形券顶单室墓。主室中央砌有棺床。左壁砖墙设龛两层，龛数下三上四，右壁亦设龛两层，下二上五，后壁正中设龛一个；墓道两侧亦各设一龛，券顶已残。随葬品计40件，以铜制实用器最精。其中铜镜与石枕位于头部，铜钱散于腹部，小碟多半放在小龛里面。此外除一只小颈瓶倒置于主室后壁右角外，其他陶、铜、铁器随葬物均放在墓道里面。简报推断该墓的年代为唐代前期。

611.长沙瓦渣坪唐代窑址调查记

作　者：湖南省博物馆
出　处：《文物》1960年第3期

1958年9月，考古人员从长沙出发，沿湘江而下，经长沙县的铜官，湘阴县的铁官咀、乌龙咀，直至洞庭湖边的虞公庙、云田等地，都发现有唐或宋代的古窑遗址。尤以在长沙县铜官镇附近的瓦渣坪一带，所采集的唐代彩绘瓷片及完整的器物最为精美，可以说明湖南在距今1000年以前，烧制瓷器的工艺就有了高度的发展，无论在造型、施釉及彩绘等各方面，都取得了辉煌的成就。简报配以照片，介绍了长沙瓦渣坪窑址分布情况及所采集的标本，有照片。

据介绍，瓦渣坪位于湘江东岸，离长沙市50余里，在铜官——湖南现在最有名的烧造陶器地点——上游约五六里，原为望城县属，1958 年后仍划归长沙县管辖。瓦渣坪的得名，即由于当地破碎陶瓷片俯拾即是。传说唐代曾在这里烧制陶瓷器，以后因为缺乏料土——烧制陶瓷器的主要原料，才迁往他处。但究竟是什么时候停止烧造，现已无人知晓。瓦渣坪是挖泥墩、蓝家坡、廖家屋场、都司坡、长坡垅（一名金鸡岭）等地的总称，它南临石注湖，西靠湘江，北抵觉华山，东接古城山，周围约三四里。瓦渣坪唐代窑址的产品，造型精美，釉色匀润，绘画雅致，彩釉和谐，且大部分的彩绘俱为釉下彩，证实了我国釉下彩的发明不是始于宋代，而早在唐代就能烧造。

湖南在唐代最有名的瓷器为岳州窑，长沙瓦渣坪所烧造的青瓷及彩绘瓷器，当为岳州窑的系统（瓦渣坪与唐代岳州辖境，仅相距十余里），这对研究我国南方青瓷的发展，不仅丰富了实物资料，并提出了新的线索。岳州窑的烧制地点，不仅限于当时岳州的辖境内，其邻近地区亦能烧制最著名的青瓷器。陆羽《茶经》谓岳州窑次于婺州窑，今从瓦渣坪采集的瓷片来看，釉色润泽，彩绘及印花丰富多彩，实不亚于越窑。

612.湖南长沙左家公山一带唐墓发掘简报

作　者：湖南省博物馆
出　处：《考古》1960 年第 5 期

左家公山与红莲塘都位于南大十字路的西南侧，是毗连的小丘山，1956 年 10 月初至 11 月中旬，考古人员在左家公山及红莲塘共清理了战国、汉、唐、宋古墓 54 座，其中 15 座唐墓的材料简报配以照片予以介绍。

简报介绍，唐墓（包括五代在内）有土坑墓 14 座，砖墓 1 座，多为南北向。土坑墓作长条梯形，其中有 3 座墓带有头龛；1 座墓四周挖有二层台，并残留棺椁板。出土遗物多为陶器、瓷器，还发现有铁器及铜钱。

613.湖南长沙牛角塘唐墓

作　者：何介钧、文道义
出　处：《考古》1964 年第 12 期

1963 年 3 ～ 7 月，考古人员先后在长沙市东南郊牛角塘一带，清理了 26 座古墓，包括楚墓 10 座、西汉墓 5 座和唐宋墓 11 座，其中比较重要的是 63 长牛 M1。简报配以照片、手绘图予以介绍。

据介绍,63长牛M1是一座单室砖墓。墓顶已毁。墓壁系用"三平一竖"的方法砌成,墓底斜铺成人字形。墓底中端另用一层砖筑成一长2.55米、宽0.6米的棺床。墓室左右两侧各有6个小龛。随葬品除一枚开元钱外,其余都是陶器,近50件。主要为陶俑及陶模型,其中有陶围棋盘1件。

614.长沙烈士公园发现五代灰坑

作　　者：湖南省博物馆　　周世荣
出　　处：《考古》1965年第9期

1964年11月初,长沙烈士公园修塘坝时发现陶壶及陶坛等物,考古人员前往调查,确定为一灰坑,并进行了清理。简报配以照片和手绘图予以介绍。

简报介绍,灰坑圆形,口部已毁。填土灰黄色,至中层发现炭末及红烧土,出土陶瓷器达80件,器物错叠,碗碟出土时往往叠在一起。其中有碗、洗、盒、瓮、坛、壶、碾槽、圆瓷片等。简报推断这一灰坑应属于五代,上限可推至晚唐,下限可晚至北宋初年。

615.湖南长沙市郊五代墓清理简报

作　　者：湖南省博物馆　　周世荣
出　　处：《考古》1966年第3期

1964年,考古人员配合长沙市郊基本建设工程共清理了五代墓41座,这些墓主要分布在长沙市南郊赤岗冲、左家塘窑厂与长沙市北郊的下大垄一带。简报配以手绘图予以介绍。

简报称,墓室结构都比较简单,全部是土坑竖穴墓,没有发现砖室墓。墓室的平面作长条形或近似梯形,较宽的一端即头部。个别的墓室头端挖有龛坑,或有一条土台子。出土遗物有铜器、陶器、铁器、银梳、货币等。

简报称,长沙五代墓严格地说应称为五代十国时的楚墓,因为五代时楚王马殷(909~930年)曾建都于此。从出土的文物来看,也具有时代和地区的特点,如以莲花作为主要装饰的无釉盘口瓶,在五代墓中是比较流行的,但在唐墓中未见出土,至宋代则又有新的变化。此外如五代墓中常见的"乾封泉宝"钱,在其他地方也不曾出土,因为这种铁钱很重,一般只限于长沙城内通用。自南唐灭楚至北宋统一以后,这种通用不便的铁钱很快就废止了,使用时间很短促。所以"乾封泉宝"钱与以莲花为主要装饰的盘口瓶,都可作为五代楚墓随葬品的特征。同时这些墓葬中也常常伴出以莲花作为主要装饰的碗、碟、坛、瓶，但它的造型比唐代以前所流行的莲花型器皿显得纤巧而优美，这是其不同之处。

616.湖南长沙近郊隋唐墓清理

作　者：湖南省博物馆　张欣如
出　处：《考古》1966 年第 4 期

1964 年 1 ~ 12 月，考古人员在长沙近郊赤岗冲、涂家冲、九尾冲、砂子塘、东塘、左家塘、肖家坡和麻园湾等地，先后清理了隋墓 2 座，唐墓 26 座。简报分为：一、隋墓，二、唐墓，共两个部分。有照片、手绘图。

据介绍，隋墓 2 座，一为长方形砖室券顶墓，一为长方形土坑竖穴墓。出土有陶器、铜镜、铁剪、五铢钱等。唐墓 26 座，墓 35、43、217、250、252 和 253 各墓，均属券顶砖室，结构大体一致，两壁都设制小龛，放置随葬品，这是唐代早期墓的特征。此外，如墓 35 所出黄釉盘口四系壶、粗胎黄釉碟和高足杯，墓 162 出土的黄褐釉五足炉等，均有初唐时期的特征。土坑墓中的墓 54 出土的宝相花铜镜，墓 14 出土的白瓷卷边碗，墓 284 出土的葵花形碗和墓 222 出土的青釉双口带盖坛等，应属中晚唐墓的遗物。

617.长沙铜官镇窑

作　者：不详
出　处：《文物》1972 年第 1 期

长沙铜官镇窑址是 1956 年湖南省文管会进行文物普查工作时发现的。1957 ~ 1958 年，考古人员作了调查和研究。该窑是在湘阴窑（岳州窑）的影响下出现的，但它在装饰方面的艺术水平有了一定的提高。铜官镇窑的开始烧造大约在晚唐五代。1967 年，考古人员收集了铜官镇窑的新标本，其中青黄釉下施褐绿蓝彩注子、蓝彩枕、贴花窑具和一些单色釉的儿童瓷玩具，在器类、器形和纹饰上，都丰富了过去的认识。

简报称，晚唐以来，各地瓷窑无论在器形或是装饰上，都向摹仿金银器方面发展，铜官镇窑走在前面。由于商品竞争而出现的制造者铭记，在瓷器手工业中，铜官镇窑首先出现，这种刻划铭记的铜官窑器，曾远在朝鲜龙媒岛上的高丽时期（918 ~ 1392 年）遗址中发现过，可见铜官镇窑烧造的瓷器流传很广。

618.湖南长沙咸嘉湖唐墓发掘简报

作　者：湖南省博物馆　熊传新、陈慰民
出　处：《考古》1980 年第 6 期

1976 年 5 月，长沙市河西咸嘉湖小学在兴建校舍时，发现一些有花纹的青砖和青瓷残俑，经考古人员证实为一座砖室墓，自 5 月 4 日至 6 日对该墓进行了发掘清理。简报分为：一、墓室结构，二、随葬器物，三、小结，共三个部分。有照片、手绘图。

据介绍，该墓位于长沙市河西溁湾镇的西北边咸嘉湖小学内，距溁湾镇约 6 里。该墓建造在一座土冈上，发掘时土冈已被铲平，墓的封土和墓室顶部已遭破坏。应是一座长方形砖室墓，由甬道、棺室、耳室、后室、壁龛组成，葬具、人骨已不存。该墓早年被盗掘，随葬品大部分被盗走，但仍保存了一部分器物。除甬道口少数器物仍还在原来的位置外，绝大部分已被移动，其中有的还遭到损坏。该墓共出土器物 90 余件，其中除"开元通宝"铜钱、棺钉和少数几件红陶器外，其余均为青瓷器。这批青瓷器，釉色晶莹，为黄绿色或黄绿中泛青色，胎质坚硬，为灰白色。简报认为是岳州窑产品。据简报推断该墓是唐初一位五品以上官员墓葬。

619.唐代长沙铜官窑址调查

作　者：长沙市文化局文物组　肖　湘等
出　处：《考古学报》1980 年第 1 期

1957 年和 1959 年，考古人员到长沙铜官窑进行过调查，发表了《长沙瓦碴坪唐代窑址调查记》，确定了长沙铜官窑是我国瓷器釉下彩的发源地。近年来，对铜官窑址又作了调查，获得了不少新资料。1974 年以来，在文物普查过程中，对与唐代长沙铜官窑相毗连的 5 个公社，重点进行了古窑址调查。发现该窑址的范围，不只是原调查中提到的石渚湖北岸的瓦碴坪一带，湖南岸的石渚、油船咀，特别是铜官镇上的蔡家屼、沙湾寺、誓港也发现有唐代窑址的遗存。在普查中，考古人员在窑区先后收集到近 200 件遗物。现在已知窑址范围内所见器物尤为丰富。1978 年 1 月和 11 月，石渚湖两次修整堤垸，对施工范围内的窑址进一步作了调查。考古人员先后工作了 50 多天，实测了石渚湖两岸窑址分布图，在出土有纪年铭文器物的地点，试掘了两条探沟，对已被挖开了的 2 座废弃窑址，进行了清理，获得器物 1928 件。简报分为：一、窑址的分布及其特点，二、遗迹，三、出土遗物，四、器物与分期，五、器物纹饰，六、器物墨书文字，七、小结，共七个部分。有照片、拓片、手绘图。

据介绍，唐代长沙铜官窑窑址位于长沙市望城县铜官镇至石渚湖一带。南端沿江面湖，北端依山临江，两端相距5公里。它从南距长沙27公里处向北延伸，西濒湘江，东北有大道通湘阴，水路运输条件好，交通方便。这一窑址未见于文献著录。由于原调查的瓦碴坪一带过去属铜官公社，铜官在近代以烧造陶瓷著称，所以这一唐代窑址被称为长沙铜官窑，简称铜官窑，也有称长沙窑的。发现有采土洞坑、废弃窑址等遗迹，出土遗物2223件。简报推断年代上限在初唐，下限在五代。简报分为：一、窑址的分布及其特点，二、遗迹，三、出土遗物，四、器物与分期，五、器物纹饰，六、器物墨书，七、小结，共七个部分予以介绍。有照片、拓片、手绘图。

此次发掘的一大收获是窑址内出土了一大批器形、釉下彩绘、题诗题字和款识内容基本完整的瓷器和瓷雕，这为我国瓷器史、美术史、文学史以及对当时社会政治经济状况、生活习俗的研究，提供了一批实物史料。如写于壶嘴下或盘碗内底的五言、六言诗：

鸟飞平无近远，人随水流东西。白云千里万里，明月前溪后溪。
夜夜挂长钩，朝朝望楚楼。可怜孤月夜，沧照客心愁。
圣水出温泉，新阳万里传。常居安乐固，多报未来缘。
日日思前路，朝朝别主人。行行山水上，处处鸟啼新。
只愁啼鸟别，恨送古人多。去后看明月，风光处处过。

又如有谚语、俗语之：

言满天下无口过。
行满天下无口过。
行满天下无怨恶。
鹰有行列之次。
羊伸跪乳之志。
羊伸跪乳之义。
牛怀舐犊之恩。
罗网之鸟，悔不高飞。
蓬生麻中，不扶自直。
富从昇（升）合起，贫从不计来。
不知何处在，惆怅望东西。

日月虽明，不照（复盆之）下。

为君报此训，世上求名利。

简报指出，根据已经知道的材料，长沙铜官窑的产品，在国内，在唐代的商业都会、繁荣的国际市场扬州和对外贸易港口明州（宁波），以及在长江中下游和淮河流域的唐代遗址和墓葬中，已有不少出土。在国外，朝鲜龙媒岛、日本冲绳县、印尼玛朗南部的遗址和墓葬中，也有出土。这说明长沙铜官窑的产品传播很广，过去对长沙铜官窑的研究还很不够。例如这次调查出土了有唐代纪年的实物，就证明我国釉下彩的发明不是始于宋代，而是在唐代就能烧造，这是瓷器烧造技术上的一项突出成就。

620.长沙发现隋代钱币

作　者： 长沙市文物工作队　宋少华

出　处： 《考古》1983 年第 1 期

1978 年湖南师范学院在基建施工中发现一坛铜钱，考古人员随即派人前去清理。简报配以照片、拓片予以介绍。

据介绍，陶坛火候较高，坛内贮铜钱 75 公斤。铜钱均为一色的隋代五铢钱。此五铢钱又称开皇五铢，是隋文帝开皇元年九月铸造。值得注意的是：钱币是用麻绳贯穿的，由于探埋的缘故，麻绳保存得较好。清理时按绳索寻，即可得其一缗首尾。其穿结的方法及数量为：每一百个铜钱为一小贯，两小贯合并为一联，上下联之间系以活结相隔，依次系结五联，总计为一千钱，每两千钱结为一系。这可能就是隋代钱币的穿结方法。

简报称，隋钱窖藏极少发现，特别是大量完好的隋钱出土，就全国来讲尚属少见。自秦汉以来货币穿结的方法虽各地曾发现古钱窖藏多处，皆因腐朽锈蚀其穿结，计算之法不得详知；文献虽有记载，也只笼统叙述而不具体。这次隋钱窖藏的发现，为我们搞清这些问题提供了实物资料，同时也证实并补足了文献史料的记载。

621.湖南望城县长沙窑 1999 年发掘简报

作　者： 长沙市文物考古研究所　黄朴华

出　处： 《考古》2003 年第 5 期

长沙窑位于湖南省望城县丁字镇古城村的西南部，南距长沙市区 27 公里。1956

年，湖南省文物管理委员会在窑区内的瓦渣坪一带调查时发现了烧制釉下彩瓷器的窑址。1978年，长沙市文化局为配合石渚湖整修堤垸，对窑区再次进行了调查和试掘，发现陶器、瓷器1928件。1983年，湖南省博物馆和长沙市文物工作队联合对窑区内的蓝岸嘴、谭家坡、廖家坡、尖子山、都司坡等地进行了发掘，揭露面积共400平方米，发现陶器、瓷器7211件。1999年，长沙市文物考古研究所经国家文物局批准，在窑区内的蓝岸嘴再次进行了考古发掘。此次发掘的时间为11月5日至12月25日，共发掘10米×10米的探方3个，揭露面积为300平方米，出土了大批长沙窑釉下彩瓷器。此次发掘情况简报分为：一、地层关系，二、出土遗物，三、分期及年代，四、结语，共四个部分。有手绘图、拓片。

据介绍，根据地层关系和出土遗物的形制特点，本次发掘的文化堆积大体分为三期。简报推断：第一期年代约为中唐前期，第二期年代约为中唐后期至晚唐前期，第三期年代约为晚唐后期至五代。

简报称，长沙窑的瓷器生产仍属民窑性质，为分散的家庭手工业作坊生产，其发展必然受到制约，在短暂的繁荣之后便逐步走向衰落。根据目前的考古发现简报推断，在湘江下游沿线，从望城石门矶至湘阴，在不足30公里的范围内，自东汉至宋元时期，瓷器生产一直延续，各处的制瓷工艺相互影响和促进，应属同一窑系。

株洲市

湘潭市

衡阳市

622.湖南衡阳发现唐代凤凰双镜

作　者：唐先华

出　处：《考古》1992年第11期

1988年9月，衡阳市文物工作队在水口山二厂征集到一面唐代凤凰双镜。据了解，是该厂工人在基建工地一座被推平的砖室墓中拾到的。简报配以拓片予以介绍。

据介绍，铜镜呈八瓣莲花形，重 750 克，表面漆黑光亮，断面呈银白色，无锈蚀，仍可鉴人。根据铜镜的质地、纹饰、造形特征，简报推断应为唐代遗物。

简报称，根据铭文，该镜应定名为"凤凰双镜"，是用南方所产的铜铸造的，或者说是南方制造的。从已知的材料看，该类铜镜多出土于南方。这为研究南方的制镜技术，提供了珍贵的实物资料。

邵阳市

岳阳市

623.湖南湘阴唐墓清理简报

作　者：湖南省博物馆
出　处：《文物》1972 年第 11 期

1971 年 9 月，湖南省湘阴县城关镇工程队在修建房屋取土时，发现唐代墓葬一座，考古人员进行了清理和发掘。简报分为：一、墓室结构，二、随葬器物，三、结语，共三个部分，有手绘图、照片。

据介绍，该墓位于湘阴县城北约半公里的桐子山，墓就在桐子山南面的腰部。这是一座长方形有甬道的土坑竖穴砖室墓，1949 年前被盗掘，墓顶早已倒塌。此墓的随葬品共 44 件，均是火候较高的白胎陶器。其中除陶碗有薄薄的青黄色釉之外，其余均未上釉。这些随葬品主要是陶俑和生活用具，还有青瓷片和铜钱。其中陶鸽不多见，围棋盘 1 件也值得注意。简报推断该墓的年代为唐代。

624.湖南湘阴县隋大业六年墓

作　者：熊传新
出　处：《文物》1981 年第 4 期

1972 年，湘阴县城关镇郊外，农民在平整土地时发现一座砖室墓。考古人员进行了发掘和清理。此墓的清理情况简报配以照片、拓片予以介绍。

据介绍，城关镇郊外为一片小丘陵，墓建在一小山头上。其墓葬形制为"凸"字形单室券顶砖室墓，出土时棺和尸骨已朽无存。随葬器物除壁龛内置十二生肖俑外，其他均在墓道内。出土时，器物的位置已被扰乱。器物除花纹砖和买地券为陶质外，其他均为青瓷器或少数褐瓷器。该墓虽遭损坏，但墓葬形制和结构仍较清楚，出土的隋大业六年（610 年）买地券尤为重要。它是湖南省1949 年以来唯一有准确年代的一座隋墓，为研究湖南隋唐时期墓葬的断代提供了准确的依据。

简报称，墓中出土的十二生肖俑，尤其是俑带生肖的那一套，俑的面部表情和服饰还有明显的佛教色彩，反映了南朝、隋之际佛教的盛行。其他各种俑的发式和服饰，对研究当时的生活习俗也是有价值的参考资料。

625.唐代花枝铜镜

作　　者：李正鑫

出　　处：《文物》1986 年第 9 期

1984 年 5 月，湖南华容县田家湖渔场社员挖排水沟时，发现铜镜一件。镜直径25.8 厘米，圈纽，平缘，厚胎。内区纹饰为蜜蜂、牵牛花和喜鹊，疏密相间，造型生动。其外有凸弦纹一周。外缘又饰蜜蜂、云朵图案。简报配以拓片予以介绍。

据介绍，与此镜同时出土的有"开元通宝"铜钱、青瓷碗 1 件、小盂 2 件。另外，还出土铜洗和素面小铜镜各一件，均已残破。根据铜镜的形制、纹饰和同出器物，此镜当属唐代遗物。

今有湖南省博物馆编《湖南出土铜镜图录》（文物出版社 1960 年版）一书，可参阅。

626.湖南岳阳桃花山唐墓

作　　者：岳阳市文物考古研究所　付淑华等

出　　处：《文物》2006 年第 11 期

1994 年 4 月，湖南省岳阳市经委在岳阳市桃花山兴建第一百货大厦时发现一些青瓷片和墓砖，考古人员立即赶赴现场调查，发现这是一处南朝至宋的墓群，随即对该墓群进行了抢救性发掘。共清理古墓葬 11 座，其中 M1、M2、M8、M11 为宋墓，M3、M9 为南朝墓，M4 为唐墓，M5 为清代墓葬，M6、M7、M10 仅存残迹。除 M4 外，其他墓葬因距地表较浅，早年施工时曾遭到严重破坏。简报分为：一、地理位置及墓葬形制，二、随葬器物，三、结语，共三个部分。配以彩照、手绘图，先行介绍了唐墓（M4）的情况。

据介绍，桃花山是岳阳地区古墓葬的密集分布区。1994 年发掘的唐墓（M4）

为带甬道的长方形砖室墓，平面为"凸"字形，墓室后部砌有棺台，在甬道两壁及墓室两侧壁设有 12 个壁龛，壁龛附近发现十二生肖俑。墓葬虽早年被盗，墓顶也被推土机铲平，但仍出土了大量的随葬器物，计 106 件，其中绝大部分为瓷器，包括镇墓兽、武士俑、骑俑、胡人俑、女舞俑、各类侍俑及模型明器、日常生活用器等。器物制作虽不特别精致，但地方特征明显。

简报称，根据墓葬形制和器物特征判断，墓葬的时代为唐代初年，而随葬瓷器应为岳州窑产品。墓主人的身份应为五品或五品以下官吏。

常德市

张家界市

益阳市

627.湖南益阳县赫山庙唐墓

作　者：益阳县文化馆　盛定国
出　处：《考古》1981 年第 4 期

1978 年 10 月，有关人员在县微生物研究所施工中发现一座唐墓（78·益·赫·M30）。墓位于益阳县七里桥与益阳市郊区交界的赫山庙地段，靠长益公路东侧的半山腰上，西北距资水 3 公里。

简报分为：一、墓葬形制，二、随葬器物，三、结论，共三个部分。有手绘图、拓片、照片。

据介绍，墓葬为长方形竖穴土坑，口小底大，墓道已遭破坏，葬具及人骨架已朽。随葬器物共计出土 21 件，其中铜器 8 件，青瓷器 9 件，白瓷器 1 件，墓志 1 合。简报录有志文全文，中多缺字。

简报称，由志文所记知墓主人为邓俊（？），官至"朝清郎试岳州长史上柱国"，曾祖亦曾任州郡司马之职，其父未能入仕。邓俊（？）死于唐代宗李豫宝应二年（763年）二月十日。邓俊（？）为南阳人，后在岳州做官，死后却葬到益阳县南原金人里先妣朱夫人之茔右（当时益阳属潭州），不知是何原因。

郴州市

628.湖南郴州发现两座隋墓

作　者：李荆林

出　处：《考古》1985 年第 8 期

1982 年至 1983 年，考古人员在郴州市范围内为配合基本建设清理发掘了一批墓葬，其中有两座隋墓，编号为 M5、M10。简报配以手绘图、拓片予以介绍。

据介绍，两墓均为单室砖券墓，随葬器物甚少，共 4 件，均为青瓷器。墓葬形制均呈窄长方形，长宽比 3:1，二墓均有名字砖，但无纪年砖。其中 M5 北壁砌法颇为特殊，砌成宝塔状。两墓同出六系盘口壶，形制一样，只是大小稍有差异。盘口高而微侈，颈长而直，腹呈椭圆形，器表均施半釉，腹下露胎。此件器物显得修长秀美，是湖南省古湘阴窑的特征和风格，多见于隋唐墓。简报推断 M5，M10 的年代应为隋，至迟到初唐。

郴州隋墓随葬器物甚少，而同出单一的盘口壶，是否为这一地区的独有习俗？简报称，因发掘的隋墓还为数不多，不能做结论，有待于以后的资料证实。

629.湖南郴州发现唐代水井

作　者：郴州地区文物工作队　龙福廷

出　处：《考古》1987 年第 2 期

1985 年 8 月中旬，郴州市饮食公司世界酒家基建工地施工中发现了 6 口古水井。考古人员进行了清理，简报分为：一、概况，二、出土器物，三、结语，共三个部分。有手绘图。

据介绍，古水井位于郴州市中心区。这次清理的 6 口古井分布不规则，较密集。J1 与 J4 相距仅 4 米，最远的相距 8 米。井的形制均为土坑圆形竖穴式，井壁光滑，经过人工夯打磨光修整。壁面有 8 厘米不等的弧面修整凹痕。井壁没有用任何材料加固。井口直径：J1、J5、J6 为 80 厘米，J2 为 110 厘米，J3 为 88 厘米，J4 为 70 厘米。清理时 J1 深 720 厘米，J4 深 470 厘米。其他 4 口井因天气不好和基建施工中特殊情况未能清到底。经清理，在其中三口井中共获得遗物 72 件，选留标本 56 件，能修复的 39 件。器物类型有 12 种，一件石具，一根棕绳，其他为陶瓷器，其中有长沙铜官窑产品。这批水井的年代，简报推断上限年代可早到隋末，下限年代早到初唐，晚至中唐时期。

630.湖南安仁发现一座五代墓

作　者：柴焕波

出　处：《考古》1992年第10期

为配合三南公路工程建设，考古人员于1989年4月中旬，在安仁县平背乡石陂村清理了古墓11座。

墓地位于低矮土岗的南坡上，不见封土。距地表约30厘米见墓砖，皆为小型竖穴砖墓，多数墓破坏严重，仅存墓底，不见葬具、尸骨及随葬品，其中M1保存完好，发现了纪年墓砖及金簪、铜镜、瓷器等随葬品。M1的清理情况简报分为：一、墓葬形制，二、遗物，三、小结，共三个部分。有拓片、手绘图。

据介绍，墓为长方形竖穴带券拱砖砌双室墓。外形如两个等大的券顶砖墓拼联，棺板腐朽无存，土中遗有铁棺钉，又有红色漆片。葬式为仰身直肢，从人骨分析，东室的尸体骨骼粗大，应为男性，西室中尸体盆骨宽，骨骼较细小，且出有头饰，应为女性。因此，简报推测此墓为夫妻合葬墓。至于下葬时间先后，无法判断。出土遗物有铜镜、瓷罐、金簪、铁剪。纪年墓砖发现于西室墓顶，为楔形砖。上刻有"龙德元年"、"周□□"字样，为砖坯未干时所刻。"龙德"为五代后梁年号。简报认为这一墓葬的年代与纪年砖所刻的时间应该是一致的。"龙德"为五代后梁末帝（朱瑱）的年号，即龙德元年921年。当时这一地区正是十国楚王马殷的属地。

简报称，值得指出的是，此墓出土的铜镜的形式、花纹与纪年砖所刻时代存在矛盾。M1这面铜镜，无论从形制、花纹到工艺都应是宋代以后的风格。一般认为，铜镜制作，唐、五代与宋代之间为一个变革时期，M1的这一发现，是否意味着那种工艺粗疏、原定为宋代以后风格的铜镜，早在五代时即已出现呢？这是一个值得研究的问题。

631.湖南郴州市竹叶中唐墓

作　者：郴州市文物事业管理处　雷子干

出　处：《考古》2000年第5期

1993年6月22日，郴州地区文物事业管理处在郴州市竹叶冲配合市建筑质监站基建施工时清理了一座唐代墓葬，编号为 93 郴竹监 M4，简报配以手绘图予以介绍。

据介绍，该墓位于郴州市竹叶冲一座山丘东面坡地上。属长方形砖室墓，随葬器物共计 23 件（43 枚铜钱按 1 件计），有滑石器、银器、青瓷器、陶器、铜器等。简报推断该墓的时代应属唐代中期。

永州市

怀化市

632.湖南麻阳县发现唐代窖藏银器

作　者：怀化地区博物馆、麻阳县博物馆　张辉辉、舒向今、王永松
出　处：《文博》1993 年第 1 期

1986 年 6 月 24 日，麻阳县吕家坪镇唐方村熊生水两兄弟在锦河行船，经过旧县时发现河岸被水冲垮的河坎上，外露一陶罐，罐内装有银器 28 件。考古人员前往调查清理，清理结果简报分为：一、窖藏的位置及状况，二、出土器物，共两个部分。有照片、拓片。

据介绍，旧县位于锦河（即展水）右岸，西距县城20公里，东距黄桑乡政府3公里，北面紧邻锦河河道，南面为不高的山丘，台地呈带状形，南北宽约500 米，东西随河延伸，为麻阳县境的一块较平坦的良田。银器是装在一个陶罐内埋藏在江岸台地上15 米深的地层中。其土质黑润，带黏性，当考古人员赴现场调查时，陶罐已被打碎，听说该陶罐是上半釉的褐色陶器，银器均放在罐内。罐内积满了水，由于长期被水浸泡，银器已呈黑灰色，但都保存完好。这批窖藏银器主要是餐具，茶具。简报略述麻阳县的历史，可知"旧县"应源于唐时期的麻阳县治。从出土的银器造型看，其风格与唐代的银器一致。简报推断这批银器的时代应为唐代。关于这批银器的主人，由于缺乏必要的资料，现无法弄清，但从这批银器出土的地点和其中一件银杯的圈足壁上刻的一"谢"字分析，这批银器，无疑是一位姓"谢"的官吏所拥有。

简报称，麻阳出土的这批唐代银器，造型大方，制作精巧，是一批不可多得的艺术精品，它不但对研究我区唐代的政治、经济、文化有着重要意义，而且对研究我国唐代的银器工艺，也具有重要意义。

娄底市

湘西州

广东省

广州市

633.广州皇帝岗唐木椁墓清理简报

作　者：广州市文物管理委员会　区　泽
出　处：《考古》1959 年第 12 期

1957 年 3 月下旬，考古人员在广州皇帝岗清理了 1 座唐代木椁墓。该墓大致完整，仅部分椁盖板和棺盖已在取土时挖去。简报分为：一、棺椁结构，二、随葬遗物，三、结语，共三个部分。有照片、手绘图。

据介绍，该墓为一长方形竖穴墓，椁室隔成前后两室，人骨仅余头骨、肢骨等 3 块，随葬品有砖墓志，但字迹已漫漶难辨，其余为陶器、圆铅块、下鄂托、木俑、铜钱等。简报推断该墓为晚唐墓葬。

634.广州动物园古墓群发掘简报

作　者：广州市文物管理委员会　麦英豪
出　处：《文物》1961 年第 2 期

1956 年底至 1958 年 2 月，考古人员在配合广州动物园平土工程中先后清理发掘了由西汉早期至晚唐年间的古墓 23 座。古墓的分布除了驷马岗仅有一座东汉砖室墓外，22 座都是集中在公园的中心位置，即麻鹰岗的岗顶和岗腰间。墓葬年代包括西汉、东汉、南朝和唐四个时期。简报分为：西汉墓葬、东汉墓葬、南朝墓葬、唐代墓葬，共四个部分。有照片、手绘图。

据介绍，西汉墓 10 座（编号 5、6、7、8、9、13、14、15、16、23），均为木椁墓。10 座西汉墓均属西汉早期。东汉墓共 5 座（编号 2、10、17、19、20），均为砖室墓，其中 2 号墓是"建初元年"的，已有简报发表，不再重述。另 4 座平面均作"十"字形，10、20 号墓分甬道、前室和棺室三个部分。17 号墓在前室左边有一个券形耳室，19 号墓前室的左、右两边都有券形耳室。除 20 号墓全墓大部分是采用残断砖块作单隅砌结以外，其余三座的墓砖都为青灰色。除 20 号夫妇合葬墓外均被盗过，破坏严重。南朝墓葬仅两座（编号 11、12），都为砖室墓，平面狭长形，券顶，分甬道、前室、棺室三部分。11 号墓曾被盗。唐代墓葬计 6 座（1、3、4、18、21、22），其中 18 号墓为初唐墓，其余 5 墓为晚唐墓。

635.广州东山又发现一批南汉铅钱

作　者：邱立诚、李一峰
出　处：《考古》1985 年第 6 期

1980 年间，中共广东省委办公厅在广州市东山梅花村进行住宅施工时，于距地表 1.2 米处发现了一个四耳黑釉陶罐，罐内有一批铅钱，重量 20 多斤。这罐铅钱埋藏在一条宽、深各 1 米的东西向黑色淤土带下。简报配以拓片予以介绍。

据介绍，铅钱有规律地垂直放置在罐内，均锈蚀黏结。钱的一面铸有"乾亨重宝"四字，另一面无字。"乾亨"是五代十国时期南汉高祖刘龑的年号，史籍中有南汉铸造铅钱以代铜钱的记载。迄今为止，广州地区发现的"乾亨重宝"铅钱已达两千斤之多，它们是南汉王朝以低劣的钱币来搜刮人民财富的实物例征之一。

636.广州南汉德陵、康陵发掘简报

作　者：广州市文物考古研究所　全　洪、张强禄等
出　处：《文物》2006 年第 7 期

小谷围岛位于广州市区东南约 15 公里处，是珠江的江心洲，属广州市番禺区新造镇。岛上地貌为丘陵台地，走势平缓，面积约 18 平方公里。2003 年 3 月，考古人员在广州大学城建设范围内开展为期一个月的文物调查。2003 年 6 月初，在小谷围岛进行抢救性考古发掘，到 2004 年 10 月结束。共发掘和清理文物埋藏点 35 处，清理古墓葬 145 座、遗址 3 处，原址保护重要考古遗迹 4 处。这次考古最重要的收获是清理发掘了南汉德康陵。简报分为：一、德陵，二、康陵，共两个部分。有彩照、手绘图。

据介绍，德陵是南汉襄皇帝刘隐的陵墓，位于广州市番禺区新造镇北亭村东，当地百姓相传为"刘皇冢""刘王墓"，外观为一约 30 米的略显圆形的土岗。曾被用作防空洞，盗扰严重。康陵是南汉高祖刘龑（刘岩）的陵墓，位于北亭村东南，距德陵约 800 米，由地下玄宫和地面陵园建筑组成。地表为荒弃的果园梯田。有哀

册文碑，简报未录碑文。两座墓的时代约为公元 10 世纪。德陵虽然多次被盗，但在墓道的器物箱内清理出青瓷罐 190 件和釉陶罐 82 件，其中青瓷器是五代瓷器中的精品。康陵陵园规模宏大，地面建有陵园和陵台，地下筑有地宫。地宫虽也多次被盗，但仍出土有不少瓷器、釉陶器、玻璃器、玉石器等。德陵、康陵的发掘清理，为研究我国古代陵寝制度提供了重要的实物资料。

深圳市

珠海市

汕头市

韶关市

637.唐代张九龄墓发掘简报

作　者：广东省文物管理委员会、华南师范学院历史系　杨　豪

出　处：《文物》1961 年第 6 期

张九龄墓在广东韶关市西北郊罗源洞山麓。自宋以来，曾经过历代不同程度的"修葺"和盗掘，其中以 1919 年所进行的那次破坏为最甚，墓室顶部与封门券顶均被凿开，盗痕累累。1958 年冬，在农业生产中露出该墓墓室，考古人员于 1960 年 7 月到该地进行清理发掘，历时 8 天。墓内除葬具、人骨架已腐朽无存外，尚保留有残破的随葬器物 33 件，另有壁画两幅，铁棺钉 72 枚。简报分为"墓葬结构""出土遗物""结语"，共三个部分。有照片、拓片、手绘图。

据介绍，该墓为"古"字形砖室墓。出土有陶器及陶器碎片、玉佩、铜镜、银饰等。出土石墓志一方，志文 276 字，简报录有全文。随葬品即使是经过盗劫也显得与墓主人身份不符，这可能与张氏晚年政治失意有关，也可能此墓为迁葬。

简报称，张九龄两《唐书》有传，是广东历史上最早参与封建皇廷中枢决策的一个人，因此有"岭南第一人物"之称。他的先代原是范阳方城人，后因四代在韶

州做官，落籍于广东曲江。据墓志，知其卒于开元二十八年（740年），享年63岁，而《唐书》本传记为享年68岁，应以志文为准。

638.广东韶关罗源洞唐墓

作　者：徐恒彬

出　处：《考古》1964年第7期

罗源即今罗源洞，位于韶关西北20里，相传张九龄家族墓在此。1960年7月已发掘，1961年10月，对相传为张九龄之弟、殿中监张九皋墓进行了发掘。简报分为：一、墓的结构，二、出土遗物，三、结束语，共三个部分予以介绍。有拓片、照片、手绘图。

据介绍，这是一座砖室墓，平面呈"古"字形，由墓道、封门、通道、耳室和主室五部分组成。出土随葬器物共146件，为多次盗劫后的剩余。主要为陶器、瓷器、铜镜、铜币等，简报推断此墓应就是张九皋墓。据文献记载，张九皋死于天宝十四年，葬于天宝十五年（756年）。张九皋弟张九章墓在明以前的文献中未见记载。1919年云南军阀在所谓"修葺"时，曾分别立碑标明。在这次发掘的同时，考古人员对所谓张九章墓也进行了探掘，结果证明这是一座明代的二次合葬墓。至于真正的张九章墓在何处还须继续考查。

639.广东曲江南华寺古墓发掘简报

作　者：广东省博物馆　杨少祥

出　处：《考古》1983年第7期

南华寺是我国南方著名古刹，位于曲江县乌坝镇东8公里，始建于南朝梁天监年间，四周山丘起伏。近年来，在寺的东西两旁山岗上，发现了许多古代墓葬。曾清理过8座，1973年10月间又发掘了8座，合前共16座。其中西汉墓一座，南朝墓13座，唐墓2座。简报分为"西汉墓""南朝墓""唐墓""结语"，共四个部分予以介绍。有手绘图。后附有表格，列举了这批墓葬的基本信息。

据介绍，西汉墓为长方形土坑墓（M7），规模较小，墓室受破坏较严重。随葬品有陶罐、陶壶、陶豆、铜镜共7件。13座均为砖室墓，其中M2、M10二座破坏较严重。随葬品大多数放在墓室前端，棺木、骨架腐朽无存。M11、M15有纪年砖。M11纪年是"元嘉十八年"（441年），为南朝宋文帝的年号，M15纪年是"景平元年"（423年），为南朝宋少帝的年号，除M3外，其余各墓出土的随葬品，均与上述两墓无甚大差别，年代亦不会相距太远，都应为南朝早期的墓葬。M3的年代简报推断为南齐，出土的波斯银币值得注意。唐墓的时间，简报推断为唐代早期。

640.广东省韶关市发现两件唐代铜镜

作　者：韶关市博物馆　聂馥和
出　处：《文物》1987 年第 10 期

韶关市博物馆在文物普查中，征集到唐代铜镜两件。据了解是在韶关市西郊芙蓉山古墓中发现，同时还出有铜盆、长柄铜灯等器物。简报配以拓片予以介绍。

据介绍，鸾雀莲花葡萄镜八出葵花形，直径 30 厘米，半球形纽，莲花形纽座。纽外饰葡萄及叶瓣组成的花环，花环的每组花叶向外延伸出八枝莲花。其中四枝以莲叶作底纹，托出六瓣莲花，另四枝以卷曲莲叶作底纹，托出三瓣莲花，花蕊顶端站立鸾雀一对。素面镜，葵花形，直径 27 厘米。半球形纽。

简报称，这两件铜镜呈灰白色，体形硕大。鸾雀莲花葡萄镜的纹饰新颖，结构变化较大。铜镜年代简报推断为唐代。

641.广东曲江县发现一座唐墓

作　者：曲江县博物馆　吴孝斌
出　处：《考古》2003 年第 10 期

1994 年 4 月 1 日，广东省曲江县马坝镇大旺山万寿陵园在施工时发现一座古代墓葬。该墓前端已部分损毁，墓内淤积了大量黄泥和水，考古人员及时对其进行了抢救性清理。现将清理情况简要报告如下。简报分为：（一）墓葬形制，（二）随葬器物，（三）结语，共三个部分予以介绍。有手绘图。

据介绍，这是一座长方形的券顶砖室墓，墓中的葬具及人骨已腐朽，出土有铜镜、罐、罐盖、灯盏、铜钱、铁棺钉等器物共 35 件。墓中所出的八出葵花形铜镜为唐代中后期开始盛行的"真子飞霜"镜，这类铜镜在粤北地区尚属首次发现。墓中出土的 2 件罐也与曲江地区晚唐墓所出的罐基本一致，简报推断这是一座中唐至晚唐时期的墓葬。

简报称，该墓的发现，为研究粤北和曲江地区唐代墓葬的分期和葬俗提供了重要的实物资料。

佛山市

642.广东高明唐代窑址发掘简报

作　者：广东省博物馆、高明县文物普查办公室

出　处：《考古》1993 年第 9 期

高明县位于广东中部珠江三角洲，是 1982 年从高鹤县分出的新县。窑址分布在三洲区石岐乡大岗山东北和西北坡，西距县城约 1 公里，东面约 50 米是龟峰山，东北面至西江仅 70 米。1957 年，考古人员曾在西北坡进行过调查，出土了成叠的碗、碟、罐等瓷器。1984 年，县电讯局在施工中，又在东北坡发现了一条窑床。近年来，当地政府计划在大岗山周围筹建旅游区，为了配合基建，1986 年 6 月和 1987 年 2 月，考古人员先后两次对大岗山窑址进行了发掘，共清理窑址两座。简报分为：一、窑址结构及探沟，二、遗物，三、结语，共三个部分予以介绍。有手绘图。

据介绍，两窑均为长条形龙窑。出土遗物有碗、碟、罐等。简报推断其年代应为唐代中晚期。简报称，从烧造技术看，唐窑尚未达到成熟的地步。

江门市

湛江市

茂名市

643.广东电白县霞洞墟唐墓简报

作　者：广东省博物馆、电白县文化局　杨少祥

出　处：《考古》1986 年第 1 期

1983 年底，考古人员在电白县东南面 35 公里的霞洞区，发现了一座唐墓，墓位于霞洞墟西北约 2 里的宴公庙（冼夫人庙）后，后依宴山，右边紧靠县城至霞洞墟公路，

已受到多次破坏。1984年1月，进行了清理。简报配以照片、手绘图予以介绍。

据介绍，墓葬平面呈长方形，分前、后两室。劫余文物有陶器、青瓷器、铜镜、金钗等计十余件。其中比较重要的是墓志，中有不少字迹已辨认不清。但仍可看出墓主人为冼夫人第六代孙，为夫妇合葬。墓主人应任过潘州刺史、恩州刺史，死于神功元年（697年）。

简报称，这次出土的墓志铭，有着重要的史料价值，改正了史书记载中的某些错误，填补了一些史书记载的空白。如冼夫人曾孙知戴，史书上均作智戴，《新唐书》中记载曾授卫尉少卿，累迁左武卫大将军；《旧唐书》载曾任春州刺史。据墓志铭可知其名为知戴，《新唐书》中记载的"左武卫大将军"应为左骁骑大国公。子游，《新唐书》误为子献，仅记其以豪侠闻；《茂名县志》载其以盎恩授潘州刺史与墓志铭中记载相同。而墓志还记其曾封光禄大夫□□郡开国公，填补了史书上的空白。史籍中关于冼氏家族的记载仅见到子游一辈，后辈无考，这次出土的墓志铭记载了墓主人曾为潘州刺史和恩州刺史，亦为研究冼氏家族提供了新的资料。简报未录志文全文。

644.广东电白唐代许夫人墓

作　　者：广东省博物馆、茂名市博物馆、电白县博物馆　黄道钦、古运泉、
　　　　　梁农曦等

出　　处：《文物》1990年第7期

1987年1月19日至26日，考古人员对已遭破坏的广东省电白县唐代许夫人墓进行了抢救性清理。此墓早年被盗，破坏严重，但形制特殊，规模较大，出土墓志铭及少量金器、瓷器和铜器。简报分为：一、墓葬的地理位置及形制，二、出土遗物，三、墓主及相关人物的查考，四、小结，共四个部分予以介绍。有照片、拓片、手绘图。

据介绍，许夫人墓位于广东西部的电白县霞峒镇坡田乡上坡田村狮子岭（又名晏宫岭）南坡，距霞洞区公所约1.5公里。此墓为长方形砖室。墓的东、西、北三面封土中，筑有半月形排水道，由甬道、前室、过道、后室组成。因曾被盗，出土遗物很少，但有石墓志一合，计402字，大体尚可辨读，简报未录志文全文。

据志文，许夫人为"中书令之子，内史侍郎之孙"。据《隋书》、新旧《唐书》等记载，可以确定其祖父为隋朝许善心，其父为唐初许敬宗。许善心，字务本，高阳北新城人。隋仁寿元年（601年）转礼部侍郎，大业十四年（618年）为宇文化及所害。许善心之子许敬宗流转投于李密。唐太宗时，历任著作郎、中书舍人、检校黄门侍郎、太子右庶子。高宗嗣位，为礼部尚书、侍中、中书令。志文称许夫人"年

十有四归于冯氏"。据《旧唐书》，许夫人所嫁为"蛮酋冯盎之子"。简报考证之后认为，许夫人所嫁只能是曾任潘州刺史的智玳。

简报称，广东茂名市一带，隋唐时是冼夫人家族统治势力范围，晏宫庙（冼夫人庙）即在许夫人墓前约 100 米处。简报推测，霞峒镇上坡田狮子岭南坡，可能是唐代初期冼夫人家族墓地。这与《电白县志》"冯盎唐时家于良德霞峒堡地"的记载是相符的。简报认为，许夫人墓虽早年被盗，出土器物甚少，但墓葬年代明确，形制独特，为研究冼夫人家族史和广东唐墓形制的发展，提供了新的资料。

肇庆市

惠州市

梅州市

645.广东梅县古墓葬和古窑址调查、发掘简报

作　者：广东省博物馆　古运泉
出　处：《考古》1987 年第 3 期

1978 年至 1981 年，考古人员到梅县考古调查发掘。先后在畲江、程江、瑶上等公社发掘，清理南朝、唐、宋、元古墓 11 座，并调查了水车、南口两公社的唐代窑址。发掘调查情况简报分为：一、古墓葬，二、古窑址，共两个部分予以介绍。有手绘图、照片、拓本。

据介绍，清理的古墓葬中南朝墓 3 座，随葬器物 39 件；唐墓均为长方形单券顶砖室墓，编号梅畲 M1、M3、M4、M7、M8、梅瑶 M1，共 6 座，随葬器物有青釉罐、铁剪、铜钱等共 34 件；宋墓、陶坛墓一座，编号梅畲 M6，仅陶坛 1 件，无其他遗物；元墓 1 座，编号梅畲 M3，墓坑已毁，随葬品残存碗、杯等共 7 件。

古窑址设想了水车公社 2 处，南口公社的 1 处，共 3 处唐代窑址。简报认为梅县唐代的陶瓷生产应是在唐代浙江越窑烧瓷技术的影响下发展起来的。梅县畲江、瑶上两个公社的唐墓中出土的瓷器，显然是水车窑的产品。简报称，水车窑的发现，对研究中国陶瓷史和海外交通史都提供了重要资料。

汕尾市

河源市

阳江市

646.广东阳春县发现南汉钱范

作　者：广东省博物馆　朱非素
出　处：《考古》1984 年第 4 期

1982 年秋，阳春县文物普查组在石望圩小峒铁屎径村发现十多方南汉"乾亨重宝"石质钱范。考古人员前往调查，并进行小规模试掘。

简报分为：一、地层堆积；二、出土遗物，共两个部分予以介绍。

据介绍，石望圩位于阳春县东北部，东与新兴县相邻。铁屎径村西南距石望圩约 5 公里。村庄建在遗址上，因遍地是炉渣故得名"铁屎径"。据农民提供线索，在鱼塘边和建屋取土时，曾出土了三十多方钱范，多数已残，惟铅锭出土时保存完好。此次于村庄附近试掘了三个探沟，共 15 平方米。出土遗物：石质钱范 3 件，均残。与钱范共存遗物有青釉瓷碗、罐、瓜形执壶，均施半釉，釉色青黄，有冰裂纹，因胎釉结合不密，部分釉已剥落。另外从村民家里征集了两方保存较好的阴文范母。范用板岩制作，形似圆角长方砖。两范上均保留六圜钱，钱形面径与阴文范同。钱文为阴刻，顺读则为"乾亨重宝"。穿孔大，肉薄，有周郭，宽缘。阳文范母一端刻一凹槽，为合范后注铅液入口处，石范角有孔不透穿。为使圜钱外缘规整，制范时以方穿正中为圆周中心划出钱形，所以阳文、阴文范方穿的正中，均遗留有细眼。

简报称，"乾亨重宝"钱范未见著录，这次南汉"乾亨重宝"钱范的出土，无疑是一次重大发现，对研究中国货币史南汉币制和南汉刘龚王朝经济状况提供了重要的实物史料。

唐代最常见的钱币是开元通宝，今有胡溢先生《开元通宝图谱》（中州古籍出版社 2020 年版）一书，可参阅。

清远市

647.广东英德浛洸镇隋唐墓发掘

作　者：徐恒彬

出　处：《考古》1963 年第 9 期

浛洸镇在英德县西，为一山区盆地。1961 年，考古人员在此进行调查、发掘，简报分为：一、南朝墓，二、隋至初唐墓，三、中唐墓，共三个部分予以介绍。有照片、拓片、手绘图。

据介绍，南朝墓仅 2 座。隋至初唐墓 20 座，其中长方形单室墓 19 座，合葬墓 1 座。中唐墓 12 座。分布于浛洸镇计石墩岭、鸡薮窝、园仔岭等处。

东莞市

中山市

潮州市

648.广东潮安北郊唐代窑址

作　者：曾广亿

出　处：《考古》1964 年第 4 期

1954 年 12 月，在潮安北郊北堤头发掘了古瓷窑址一座。1958 年 3 月复查时在北郊窑上埠发掘了一座砖瓦窑址。简报分为：一、北堤头瓷窑址，二、窑上埠砖瓦窑址，三、小结，共三个部分予以介绍。有手绘图。

据介绍，北堤头和窑上埠均位于潮安县城北。北堤头距县城约 3 公里。从断崖所暴露的迹象观察，这一带古窑有 20 多座，大部分窑室已受破坏。北堤头出土遗物有窑具 16 件、青黄釉陶碗 46 件、青黄釉陶盘 12 件、灰色圆瓦当 9 件。窑上埠出土遗物有灰坑 32 件、灰色板瓦 125 件、圆瓦当 23 件。2 座窑址的年代，简报均推断为唐代。

揭阳市

云浮市

广西壮族自治区

南宁市

649.广西隆安县发现唐代铜官印

作　者：王克荣

出　处：《文物》1990 年第 10 期

1984 年广西隆安县城厢农民耕地时发现铜官印一方。简报配以拓片、照片予以说明。

据介绍，印文为朱文小篆，文曰"武夷县之印"，印背阴刻楷书，同印文。出土时，印置一铜盒内，此印无年款，简报推断此印当属唐代遗物。

简报称，《文献通考·舆地考九》载："唐置武娥州……宋为邕州所管右江道羁縻州。"发现"武夷县之印"的隆安县正是宋代邕州所管之右江道羁縻州的思龙县地，和武缘县（今武鸣）接壤，可知武夷县当在今隆安境。

650.广西上林出土佛教铜造像

作　者：广西壮族自治区博物馆、广西容县博物馆、广西上林县文物管理所
　　　　　陈小波、封绍柱、叶展新

出　处：《文物》1998 年第 9 期

1977 年 8 月，广西上林三里镇三里村农民在附近山上劳动时，于距地面约 20 米高的山崖平台处，挖得一批共 18 件铜佛像。现存上林县文物管理所。简报分为：一、铜造像的现状，二、铜造像的时代，三、铜造像的来源及入土时间，共三个部分予以介绍。有照片。

据介绍，上林出土的这批铜佛造像，有部分遭受不同程度的损坏，经接合修复后，完整和基本完整者 13 件，断缺佛像 1 件，带铭文佛座 2 件，残背光和残铜饰各 1 件。造像的原料主要为青铜，但掺有少量杂质，表面以墨绿色为主，少量鎏金。有些绿

锈重的造像，局部作了化学药液剔锈处理。这批铜造像既有北朝的遗风，也有隋唐造像的特点，而其中又以隋及初唐时期的造像风格占主导地位，故其年代简报推断为隋初，下限为初唐，是隋初至初唐之间的作品。

简报称，出土铜佛像的上林县三里镇西约 5 公里的双罗圩有座当地人称之为"高祖庙"的墓，是埋葬唐代韦厥的庙墓。据《舆地纪胜》记载，韦厥的祖籍是唐代都城长安著名的韦氏大族。唐武德七年（624 年）韦厥镇压广西少数民族有功而被任命为澄州刺史。简报推测，这批佛造像或有可能与韦厥家族有关。

柳州市

桂林市

651.广西全州县发现纪年唐墓

作　者：广西壮族自治区博物馆、全州县文物管理所　黄启善、江威信
出　处：《考古》1987 年第 3 期

1985 年 2 月，全州县凤凰乡大毕村农民在村附近的麻子冲挖柑桔坑时，于距地表深 0.95 米处挖出了有纪年铭文的唐代永州赵司仓墓砖，再挖至 1.76 米深处发现了部分随葬品。退休干部唐三立制止乱挖行为，并向文化部门作了报告。考古人员对这座墓进行了清理和发掘。简报分为：一、墓葬位置和结构，二、出土器物，三、结语，共三个部分予以介绍。有手绘图等。

据介绍，墓葬位于大毕头村西约 1 公里的麻子冲西面坡脚。麻子冲是一座黄泥土坡，土坡坡度平缓，高约 50 米。地表野草丛生，墓葬封土堆早已无存。这座墓为长方形砖室墓，有纪年砖，知为唐贞观十二年（638 年）下葬，葬具、人骨已朽。随葬品已被农民取出，只能凭记忆复原出土位置。随葬品虽然不多，但全部都是生活日用青瓷器，有青瓷壶、青瓷碗、青瓷砚、青瓷碟等。

简报称，根据出土纪年墓砖铭文，墓主人为唐代永州赵司仓参军。唐代永州是具有二万户以上的中等州，首府在今湖南省境内的零陵县。其所管辖的行政区域大体上包括了今广西全州、灌阳以及湖南省零陵县的部分地区。司仓属六曹参军事之一，分掌州内司仓部门的行政，是八品以下的低级官员。所以，此墓的陪葬品十分简单。

652.广西兴安县红卫村发现纪年唐墓

作　者：广西壮族自治区博物馆　李　珍、彭鹏程

出　处：《考古》1996 年第 8 期

1987 年 6 月，兴安县护城乡红卫村明竹屯的农民在村后的山坡上挖柑橘坑时，发现一座唐代纪年砖室墓，且将墓内大部分随葬品取出。考古人员前往调查，并将分散在农民手中的所有器物收回县博物馆。1990 年 11 月，对此墓进行了清理。简报配图予以介绍。

据介绍，该墓位于兴安县城北约 10 公里的明竹屯村后山坡上。经调查，坡地四周还分布有类似的墓葬，但具体情况不清。该墓是一座平面呈"凸"字形的砖室墓。墓顶已塌落，墓砖散布于墓内各处，从残存的迹象和出土的楔形砖看，可能为券顶。随葬品共 10 件，全部为生活日用器，除一件青铜洗外，其余均为青瓷器。该墓出土有贞观十五年(641 年)纪年砖，知为唐代初年墓葬。墓主估计为八品以下的低级官吏。

653.广西恭城县豸游村出土唐代铜镜

作　者：恭城县文管所　俸　艳

出　处：《考古》1996 年第 8 期

1994 年 3 月，广西恭城瑶族自治县嘉会乡豸游村农民在距村前 400 米处的松林地开垦荒地时，发现了 1 枚铜镜。据发现者称，铜镜出于距地表深约 0.4 米处，两侧还分别有 1 件陶罐和 1 件瓷碗，已挖碎。现铜镜交由县文管所收藏。简报配图予以介绍。

据介绍，铜镜形体厚重，质地泛白，表层为黑漆古色。镜背中心为瑞兽形纽，纹饰以双凸线圆圈为间隔，分成内外两区。内区饰瑞兽配葡萄及枝蔓，间以鸾鸟；外区为鸾鸟配葡萄及枝蔓。外缘为高直的窄线棱边，间饰三角锯齿纹。简报推断此件铜镜的时代应为唐代早期。

654.广西永福县南雄村出土唐代铜镜

作　者：广西永福县文管所　万　荣

出　处：《考古》1999 年第 2 期

1988 年 9 月，广西永福县桃城乡南雄村农民在距县城 0.5 公里的湘桂铁路南面约 50 米处取土时，发现铜镜 1 面，同时出土的还有滑石猪等文物，现均被县文物管

理所收藏。

据介绍，此铜镜表层为黑色，直径13.4厘米、厚1.2厘米。主体纹饰分内外两区，内区饰四朵宝相花，外区则为葡萄连枝纹，纽为鼻纽。从铜镜的形制及纹饰特点看，该铜镜简报推断应属唐代早期的器物。

梧州市

北海市

崇左市

来宾市

贺州市

655.广西贺州市铁屎坪钱监遗址的试掘

作　者：广西壮族自治区文物工作队　彭书琳、陈左眉等
出　处：《考古》2006年第8期

铁屎坪遗址位于广西贺州市东北部，莲塘镇上寺村上左寨，西南距贺州市区约12公里，发现于1963年。1997年7月，考古人员对该遗址进行了试掘，发现有炼炉、炉渣、流管、铁钱和铁渣等遗存。简报分为：一、遗址概况，二、遗迹，三、遗物，四、结语共四个部分予以介绍。有手绘图。

据介绍，遗址地面到处都是炉渣和炼过的结铁及冶炼前选出来的矸石等，堆积普遍厚0.5～1米，遗址中部堆积厚达5米。结铁、矸石均呈黑色块状，炉渣如蜂窝状，大小不一。

据介绍，早在1958年，当地人在选炼锡矿时已发现了3座古代冶炼炉的遗存，据了解，当时的一个冶炼炉内可以提炼出约10公斤的精锡。

该遗址出土了很多"政和通宝"铁钱。1959 年，当地铁锅厂拉走约 12 吨的铁钱重新铸造。大批铁钱的出土，说明当时此地铸造钱币的生产能力相当大。

简报指出，出土的"延和元年造"铭文砖，"延和元年"应是唐代睿宗延和元年，即公元 712 年。遗址内出土的陶器与广西其他地区宋元时期的同类器相似，出土的瓷器如碗、玉壶春瓶、盏、瓜棱盖、器流、缸等与广西容县、北流、藤县中和、广东西村等北宋窑址内出土的同类器相似。以上比较说明铁屎坪在唐、宋至元代时，一直有人在此地进行生产活动。

玉林市

百色市

河池市

钦州市

656.介绍广东灵山县出土的古代铜鼓

作　者：何纪生
出　处：《考古》1963 年第 1 期

1962 年 2 月，广东省灵山县绿水公社绿水村农民在一处山坡上挖出了一件铜鼓。考古人员至现场作了调查，并将铜鼓运回广州。发现铜鼓的山岗很高，高约 200 米，铜鼓就埋在半山坡距地面约三四十米的地方。在山岗周围没有发现什么古代文化遗址或墓葬。附近也没有找到什么共存遗物，只在铜鼓内残存的泥土中，找到了一枚唐代的"开元通宝"，说明这只铜鼓是在唐代或以后才被埋入土中。简报配图予以介绍。

据介绍，铜鼓很大，面径 81 厘米、通高 47 厘米。除足部稍有缺损外，大体完整。由于埋藏岁久，满身绿绣斑驳，花纹也多漫漶不清。鼓身可分为三段，即胴部、腹部和足部。鼓面鼓身满布细密花纹，计有 10 种，简报一一予以介绍。

657.广西壮族自治区钦州隋唐墓

作　　者：广西壮族自治区文物工作队　韦仁义、佟显仁
出　　处：《考古》1984 年第 3 期

　　1976 年、1977 年间，鉴于钦州县久隆、平吉两公社历年来陆续发现不少隋唐时期的文物，考古人员在上述两公社范围内进行了文物考古调查和钻探工作。在平吉公社的古龙、独竹，久隆公社的新圩、青草、新明、高营等地发现古墓葬 30 余座，其中以久隆公社的青草、新明两地最为集中。这些古墓葬，除古龙、独竹的墓葬坐落于钦江西岸外，其余均集中分布在钦江以东、新明江以西的大雾岭（亦称大墓岭）东麓。这次调查发现的古墓葬，除极少数外，封土均被夷平。为了防止古墓葬继续遭受破坏，1977 年 6 ~ 7 月间，考古人员在久隆公社青草大队清理了遭到严重破坏的墓葬 6 座。1981 年 3 月，在新明大队石坪老冯岭又清理墓葬一座。两次共清理 7 座。

　　简报分为：一、地理位置，二、墓室形制，三、随葬器物，四、结语，共四个部分。有照片。

　　据介绍，钦州县位于广西壮族自治区南部，县城钦州为钦州地区行政专员公署所在地，位于钦江下游钦州湾沿岸，为我国南疆边陆重镇。7 座墓葬，在形制和随葬品的配置及其风格等方面都带有较浓厚的南朝作风。墓葬形制是流行的"凸"字形或其变形的砖室墓；三平一竖的砌砖方法及墓底铺人字形地砖；随葬品以青瓷器、陶器为主，盛行四系陶罐；青瓷碗、杯等器形，胎体厚重，敞口，小假圈足。釉肥厚青中泛黄，细开片纹，易脱落，施护胎衣等，都带有明显的南朝作风。但墓室多设置壁龛、灯龛、排水沟等又具有隋、初唐时期墓葬的特点。简报推断：M1 的年代为隋大业后期或初唐；M4、M5 为夫妇合葬墓，其年代亦应至初唐时期；M3 与 M4、M5 为邻，其年代与 M5 相近；M7 是具有南朝遗风的初唐时期墓葬；M2 与 M1 相邻，其年代与 M1 相差不远。

　　简报称，钦州宁氏墓葬的发掘清理将为研究南朝隋唐时期广西地区的政治、经济、文化情况提供重要的资料。

防城港市

贵港市

海南省

海口市

三亚市

三沙市

重庆市

658.四川万县唐墓

作　　者：四川省博物馆　高英民等

出　　处：《考古学报》1980 年第 4 期

1978 年 8 月，万县驸马公社驸马大队在改土造田中发现一座唐墓，该墓坐落在西距万县市 6.5 公里处。考古人员前往调查，进行了发掘。简报分为：一、墓的形式和结构，二、随葬器物，三、墓主人和墓葬年代的考订，四、结语，共四个部分。有照片、拓片、手绘图。

据介绍，这座唐墓当地百姓称为"驸马坟"，现存封土堆呈圆锥形，堆基直径约 30 米，高出地面 6.5 米，全经夯筑。墓室在封土堆正中，系一拱形券顶单室砖墓，由墓室、甬道和墓道三部分组成。出土随葬器物 100 多件，多为青瓷器。出土墓志两方，简报未录志文。据墓志，该墓为冉仁才夫妇合葬墓，年代当为初唐时期。

简报指出，据志文，冉仁才为刺史，冉仁才夫人为汉南王之女。《新唐书》卷四六："皇姑为大长公主，正一品；姊妹为长公主，女为公主，皆视一品；皇太子女为郡主，从一品；亲王女为县主，从二品。"冉仁才之妻既为县主，冉仁才的社会地位当然也就随之而特殊，他的葬仪亦必然隆重。由此也可见当地所传"驸马坟"有据。该墓所出 80 多件青瓷俑，十分珍贵。简报认为，唐代墓葬在四川地区少有发现，此次发掘对研究唐代四川地区的经济、文化和社会风俗提供了可贵的实物资料。

659.四川忠县临江岩发现唐代摩崖石刻

作　　者：忠县文管所　方文华

出　　处：《文物》1986 年第 5 期

1983 年 3 月，四川省忠县物资局在临江岩畔进行建筑施工时发现一处唐代摩崖石刻。这处摩崖石刻共有 5 个龛窟，33 尊造像（部分造像头部早期被盗），龛窟彼此相连，均凿于整体岩石上。

第一窟，造像 3 尊，本尊为菩萨，两旁为侍者。

第二窟，造像 3 尊，本尊为佛，两旁为侍者。

第三窟，造像 17 尊，本尊为释迦牟尼佛，左右为迦叶、阿难。两侧壁为侍立菩萨。近窟口处，左右各二天王，外面二天王脚踏夜叉，与奉先寺天王类似。

第四窟，造像 5 尊，本尊为阿弥陀佛，佛顶螺髻，头大，身短，具有唐代造像特征。

第五窟，造像 5 尊，本尊为佛，左右是阿难、迦叶。两侧壁各立一菩萨。

简报称，这批造像的雕刻年代，无确切遗迹可考。在三号窟侧壁有游人题刻："二人眉山李季美，东里薛材卿，嘉泰壬戌仲夏廿五日来。"嘉泰为南宋宁宗年号，壬戌当为 1202 年。因铭文必晚于石刻的年代，又据有关专业人员考证，认为可能是盛唐或晚唐时期的文物。

660.大足尖山子发现初唐石刻造像

作　者：大足县志办公室　陈明光、黎方银

出　处：《四川文物》1988 年第 4 期

大足石刻被誉为中国晚期石窟代表作。大足县，唐乾元（758 年）始置，石刻的始年，历来均曰"创于晚唐"（892 年）。1987 年秋，大足文物普查时调查得尖山子石窟，间有"永徽"（650 年）、"乾封"纪年镌记，由此大大提前了大足石刻的上限年，并填补了川东南石窟有纪年的造像史，对考证唐昌州治静南县遗址有重要意义。简报分为：一、尖山子石窟概貌，二、尖山子石窟发现的意义，三、尖山子石窟早于大足史前百年缘由析，共三个部分，有照片。

据介绍，尖山子，位于大足西南 20 公里的宝山乡建角村，与安岳毗邻。石窟居于山顶，摩崖凿佛像 9 龛，计像 85 身，高的不过 60 厘米，多头残身漶，普查编号为 10 号。简报称，此次发现，将大足石刻的上限前推了两百多年，结束了大足石刻无初、中唐石窟的历史。大足石刻创于初唐（650 ～ 655 年），历经五代，至两宋崛起，距今已有一千三百多年历史。当然，大足石刻在中国文化、艺术和宗教史上的地位和作用，仍以两宋摩崖造像群为重。

661.大足尖山子、圣水寺摩岩造像调查简报

作　者：重庆大足石刻艺术博物馆、四川省社会科学院大足石刻艺术研究所
　　　　陈明光、邓之金等

出　处：《文物》1994 年第 2 期

尖山子、圣水寺摩岩造像，是四川省大足县 20 世纪 80 年代中期文物普查中发

现的两处初唐和中晚唐佛教艺术遗迹，位于大足县西 24 ～ 28 公里的宝山乡和高升乡，两处造像相距不过 4 公里，均与安岳县毗邻。由于交通不便，过去很少引人注意。简报分为：一、尖山子摩岩造像，二、圣水寺摩岩造像，三、尖山子、圣水寺摩岩造像时代及特征，共三个部分。有照片。

据介绍，有唐永徽年间题记的尖山子造像，是目前川东时代最早的初唐佛教遗迹，引起国内外研究者的重视。尖山子造像中 4 号龛的一佛（阿弥陀佛）五十菩萨题材在四川地区佛教摩岩造像中很有代表性，在川东、川北和川西均有分布，时代多集中于唐代贞观、龙朔、麟德年间，但到武则天称帝后便逐渐消失，而此时正是菩萨佛像兴起之时。圣水寺造像已不见纪年题记，但从造像龛形制、题材及雕造手法看应为中晚唐作品，特别是 3 号龛的千手观音像龛，是四川地区唐中期开元、天宝年以后出现的题材。

简报指出，尖山子、圣水寺摩岩造像的发现，是川东佛教考古的新收获，使我们对大足、安岳一带石窟及摩岩造像的时代、题材、雕造技法有了更深入和全面的认识。

662.重庆万州中坝子遗址发现唐代佛教金铜造像

作　者：西北大学文博学院　冉万里
出　处：《考古与文物》2004 年第 2 期

中坝子遗址位于重庆市万州区小周涂家村二组，地处长江北岸的一级台地，属三峡地区 A 级保护遗址。考古人员在遗址中部设置了永久性的测量总基点，确定了东西、南北向的二字总基线，并依顺时针方向将遗址分为 I、II、III、IV 四个发掘区。从1998 年 2 月起，对该遗址连续进行了 4 次发掘，确认该遗址堆积的年代自下上依次为商、西周、东周、秦汉、六朝、隋唐、明清时期，并取得了一系列重要收获。

2001 年 2 ～ 6 月，在第 5 次发掘过程中，共出土了 13 尊金铜佛教造像，其中 9 尊基本完整，个别表面还残留鎏金。分别出土于 III 区的 T1701 和 IV 区的 T1701、T1702、T1801，均位于各探方的 ③ A 层，该层堆积的包含物除金铜造像之外，还有三彩碗、青瓷碗、莲瓣纹瓦当等，为唐代堆积。因此，简报初步推断这批造像的年代为唐代。简报将其分为 A、B 两组，配以手绘图予以介绍。

据介绍，A 组共计 6 件，均为范铸而成的站立式菩萨造像，高度、制造工艺与特征基本一致，圆形束腰仰覆莲座之下，均为四足方床，足端四面以横、纵挡相连，正视呈尖拱形。B 组共计 7 件，造像个体特征与 A 组有较大差异，制造工艺粗糙。

简报称，本次发掘出土的金铜造像，在重庆地区特别是三峡库区的考古发掘中目前还尚未见诸报道，它们的发现为研究当地隋唐时期佛教信仰问题提供了第一手资料。

663.重庆市云阳县硐村佛教摩崖造像

作　　者：李映福

出　　处：《四川文物》2004年第1期

为全面了解云阳明月坝集镇形成、繁荣、变迁的历史地理条件和相关背景资料，2001年考古人员对周围区域的相关遗存作了调查，硐村佛教摩崖造像即是调查成果之一。硐村摩崖造像虽然龛数不多，残损较重，但对于了解峡江地区佛教传播以及长江沿岸唐代石刻造像的分布等具有重要意义。简报配以手绘图予以介绍。

硐村佛教摩崖石刻造像位于长江北侧支流澎溪河南岸大佛头山断崖上，属云阳县硐村乡新洞村二村，南距云阳县老县城约6公里。硐村摩崖石刻造像原有11龛，20世纪70年代修筑的云（阳）—开（县）公路使石刻造像遭到严重损坏，其中两龛造像被填埋，另有三龛局部被损毁。为叙述方便，自北向南将石龛依次编为K1、K2、K3、K4、K5、K6、K7、K8、K9。结合文献记载，可知位于澎溪河流域的明月坝唐代中晚期集镇遗址出土的大量北方定窑、邢窑等窑系瓷器不是偶然的。反映出自唐代中晚期起，峡江地区长江支流腹地与各地的物资往来相当频繁。而硐村石刻造像的开凿，正与这一大的历史背景相符。

664.重庆三峡库区唐代佛教石刻造像调查报告

作　　者：重庆中国三峡博物馆　王　玉等

出　　处：《考古学报》2006年第4期

重庆三峡库区包括巫山、奉节、云阳、万州、忠县、石柱、丰都、涪陵等十余个县市地区。经考古调查发现，三峡库区唐代佛教石刻造像非常稀有，经数次调查仅发现4处造像地点，其中1处已破坏殆尽，另外3处地点的造像保存状况不佳。不仅如此，在三峡工程完成后，现存的3处唐代佛教石刻造像有2处将被175米的第三期水位淹没（仅一处被切割搬迁至重庆中国三峡博物馆，即原重庆市博物馆内）。2003年4月中旬，考古人员对4个地点的造像进行了考古测绘和调查记录。此次调查是以20世纪80年代文物普查材料为线索展开的，原因在于当时的文物普查范围很广，曾深入村乡镇的各级单位，遗漏的可能性较小。目前所知，三峡地区仅在忠县和云阳两县发现有唐代摩崖龛像群，即忠县 2 处、云阳县 2 处。具体地点是：忠县忠州镇临江岩和石宝区石佛岩唐代摩崖龛像；云阳县双江镇下岩寺和云安镇大佛头唐代摩崖龛像。

据介绍，三峡库区唐代佛教石刻造像形制为摩崖龛像，洞窟形式的造像基本不见。造像的雕刻手法以高浮雕为主，辅以浅浮雕或线刻。20 世纪 80 年代，忠县文物管理所对临江岩摩崖龛像作过简要报道。2002 年，北京大学和忠县文物管理所对忠县石佛岩摩崖造像前的地面遗存进行了考古调查，发现龛前有条石铺砌的地面，结合崖面上的梁孔分布情况，推断石佛岩摩崖龛像前曾建造有简易的保护性建筑。同年，郑州大学又进行了发掘，发现造像周围有条石围砌的墙垣，另有清代石碑 1 通。2003 年，中国文物研究所为石佛岩摩崖龛像的切割和搬迁进行了测绘，完成了该工程的施工组织设计报告。云阳县大佛头摩崖龛像虽未被列入切割搬迁之列，但中国文物研究所对其做了实地勘测。其勘测报告内容侧重于切割和搬运工程。

简报分为：一、三峡库区唐代石刻造像介绍，二、讨论，共两个部分，就考古调查所得材料作了详细介绍，考订三峡库区唐代龛像年代范围，探讨造像题材等问题，力求勾勒出三峡地区唐代佛教造像的概况。有彩照，附有"忠县石佛岩摩崖龛、像一览表"。

简报将相关石刻造像分为三组：第一组、第二组造像衣纹等写实感强，应为中唐时期作品；由于中唐的年代跨度较大，第二组又出现较多的晚期特征，所以把第一组年代定为中唐早段，即上限为肃宗朝，下限到顺宗朝。第二组属中唐晚段，即上限在宪宗朝，下限至僖宗朝。第三组像龛多呈拱顶浅龛，造像风格变得呆板，出现格式化的装饰纹样，即佛、菩萨的头光纹饰、衣纹均已格式化。格式化风格的纹样在中唐晚段就已出现，到了晚唐变得非常流行。第三组的年代为晚唐至唐末。

至于造像组合与题材，简报认为三峡库区唐代摩崖造像组合主要有一佛二弟子二菩萨，一佛二弟子二菩萨二力士，一佛二菩萨二弟子二力士二天王(附天龙八部像)、一佛二菩萨、一佛二弟子等内容。造像题材主要有西方三圣、释迦、多宝佛、弥勒佛(包括弥勒佛与宝冠佛并尊像)、观音等内容。整体看来，与四川各地的造像形式和内容大致相同，只是年代较晚。由于三峡位于四川盆地东部，唐代佛教造像题材和样式流传时间都晚于四川各地，甚至一些在北方地区早已消失的造像题材或样式在三峡地区造像中依然可见。

665.重庆市万州区武陵中嘴遗址发掘报告

作　者：云南省文物考古研究所、重庆市三峡文物保护领导小组办公室　蒋志龙、
徐文德

出　处：《华夏考古》2006 年第 2 期

中嘴遗址位于重庆市万州区武陵镇西南约 3 公里的长江西岸一级台地，行政区划属武陵镇凤安村 11 组。中嘴遗址于 20 世纪 90 年代初在四川省文物普查时被发现，90 年代中期万县市文物部门作过复查，初步确定为商周至唐宋时期的文化遗存，并发现台地以西丘陵上分布有数座汉唐时期的砖室墓和石室墓。为配合三峡工程建设，2001 年、2002 年曾进行过两次抢救性发掘。2003 年 2 月，再次进行了发掘。简报分为：一、前言，二、文化遗存，三、结语，共三个部分。有照片、手绘图。

据介绍，此次发掘所得主要为隋唐时期遗存，从隋至初唐、唐中期至唐晚期都有。通过发掘及整理可以看出，隋唐时期中嘴遗址的主要日常器物以陶器为主，其中釉陶器占绝大多数，同时也使用部分青瓷、白瓷器。而且相当一部分釉陶器和部分瓷器就是当地烧造的。网坠的发现表明沿江地区渔业活动是当时人们生产生活的一个重要方面。另外，从出土遗物看，当地文化同外来文化之间也有广泛的交流。

666.重庆潼南县千佛寺摩崖造像清理简报

作　者：重庆市文化遗产研究院　于桂兰、方　刚、刘青莉、邹后曦等

出　处：《考古》2013 年第 12 期

千佛寺摩崖造像遗址位于重庆潼南县崇龛镇薛家村一社张家湾（华家沟）北部的小山包上，潼南县位于四川盆地中部偏东、重庆西北部、涪江中下游。潼南县城周秦之际属巴国和蜀国，东晋孝武帝时设晋兴县，县治在今玉溪乡青石坝，至北周领今潼南涪江一带。北周另置安居郡，今潼南琼江一带隶安居郡柔刚县。隋初废郡置州，柔刚县隶普州，开皇三年（583 年）于今县境崇龛乡置隆龛镇。隋大业十二年（616年）升隆龛镇为隆龛县（县治在今崇龛镇瓦子堡），辖今潼南琼江一带。唐代今潼南县境为青石、遂宁、崇龛、铜梁四县辖地，治所均在潼南境内。高祖武德二年（619年）复置普州，隆龛县隶普州。玄宗先天元年（712 年）避讳改隆龛县名崇龛县。玄宗开元十六年（728 年）移合州铜梁县治于东流溪坝。宋代今潼南境地为青石、遂宁、安居、铜梁等县辖地，北宋太祖乾德五年（967 年）降崇龛县为镇，并入安吉县（县治在今遂宁市安居坝），隶普州安岳郡。神宗熙宁六年（1073 年）青石县并入遂宁县，次年，复置青石县。

早在隋代，潼南就已经出现佛、道石窟造像。唐、五代时，四川地区，尤其川北、川西一带的石窟造像众多。宋代及以后，石窟和摩崖造像在川东、川南地区达到鼎盛，尤以今四川安岳和重庆大足最具代表性。潼南处于遂宁、安岳、大足、合川区域的中心，分布着大佛寺、龙多山、马龙山等众多摩崖造像。

1958年，当地修建崇龛水库，千佛寺摩崖造像因大规模开采山石而遭到毁灭性破坏，岩体上部的造像几乎被完全截去，仅离地面1～6米岩体崖面的造像得以保存，但被开采的碎石完全掩埋。2011年8月，这些造像因当地人在此挖取碎石而重现天日。考古人员于2011年9月19日至12月26日对千佛寺摩崖造像进行了清理发掘。崖壁残高约6米，石刻造像区域东西长35米，残高4米，清理造像龛43个、造像283身、文字题记27则。在崖壁上发现了排列较规律的长方形榫孔，推测造像龛外曾存在檐廊之类的保护性建筑，时代可能属于宋明时期。出土有大量青灰色板瓦残片和少量青花瓷、青瓷片等，发现有铺地石板、房屋基石、柱础等遗迹。但由于破坏严重，规模和布局不明晰，从相对位置判断此处曾有摩崖造像的附属建筑，时代晚至明清时期。

千佛寺摩崖造像崖面陡直，近正东西向，坐北朝南，西、中部区域造像龛分布密集，造像保存较好，时代较为集中；东部造像龛分散，多数仅存造像龛轮廓，有的造像因崖壁崩落或遭现代采石损毁，开凿时代已不可考。造像龛以长方形为主，另有部分外方内圆拱形龛和零星的拱形、弧形、屋形龛等。造像时代上限可到中唐，下限可至元明，以晚唐、宋代为主。晚唐时期造像可辨题材有阿弥陀佛五十菩萨、菩提双树、菩提瑞像、人形天龙八部、飞天、观音菩萨、文殊菩萨、普贤菩萨等。常见的造像组合有一佛二菩萨的一铺三尊式及一佛二弟子二菩萨的一铺五尊式。艺术风格有浓重的盛唐遗风。北宋时期造像的题材有双地藏、三身地藏、降龙十六罗汉等。

简报分为：一、地理位置与人文环境，二、工作概况，三、主要造像龛，四、结语，共四个部分。限于篇幅，重点介绍编号为1、3、7、9、20、29、30、33、36、39等龛。有彩照、手绘图。

据介绍，千佛寺摩崖造像发现有27则文字题记，从中可知千佛寺至迟在752年已开始开凿。3、10、11、17号龛中均提到"令狐"氏，记载了令狐家族在千佛寺捐建造像的事迹，为研究其家族史提供了重要材料。

简报认为，千佛寺摩崖造像题材丰富，其晚唐造像题材愈加多元。除常见的组合题材，还有释、道兼具的风格。19、20、29、30、36号龛中的菩提双树、人形天龙八部及菩提瑞像属于密教因素。北宋造像中地藏造像有三龛，表明当地民众对地藏信仰的重视，这或与五代动乱后百姓对死后世界的惶恐与祈佑有关。

简报指出，千佛寺摩崖造像是渝西地区一处保存较好的佛教考古遗迹，题材丰富，雕刻精美，不但丰富了潼南石窟造像材料，也为研究川渝地区石窟寺，以及晚期佛教在渝西、川东地区的传播路径提供了新的实物材料。

667.重庆地区唐代佛教摩崖龛像调查

作　　者：重庆中国三峡博物馆、重庆博物馆　王　玉
出　　处：《考古学报》2014 年第 3 期

重庆境内除大足县以外的唐代佛教摩崖龛像的调查工作，开展于20 世纪50 年代，较早的调查是西南博物院（重庆中国三峡博物馆或重庆博物馆前身）对潼南县大佛寺东岩和西岩龛像群的调查，现存有珍贵的照片资料。20 世纪70 年代，重庆博物馆工作人员对合川濮岩寺进行了调查，尚存照片资料。1985 年，忠县文管所对忠县临江岩唐代摩崖龛像进行了调查。第二次文物普查期间，重庆博物馆对大足县、合川区等地的唐代摩崖龛像作了考古调查，与重庆大足石刻艺术博物馆共同发现了大足县尖子山和圣水寺两处唐代摩崖龛像群。2003 年，随着三峡工程建设的提速，水位逐级提高，在库区内的地面文物即将淹没之时，考古人员对三峡库区范围内的唐代摩崖龛像进行了调查。2006 年，在全市范围内进行了唐代佛教摩崖龛像的专题调查。

简报分为：一、潼南唐代摩崖龛像群，二、合川及其他唐代摩崖龛像，三、结语，共三个部分。有彩照。

据介绍，重庆地区唐代佛教摩崖龛像从盛唐至晚唐一直都有开凿，以中、晚唐的像龛为主，盛唐像龛很少。这些唐代佛教龛像群大多集中在潼南县境内，与潼南的地理位置密切相关，其境内的涪江及其支流琼江都属嘉陵江水系，与合川唐代佛教摩崖龛像同属嘉陵江流域古代文化范畴。简报认为，嘉陵江流域是四川盆地内唐代佛教造像最为发达的地区之一，而潼南、合川又位于嘉陵江下游地区，其唐代佛教造像与川北等地相比，时代偏晚，与"四川的石窟造像由北而南，自西向东发展"的说法正相吻合。

四川省

成都市

668.成都西郊发现唐代石刻

作　者：袁明森

出　处：《考古》1959年第9期

1956年，有人在成都西郊百花潭锦江内淘取沙石，发现了一些石刻造像和经幢等，四川省文物管理委员会及时进行了收集工作。简报将所收集的文物予以介绍。

简报介绍，收集的文物有两类。其一是石刻经文。有佛顶尊胜陀罗尼咒石碑1座，保存完好，字迹清楚，上端刻："文殊菩萨五字真言"等。在经文的末尾刻有"尼正仪为一切湿居众生净造，愿承此功德，往生净土"等文字。佛顶尊胜陀罗尼经幢共5件，南无佛陀耶经幢1件。形式都很简单，除其中1件最小的经幢上下端有榫头外，其余都没有榫头，也没有顶和座，皆为八棱方柱形，上涂黑色。这5件经幢的刻文和年号简报有摘录。南无佛陀耶经幢1座，稍有风化，但字迹很清楚。从上述经幢的记载看，这些经幢是专门用来投于江中超度水族和溺者的。石雕经幢座子1件。其二是小型石刻造像及其他。有菩萨像、佛像、供养人像、佛像头、罗汉像头，此外还有石造像座和石狮各1件。简报推断它们是唐代末期的遗物。

669.成都永陵出土石人

作　者：陈古全

出　处：《文物》1981年第6期

四川成都永陵是五代时期前蜀皇帝王建的陵墓。1942年发掘之时，地面除仅有占地亩的冢土堆外，早已一物无存。1971年3月，成都金牛区抚琴大队农民修房时，在王建墓前300米处，离地面不到1米的地下出土一尊石人，现陈列在墓前陵园之中。简报配以照片予以介绍。

据介绍,石人完好无缺,高达 3.18 米。戴冠、着袍,双手执笏,佩剑,直立于近方形的石座上,石人与座系整块青石雕琢而成。石人形体高大,结构匀称,线条粗犷古朴。石人面部表情丰富,颈微缩,造型生动。石人是否为王建墓前旧物以及永陵地面建筑情况,史料记载不详。因此,现王建墓前陈列的石人是否为永陵旧物,尚难断定。但是,石人的雕刻风格与王建墓内二十四乐舞伎和十二力士石雕颇为相似,简报推断定为唐、五代时期的作品,觉得还是可靠的。

670.成都市东郊后蜀张虔钊墓

作　者:成都市文物管理处　翁善良等

出　处:《文物》1982 年第 3 期

1977 年底,金牛区保和公社光荣大队在农田基建中,发现一些人物、动物画像石刻和墓志铭等文物。考古人员经发掘清理后证实,该处系五代后蜀张虔钊墓。简报分为三个部分予以介绍。有照片、拓片、手绘图。

据介绍,张虔钊墓是一座大型券拱砖室墓,建于五代后蜀孟昶广政十一年(948 年),位于成都市东郊约 3 公里的保和公社"天鹅抱蛋"处。唐、五代时,此地属华阳县管辖。墓室埋在黄土丘陵高坡之下,墓顶早已坍毁,从尚存的下部建筑观察,为多耳室长方形墓。该墓早年曾被盗,随葬品有鎏金黄铜铺首、铜铃、陶器、石缸等。有墓志、买地券出土。墓志楷书,已残,约 2546 字。买地券楷书 312 字。简报均未录全文。

据墓志铭和有关文献记载,张虔钊(882~948 年),字化机,唐代辽州(山西左权)人。父张简,后唐赠金紫光禄大夫、检校尚书左仆射兼御史大夫、上柱国。母梁氏,后唐赠济国太夫人。他是张简的长子,从小切慕功名,不事文墨,专学军事技术。年未满二十,骑射技术就已极为出众了。自天祐十七年(920 年)起,屡任武皇李克用、庄宗李存勖左右突骑军使和检校国子祭酒兼御史中丞等职。天祐十九年(922 年),因随庄宗平定镇州(河北正定县)大将张文礼叛乱有功,升为兼御史大夫。庄宗建立后唐后,同光元年(923 年),转任右骑守阙指挥使兼随驾马步都军头。随后又被提升为检校工部尚书。明宗李嗣源执政时期,历任辽、春、郑三州刺史和检校尚书左仆射等职。天成三年(928 年)四月,定州义武军(河北定县)节度使王都勾结契丹族统治者叛乱,他被任命为北面行营兵马都监,负责平叛。因平叛有功,明宗授以光禄大夫、检校司徒、横海军(沧州)节度使。而后又转授特进、检校太傅,任武宁军(徐州)、岐阳(陕西凤翔)、山南西道(约今嘉陵江以东,秦岭以南地区)节度使。闵帝李从厚即位后,应顺元年(934 年)正月,加官至检校太尉。不久,潞王李从珂在岐阳举兵反抗朝廷,张虔钊等六节度使奉命前往讨伐,因将士倒戈而失败。

张虔钊即会同洋州武定军（陕西洋县）节度使孙汉韶一起归蜀。蜀主孟知祥得此二人，欢喜若狂，喻为如虎添翼，待之倍加礼遇，亲自设宴慰劳，摆盏相贺，重授他为山南西道节度使，并赐安时顺国全节功臣。孟昶嗣位后，历任检校太尉兼侍中，利州（四川广元）昭武军节度使，左右匡圣马步都指挥使等职，并赐匡国奉圣叶力功臣。广政元年（938 年），转任检校太尉兼中书令，加爵邑，实封沿边诸寨都指挥使。广政十一年（948 年）二月二十三日，在任北路行营招讨安抚使期间，因负责招降并接应后晋晋昌（陕西长安）节度使赵匡赞、凤翔节度使侯益入蜀失败，于班师返蜀途中，行至兴州（陕西略阳），气疹复作，感愤而卒，终年 66 岁。死后，蜀主孟昶追赠他为太子太师，赐谥温穆。广政十一年九月十五日葬于成都东郊华阳县普安乡白土里高原。

简报指出，张虔钊墓规模仅次于前蜀王建墓、后蜀孟知祥墓，与王、孟两墓相比，既有相似之处，也有不同之处。如张墓石刻内容新颖，构图优美。雕刻在张虔钊墓室棺床四周壸土之门之上的马、狮子等七种石刻动物画像，不仅是装饰之作，而且也是有一定寓意的。在清理过程中，还发现某些铺地石板上刻"杨文进交十二片""王士进交四十片"等交石人的姓名及其交石的数目。这显然是封建统治者为了建造该墓而加在百姓头上负担的记录。

671.成都市发现窖藏唐代钱币

作　者：成都市文物管理处　李恩雄
出　处：《考古》1983 年第 6 期

1977 年 7 月，成都市区方池街百花布鞋厂在基建施工中，发现了窖藏的唐代钱币。这批钱币，成串地装在一个淡黄色釉陶罐内。陶罐距地表 2.19 米，出土时已破碎。简报配以拓片予以介绍。

据介绍，经过整理，这批钱币有如下几种：

1. 隋代"五铢"1 枚。

2. 背郭无纹饰的"开元通宝"，521 枚。

3. "乾元重宝"16 枚。

4. 背部有指甲纹的"开元通宝"。

5. 背部有上月纹的"开元通宝"。

6. 背部有上下月纹的"开元通宝"。

7. 背部有"洛""益"铭文的"开元通宝"各 1 枚。

4 ~ 6 三种共计 42 枚。

简报称，据陶罐及钱币推断，该窖藏的年代为晚唐。

672.前蜀晋晖墓清理简报

作　者：四川省文物管理委员会　赵殿增
出　处：《考古》1983 年第 10 期

1974 年 5 月初，四川成都东北郊八里庄附近，发现古墓一座。考古人员前往调查，据墓志确定为五代时期前蜀晋晖墓，于 5 月 15 至 22 日进行了清理。简报配以拓片、手绘图予以介绍。

据介绍，此墓曾被多次盗掘，墓顶及大部分墓壁无存，墓室南、北两端又被房屋所压，仅存墓室中间部分和个别耳室。原是一座较大的砖室墓，全长在 12 米以上，由主室和四个耳室组成。主室又分为前、中、后三室。或许在北宋时已被盗，仅残存一些瓷片、陶片及墓志一方，楷书，共 60 行，每行 60 字。简报未录志文全文。

简报称，晋晖是前蜀开国皇帝王建的重要将领，与王建同为许州人。公元 883 年黄巢起义期间，他与王建同为都头之时，曾"拥五都锐师"，"西迎僖宗于蜀"。886 年再次迎贺，后又跟随王建共图四川，割据一方。"五六十年间，掌领兵权"，在共同起事的五位都头中，只有他与王建"始末相随"，共事最久，是前蜀重臣之一。此人史书记载全文不足四百字，仅记他起兵迎驾等主要史实，生平家世均很疏略。今据晋晖墓志可以校正和弥补史书的不足。关于晋晖的家世，墓志中从其祖父、母，到其七子十四女，以至翁孙，及堂表弟家，都有清楚的记述。对晋晖的生平经历，墓志列举了从担任"黄头主将"起，先后十几次升迁，历任三十余职，一直封到"太师弘农王"，由"食邑五百户"达到"食邑五千户"的详细过程。更详细地记载了他曾两次"迎驾"，并与王建一起开创前蜀王朝的业绩，为我们研究五代史提供了新的资料。

简报指出，晋晖墓是四川已发现的五代时期几座大型墓葬之一，其规模仅次于前蜀皇帝王建墓和后蜀皇帝孟知祥墓。

673.成都发现隋唐小型铜棺

作　者：李思雄、冯先诚、王黎明
出　处：《考古与文物》1983 年第 3 期

1980 年 6 月，成都市西隅长顺中街 82 号进行基建工程时，在距地面 4 米处挖出了一具古代小型石椁铜棺。简报配以照片、手绘图予以介绍。

据介绍，铜棺出土于一红砂石石板筑成的石室内，石室中心置一青石匣。铜棺即盛放在石匣内。棺中有一倒置的小银罐，罐内无物，罐外有少许绿色粉末。石匣盖上堆放 27 枚五铢钱。成都市出土的这批文物与《文物》1981 年 7 期《连云港海青寺阿育王塔文物出土记》一文中介绍的铜棺是相似的，应为埋于塔基中的装舍利的石椁铜棺。据了解，这里原是娘娘庙旧址，庙中所建之塔已被拆除，而装舍利的石椁棺则埋入地下。简报推断为隋唐时遗物。

674.大邑县出土唐代墓葬

作　者：大邑县文化馆　胡　亮
出　处：《四川文物》1985 年第 2 期

1975 年 1 月，四川省大邑县修建枫制糖厂，施工中发现南宋残墓一座，出土三彩陶俑两躯，铜镜一面。随着工程的进展，距南宋残墓 20 余米处出土了一些玉碧底和实心足的唐代瓷器残件。几天后在出土唐瓷残件的附近发现古墓一座，当即进行清理。简报分为：一、墓葬结构和葬式，二、出土器物，三、几点认识，共三个部分予以介绍。有照片、手绘图。

据介绍，两墓均为长方形砖室墓，均由墓、前室、后室三部分组成。均被盗扰过，葬具已朽，人骨尚存，仰身直肢。经鉴定，一号墓主系女性，二号墓主系男性，死年均在 50 岁以上。出土器物有四系釉下彩盘口瓶 2 件、双耳小瓷罐 7 件、瓷朱雀 1 件、瓷五足炉 2 件、褐釉瓷盏 2 件、豆青釉瓷碗 1 件、开元通宝 114 枚、乾元通宝 2 枚。瓷器或出自邛窑或邛窑系统。这两座墓的时代，简报推断上限不应早于唐肃宗乾元二年（759 年），下限可能不会晚于唐武宗会昌六年（846 年）。

675.新津县出土唐代窖藏铜币

作　者：王常青
出　处：《四川文物》1985 年第 3 期

1983 年 10 月 19 日，87496 部队在新津机场南端靠五津镇一侧修建挖土时，发现古钱币窖藏。该窖藏为平地往下挖一个不规则圆桶形土坑，坑深约 130 厘米，直径约 60 厘米。无器物盛放，古币用绳穿成串圈放于坑内。全部古币重 250 多公斤。简报未配拓片。

据介绍，出土清理拣选结果，可分为 29 个品种。时间最早的是秦"半两"，最晚的是唐晚期铸有背文的"开元通宝"。古币铸造年代跨时约 1100 年。其中以唐代"开元通宝"和"乾元重宝"为最多，占 95% 以上，产地遍及河南、浙江、广西，说明当时的商品交换已十分频繁。该窖藏埋入地下的时间，上限为公元 845 年，下限为公元 907 年。

676.成都化工厂隋墓清理简报

作　者：罗伟先
出　处：《四川文物》1986 年第 4 期

1983 年 10 月 6 日，成都化工厂进行锅炉基坑施工时发现古墓。考古人员进行了清理发掘。简报分为：一、地理位置，二、墓葬结构，三、随葬器物，四、小结，共四个部分予以介绍。有拓片、手绘图。

据介绍，成都化工厂位于成都市北郊驷马桥西北 500 米处。此墓为长方形券拱顶纵列双室砖墓，墓室全长 4.59 米，宽 1.24 米。随葬品有青瓷器 3 件等，共计 8 件。时代简报推断为隋墓。

677.邛崃县发现鎏金铜造像窖藏

作　者：何小伟
出　处：《四川文物》1988 年第 4 期

1985 年 2 月，邛崃县东安乡蜚虹村，在修建酒厂的施工中，发现了一个由铜盖扣着的双耳鼓腹黑陶罐。从这个罐里清理出鎏金铜造像 12 尊。出土时绿锈严重，铜盖锈蚀一触即碎。对造像做了化学处理后，大部清晰可辨。这批造像大小不等，姿态各异。造像最高的 19 厘米，最小的 8.5 厘米。简报分为：一、单身佛菩萨造像，二、单身观世音造像，三、床座，四、结束语，共四个部分予以介绍。有照片。

据介绍，这批铜造像应是唐代作品，此窖藏的发现，对研究唐代佛教史、铸造史均有价值。

678.四川邛崃石笋山唐代摩崖造像

作　者：胡文和
出　处：《文博》1990 年第 6 期

石笋山摩崖造像，位于四川邛崃县城西偏北 32 公里处的大佛沟，此地距大同乡 14 公里，鲜为世人所知。全部造像集中在长 120 余米、高 30 余米的崖壁上，背东面西，依崖镌凿而成。南段造像龛窟为一层，北段分为两层，排列次序较为整齐，除少数龛窟有毁损外，现存约有 33 个龛窟，大小造像约 739 尊。1981 年 3 月进行文物普查时，这处珍贵的文化遗产才被发现。石笋山造像，龛窟数并不多，但龛窟规模大，造像形象精美，是四川同时期石窟中不可多得的大型佳作。简报分为：一、龛窟形制，

二、题材内容，三、造像形象、经变的特征和风格，四、珍贵的唐代建筑资料，五、结论，共五个部分予以介绍，后附"统计表"。有手绘图、照片。

据介绍，简报认为：石笋山摩崖造像绝大部分开凿于中唐时期，其下限当不晚于唐文宗大和三年（829 年）前后。石笋山经变图中的建筑物，在一定程度上补充了我国唐代建筑的史料。唐代建筑能够遗存到现在的犹如凤毛麟角，建筑群更为罕见。所以现代人们对于唐代建筑的总体布置研究和了解得不多。而且，大多是从敦煌石窟唐代壁画中中探索。其实，四川唐代的经变图中已提供了这方面的资料，即当时寺院建筑的资料。当然，经变图中只反映了寺院建筑的主体部分，不是寺院的全貌。

679.五代后蜀孙汉韶墓

作　者：成都市博物馆考古队　毛求学、刘　平等
出　处：《文物》1991 年第 5 期

1984 年 3 月，四川省商业厅基建安装公司在成都市金牛区青龙乡西林村基建施工时，在工地东北角发现 1 件陶武士俑，立即通报有关文物单位。考古人员赴现场调查，从发现的陶俑、封土及墓砖墙等确定此处是 1 座古墓葬，随即进行了发掘。至 6 月下旬，完成了墓葬的清理。简报分为四个部分予以介绍。有照片、拓片、手绘图。

此墓位于成都市城北驷马桥以北约 1.5 公里，西北距凤凰山园林 3 公里，北邻川陕公路。地表有高约 7 米的封土，由砖砌前、中、后三室组成。室内原有壁画，已毁。此墓早年被盗，仅出土劫余的陶俑、陶器、铜器、玉石饰片等。但墓志保存完好，简报附有志文全文。由志文知墓主为五代后蜀重臣孙汉韶，卒年为广政十八年（955 年）。享年 72 岁。志文可补新、旧《五代史》之阙。

680.成都无缝钢管厂发现五代后蜀墓

作　者：成都市博物馆考古队　毛求学、王黎明
出　处：《四川文物》1991 年第 3 期

1985 年 1 月 20 日，成都无缝钢管厂在进行厂劳动保护教育及产品陈列室的基础施工时，发现墓葬 2 座。考古人员确定为大型砖室墓，遂于 1 月 23 日至 2 月 17 日派员配合基建施工对发现的这 2 座墓进行了清理，历时 26 天。从清理结果可知，这 2 座墓属五代后期，编号为 M1、M2，其中一座系后蜀彭州刺史徐铎墓葬。简报分为四个部分予以介绍，有照片。

M1 徐铎墓室，为大型多耳室长方形券拱砖室，由通道、前室、后室三部分组成，

全长 10.80 米，宽 2.20～2.80 米，高 2～4 米。M2 与 M1 大同小异。两墓早年均已被盗多次，劫余随葬品仅有墓志 1 合、买地券 1 方、小铜铃 1 件、铁环 2 件、铜币数枚。墓志楷书，存字 1162 字，简报录有全文。根据墓志铭记载，徐铎（888～951 年），字宣武。其先赢姓，后封为徐氏。先居彭城，后汉徐范在高平太守以后八代至徐铎，一直居家高平，为世族。

简报介绍说，徐铎是徐宥德的长子。同光初年（923 年），作后唐庄宗李存勖左羽林效义指挥第二都军使。同光三年（925 年）夏六月，庄宗克定梁朝后，徐铎被提升为银青光禄大夫检校太子宾客兼监察御史，赐以忠义功臣。此后，徐铎被派往蜀地。文帝在成都时，徐铎被任命为剑南西川节度左厢第五怀忠指挥使，集训军士，操练兵阵。天成三年（928 年）就任殿中侍御使。长兴元年（930 年）春二月，转任左厢帝四宣威指挥使。这期间徐铎由于作战勇猛，受到高祖赞扬。明德元年（934 年），加任检校工部尚书，振守普州刺使。高祖驾崩后，徐铎从检校尚书右仆射改任为使持节渝州诸军事，守渝州刺史，赐竭诚耀武功臣，峡路行营都指挥使，威震四方。广政元年（938 年）春二月，改转任左匡圣步军都指挥副使兼第二明义指挥使检校尚书左仆射。此时，为了加强边疆防务，授徐铎使持节渠州诸军事，守渠州刺史。广政六年（943 年）二月，加封为司空使持节眉州诸军事，守眉州刺史。广政七年（944 年）秋，封为金紫光禄大夫检校司空，进封高平县开国男爵，食邑三百户。广政十年（947 年），任北路行营检校司徒。广政十三年〔950 年），加任检校太保。后又充在峡路行营兼宁江军管内边诸寨屯驻都指挥使。广政十四年（951 年）冬十月，授予徐铎使持节彭州诸军事，守彭州刺史。其年冬十二月二十二日，徐铎死于宁江军屯驻官舍，终年 63 岁。广政十五年（952 年）四月葬于当时的华阳县普安乡沙坎里（即今墓葬出土地）。

徐铎夫人为清河县君张氏。简报怀疑她就是 M2 的墓主人。

681.成都市五代墓出土尊胜陀罗尼石刻

作　　者：成都市文物考古工作队　朱章义
出　　处：《四川文物》1999 年第 3 期

1995 年 9 月，四川省阿坝州农业银行成都办事处拟在成都市西郊化成村五组进行基本建设。考古人员对该工地进行了文物勘探。在勘探中发现和清理了两座砖室墓，其中在 95CHM2（简作 M2）内出土了几件瓷器和一方佛顶尊胜陀罗尼石刻。简报分为：一、墓葬概况，二、随葬器物，三、结语，共三个部分。有照片、拓片、手绘图。

据介绍，该墓为长方形券顶砖墓，由封门墙、墓室、壁龛和壁柱组成。全长 6.13

米、宽4.82米、残高1.27米。封门墙、券顶和部分底砖被破坏。仅出土瓷四系罐3件、瓷盒1件、石刻1方。石刻上刻《佛顶尊胜陀罗记》经。简报推断该墓的时代为五代时期。

682.成都市西郊土桥村筒车田唐墓

作　者：成都市文物考古工作队　朱章义
出　处：《四川考古》1999年第3期

1994年9～10月，考古人员对成都铁路西环线进行了文物勘探。10月9日在金牛区土桥村七社筒车田内发现一砖室墓，并进行了清理。此墓编号为94CXM1（简作M1）。简报分为：一、墓葬概况，二、出土器物，三、结语，共三个部分。有照片、拓片。

据介绍，此墓为梯形券顶砖墓，前宽后窄呈梯形，由封门墙、甬道、墓室和壁龛组成。墓葬上部及部分墓底被破坏，全长4.90米，宽1.9～2.66米。墓底距地表约1.70米。该墓曾被扰乱，出土文物不多，计有陶器、瓷器和钱币等。其中陶扑满为成都唐代墓葬中最具特征的随葬品之一，故简报推断此墓时代为唐代中晚期之际。

683.四川成都市西郊化成村唐墓的清理

作　者：成都市文物考古研究所、成都市文物考古工作队　朱章义
出　处：《考古》2000年第3期

1993年9～10月，考古人员在位于成都市西郊化成村的蜀新、金港两个基建工地清理了一批砖室墓，其中蜀新M11、M16、M17、M19（以下简称SM11、SM16、SM17、SM19）和金港M1、M2（以下简称JM1、JM2）以及在此前清理的抚琴M1（以下简称FM1）都属于唐代墓葬。由于四川地区唐墓发现不多，见诸报道的更少，简报就上述7座唐代墓葬情况分为：一、墓葬形制，二、出土遗物，三、结语，共三个部分，予以介绍。有手绘图。

据介绍，这些墓葬都是长方形单室券顶砖墓，均遭不同程度的扰乱或破坏，但墓葬形制较为清楚。7座墓葬出土遗物不多，共15件，种类有瓷器、陶器等。简报推断：SM16的时代在唐代初期，上限也可能到隋末；SM17的年代在唐代早期；JM2和抚琴唐墓的时代在唐代中期偏早；JM1时代应比JM2略晚，为唐代中期的可能性较大；SM11为唐代晚期；SM19的墓葬形制和SM11基本相同，其时代也应

相当。

简报称，四川地区的唐墓发现极少，虽然成都化成村的这 7 座唐墓均遭破坏和扰乱，出土遗物也不多，但墓葬形制清楚，变化明显，出土器物时代特征较为鲜明，为四川唐墓的研究提供了难得的实物资料。

684.成都市南郊唐代爨公墓清理简报

作　者：成都市文物考古研究所　王　方等
出　处：《文物》2002 年第 1 期

1999 年 12 月，考古人员在成都市南郊的桂溪乡桐梓林村进行文物勘探时，发现一座墓葬，编号为 99CTZM1。简报分为：一、墓葬形制，二、随葬器物，三、结语，共三个部分。有照片、拓片。

据介绍，该墓为长方形券拱砖室墓，由墓道、封门墙、甬道、前室、过道、棺室、后龛、两个带龛的耳室组成。全长 6.82 米，宽 2.92 米，墓底距地表 2.7 米。券拱被破坏，肋柱和耳室因挤压有一定的变形。棺椁不存，人骨保存较差，葬式为仰身直肢。有墓志出土。

据志文记载，墓主人爨子华，字守忠，祖籍河东汾阴，生前曾任唐节度副使、开府仪同三司兼太常卿、南宁一十四州都督，世袭南宁郡王。贞元二年（786 年）正月二日卒于嘉州（今四川乐山），同年三月十七日葬于成都府广都县政道乡（今成都市高新区桂溪乡），卒年 48 岁。该墓是成都地区发现的第一座有确切纪年、墓主人官职较高的唐墓，填补了成都地区唐代墓葬的空白。此外，该墓所出的墓志铭非常完整。墓志盖上的十二生肖图案亦非常精美，墓志铭文还叙述了墓主人的家世、生平事迹及其他史实。爨氏家族自北周时起就成为西南地区的大姓豪族，此墓志铭的出土，对研究唐时南宁州的历史地理及爨氏家族都有着重要意义。

685.四川彭州龙兴寺出土石造像

作　者：彭州市博物馆、成都市文物考古研究所　雷玉华、丁武明、周　静等
出　处：《文物》2003 年第 9 期

1994 年 8 月，四川省彭州市佛教协会经批准拆除位于市区北部的晚唐龙兴寺古塔，并于塔底发现地宫。地宫为一砖砌正方形密室，长、宽各 2.6 米，深 2 米，室内堆放数十件石雕残佛像。2001 年 11 月，考古人员对现存于该寺内的出土石像进行了编号整理。简报分为：一、现存造像，二、其他造像，三、结语，共三个部分。

有照片、拓片。

据介绍，这批石造像中有纪年的最早为南朝梁中大通五年（533 年）造释迦双身像。除少数南朝、隋造像外，绝大部分为唐代前期作品，如唐武周久视元年（700 年）、玄宗开元二十五（737 年）年纪年像等，延续时间达 200 年。题材有佛立像、佛坐像、一佛二菩萨像、双菩萨立像、菩萨像以及少量道教造像。这是除成都万佛寺石刻造像外，四川地区早期佛道石造像的又一次重要发现。

686.新都五代十国钱币窖藏清理报告

作　者：成都市博物馆、新都区文管所　曾咏霞

出　处：《四川文物》2005 年第 3 期

成都新都区发现了一处钱币窖藏，出土秦汉半两、货泉，开元通宝、通正元宝等多达几十种古代钱币，时代从秦汉到五代十国，数量丰富。简报初步认为该窖藏是前蜀被后唐所灭前夕，持币人将钱币匆忙入藏。此批钱币对于研究四川古代经济状况和钱币发展史有一定资料价值。简报配以拓片予以介绍。

据介绍，此窖藏内无后唐天成年以后其他各五代十国钱，所以，窖藏形成年代上限自秦半两，下限至天成五年（公元前 221 ～公元 930 年）。简报认为持有会昌背永钱和天成元宝钱者，不是一般平民百姓，也不是富商，应是一位皇室中的达官贵人。因这种珍稀钱，不会对外流通，而持钱者作为宝物而收藏，此钱应是皇室的一种赏钱。再加藏钱者拥有各种钱达 164037 枚，其中有前蜀钱一千多枚，应为前蜀被降后的朝廷命官。

687.成都市金沙村唐墓发掘简报

作　者：成都市文物考古研究所　陈云洪、朱章义、王仲雄等

出　处：《考古》2008 年第 3 期

2005 年 3 月，成都成房置业有限公司在成都市西郊金沙村修建天韵金沙商住小区。该小区东邻青羊大道，南距成温公路约 500 米，北与金沙遗址博物馆相接。考古人员在对该工地进行文物勘探时，发现 2 座唐墓，并进行了抢救性清理。两墓相距 5 米，编号简称 M1、M2。简报分为：一、M1，二、M2，三、结语，共三个部分。有拓片、手绘图。

简报称，近年来成都发现了不少唐墓，但有明确纪年的不多。而此次金沙村发现的两座唐墓，其中 M1 出有墓志。根据墓志可知，M1 的墓主卒于唐大中四年（850

年）二月二十一日，并于同年腊月下葬，为唐代晚期早段墓葬，从而为成都地区唐墓研究提供了新的资料。

简报未录志文，金沙村 M1 出土墓志确切记载了墓主为鲜腾，根据墓志中"大中四年二月二十一日寝疾不瘳殁"可知，他死于唐宣宗大中四年（850 年），享年 66 岁。根据墓志记载可知，鲜腾从唐敬宗宝历年相国安吉公时期任衙推平南蛮，虽有胆识谋略，但未成功。到后来相国邹平公时期任助教，教授云南子弟，芳声远播。相国安吉公、赞皇公、邹平公是该墓志所涉及的三个历史人物。据相关文献，安吉公可能为西川节度使杜元颖，邹平公可能为西川节度使杜棕。M2 和 M1 相距 5 米，其出土的四耳罐、碗也与 M1 出土的碗风格相近，所以两墓的年代也应接近。M2 墓室平面呈长方形，分为前后两段，前段中部有一肋拱柱，墓室带一较短的甬道，这种墓葬形制的特点与川大唐墓 M10 相同，而川大唐墓 M10 的年代为唐代中晚期。另外，M1 的墓志中提到鲜府君死后归附于先祖之茔，据此推测 M2 可能为鲜腾先辈之墓，其年代应略早于 M1。综合以上几点可推知，M2 的年代应为唐代中期偏晚。

另外，金沙村 M1、M2 两座墓的墓室内均有两具尸骨，应为同穴夫妇合葬。文献资料记载唐宋时期有"停丧"的习俗。据 M1 的墓志记载，停丧时间达 9 个月。根据金沙村 M1 中出土墓志的记载和以往的考古发现可以认为，M1 墓室内两具人骨中有一具当为迁葬，而 M2 墓室内也有一具人骨应是迁葬。这种停丧和迁葬习俗的形成与唐宋时期堪舆术的盛行有关。从 M1 出土的墓志可知，现在成都西郊的金沙村在唐代为善政乡肃清里。金沙村 M1、M2 的发现为成都地区唐墓的分期研究提供了重要的实物资料，也为研究唐代的历史沿革、丧葬习俗等提供了新的信息。

688.成都市龙泉驿五代前蜀王宗侃夫妇墓

作　　者：成都文物考古研究所、龙泉驿区文物保护管理所　刘雨茂、薛　登、
　　　　　毛求学、朱章义等
出　　处：《考古》2011 年第 6 期

1997 年 9 月，成都市东郊龙泉驿区十陵镇青龙村砖厂取土时发现一座砖室墓，并将一墓志盖取出。考古人员对该墓进行了抢救性清理并实施回填保护。1998 年 6 月，又对该墓进行发掘。该墓位于成都市东郊十陵镇东南约 500 米，北距成（都）洛（带）公路约 250 米。据墓志记载，此墓为五代前蜀皇帝王建养子魏王王宗侃夫妇合葬墓。该墓形制特殊，出土遗物丰富，墓主是位极一品的分封亲王夫妇，具有很高的研究价值。简报分为：一、墓葬概况，二、随葬器物，三、结语，共三个部分。有彩照、拓片和手绘图。

据介绍，墓葬为较大型的长方形双室券顶砖墓，墓圹平面呈"亚"字形，两墓室均由封门墙、墓室、棺床、耳室和肋拱组成。虽然墓主"位极王侯""辅佐两朝、忠贞一致"，却采用同墓异葬且双室由过道连为一体的夫妻合葬墓，这在四川地区大中型五代时期墓葬中尚属首例。这种墓葬形制开启了川西地区宋代常见夫妻合葬墓形制的先河，这对五代、宋代的墓葬制度研究具有重要意义。

简报指出，尽管王宗侃夫妇墓已遭严重破坏和扰乱，但仍出土了大量遗物，是四川地区除帝王、王妃墓外的大型五代墓葬中出土遗物最多的墓葬，特别是其中的碗、碟、罐类釉陶瓷器和锡器等具有典型的时代特征，可视为区分四川地区唐、五代墓葬的标准器。另外，出土的瓷器绝大多数为五代时期兴起的成都琉璃厂窑器物，少量带釉下彩的器物应是四川邛窑系统的器物，基本不见五代以前在成都地区盛极一时的青羊宫窑系统的器物，这也为深入研究四川地区三大著名窑址的兴衰发展提供了新的实物线索。

此次发掘的另一大收获就是墓志2合。据志文，墓主王宗侃，字德怡，和五代前蜀开国皇帝王建同为许州人，本姓田，后被王建收为假子（即养子），故改姓王。从墓志可知其生平：王建牧守利州时，王宗侃已和建共事，为攻取全蜀立下汗马功劳。唐景福二年（893年），始授雅州防御史，检校右仆射。此后，统帅和指挥了攻克彭州、东川之役，历任左厢马步使、眉州保胜军团练使、检校太尉兼侍中等职。天复七年九月，王建称帝建蜀时（史称前蜀），"制命公守太保兼待中，军城内外都指挥使"。此后，曾任东北面都招讨使，北路行营东、西两面都统等职，征伐李茂贞，"都统全军，两攻寇逆，收秦取凤，皆效殊勋，料敌运筹，往无不克"。王建驾崩之年，除授兴元节度使，检校太师兼中书令，进封乐安王。乾德元年正月，加赐扶天佐命匡圣保国功臣，准于私第立戟门。乾德二年，拜王宗侃守侍中，封魏王，修奉太庙使、弘文馆大学士、判度支，食邑达到一万四千户。乾德五年七月十三日"薨于龙池坊之私第，享年六十有六"。王宗侃为建立及巩固前蜀政权东征西讨，竭尽全力，在前蜀政权中具有十分显赫的地位，以至乾德五年"薨于龙池坊之私第"后，前蜀后主王衍"遂辍朝七日，皇帝及太后、太妃亲临奠丧、躬伸吊祭，将相王侯，文武百官，九品已（以）上在京者，并就公宅申吊"。其妻张氏于乾德四年六月二十四日死，享年64岁，乾德五年二月二十五日安厝于成都县文学乡城均里南原。待魏王宗侃死后近四个月，墓葬建成，才迁至本墓与王宗侃合葬。王宗侃夫妇墓葬是迄今发掘的除王建永陵以外的最高级别的前蜀重臣和分封亲王墓葬，这为研究前蜀历史提供了重要的实物资料。

王宗侃在正史中无传，文献记载极少，但墓志洋洋数千言，可校正和补充史载之不足，但令人遗憾的是简报未录志文。

689.邛崃十方堂窑遗址五号窑包的建筑、窑炉遗迹

作　者：黄晓枫

出　处：《江汉考古》2012 年第 4 期

邛崃十方堂窑遗址位于四川省邛崃市南河乡十方堂村，遗址面积 111300 平方米，是唐宋时期四川地区最具影响力的青瓷窑场，五号窑包位于遗址的中心区域。1984 年至 1989 年发掘清理的房屋建筑、作坊建筑、窑炉及排水沟等集中分布在五号窑包的遗迹，其年代为唐至五代时期。五号窑包丰富的建筑、窑炉遗迹充分展示了十方堂窑在唐五代时期的兴盛，其中唐代早中期的台基式建筑是研究该时期窑业生产状况与制度的重要资料。

简报分为：一、建筑、窑炉遗迹，二、地层与遗迹年代判定，三、结语，共三个部分。有手绘图。

据介绍，邛窑遗址发现于 20 世纪 30 年代，十方堂窑即为最早发现的窑址，其后经过 50 年代的考古调查发掘，确认了 7 处古代窑场，分别为十方堂窑遗址、大渔村窑遗址、瓦窑山窑遗址、尖山子窑遗址、黄鹤窑遗址、柴冲窑遗址和官庄窑遗址。十方堂村遗址位于今四川省邛崃市南河乡十方堂村，隔南河与邛崃市区相对，遗址面积 11300 平方米。经 2005 年的考古调查，确认窑包 14 处，五号窑包位于十方堂遗址的中心区域。十方堂窑发现于 1935 年，次年便遭大肆盗掘，盗掘者主要的挖掘地点即在五号窑包。1984 年以来，考古人员进行了多次调查与发掘。

据介绍，十方堂五号窑包的建筑遗迹有较长的延续性，从年代与使用序列上可描述如下：在唐代早中期，该区域兴建了 F1、F2、F3 及附属的排水设施，此时这是一处规格较高的建筑群；到唐代晚期，F1 被沿用，F2 废弃，F3 改建为作坊，同时在其东北部与西南部新建了两个简易作坊 ZF3 与 ZF4，它们与马蹄窑 Y1（原编号 86QS5YY3）的生产配套，但从 Y1 的规模看，这个作坊区应该还有 1 ~ 2 条较大的生产窑炉；晚唐五代时期，新建了斜坡式龙窑等，此时为五号窑包生产最为兴盛时期，后因南诏攻蜀，生产遭到破坏。

自贡市

攀枝花市

泸州市

德阳市

690.四川什邡县出土金腰带

作　者：四川省文管会　胡昌钰
出　处：《文物》1985 年第 5 期

1984 年 12 月 2 日，四川省什邡县血防站在基建施工中发现一条金腰带。简报配以照片予以介绍。

简报称，金带出土于一扰乱层中，土中夹杂汉至明、清各时代的陶、瓷碎片。重 91.5 克。带扣以金丝盘成。带身阴刻纹饰，主体为十二生肖形象，按顺序排列，雕刻细致，可惜最后的猪已残缺。各生肖间遍饰缠枝花及细点纹。从纹饰风格看，简报推断这一金带应是唐或五代时期遗物。

又据《四川文物》1985 年第 4 期报道，此金带长约 1.20 米，宽 0.09 米，厚 0.008 米，重 91.5 克。纯属黄金铸造。上镌十二属相，按子鼠、丑牛、寅虎、卯兔、辰龙、巳蛇、午马、未羊、申猴、酉鸡、戌狗、亥猪等十二生肖顺序排列。每一属相均以缠丝纹图案护绕。铸造精工，镂刻细腻，形象生动，栩栩如生，显示了唐至五代的艺术风格。与这件文物同时出土的，还有唐开元小钱和铜箭镞一枚，因此可以肯定，金带是唐至五代的遗物。从现场看，似是战场遗物。

报道称，这件文物本系完品，被发掘者出售至商业部门，而砸成 5 段（现已全部追回），实在令人痛心。

691.2004 年广汉烟堆子遗址晚唐、五代墓地发掘简报

作　者：四川省文物考古研究院、德阳市文物考古研究所、广汉市文管所　金国林、
　　　　于　春
出　处：《四川文物》2005 年第 3 期

在 2004 年广汉烟堆子遗址发掘中发现了 3 座晚唐、五代时期的砖室墓。其中 M3 的形制较为复杂独特，随葬器物也较丰富，对于研究四川地区五代时期的墓葬习

俗及经济文化面貌均具有较重要的资料价值。简报配以手绘图予以介绍。

据介绍，烟堆子遗址位于四川省广汉市兴隆镇西林村与竹林村交界的烟堆子高埠上。2004年考古人员对其正式发掘。此次发现的晚唐、五代时期的墓葬中以M3保存最好，出土器物也较多。

简报推断，M3的时代在五代时期，M1的年代可能早至晚唐，M2属晚唐至五代时期。

692.德阳马鞍山出土前蜀佛教文物

作　者：德阳市文物考古研究所
出　处：《四川文物》2007年第3期

1991年初，德阳市马鞍山出土了石函、银函、铜盆、琉璃瓶、开元通宝、钱币等文物。经鉴定石函应是建佛塔时所埋，其时间简报推断应为晚唐、前蜀时期，为研究当时的佛教与寺庙建筑提供了资料。简报分为三个部分，有手绘图、照片、拓片。

据介绍，马鞍山位于德阳市区东郊，德中公路从中横穿，山形似马鞍，山名由此而来。1991年1月24日，旌阳乡马鞍村农民在这里挖出青砖4匹及"开元通宝"数枚。1991年1月30日，在同一地点又挖出石函等文物。2005年12月16日，农民在距出土文物地点数十米处挖地时又发现建筑遗迹。考古人员前往现场调查、清理，现场暴露出石条、汉砖、瓦当等建筑材料。三次发现基本在同一地点，文物应为佛塔地宫内出土，简报认为建筑遗迹可能为寺庙基址。

简报推断，佛塔的建造年代应该是919年。

绵阳市

693.四川江油发现一批窖藏钱币

作　者：曾昌林
出　处：《考古》1990年第11期

1986年10月，江油县三合乡桂香村附近，涪江钢铁厂施工开挖地基时，在涪江右岸，离地表面60厘米深处，发现一处窖藏铜币。铜币装于一个陶瓮中，出土时陶瓮已碎，仅余陶瓮的口沿部分。经清理，共有铜币17500枚，重67.8公斤。

据介绍，这次铜钱出土的数量极大，为江油县出土铜币最多的一次，种类以开元通宝为数最多，开元通宝以Ⅰ式占绝大多数，Ⅱ式仅14枚，汉五铢的数量也极少，为15枚，乾元重宝的数量也少，为21枚。带星月痕的开元通宝多达17450枚。这种开元通宝铸文清晰，外廓明显，铸砂、铜坯可见，似很少周转之钱。

简报称，桂香村的这批铜钱的发现，为研究江油一代的经济文化情况和货币史提供了可贵的实物资料。

694.盐亭县发现唐代《嫘祖圣地》碑志

作　者：王德奎、王映维、赵均中
出　处：《四川文物》1992年第6期

四川省盐亭县近年来在金鸡、高灯、古来、四桂、金孔等五个乡，发现远古桑林化石、剑齿象化石、古树、岩画、古墓群、石器，以及有关养蚕治丝发明家——黄帝元妃嫘祖的碑文、楹联、祭文、传说等材料。其中在一本上海广益书局1922年印行的《高等论说指南》书中第6页至7页，夹层破开，有1949年复抄于上的金鸡乡嫘祖山四方碑志《嫘祖圣地》。该碑志为唐代著名韬略家，《长短经》的作者，大诗人李白的老师赵蕤所写。

据介绍，此碑文当是1946年小学老师让学生抄下作补充教材之用。简报指出，唐代《嫘祖圣地》碑文的发现，不但为"嫘祖是盐亭人"一说提供了新的文字史料，并且还对清代学者周广业和现代学者葛景春等认为赵蕤是郪县人、赵蕤生于唐朝开元之世、隐居郪县长平山安昌岩等说法提出了质疑，而为五代末宋初学者孙光宪著《北梦琐言》认为赵蕤是盐亭人，和盐亭旧县志上记载赵藉曾住古东关县长平山提供了佐证。

695.三台发现唐代观音寺遗址

作　者：三台县文管所　左　启
出　处：《四川文物》1995年第4期

1991年4月，考古人员在三台县涪江大桥上游的临江石滩，发现有唐代寺庙遗址。简报介绍了调查情况。

据介绍，现存一高13米以上的圆雕大佛，附近有大量石窟、佛龛、遗址残存，采集到筒瓦等建材。考之文献，知此处应为唐代观音寺遗址，而大佛，应是唐代所刻观音菩萨像。在此大佛左侧，还发现一宋代所刻观音像，只是观音性别，已由男变女。

696.三台县牌坊垭唐代崖墓清理简报

作　者：钟　治
出　处：《四川文物》2002 年第 2 期

三台县牌坊垭发现一处唐代崖墓群，经发掘清理，共计崖墓 23 座。崖墓群的年代应在中、晚唐时期。简报分为：一、墓葬形制，二、随葬器物，三、几点认识，共三个部分。有照片、手绘图。

据介绍，这批崖墓均凿岩为穴，分布在距地表约 20 米长、15 米宽的一段山崖上，一般由墓道、墓门、墓室组成。已受施工破坏，随葬品有陶瓷器 8 件及钱币 12 枚。

简报称，一般认为四川崖墓是四川以及云南、贵州部分地区，汉至六朝约五百年间中，曾广泛流行过的一种较具地方特点的墓葬。它起始于西汉末，盛行于东汉晚期，消亡于南北朝。而此处崖墓应为同时开凿，为族人墓地，墓室正中凿尸坑的做法以往少见，当为唐代中、晚期墓葬。

697.四川绵阳碧水寺唐代摩崖造像调查

作　者：四川省文物考古研究院、四川大学艺术学院、绵阳市文物局　于　春等
出　处：《文物》2009 年第 2 期

2007 年 11 月，考古人员对绵阳市涪江东岸的碧水寺摩崖造像进行调查。简报分为：一、龛窟介绍，二、结语，共两个部分。有照片、手绘图。

据介绍，此处摩崖石刻共有 25 龛，包括阿弥陀佛与五十二菩萨、鸠摩罗什译《金刚般若波罗密经》等内容。其中有些造像具有唐初期"长安样式"特点，可能为唐贞观年间令狐氏所凿。特别是第 19 龛阿弥陀佛与五十二菩萨造像，带有印度、西域尉迟氏风格绘画的佛教图像特征，与唐早期日本法隆寺金堂 6 号壁画较为相似，为唐初佛教美术研究和东西佛教文化交流研究提供了新的资料。

698.绵阳市西山玉女泉摩崖造像调查报告

作　者：四川省文物考古研究院、四川大学艺术学院、西安美术学院、绵阳市
　　　　文物局　于　春、郑建国
出　处：《四川文物》2010 年第 4 期

玉女泉位于绵阳市西山公园内，有造像 20 余龛。2008 年考古人员前往进行调查，简报分为：一、前言，二、龛窟介绍，三、结语，共三个部分。有照片、手绘图。

据介绍，考古人员将现存造像分为四区，第一区时代为隋至唐初，第二区为唐代早期咸亨、上元年间，第三区为唐代晚期，第四区因破坏严重，年代不明。

另有题记 8 则。

699.绵遂高速公路（三台段）后底山隋代崖墓群发掘简报

作　　者：四川省文物考古研究院、三台县文物管理所　黄家祥、黄家全

出　　处：《四川文物》2013 年第 5 期

2009 年 5 ～ 6 月，为配合绵（阳）遂（宁）高速公路三台段建设，考古人员在四川三台县新德镇四村一社后底山崖墓群发掘清理 15 座崖墓，出土陶器、瓷器、铁器和钱币等 100 件随葬器物。出土五铢钱经判定为隋五铢钱，这批崖墓也应为隋代。这是四川地区隋代崖墓的首次发现，墓葬形制、出土器物都为相关研究提供了重要资料。简报分为：一、前言，二、墓葬形制，三、结语，共三个部分。有手绘图、拓片。

据介绍，为配合绵（阳）遂（宁）高速公路三台段建设，在前期调查基础上，考古人员于 2008 年 12 月中下旬至 2009 年 6 月底对三台段沿线古代墓葬进行了抢救性发掘。其中百顷镇芙蓉山崖墓群、老马乡松林湾崖墓群、蓝家梁子崖墓群、新德镇后底山崖墓群、争胜乡果园山崖墓群等墓葬，简报认为很有学术价值。

简报称，后底山有 5 座崖墓的墓道带有壁龛，这在四川目前已经发掘和发表的崖墓墓葬考古资料中属第一次发现，丰富了崖墓墓葬形制的内容，填补了四川隋代墓葬考古的空白。

700.绵遂高速公路（三台段）果园山崖墓发掘简报

作　　者：四川省文物考古研究院、三台县文物管理所

出　　处：《四川文物》2014 年第 4 期

为配合绵（阳）遂（宁）高速公路三台段建设，考古人员于 2008 年 12 月中下旬至 2009 年 6 月底对三台段沿线古代墓葬进行了抢救性发掘。对争胜乡果园山崖墓群发掘清理情况简报分为：一、前言，二、墓葬形制，三、结语，共三个部分。有照片、手绘图。

据介绍，此次四川三台县争胜乡果园山崖墓群发掘清理的 10 座崖墓，出土陶器、瓷器、铜器、铁器等 50 余件。通过比较墓葬形制、出土物品，可知果园山崖墓群与后底山隋代崖墓群有较多相同或相似因素，据此简报推断果园山崖墓群年代也属隋

代。这是四川经过考古发掘清理的第二批隋代墓葬考古资料，为认知涪江流域及周边地区类似墓葬形制和出土器物的判断增加了新资料。

广元市

701.四川广元县皇泽寺调查记

作　者：张明善、黄展岳
出　处：《考古》1960 年第 7 期

考古人员对唐代武则天出生地四川省广元县的皇泽寺，进行了一次调查，有照片、手绘图。

据调查，皇泽寺位于广元县嘉陵县西岸，大抵建于唐代中叶。1934 年修公路时，将古寺拆毁，夷为平地。现公路、铁路贯穿原址，原貌已不可见。大抵在皇泽寺修建以前或与建寺同时，这里就已经开凿石窟、摩崖造像了。现存龛窟 34 洞，其中石窟 6 处、石龛 28 处。历唐迄今，代有石刻造像及题字。主要的唐代洞窟有大佛窟，则天殿、五佛窟、支提窟、写心经洞等，中多唐代造像，瑰玮壮丽，与对岸"千佛崖"齐名（造像情况可参阅《广元皇泽寺及其石刻》，《文物参考资料》1956 年 5 期）。现存的最早石刻是唐宝历二年（826 年）题款的碑形石刻，惜碑文漫漶不可句读。此外，还有近代的建筑，如吕祖阁、小南海等。每逢农历正月二十三日，相传这一天是"武则天的会期"，当地人都喜欢到这里来"游河湾"。估计这一天可能是武则天的生日，可以补史之缺。据调查，广元县早有"则天乡"地名，皇泽寺原有则天殿、则天神像，都说明武后出生地对武后的崇敬。武后曾自称"不爱身而爱百姓"，这大抵是她的为人与为政的方针。她在执政期间的 50 年中（显庆后武后即参预朝政，时称"二圣"）。对内来说，50 年间不曾有农民暴动，对外来说，唐代政令远逮波斯湾。这是远远超过贞观年代的治绩的。

702.四川广元县皇泽寺石窟调查纪要

作　者：陕西省考古研究所、四川广元县文管所　负安志、侯正荣
出　处：《考古与文物》1985 年第 1 期

四川广元县，即古代之利州，位于川、陕、甘三省交界处。在广元县境内的古栈道上，镶嵌着闻名中外的两颗古代石刻艺术明珠，即广元皇泽寺和千佛崖石窟寺。

这两处摩崖石刻造像现属全国重点文物保护单位。1983年12月，考古人员对皇泽寺石窟群进行了初步调查。简报配以照片予以介绍。

据介绍，皇泽寺石窟坐落在嘉陵江西岸，距广元县城1公里许，与县城隔江相峙。皇泽寺背依悬崖，下瞰江流，景象伟丽，是我国古代佛教艺术的胜地之一。今寺内多为仿古建筑，有大佛楼、则天殿、小南海、五佛亭、吕祖阁等，布局错落有致，气势巍峨雄浑。皇泽寺石窟群相传为唐武则天所创，距今已有1300年的历史。因武则天出生在广元，唐代统治者为了显示女皇帝武则天光泽四方的"恩德"，故将此处佛寺称为"皇泽寺"。1976年在此出土后蜀广政二十二年（959年）石碑一通，涉及寺史，简报录有全文。

简报称，1949年前，每逢农历正月二十三日为"武则天会期"（相传此日为武则天的生辰），这一天，当地妇女游河湾，赶庙会，热闹非常。据《广元县志》记载，则天殿内唐时即有武后石像，现佛殿内有圆雕武则天石像一躯，为五代时作品。皇泽寺摩崖造像现有6个窟41个龛，大小造像千余尊，多为北魏、北周及隋、唐造像。其中大佛龛内一尊佛像，据说是武则天的形象化身。

简报称，广元是武则天出生地，所以，皇泽寺大佛龛和龙门奉先寺大佛龛一样，可能是武则天捐钱资助开凿的。大佛龛的阿弥陀佛，是否就是武则天形象化身，不好定夺，但就其雕造技巧之高，艺术设计之精，形象刻划之完美，可算得上我国石窟艺术中的一枝奇葩。

703.苍溪出土唐代官印

作　者：王峻峰

出　处：《四川文物》1988年第6期

1987年7月8日，苍溪县伏公乡龙凤村出土两方唐代官印。简报配以拓片予以介绍。

据介绍，两印其一为"蓬州之印"，重2.3斤，阳篆"蓬州之印"四字，柄右刻楷书"蓬州之印"四字，柄左刻楷书"大顺元年八月日""礼部造"十字，印左侧面刻楷书"大字五十二号"六字。其二为"蓬州儒学记"，重1.3斤。阳篆"蓬州儒学记"五字，柄右刻楷书"蓬州儒学记"五字，柄左刻楷书"大顺元年十一月日""礼部造"十一字，印左侧面刻楷书"大字三百八十七号"八字。两印均为青铜铸造，工艺细致，完好无损。

简报称，"大顺"是唐昭宗李晔（890～891）和明末张献忠（1644～1646）的年号，但张的政府当时还在到处作战，没有定型，不可能设官铸印，也没有设置"儒学"这样的官。可以肯定这是唐昭宗颁发的官印，大顺元年至1988年，已有1097年的历史。

704.四川剑阁武连横梁子摩崖造像

作　者：母学勇
出　处：《考古》1992年第5期

剑阁县武连镇新桥村横梁子，当地人俗称"佛儿岩"，海拔700多米，西距川陕公路500多米，北距古蜀（驿）道近700米。此处共有造像16龛，像48尊。石刻雕凿在一块长6米、高4.4米的青砂石上，面南而造。此处造像规模虽然不大，但因它是初唐贞观二十一年（647年）的造像，在川北极少，加之风格独具，又集中了佛道两家的一些特点，故极为珍贵。考古人员将这些造像按从左至右、从上到下的顺序编号。调查的情况简报配以照片予以介绍。

据介绍，造像编号1～6号龛，前六龛均为唐初佛教造像，为一佛、二菩萨、二弟子的组合规制。从8号龛开始，刻线虽无改变，但龛内的神像造型、整体规制都采用了不同于前七龛的结构，造像以补一身、二身、三身为主，这些特点在佛教造像中也较少见。特别是13号龛中的造像，手部、衣饰、体态都与鹤鸣山第4号龛中的造像相同。14号龛中的三尊神像很像观音、文殊、普贤三尊菩萨，在川北，人们通常把这三尊菩萨说成是与道教有关的神，在道观中也不缺其神位，更为典型的是将儒、释、道之神（夫子、佛、老君）共塑在同一神台上。据剑阁唐代开元寺遗址出土的残碑可知，从唐代始，川北就已经有了"三教合一"之规。8～16号龛中，除13号龛中造像为长生保命天尊外，其余造像都应与观音、文殊、普贤有关。这几尊造像虽不见座骑，但其体态、手持之法器都与这三尊菩萨有关。另外，这几尊造像所站的仰覆双层莲花台在以往也很少见。

简报称，武连横梁子摩崖造像艺术精湛，造像组合有独特之处，为初唐时期珍贵的佛道组合造像。该遗址现已列为剑阁县文物保护单位。

705.广元观音岩石窟调查记

作　者：广元市文物管理所　罗宗勇、王剑平、盛　涛
出　处：《四川文物》2002年第3期

川北广元是四川石窟造像比较集中的地区，重要的石窟造像有广元千佛崖、皇泽寺、观音岩。其中千佛崖、皇泽寺摩崖造像已有专文介绍，唯观音岩石窟造像未

有详细的调查报告。2000年11月，考古人员对观音岩石窟造像的主要龛窟、开凿时代、造像的题材与组合、造像风格及特点进行了调查。简报分为：一、观音岩主要龛窟，二、观音岩石窟开凿时代，三、造像的题材与组合，四、造像风格及特点，共四个部分。有照片、拓片、手绘图。

据介绍，观音岩石窟位于广元城南15公里的嘉陵江东岸，古代金牛古道即沿崖而行，全崖长约300米，山势南北绵延，地势北高南低，造像最高处距地面近20米，现有龛窟129个，大小造像近380尊，因以单龛观音造像最多，所以当地百姓俗称为"观音岩"。1956年，四川省人民政府公布其为首批省级文物保护单位。

简报重点介绍了其中的5号、6号、19号窟等，认为现存的造像，以88号窟时代最早，约凿于开元初年，而其造像最盛的时期是天宝年间，特别是在天宝十年至十五年短短数年间，大部分龛窟在这个时期凿出，其中以与南诏战事有关的官员、将士和随玄宗避难入蜀的随行人员所开数量较多引人注目。天宝以后，仍继续开凿，现保存有至德二年（757年）、元和五年（810年）、十三年（818年）、十五年（820年）等造像记，最晚的题记为大和七年（833年）。距此之后数年就发生了唐武宗会昌年间的灭佛事件，观音岩造像可能受此影响，就逐渐地衰落下去了。造像中观音及密宗造像较多。

706.旺苍县佛子崖摩崖石刻造像调查简报

作　者：广元皇泽寺博物馆、成都市文物考古研究所　罗宗勇、王剑平、雷玉华
出　处：《四川文物》2004年第1期

佛子崖摩崖造像位于旺苍县普济镇五星村东南150米处的一座山崖上，现存编号的龛像共41个。基本上开凿于盛唐时期，造像的题材、风格以及龛窟形制都与巴中石窟接近，应是受巴中石窟的影响。2001年10月，考古人员继20世纪90年代考古调查之行，再次进行了调查。简报分为：一、地理环境，二、龛像内容，三、结语，共三个部分。有照片、手绘图。

据介绍，佛子崖摩崖造像位于旺苍县普济镇五星村东南150米处的一座山崖上，当地人俗称"佛子崖"。山崖呈东北、西南走向。崖面上的龛像在"文化大革命"期间被村民用炸药炸毁，许多精美的龛窟被炸得支离破碎。现在崖前树林中仍散落着许多残龛断像，有的还保存较好，此次调查时也进行了编号，现存编号的龛像共41个。编号先从崖面开始，从北至南，最后编散落于崖前树林中的龛像。造像龛形有外方内佛帐形龛、外方内圆拱形龛等形式，造像内容有阿弥陀佛与观音和地藏菩萨、二观音、弥勒佛，一佛二弟子二菩萨二力士、一佛二弟子、一佛二菩萨（可

能是西方三圣）、西方净土变、佛塔等，其中有唐代天宝年间的造像题记。从现存龛像形式和组合、内容等情况看，这里的龛窟基本上开凿于盛唐时期。

707.苍溪县阳岳寺摩崖石刻造像调查简报

作　者：广元皇泽寺博物馆、成都市文物考古研究所　雷玉华、王剑平、罗宗勇
出　处：《四川文物》2004 年第 1 期

阳岳寺摩崖石刻造像位于苍溪县三川镇阳岳一组望天观，造像刻于山崖西北面，共计 7 龛，题材主要有西方净土变、五十三佛、二十五佛、三世佛等，其中五十三佛、二十五佛等题材可能与三阶教有关，这是四川地区首次发现有关三阶教的造像。2001 年 10～11 月，考古人员前往进行调查。简报分为：一、龛像介绍，二、结语，共两个部分。有照片、手绘图。

据介绍，阳岳寺摩崖石刻造像位于苍溪县三川镇阳岳一组望天观半山腰上，崖面东北西南向，崖前地面较宽阔，前面有一棵数人合抱的古银杏树，农民耕地时出土有宋、明时期石刻造像，说明此地原有寺庙。造像刻于山崖西北面。造像规模不大，仅有 7 龛，且都集中在较小的范围内，但有较多题记，其中 3 则有纪年，2 则纪年清楚可识，从造像风格和其在崖面上的布局看，7 号龛开凿在崖面较高处，离其他 6 龛造像较远，且雕刻粗糙，可能稍晚于其他 6 龛造像。其余 6 龛像当大致开凿于同一时期，即造像铭文所记的天宝时期。7 号龛从造像内容和造像风格看，约开凿于中晚唐时期。

708.旺苍县普济镇佛爷洞摩崖石刻造像调查简报

作　者：广元皇泽寺博物馆、成都市文物考古研究所　梁咏涛、雷玉华、王剑平
出　处：《四川文物》2004 年第 1 期

佛爷洞位于普济镇外古田坝广巴公路南侧山崖上，山崖北面现存两龛唐代造像。其中 1 号龛造像较为重要，约凿于初唐贞观时期。2001 年，考古人员进行了调查。简报分为：一、龛像介绍，二、结语，共两个部分。有照片、手绘图。

据介绍，1 号龛应开凿于初唐贞观时期，2 号龛残损严重，但仍可看出是开凿于唐代。简报称，四川初唐前期的佛教摩崖石刻造像以川北最集中，又以广元和巴中两地规模最大，且各有特色。巴中发达的佛帐龛不见于广元，广元流行的人形敞口龛和大型造像在巴中亦少见，两种不同的龛像各有流行范围。从行政区划来看，历史上旺苍东部的普济、木门二镇多属巴州管辖。普济古田坝这两龛造像位于巴中与

广元之间，从龛形、造像组合和造像形象看，这里及该镇附近的佛子崖造像与巴中造像更为接近，受巴中石窟的影响更大一些。

709.四川广元皇泽寺新发现的唐代石刻摩崖造像

作　者：四川广元皇泽寺博物馆　罗宗勇、王剑平

出　处：《文物》2009 年第 8 期

皇泽寺位于广元市老城区西 1 里的乌龙山脚下，石刻摩崖造像主要分布在寺内写心经洞区、大佛楼区和五佛亭区。写心经洞位于皇泽寺大门内南侧，相传唐代书法家颜真卿在广元任刺史时曾在此写《心经》一卷，因此俗称之为写心经洞。洞区主体为一块独立的巨石，由于长年沉降，巨石向东倾斜。其东面和南面都有造像，东面主要雕刻经幢，南面有两个大龛，分别编号为 12、13 号，是武则天的父母武士彟和夫人杨氏在贞观二年（628 年）开凿的，造像残毁比较严重。2005 年初，在皇泽寺扩建工程中，又在写心经洞西面发现 4 龛埋在土中的造像。简报分为：一、内容介绍，二、几点认识，共两部分。有照片、手绘图。

据介绍，新发现的造像龛编号为 54、55、56、57 号，其中 55、56 号龛规模较大，造像保存较好。简报认为 55、56 号龛应开凿于初唐，54、57 号龛应开凿于高宗、武周时期。

遂宁市

内江市

710.内江清溪摩崖造像与古清溪县治

作　者：高小宾、雷建金

出　处：《四川文物》1988 年第 4 期

清溪，是一个古老的地名，现属于内江县高梁区安仁乡所辖的一个行政村，即清溪村，距内江市区约 40 公里，与石刻艺术著称的安岳、大足相互毗邻，属于红砂质深丘山区。在 1987 年夏天的文物普查中，经当地村民引导，在此地发现 18 龛 317 尊摩崖造像。结合附近的残存碑刻，经明代内江著名人士余之祯考证，清溪这个地方曾经是唐、宋时期的清溪县治所地。这无疑是一个重要的发现。简报分为：一、

清溪摩崖造像，二、古清溪县治，三、结语，共三个部分。有照片。

据介绍，清溪摩崖造像分布在长约 150 米、高 2～3 米的崖壁上。其前面被乱石所阻，杂树藤蔓丛生，无路可寻，交通不便，至今鲜为人知。据造像题记，属于唐、五代至北宋时期的作品。虽有少数风化浸蚀，但尚基本保存完好。特别是在像龛的题记、碑刻中发现有"清溪县令杨钊"等史料，这对研究古清溪县、内江县的宗教、职官及官吏更替有重要意义。清溪石刻应晚于安岳石刻而早于内江和大足石刻。简报称，清溪石刻始刻于中唐清溪县建立之后，终于北宋清溪县被废并入内江县之时。这一时期正是川中佛教盛行、石刻艺术高度发展繁荣的时代。

乐山市

711.四川乐山出土的五代陶棺

作　者：沈仲常、李显文
出　处：《文物》1982 年第 2 期

1973 年春，四川乐山县斑竹湾出土了一具五代琉璃三彩(黄、绿、褐)陶棺。出土时，在陶棺内装有骨灰与开元通宝铜钱，显然是火葬后盛骨灰的葬具。简报配以手绘图予以介绍。

据介绍，陶棺上所雕建筑、天象等图案颇有研究价值。这类陶棺在四川是第一次发现。据调查，在乐山县关庙发现有古窑址。地面采集的陶片，釉色以青、黄为主，亦有极少青中发紫的，初步判断为隋、唐遗物。窑址尚未正式发掘。如这确为唐窑，则唐时已在乐山烧造三彩陶器。这件五代三彩陶棺就很可能是当地的产品。

712.夹江新发现的唐代摩崖造像

作　者：周杰华
出　处：《四川文物》1988 年第 2 期

1987 年 4 月文物普查中，考古人员在夹江县吴场乡的白龙村牛仙寺附近，新发现一处大型的唐代摩崖造像。经编号统计，共有 254 龛，造像 2760 余躯。最大龛高 3.5 米，宽 4 米，深 2.08 米，一般龛面积约 1 平方米。龛中造像最多的达 320 尊，最大的造像高近 3 米。共发现造像题记 8 幅，年代最早的为贞元三年（787 年）；最晚的为咸通十五年（874 年）。该处摩崖造像镌刻精美，内容丰富，保存较完好，但因交通不便，造像过去少有人知道。简报配以照片予以介绍。

据介绍，这处新发现的唐代摩崖造像位于夹江城牛仙寺遗址旁，当地人称"佛耳岩"。现在考古人员将其定名为"牛仙寺唐代摩崖造像"。造像坐西南，向东北，依岩势而刻，长 100 余米，西邻白龙池，东向大佛岩，南接光辉水库。此地峭壁陡立，岩高 30 余米，历史上曾发生大面积垮塌。简报将现存摩崖造像分为 5 个部分，重点介绍了其中的 183 号龛、219 号龛、220 号龛、225 号龛、208 号龛等。

南充市

713.仪陇出土唐代朱雀葡萄佛手铜镜

作　者：李蚊蛟
出　处：《四川文物》1993 年第 2 期

仪陇县南图乡华堂村农民刘长映于 1991 年 12 月 25 日在宅旁建造新房时，掘出一面古代铜镜。随即上交给县文物管理所，受到表彰和奖励。

据介绍，此镜质地为白铜，外表含有玄锡和白银成分，光洁照人。钮外有素线纹内饰有朱雀 2 只，葡萄 2 串，按上下左右方位对称排列。纹外饰有佛手 4 只，仙桃 4 只，环绕镜周均衡排列。此镜直径 17.5 厘米，厚 0.4 厘米，净重 513 克。专家初步鉴定为唐代铜镜。

今有四川省博物馆、重庆市博物馆编《四川出土铜镜》（文物出版社 1960 年版）一书，可参阅。

714.南部县出土唐代三彩陶俑

作　者：南部县文管所　陈　钢、陶陈洁
出　处：《四川文物》1996 年第 5 期

1994 年 2 月 21 日，南部县东坝镇三村五社农民杨正兴在其责任地刨土时发现一批陶俑。大部分陶俑流失，后追回文物 20 余件。简报配以照片予以介绍。

陶俑均为三彩低温釉陶，以红黏土作胎，采用模制烧造而成，通体施赭、黄、绿、褐等色釉，釉色润泽光亮，釉质细腻，釉层凝厚并有极细的开片。虽经千余年的水浸土蚀，依然融合绚丽，斑驳多彩。从胎质、胎釉特征与烧造工艺来看，可能为邢窑产品。就陶俑的造型而言，大部分深目高鼻，有络腮胡须，为典型的胡人形象，其神态、服饰与河南、陕西等地唐代墓葬出土的胡俑十分近似。除此之外，也有汉人形象。因此，虽未见纪年遗物，但根据其造型、釉色、衣饰等判断，当为唐代三彩陶俑。

宜宾市

广安市

715.华蓥市发现古代铜铃

作　者：雷　平、袁明森、张玉成
出　处：《四川文物》1994 年第 2 期

1993 年 7 月，华蓥市双河镇古桥村农民建房时发现两件古代铜铃，考古人员前往调查。简报配以照片予以介绍。

据介绍，两件铜铃，一件有铭文，一件无铭文。据铭文，铜铃应在陕西西乡铸造，时代应为唐，不会晚于宋。铜铃应属佛教法器。此次发现为研究当地佛教史提供了实物资料。

达州市

眉山市

716.四川青神县唐墓清理记

作　者：李水成
出　处：《考古与文物》1986 年第 1 期

简报配以拓片、手绘图介绍了四川省青神县清理的两座古墓。

据介绍，一号墓系 1983 年 8 月四川青神县观金公社在破土建宅时发现，并将从墓中挖出的一对四系瓷罐、一件瓷碗、一对铜避邪及数枚钱币送到省博物馆。10 月，考古人员前往清理。墓已被挖毁，只知为夫妇合葬墓，应各有一棺一椁。随葬品除寄往省博物馆的以外，在当地又收集到四系瓷罐 2 件、釉陶双耳罐 1 件、铜避邪 1 对及数枚钱币。另有一对大陶瓮，已被打碎散失。除钱币外，共计完整器物 12 件。该墓的时代，简报推断为唐代晚期。

二号墓位于一号墓的南侧。墓上部已被扰乱，部分砖被掏出。经过清理，其余保存尚完好。此墓亦为砖椁夫妇并列合葬。葬具、人骨已不存。随葬品为瓷器、陶器共 6 件。简报推断此墓的时代为南宋。

717.丹棱郑山—刘嘴大石包造像

作　者：王熙祥

出　处：《四川文物》1987 年第 3 期

1984 年，考古人员在文物普查中，发现了两处规模较大的摩崖造像群，由于地处偏僻，至今鲜为人知。这两处造像仅一沟之隔，相距不过里许，统称为郑山—刘嘴摩崖造像。简报配以照片予以介绍。

据介绍，该造像群分布在距丹棱县城西偏北约 12 公里的中隆乡地界。郑山造像在黄金村 13 组，刘嘴造像在涂山村 2 组。这里在古代是由丹棱往名山一带的通道，自唐起历代建有寺院，郑山至今尚存明代寺院遗址。当地人习惯称这两处造像为大石包造像。郑山、刘嘴现存造像 152 龛，大小雕像约 3100 尊，保存较好的有 90 龛左右。其中郑山造像 65 龛，700 余尊；刘嘴造像 84 龛，2393 尊。绝大多数系佛教造像，郑山还有少数道教造像及佛、道合龛造像。

据造像题记，此处造像多为盛唐时产物，但也有部分中唐、晚唐作品。

718.青城发现唐代八卦铜镜

作　者：鲁树泉

出　处：《四川文物》1994 年第 2 期

1987 年 5 月，青城县考古人员征集到两面青铜镜，均为当地人于青城乡岷江河中拾得。简报配以照片予以介绍。

据介绍，两镜光可照人，重 1.7 斤，上有八卦卦名、八卦画、十二生肖及铭文。简报推断为唐代八卦铜镜。

719.眉山县伏东胡营墓葬清理简报

作　者：眉山三苏博物馆　邝　晚

出　处：《四川文物》1994 年第 4 期

1993 年初，眉山县伏东乡望苏村村民李福明、李福忠二兄弟在挖地时，发现古墓葬，考古人员对墓葬进行了考察清理，并收回了文物。

简报分为：一、墓葬概况，二、出土器物，三、结语，共三个部分。有照片。

据介绍，墓葬位于眉山县城西 27 公里的伏东乡望苏村一组。墓葬分布在长 10 米、宽 8 米的一处平台上，共有墓葬 3 座。从北往南分别编号为 M1 ~ M3。墓方向相同。墓顶距地表深 0.35 米，墓葬形制，平面呈长方形，双层卷拱顶，室内左右两壁及足部有龛，存放随葬器物。M1 与 M2 腰部有一通道相连，似为夫妻合葬墓。两墓形制、大小结构完全相同。三墓共出土陶俑、陶器 28 件（组）、铜器 2 件。

简报推断该墓为唐代晚期至五代时墓葬，墓主人应有一定地位。

720.四川丹棱县龙鹄山发现唐代崖墓

作　者：眉山市文体局　张志刚

出　处：《四川文物》2005 年第 4 期

前不久，考古人员在察看位于丹棱县唐河乡龙鹄村的省级重点文物保护单位——龙鹄山松柏之铭碑及摩崖造像保护情况时，在松柏之铭碑及摩崖造像西南侧约 600 米发现一唐代崖墓。简报予以介绍。

据介绍，当地人称此崖墓为"石棺"，因其属单室墓，且凿于一孤立、裸露的红砂巨石上，故有此误。此墓墓室内雕刻极为丰富。因此墓早年被盗，造像面目已多有风化。从墓室雕刻风格、内容看，多与道教有关。简报推断此崖墓应为唐代之墓，其墓主应为龙鹄山修道之人。

雅安市

巴中市

721.四川巴中县石窟调查记

作　者：负安志
出　处：《考古与文物》1986 年第 1 期

地处四川东北部的巴中县，群山环抱，巴江、巴河流经其境，形成一个天然的峡谷。在四面屏障似的山峦崖壁上，有许多隋唐时期的石刻造像。简报配以手绘图，介绍了考古调查的相关情况。

据介绍，从已可确定年代的洞窟看，巴中石窟多为隋唐时开凿。巴中石窟聚集了佛教各宗派的造像，尤其是密宗、净土宗和三阶教的造像。巴中石窟窟型比较简单，无论是东、西、南、北龛，还是永宁寺摩崖造像，都像蜂窝一样密布在悬崖上，题材内容也很单一，大都突出主像。巴中石刻造像较为民族化、世俗化。佛教自东汉初传入我国后，早期佛教艺术那种宗教的神秘色彩还比较浓厚，例如敦煌莫高窟、云冈石窟、龙门石窟等。到了唐代，封建社会的发展达到了鼎盛时期，石窟造像艺术也达到了成熟阶段。巴中石窟群由于地理位置的关系，比之中原发展得较晚，早期外来佛教因素被中华民族文化所融合，无论是造像的神态气质、衣着装饰、窟龛造型，还是雕刻手法，都具有鲜明的民族特点和风格。巴中各石窟群中的弟子阿难胖头圆脑，俨然一个聪明睿智而且虔诚温顺的小和尚；而迦叶则像一个人生坎坷、饱经风霜的老和尚。菩萨一个个盛装艳服，头戴宝冠，身披璎珞宝珠，宛如雍容华贵的唐代贵夫人，而天王像又犹如武士。

722.巴中县发现唐代合金镜

作　者：沈有成
出　处：《四川文物》1988 年第 2 期

1987 年 4 月，巴中县文物普查组在九镇乡征集了一面合金镜。此镜保存十分完好，无锈蚀，镜面光洁平整，色黑发亮，光可鉴人，叩之即可发出清脆的金属声。直径 11 厘米，边宽 0.8 厘米，厚 0.5 厘米，重 250 克。简报配以照片予以介绍。

据介绍，这面合金镜是巴中县九镇乡三村农民邓良才在建造瓦窑时，从地下 3 米多深处发现的。经鉴定，该镜含有铜、镍、铅等金属，且同时出土有唐"开元通宝""乾元重宝"各两枚，所以它应是一面唐代合金镜。它为研究唐代合金镜及合金技术提供了宝贵的实物资料。

723.巴中发现隋唐崖墓

作　　者：巴中县文管所　吴朝均
出　　处：《四川文物》1994 年第 2 期

1992 年 10 月，四川巴中县斯连乡六村农民马永坤修房，在屋后取石头时发现一座崖墓，挖出缠枝花十二生肖铜镜 1 件，发笄 2 件并据为己有。1993 年 8 月当地农民向文物部门报告了此情况后，考古人员立即派员前往将出土文物收回，并对已被破坏的残墓进行了清理，未发现其他遗物。简报分为：一、墓葬结构，二、出土遗物，三、结语，共三个部分。有照片。

据介绍，崖墓位于斯连乡勇山村二社南垭口山右侧山湾的石壁上，离地平面 1 米高。清理时墓已经被全部毁掉，仅剩墓顶的残臂及壁底平面，从墓底平面看，墓呈马蹄形。墓的形制比较独特。铜镜、发笄做工精细。简报推断此墓为隋末唐初时墓。

724.巴中西龛石窟调查记

作　　者：巴中市文物管理所　程崇勋等
出　　处：《文物》1996 年第 3 期

巴中西龛石窟，坐落在四川省巴中市城西 1 公里的凤谷山西龛村，现存造像 91 窟龛 2120 躯，分布在西龛寺、流杯池、龙日寺三地。编号 1～52 号分布在西龛寺，又称佛爷湾，53～55 号分布在流杯池，56～91 号分布在龙日寺。由于西龛保存较完好，造像水平较高，曾引起国内外一些专家、学者的注意。近些年考古人员结合文物普查工作的开展，集中人力对西龛石窟作了系统的测绘和全面的调查。简报分为：一、造像情况，二、小结，共两部分。有彩照。

据介绍，西龛石窟，龛窟较多，简报选择其中有代表性的窟龛 3 号龛、5 号龛、10 号龛、19 号龛、21 号龛、31 号龛、34 号龛、37 号龛、42 号龛、44 号龛、53 号龛、54 号龛、63 号龛、64 号龛、73 号龛、87 号龛介绍。巴中西龛石窟开凿于唐代，计有佛教造像 85 龛，道教造像 1 龛，佛道合雕像 1 龛，题刻铭文 4 通。

简报称，综观西龛石窟，在窟龛形制、题材及雕刻技法上有以下特点：一是造像题材主要是表现释迦佛、三世佛、七佛、千佛、观音菩萨以及净土宗造像。这些常见的造像题材大体与唐代两京地区的石窟造像同步；二是西龛石窟的形制现存的有方形平顶式屋形龛、敞口龛、外方内圆拱形龛等几种；三是西龛石窟由于开凿在质地细密松软的砂岩上，因此造像雕刻细腻，线条转折柔和，层次丰富。在龛楣龛柱等图案雕饰上，多见镂雕或半镂雕的手法，图案隐起石面，交错穿插，形成一种玲珑剔透的艺术效果。

资阳市

725.丰富多彩的石刻造像——四川安岳毗卢洞调查纪要

作　者：负安志
出　处：《文博》1985 年第 4 期

安岳县位于四川省东南部，一直是成渝古道要冲，唐、宋时为经济、文化重镇。安史之乱时，唐玄宗等一批达官贵妇避难四川，安岳更显繁荣。其石刻完全可与相邻的大足石刻相提并论，规模甚至可以超过大足。简报配以照片介绍了相关调查情况。

据介绍，毗卢洞在安岳县石羊区二村的寨子坡山上，距安岳县城90余里。毗卢洞共有三个窟龛：毗卢龛、观音殿石窟和庇普佛龛。简报分别介绍了毗卢龛、观音殿和庇普佛龛的情况。其中毗卢龛的密宗造像，观音洞的紫竹观音像（高达2.85米），庇普龛的十八罗汉、浮雕小千佛等，均十分精美。年代从唐开元年间至唐末宋初不等。

726.四川安岳卧佛沟唐代石刻造像和佛经

作　者：胡文和
出　处：《文博》1992 年第 2 期

安岳石窟，据安岳县文物保管所近几年的普查，发现有摩崖造像十余万尊，其中高度为 3 米、5 米、6 米、20 米以上的大像有百余尊，造像分布点 200 余处。全县现存最早的造像题记为"开元十一年"（723 年）。列为国家级保护单位的为卧佛院（1988 年 3 月经国务院批准）1 处；列为省级保护单位的（1980 年后重申）有 4 处，为千佛寨、圆觉洞、毗卢洞、华严洞；列为县级文物保护单位的有 10 余处。简报着重论述距安岳县城北面 40 公里处的八庙乡卧佛沟的石刻造像和佛经。

据安岳文管所统计，卧佛院现存的龛窟有 125 个，造像躯数 1593 尊。造像区域长 1000 米左右，主要分布在卧佛沟南北两坡的岩墓上。简报分为：一、龛窟形制，二、造像的题材内容，三、造像形象与服饰特点，四、摩崖佛经，共四个部分。有照片。

据介绍，卧佛沟的 125 个龛窟，55 个是窟，其中 15 个是刻有经文或经文佛像相混合的窟；另外 40 个是空窟，根据窟内壁面所凿造的粗坯来看，这些窟原来有可能是用来刊刻佛经的。简报认为卧佛沟的绝大部分造像应是 7 世纪后半期至 8 世纪前半期（650～750 年）的作品。安岳卧佛沟的造像，不是以广元为中转站，而是直接从中国北部传入的。简报推断即在 8 世纪前半期，唐代的开元年间。

727.四川省安岳县庵堂寺摩崖造像调查简报

作　者：安岳县文物管理所　刘　健
出　处：《四川文物》2008 年第 6 期

安岳县庵堂寺摩崖石刻有龛窟 22 个，摩崖造像 345 尊，碑刻题记 13 处，时代由晚唐至五代，造像题材丰富多样，尤以五代作品最具特色。简报配以照片予以介绍。

据介绍，庵堂寺摩崖石刻造像位于安岳县城东南 38 公里的林凤镇新坝村二社唐家坡山腰。造像刻于唐家坡山腰一块突出的巨石上，巨石正面宽 15.1 米，高 7 米。南面和西面岩壁上，密集地凿有中小龛窟 22 个，计有摩崖造像 345 尊，碑刻题记 13 处。2007 年 6 月被四川省人民政府公布为省级文物保护单位。

阿坝州

728.四川茂汶县的唐代石刻造像

作　者：林　春
出　处：《文物》1982 年第 10 期

考古人员在四川岷江上游进行历史地震调查时，在茂汶羌族自治县北 40 公里的校场公社校场坝的点将台勘察唐代石刻造像和唐、宋、元代题记。造像共 78 尊，脸型丰满，衣垂台座，系初唐风格。每龛造像旁边都有题记。简报配以照片予以介绍。

据介绍，点将台北壁有唐代题记两处。其一题记简报录有全文，另一处文字简报称与此大体相同。点将台东壁和南壁上，有宋、元题记各一处，宋代和元代题记简报录有全文。

简报称，校场公社的南面，原有叠溪古城，1933 年大地震后陷入岷江。叠溪自北周置翼郡，隋、唐改置翼州，直到明代，在政治、军事上有一定地位。

729.四川松潘县松林坡唐代墓葬的清理

作　者：中国社会科学院考古研究所四川工作队、松潘县文物管理所　叶茂林
出　处：《考古》1998 年第 1 期

1993 年夏季，考古人员进行"丝绸之路河南道"考古调查，8 月初抵达松潘县后，即闻县城边的松林坡"瑶池酒家"基建工地发现古墓，县文管所还收集到 2 件陶器。随后了解到这是一处古代墓地。在施工现场大约 600 平方米范围的基坑断面上，还残留着少量墓葬垒石遗迹，堆土中还能采集到一些陶器残片、骨头等，施工开挖范围内的墓葬估计不下二三十座，几乎都已被破坏。为了减少损失，以便更多地了解墓葬情况，考古人员抢救性清理了 3 座残存一半的墓葬。清理情况简报分为：一、位置与地层，二、墓葬概述，三、出土遗物，四、结语，共四个部分。有手绘图、照片、拓片。

据介绍，松潘在岷江上游，石棺葬在春秋战国至汉代盛行一时。松林坡墓地以垒石结构的墓葬为主，简报认为似乎是承袭了当地早期盛行的石棺葬遗风。东汉以后，岷江上游有的墓葬出现了石壁砖拱形式，被认为是石棺葬受汉文化影响的结果。垒石为坟丘的现象，在本地区尚属首次发现，这或许是文化影响的又一种表现，也可能是石棺葬发展史上具有划时代意义的一个变化。墓葬的时代，简报明确肯定为唐代。

简报称，另外值得一提的还有 M3 的头骨穿孔现象。这例穿孔有无特殊的含义，尚待有关专家对人骨的鉴定和观察做出结论。

730.松潘县出土唐代开元通宝钱币

作　者：四川省文管会　莫洪贵
出　处：《四川文物》1994 年第 1 期

1993 年 8 月初，位于松潘县城南门外的金蓬山下，修建黄龙饭店挖地基时，发现石棺墓葬墓群，暴露数座。考古人员清理了 3 座残墓。出土人头骨保存完好，有盘口四系罐、玛瑙等器物，出土"开元通宝"一枚，出土时放在头骨左边。从出土器物和钱币看，应是唐代时期墓葬。简报称，此次发现对了解在唐武德元年（618 年）才置为松州的今松潘县的历史，很有帮助。

731.四川茂县点将台唐代佛教摩崖造像调查简报

作　者：四川省文物考古研究院、四川省茂县博物馆　于　春、蔡　青等
出　处：《文物》2006 年第 2 期

点将台唐代摩崖造像位于四川茂县叠溪镇校场坝。茂县地处四川省西北部的阿坝藏族羌族自治州中部，是岷江上游沿岸的重要城镇。居民以羌族为主。校场坝在茂县县城北约 65 公里处。点将台是一块高约 7 米、周长约 40 米的椭圆形巨石，矗立在校场坝台地中央（现叠溪镇小学内）。巨石东北壁和北壁上残存唐代佛教摩崖造像。巨石顶部平坦，现存石砌堡垒一座。相传唐太守时，女将樊梨花率兵反击西番军队，曾在此巨石上点兵，故此得名。1933 年叠溪地区发生大地震，地震最大的地裂在校场坝点将台附近，深 200 米，宽约 20 米。点将台巨石也在此次地震中被震裂，所幸台上的历代石刻造像并未受到破坏。

简报分为：一、地理概况，二、摩崖造像介绍，三、结语，共三个部分。有照片、手绘图。

据介绍，点将台佛教造像因岩石风化严重，题刻大部分呈粉末状，无法拓取。但造像题材明确，题记丰富，年代清楚，对于四川唐代早期佛教造像的认定和排序具有重要意义，对于研究唐代初期四川佛教造像的题材和风格也有重要作用。

简报指出，岷江上游地区至迟到南北朝时期就已为佛教传播之地，唐代人们建寺塑像，弘扬佛法，佛教在该地区的传播得到进一步的推广，并很有可能成为藏式造像与汉式造像风格相互影响的重要过渡区域。简报认为，通过进一步的考古调查和发掘，会有更多的早期佛教遗物展现在世人面前，为验证岷江上游地区也是唐代四川盆地与我国北方和西北方佛教文化交流的重要通道提供证据。

甘孜州

732.四川石渠县新发现吐蕃石刻群调查简报

作　者：四川省文物考古研究院、石渠县文化局　王　婷
出　处：《四川文物》2013 年第 6 期

2010 年，考古人员在四川石渠县境内新发现 3 处吐蕃时期摩崖石刻群，包括须巴神山石刻群、白马神山石刻群、洛须村石刻，共 17 幅，为典型吐蕃时期石刻遗存。须巴神山石刻群现存施造题记，为赤松德赞在位期间所雕刻。

简报分为：一、须巴神山石刻群，二、白马神石刻群，三、洛须村石刻等几个部分。有照片、拓片、手绘图。

据介绍，须巴神山石刻群的13幅石刻应是赤松德赞在位时期（755～794年）或延伸到其后王位空白期（804年）。经2010年统计，我国现存吐蕃时期石刻共计16处，分布情况为：西藏地区共11处，主要分布于西藏东部昌都地区；青海省共3处，其中2处分布于玉树地区；四川省共2处，其中1处为石渠县的照阿拉姆石刻。

简报称，石渠地区新发现的须巴神山石刻群和照阿拉姆石刻的雕刻时间皆为赤松德赞时期，是吐蕃时期较早的石刻遗存。白马神山的石刻应晚于须巴神山石刻。

凉山州

733.四川西昌高枧唐代瓦窑发掘简报

作　者：四川省博物馆、西昌地区博物馆、西昌县文化馆
出　处：《文物》1977年第6期

1975年5月考古人员在西昌县高枧公社陈所大队第七生产队发现一座瓦窑遗址。同年9月，考古人员对此窑址进行了发掘清理。窑址位于西昌城东3公里邛海以北，北面为一小溪，当地人称瓦窑沙沟，过去西昌至凉山的大道从沟中经过。南面为西昌至昭觉的公路，瓦窑建在沟边的一个小土丘上，窑门面北。现残存窑室两座，东西排列，相距6米。这次发掘重点清理了西面一座，编号一号窑。一号窑。简报分为"建筑结构""出土遗物"两部分，有照片。

据介绍，一号瓦窑是利用沟边小土丘断面向南凿一平洞，再加修饰而成。窑的结构分窑门、火膛、窑室、烟室和烟道等部分。出土遗物有瓦、钱币、黑陶罐。简报初步推断是一处唐代窑址。

简报称，高枧窑址所出的器物单纯，时代明确，是四川省首次发现的唐代烧瓦窑。在四川西昌地区发现这些唐代遗物，不仅反映了古代劳动人民的智慧和创造力，而且为研究当时西南地区与中原地区的经济、文化关系提供了实物资料。

734.四川西昌市郊小山火葬墓群试掘记

作　者：凉山彝族自治州博物馆　刘世旭
出　处：《考古与文物》1981 年第 1 期

1980 年 6 月上旬，考古人员在西昌市北约 6 公里的小山顶部，发现一处大型火葬墓群，试掘了 18 座。简报分为：一、墓葬，二、灰坑，三、结语，共三个部分予以介绍。有手绘图。

据介绍，墓葬分布密集，间距最小的仅 0.2 米，最大的 2 米。未发现墓葬有相互打破或叠压现象。葬具全是陶罐，罐中盛放骨灰和未烧尽的骨髓残块。一般是头骨在上，肢骨在下，也有少数例外的。一罐只盛放一个人的骨灰和残骸。有铜镯、铜环、五铢钱、瓷片等遗物。灰坑应是葬前焚尸之处。

简报称，西昌市郊小山火葬墓与滇西一带火葬墓相比，共同点有三：一是葬仪基本相同，如人死后先用木柴将尸体焚化，然后在头骨和四肢骨碎片上涂撒金粉，或用朱笔写上梵文经咒，装进骨灰罐，埋入地下；二是随葬品极少，只有少许钱币、铜锡、陶珠、海贝等，多为死者生前实用品；三是有一类骨灰罐与滇西一带的骨灰罐造型基本相同，肩部有浮雕莲瓣，有的有十二生肖。不同点也有三：一是西昌小山火葬墓不封不树，滇西地区火葬墓多有墓幢或墓碑；二是小山火葬墓 A 类骨灰罐在滇西目前发现不多；三是滇西地区存在的黑釉、青花瓷罐以及绿釉骨灰罐，在西昌小山没有发现。简报推断它的上限或早到南诏后期，即晚唐或五代，下限可到大理前期（北宋）。

735.四川冕宁县发现吐蕃石刻

作　者：唐承宗
出　处：《文物》1982 年第 10 期

1975 年，四川省凉山彝族自治州冕宁县城关公社伍秀自然村的农民在修建住房挖土时，发现石刻 6 方。文字刻在椭圆形河光石上，每方大小相近，直径约为 40 厘米。简报配以照片予以介绍。

据介绍，这批石刻的文字，承专家鉴定，是一种古藏文，属于 9 世纪吐蕃文字改革以前的书法。所以简报认为石刻大约是 9 世纪以前唐代的文物。

简报指出，这批古藏文石刻的内容，是唐代吐蕃驻军刻下的一种纪念性题记。冕宁县在唐代曾被吐蕃军队占领长达 20 余年，在冕宁县境内出土吐蕃军队遗存的文物是符合历史实际的。吐蕃的文物在凉山州还是首次发现，它将成为我们研究西南民族历史的珍贵资料。

736.西昌发现古代火葬墓

作　者：四川省凉山彝族自治州博物馆　黄承宗
出　处：《考古》1984 年第 9 期

1982 年春季，在四川西昌市北山白骨塔附近发现了一座火葬墓。

西昌城北门外的北山，过去是城区居民的葬墓区域，近年来发现一种类似云南西北地区古代少数民族的火葬墓（《云南西部的火葬墓》，《考古通讯》1955 年 4 期；《滇西白族火葬墓概况》，《文物》1966 年 6 期），这种墓葬现在地表面已无封土及葬墓标志。这次火葬墓的发现是当地人挖掘水渠，在农耕地以下深约 40 厘米处挖到的。由于葬具陶罐是直接入葬土中，发现时已被挖碎。后经过当事人回忆和现场翻土清理，大体搞清了墓葬的情况，收集到墓中的一部分随葬品。简报分为：一、墓葬形制，二、随葬品，三、结语，共三个部分。有照片、拓片。

据介绍，根据挖掘人回忆，火葬墓的陶罐是一个大的陶罐里又装入一个比较小的陶罐。由于墓葬损毁严重，墓中的随葬品仅在清理中发现模印版形陶俑 5 件、铜金刚杵 1 件、瓷碗 1 个、"开元通宝"铜钱 1 枚，对随葬品的出土位置已无法弄清。墓葬的具体年代，简报根据已往工作的考察，推断上限可能是唐末五代，下限可能晚到宋初。

737.西昌北山古代火葬墓出土铜俑

作　者：黄承宗
出　处：《文物》1986 年第 6 期

1980 年春，在四川省西昌市北山白骨塔东侧农田里，农民改造耕地时发现多座古代火葬墓，其中一座出土 5 件较为珍贵的铜俑。北山位于西昌城北门外，发现火葬墓的地方为一处古代火葬墓区。据调查，此处地表原立有许多石质墓幢和圆形墓标，后在垦荒中被清除。这批火葬墓均发现于地表下 50 ～ 200 厘米处，火化后的人骨置于陶罐内。简报配以照片予以介绍。

据介绍，墓为竖穴土坑，内置依次套装的四重罐，罐下置一砖，外三重罐均为陶质，已残毁。最外一层罐有盖，盖顶有把手、器外有纹饰；第二重罐以一陶盘为盖，素面；第三重罐盖已毁，首部模印一圈十二生肖本像；第四重罐为铜质，已毁，形制不明，素面。铜罐内盛火化后的人骨碎块，较大的碎块上贴有金箔或有朱书梵文文字。人骨中杂有开元通宝 1 枚、较完整的贝币 4 枚、已残的菱花形小铜镜 1 面、球形小料珠数颗、方形和花瓣形铜片数块。在陶罐外放置铜十二生肖，出土后征集到鸡、马、兔、龙、蛇、羊、牛和猴8件，其余4件散失。在第二重陶罐内有5件铜俑，均面内站立。男俑3件，为一模所制，女俑2件，也为一模所铸。简报推断此墓年代可能为南诏后期到大理早期。

简报称，铜俑臂部所系宽带颇为独特。简报推测，铜俑臂部所系宽带有可能就是文献所称"佉苴"。从此墓葬具及随葬铜俑等情况分析，墓主当有一定的政治身份。《新唐书》卷二百二十二记载："王亲兵曰朱弩佉苴。佉苴，韦带也。""自曹长以降，系金佉苴。"唐人樊绰《云南志》卷八："谓腰带曰佉苴。"简报推测，铜俑臂部所系宽带有可能就是"佉苴"。

738.四川西昌北山出土古代铜镜

作　者：黄承宗

出　处：《文物》1993年第10期

1959年，四川西昌市北门外的古代火葬墓中出土铜镜2件。墓葬已被破坏，经了解，铜镜出土于火葬墓的陶骨灰罐中。简报配以拓片予以介绍。

据介绍，龙纹镜直径8.5厘米。圆纽，纽外两条龙首尾相接，间有卷草纹。其外有弦纹两周。宽平缘。出土时镜面周围还可见用朱色绘制的八卦符号。"正其衣冠"镜直径9.3厘米，圆纽，纽两侧铸有铭文："正其衣冠，尊其瞻视。"其外有弦纹一周。

简报推断，这两件铜镜应属南诏大理时期的遗物。

贵州省

贵阳市

六盘水市

遵义市

安顺市

铜仁市

毕节市

黔西南州

黔东南州

黔南州

云南省

昆明市

739.云南安宁县小石庄唐墓清理简报

作　者：云南省文物考古研究所、昆明市文物管理委员会、安宁县文化局　戴宗品等
出　处：《文物》1993年第6期

小石庄村属安宁县鸣矣河乡，位于县城南19公里的螳螂川支流河谷中，安宁至八街镇的铁路及公路从村旁经过。小石庄村后山有云南省保护文物《王仁求碑》，碑北200余米处有一片缓坡地带名为"王官坟"，有清乾隆五十三年重修的王仁求父子墓两座。1982年安宁县进行文物普查时，在王仁求父子墓东面20余米的冲沟中发现有花纹墓砖。后因水土流失，在断崖上暴露出砖室墓一座。农民取砖砌墙，造成了破坏。1989年3月，考古人员进行了清理发掘。简报分为：一、墓葬结构，二、随葬器物，三、结语，共三个部分。有照片、手绘图。

据介绍，墓葬为近似正方形的砖室墓，东南角已被农民取砖挖毁。清理时地面已不见封土堆，墓室构筑于地下。墓顶已塌陷，从东北角残存部分看，可能为覆斗形顶。墓门开于南壁，门顶已坍塌。由于水土流失，有无墓道已不清楚。墓室内设棺床二，清理中不见人骨和葬具痕迹，仅于淤土中散见铁棺钉3颗。砌墓用砖主要为青灰色模印花纹砖、文字砖，文字砖印有两种吉祥语："福昌万代"和"乞愿迁奉以后大大吉利子子孙孙福昌万代"，为模印反书阳文。此外还有极少量的楔形砖。由于此墓早年被盗，随葬器物已被扰乱，有的已经移位。清理时在淤土碎砖中发现彩绘陶俑的残块和砖墓志碎块。随葬品大部分分布在墓室北壁下，主要有各种彩绘的陶俑、动物模型和少量石俑、玛瑙珠、铜泡及陶器共80件。

墓志多有缺文。据志文，知墓主为唐代王仁求夫妇。此墓为武周圣历元年（698年）重葬墓。

王仁求，史书无传。据邻近发现的王仁求碑，为安宁郡人，其祖上出于太原，曾任使持节河东州诸军事、河东州刺史。咸亨五年（674年）去世，享年44岁。其子王善宝袭父职。王仁求父子曾多次请求唐中央政府在云南置州，对巩固唐朝多民族国家起过积极作用。

曲靖市

玉溪市

保山市

昭通市

丽江市

普洱市

临沧市

文山州

红河州

740.云南河口县发现一面铜鼓

作　者：尹天钰
出　处：《考古》1995 年第 8 期

1989 年 7 月下旬，河口县瑶山乡太阳寨村公所摆子寨村一瑶族社员，在距白石头河不到百米远的田间铲田埂时，发现一面大铜鼓。考古人员于 7 月 26 日派人前往调查并征集到县文化馆收藏。经调查，鼓面局部已被挖烂，一青蛙饰已失落。简报配以照片予以介绍。

据介绍，该鼓呈淡绿色，通高 40 厘米，面径 59.3 厘米，腰围 161 厘米，足径 62 厘米，鼓面出沿 1.5 厘米，净重 33 公斤。据本村瑶族村民说，很久以前这里为壮族人民所居。你迁我来，最后不知是哪代瑶人就在这里定居下来。不论是壮民或是瑶人，他们的先民都是收藏和使用铜鼓的民族。壮族于清乾隆九年（1745 年），瑶族则于清乾隆四十五年（1780 年）由广西经文山州辗转迁徙到河口县。因此，这面铜鼓毫无疑问是这两个民族中的一个，从广西迁到河口时带来的，而又在某个时候窖藏于该出土点。简报认为该鼓应为隋唐时期遗物。

西双版纳州

楚雄州

大理州

741.下关市佛图塔实测和清理报告

作　者：大理州文管所、下关市文化馆　李朝真等
出　处：《文物》1986 年第 7 期

佛图塔亦名蛇骨塔，位于云南大理点苍山第十九峰（即斜阳峰）东麓，北距大理县城 9 公里，南距下关市 4 公里。塔为方形密檐式空心砖结构，共 13 级，高 30.07 米。由于时代久远，加之自然灾害和人为破坏，塔身多处破裂，塔檐大部分因地震而坍塌。1981 年 5 月至 9 月，考古人员对该塔进行了一次较大规模的实测和维修，在维修过程中清理出一批文物。简报分为三个部分，配以照片，介绍了实测和清理情况。

据介绍，这次维修时清理出了一批文物，包括塔顶中的 51 件。在第一层塔檐西面，拆除塔门过梁时，于梁左右两侧清理出了一批经卷。塔顶部位发现的文物有铜镜、造像、塔模、金刚杵及各色饰珠等，除银镜出于塔刹中心柱东北方向外，其余均出

自塔刹中心柱内。佛经分卷轴装、经折装和蝴蝶装三种。译经者有我国早期的译经家鸠摩罗什、唐代中期的实义难陀。刊刻和写经者有大理地区的杨惠、李惠、高药师寿、苍山僧人智光、杨胜、赵庄等。经卷大部分为元代写刻，可能有少部分是大理国时期的遗物。简报认为此塔年代应在南诏丰佐时期或稍晚。

简报指出，佛图塔这次出土的文物，绝大多数与佛教，特别是与佛教中的密宗有关。从文物出土的位置看，塔刹中心柱内所出的当为建塔时放入，而中心柱外出的铜镜及塔门过梁左右出的藏经应是元明重修时放入的。这批文物的出土，为研究南诏至元代大理地区的政治、经济、文化，特别是为研究南诏至元明以来佛教在云南大理地区的传播和发展，提供了宝贵的实物资料。

742.大理海东罗荃塔塔基发掘报告

作　者：大理州文物管理所　李学龙、孙　健等

出　处：《文物》1999 年第 3 期

罗荃塔位于云南省大理市海东乡向阳村西北罗荃半岛的罗荃寺后山，西临洱海，与著名的崇圣寺三塔、弘圣寺塔遥遥相望，是大理地区建造较早的古塔之一。1966年塔被毁。1996 年 10 月，考古人员对该塔塔基进行了抢救性清理发掘。简报分为：一、罗荃塔情况概述，二、塔基结构及遗迹，三、出土器物，四、结语，共四个部分。有照片、拓片、手绘图。

据介绍，罗荃塔之名源于罗荃寺，而两者均因罗荃法师而得名。罗荃法师生平事迹无考，传说为南诏王的法师。罗荃塔远没有崇圣寺三塔、弘圣寺塔宏大，但在当地仍为知名的古塔。据调查，塔原为四方形密檐式空心砖结构，13 级，无刹（不知是后期损毁还是原建时未曾完工），残高 20 多米。1966 年被毁时出土大量塔砖及佛教法器金刚杵等物，金刚杵现存大理州博物馆。罗荃塔所属之罗荃寺，为洱海东岸的著名古寺之一，因年久而衰败，从遗址现存的残垣石基看，罗荃寺曾有相当规模。罗荃塔塔基为砖石结构，正方形，每边长约 12 米。清理中发现有瓷器、海贝、铜器、铁器、金器、木器等，另有大量塔砖，单面模印梵文经咒，无相应汉文。简报指出，此塔在大理以至云南的古塔中，属早期的佛塔，时代当在南诏（唐）中晚期，至少不晚于崇圣寺千寻塔。塔后来进行过维修，明代是其中比较确切的一次。

德宏州

怒江州

迪庆州

西藏自治区

拉萨市

743.唐蕃会盟碑碑座出土

作　者：西藏文管会文物普查队　王望生等
出　处：《文物》1985 年第 9 期

唐蕃会盟碑坐落于拉萨大昭寺门前，又称长庆舅甥会盟碑，立于唐穆宗长庆三年（823 年）。碑文为汉文与古藏文两种，记录了长庆元年、二年唐与吐蕃双方会盟于长安、逻些（今拉萨）时的盟文及双方参加会盟人员。这是极为重要的古代碑刻之一。1985 年 4 月，拉萨市城建局清理大昭寺前的广场时，考古人员清理了此碑碑座。简报配以照片予以介绍。

据介绍，碑通高 5.66 米，由碑帽、碑身、碑座三部分组成。碑身与碑座连接处缝隙内可见原来灌入的铜汁残迹。碑帽顶部为莲座宝珠，平面作长方形，碑正面向西，正面及侧刻汉文与古藏文，背面刻古藏文，碑下为龟形基座。

碑座的出土，使我们得见此碑全貌。可以看到，当时吐蕃石碑形制受到内地石碑的影响，但又不完全与内地相同。此碑既是汉藏友谊的象征，又是汉藏文化交流的见证。

744.西藏拉萨发现石窟寺

作　者：周　德
出　处：《文博》1985 年第 4 期

1984 年 10 月，考古人员在拉萨市药王山发现了一座查拉路甫石窟，这是目前所知西藏唯一的一座石窟。据史书记载，石窟当开凿于唐代初期，元、明时期还陆续有造像活动。窟内共有 71 尊造像，其中有西藏历史上著名人物如松赞干布、文成公主等。造像内容、风格有别于其他地区的石窟寺，具有强烈的地方特色和浓厚的民族风格。

简报指出，过去西藏一直被视为石窟遗址的处女地，查拉路甫石窟的发现，不仅扩大了我国石窟寺遗址的分布范围，丰富了我国石窟寺艺术的内容。同时，也为研究我国石窟艺术的起源、传播和发展提出了一些有待探讨的新问题。

745.西藏摩崖造像调查简报

作　　者：陈建彬

出　　处：《考古与文物》1990 年第 4 期

1986 ~ 1987 年文物普查时，对西藏摩崖石刻造像进行了全面的调查，共发现摩崖造像 20 余处，分布于拉萨、山南、日喀则、林芝、昌都。那曲、阿里两地区仅发现镌刻于崖面的六字真言和经文数处，造像尚未发现。简报分地区予以介绍，有照片、手绘图。

据介绍，简报重点介绍了拉萨市药王山摩崖造像、日喀则宗山摩崖造像、扎什伦布寺摩崖造像。山南是西藏吐蕃王朝的发祥地，地上地下文物丰富，在多曲旦、青布、扎央仲、仲古崩、闻区、邦那、类乌德钦寺发现 7 处摩崖造像。林芝地区靠近拉萨东部，发现多拉山、邦那、觉木 3 处摩崖造像。昌都地区位于西藏东部，古时属吐蕃王国，是西藏石刻艺术之乡，尤以察雅县为最。简报重点介绍了昌都县城之南桥西摩崖造像、多拉朵摩崖造像、扎果学摩崖造像等。

746.西藏拉萨市曲贡村石室墓发掘简报

作　　者：中国社会科学院考古研究所西藏工作队、西藏自治区文物管理委员会
　　　　　赵慧民、古　方、姚云书

出　　处：《考古》1991 年第 10 期

曲贡村石室墓地位于拉萨河谷盆地边缘，拉萨市北郊，南距市中心大约 5 公里，东边距 1990 年发掘的曲贡遗址 I 区约 300 米，墓葬大部分分布在今天的西藏军区总医院院内。此墓地面积在 10000 平方米以上。整个墓地被破坏得比较严重。1990 年9 月初开始进行正式发掘，9 月底全部结束。I 区、II 区同时进行。I 区以文化层、灰坑为主，墓葬零散发现。II 区以墓葬为主。共发现清理了 20 余座墓和 6 处祭祀石台。简报分为：一、墓地位置与范围，二、地层与墓葬排列，三、墓葬形制，四、石台，五、随葬品，六、结语，共六个部分。有手绘图。

据介绍，墓葬分布无明显规律且稀疏。基本特征是砾石块作墓室四壁，墓上有

砾石封顶，个别墓已具有中原穹隆顶式墓的风格，无葬具，随葬品很少，不过一二件陶器。葬式为侧身屈肢和二次葬并存。

简报指出，在我国西南少数民族地区自西周到西汉时期流行一种以石片或石板作棺具的土坑墓，一般称此为"石棺墓"。就曲贡村墓葬出土材料看，显然不宜将此归入石棺墓之类，姑且称之为"石室墓"。年代从新石器时代至公元六七世纪的吐蕃时期。

昌都地区

747.查果西沟摩崖造像 2009 年考古调查简报

作　者：西藏自治区文物保护研究所、陕西省考古研究院　张建林　夏格旺堆、
　　　　席　琳

出　处：《考古与文物》2012 年第 3 期

查果西沟摩崖造像位于西藏自治区昌都地区芒康县纳西乡下盐井村查果西沟内。2009 年，考古人员进行了考古调查。简报分为：一、造像位置与概况，二、造像特征，三、造像题材与时代，四、结语，共四个部分。有手绘图。

据介绍，查果西沟造像均为佛教造像，主体为吐蕃时期的俗装毗卢遮那（朗巴朗增）与二菩萨、一供养人四尊造像。这四尊造像表明吐蕃时期本土化程度很高的佛教造像已经出现。同时，禅定印毗卢遮那（朗巴朗增）与二菩萨的造像组合为 8 世纪中后期以来流行于卫藏——藏东——敦煌地区禅定印毗卢遮那（朗巴朗增）造像又增添了一份新材料。而查果西沟其他二组造像以及延续至今的佛教寺院、摩崖铭刻、造像则反映了查果西沟在吐蕃王朝之后依然是重要的藏传佛教传播地。时代从 9 世纪初开始，即中原唐朝时期。

748.西藏察雅县丹玛札摩崖造像考古调查简报

作　者：陕西省考古研究院、西藏自治区文物保护研究所　席　琳、张建林、
　　　　夏格旺堆等

出　处：《考古与文物》2014 年第 6 期

丹玛札摩崖造像位于西藏自治区昌都地区察雅县香堆镇二加村仁达拉康内的丹玛札崖壁上。2009 年 6～7 月，考古人员进行了藏东地区盐井盐田及吐蕃石刻调查，

对丹玛札摩崖造像进行了首次全面的考古调查和记录。简报分为：一、造像位置与概况，二、造像特征，三、造像题记，四、结语，共四个部分。有彩照、拓片、手绘图。

据介绍，丹玛扎摩崖造像位于西藏自治区昌都地区察雅县，以高浮雕与浅浮雕为主、阴线刻为辅雕刻而成，造像题材为毗卢遮那与八大菩萨、二飞天，皆上身披帛带、下身着裙、跣足，造像组合和背光、莲座、狮子等造像特征具有明显的本土化特征和来自敦煌和中原地区唐代造像因素的影响。伴存有3组古藏文题记和1组汉文题记，古藏文题记中的"赞普赤德松赞""猴年夏"可与汉文题记中的"甲申年"相互佐证，简报推断造像雕刻年代为804年。

山南地区

749.西藏乃东普努沟古墓群清理简报

作　者：西藏文管会文物普查队　张建林、更　堆等
出　处：《文物》1985年第9期

1984年6月，考古人员在乃东县昌珠区桑珠德庆公社普努沟发现一处大规模的古墓群，随即进行了调查，并对冲刷沟边一些暴露出石棺和面临破坏的墓葬进行了清理试掘。调查和清理试掘情况简报分为：一、地理环境与墓群分布，二、墓葬形制结构，三、出土遗物，四、几个问题，共四个部分。有手绘图、照片。

据介绍，普努沟北距乃东县10公里，西距桑珠德庆公社2公里。整个墓群大致可以分为12组，共计323座墓，散布于普努沟北侧山坡和洪水冲积扇上，分布面积为1平方公里，墓葬形制及出土器物简报附有"西藏乃东普努沟古葬墓清理登记表"。简报认为此批墓系吐蕃时期藏人墓葬。证实吐蕃时期仍普遍实行土葬。出土的铜、铁、石、陶器，为西藏吐蕃考古提供了第一批具有断代意义的参照物。

750.乃东县切龙则木墓群G组M1殉马坑清理简报

作　者：西藏文管会文物普查队　张仲立、王望生等
出　处：《文物》1985年第9期

考古人员于1984年7月在山南地区乃东县温区切龙则木山东侧山脚发现并清理了两座吐蕃时期墓葬的殉马坑。简报分两个部分予以介绍，有手绘图、照片。

据介绍，切龙则木山南距乃东县约15公里，顺着山脚缓冲坡面南北约6公里一线上，比较集中地分布着80多座大小不同的吐蕃时期墓葬，这就是切龙则木墓群。墓群共分为8组，G组M1位于墓群南部，东面正对结巴公社桑嘎村。M1东侧7米及10米处，有两处殉马坑，依次编为K1、K2。殉葬的马匹，年龄和个体大小虽不尽相同，但基本上都是具有较高乘挽价值的强壮马匹，可能是有意挑选来殉葬的。

简报称，据史载，切龙则木墓群包括该墓群G组M1及其殉马坑被挖一事，简报认为亦应是此际义军所为。K1被扰动时马匹尸骨尚未完全腐化，说明殉马坑与M1的下葬时间距其被发现相隔不远，均在吐蕃晚期。殉马坑的发现有力印证了文献记载的可靠。

简报指出，西藏地区殉马坑的发现尚属首次，它的发现和清理对于弥补文献资料的不足，深入开展对西藏早期历史的研究，无疑有着一定的价值。

751.赤德松赞墓碑清理简报

作　者：西藏文管会文物普查队　索朗旺堆、张建林
出　处：《文物》1985年第9期

赤德松赞为吐蕃后期赞普，798～815年在位，死后葬于今西藏穷结县历代吐蕃赞普墓地（藏王陵区）。墓碑立于赤德松赞墓东侧，是整个墓群中仅见的两座碑之一，中外学者多有著述。由于千年来的风雨冲刷和水土淤积，陵区的地貌发生了较大变化，原立碑地面已深深埋入后期堆积的土层之下，因而迄今发表的有关著述，对于墓碑的原貌、形制均未能作完整的介绍，古藏文碑文最多发表47行。为了更好地保护和利用文物，考古人员于1984年9月对此墓碑进行了发掘清理，了解了碑的形制，并发现了过去从未著录的12行碑文。简报分为三个部分予以介绍，有照片。

据介绍，新发现的12行碑文与已发表的47行碑文内容大致相同，追述了先祖的功德，列举了赤德松赞的成就，说明他的功绩胜于前代，并指出了当时吐蕃与周围邻邦的宗属关系。但在赤德松赞去世地点的记载上，却与史料不同，16世纪成书的藏文史料《贤者喜宴》记载赤德松赞去世于扎普，此碑记载却是在"雄……"，看来应以此碑所记为准。据地层堆积观察，简报推知，山坡下的墓群高度应在现有高度上加上后期堆积的厚度，即比现在高度高。

简报称，此碑下半部及碑座的出土，为进一步研究吐蕃时期的历史提供了珍贵的实物资料。

752.千年古寺扎玛尔吉如拉康

作　者：西藏文管会文物普查队　张仲立等
出　处：《文物》1985 年第 9 期

扎玛尔吉如拉康（简称吉如拉康。拉康，藏语"佛殿"的音译）为我国西藏地区吐蕃王朝第五代赞普赤德祖丹时期（815～838 年）始建的一座古寺，是我国现存最古老的建筑之一。1984 年 6 月，考古人员对该寺进行了全面调查，调查情况简报分为："概况""释迦佛及其转经回廊建筑""结语"，等几个部分予以介绍，有照片。

据介绍，吉如拉康坐落在乃东县温区格桑乡吉如村，这里山水形胜，林木葱郁。该寺坐西朝东，宽 32.4 米、进深 30.3 米，面积 982 平方米。建筑、塑像保存尚好。其中金面供养人可能是赤德祖丹，女供养人可能是金城公主。吐蕃时期是西藏社会长足进步的一个时期，赤德祖丹是这一时期颇有作为的一个赞普，他对吐蕃社会的发展，吐蕃地区和内地的文化交流的加强，起了很重要的作用。吉如拉康对于佛教发展史、藏地建筑史以及赤德祖丹时期历史特点的研究，无疑具有弥足珍贵的价值。

753.西藏文管会藏吐蕃时期鎏金铜钵

作　者：更　堆
出　处：《文物》1985 年第 11 期

1982 年，在西藏山南地区泽当镇东约 400 米处修建泽当冷库时，发现不少吐蕃时期的石棺葬，多为长方形石板墓和椭圆形石砌墓。其中一墓出土一件鎏金铜钵，当时由一位工人保存，后来为自治区文管会征集收藏。简报配以照片予以介绍。

据介绍，铜钵为锻制，通体鎏金，外表呈金黄色，制作精良。简报称，山南地区曾出一些吐蕃时期的铜、铁器，铜器多为锻制，并附有铁柄，与此铜钵的局部特征相似。《新唐书》记载松赞干布当政时期制作臂章，以区分官职高下，其质地有金、银、铜、铁等数种。再结合这件吐蕃时期鎏金铜钵实物，可以说明当时吐蕃的金属加工技术达到了相当的水平。

754.西藏乃东结桑村发现古墓葬

作　者：西藏自治区文物普查队　何周德、索朗旺堆
出　处：《考古》1985 年第 12 期

考古人员于 1984 年 7 月 24 日在山南地区乃东县温区格桑公社结桑村普查时，

发现一群古墓葬。墓群位于结桑村北约 100 米处的东山麓，前面是宽阔的温河谷地。过去，在大搞农田水利基本建设时，曾暴露出许多墓葬，但当时未引起人们的注意。后来，考古人员从修水渠时所形成的土崖上观察，在三百多米长的土崖上，发现了15 座墓葬。从这 15 座墓分析，墓群呈南北向排列，多属中、小型墓，至于墓群的具体数量、范围，还有待于进一步的调查。

考古人员在这次普查中清理了三座墓葬，其中有两座小型墓（M1 和 M2）、一座中型墓（M3）。简报配以手绘图、照片予以介绍。

据介绍，从已清理的三座石棺墓葬来看，墓坑为长方形者，棺室平面多呈梯形或长方形（在其他墓区，发现墓坑为圆筒状者，棺室皆为圆形），头向朝西，皆有石棺，一般无棺盖、棺底，随葬品也极少见。根据棺室大小，结桑村古墓群可暂分为中、小型两类墓。朗县列山墓地的木碳标本，经中国社会科学院考古研究所 C_{14} 测定，距今 1250 ± 70 年，估计为唐代吐蕃时期。那么，结桑村古墓群的相对年代也大约属这一时期。

在西藏，唐代吐蕃时期的古墓葬占大宗，但在这方面做的工作却很有限。这次对结桑村古墓群的清理，为研究我国唐代少数民族地区中、小型墓葬的结构、葬俗等一般特征，提供了一点线索，同时，也从侧面反映了当时的社会性质和阶级关系。

755.松赞干布、赤松德赞陵调查记

作　者：王望生

出　处：《文博》1986 年第 6 期

1985 年 8 月，考古人员对吐蕃松赞干布陵和赤松德赞陵进行了调查。调查所获，简报配以照片予以介绍。

据介绍，松赞干布陵，又名"红陵"，位于穷结县城西南的穷结河岸边，即藏王墓地的西北角。陵封土为正方形，平顶。

赤松德赞陵，位于穷结县城南面的木惹山中腰，海拔 3850 米，规模属藏王墓之冠。此陵距其父赤德祖赞陵仅 83 米。赤松德赞陵依山势而建，封土为正方形，平顶。

这次调查的两座陵，其外观形制与文献中所记述基本一致。再据山南乃东县赞塘村墓地及下东嘎大墓、普努沟古墓葬、红山墓葬等时代亦均属吐蕃时期，简报认为这充分说明，在吐蕃时代普遍实行的葬俗是土葬。

简报称，陵墓的规模反映了吐蕃王朝的极盛时期，由此可见碑文所述的武功煊赫并非溢美之辞。松赞干布、赤松德赞陵为什么要建在穷结？简报认为当与历史背景有关。

756.西藏乃东县的几处石棺葬

作　者：张建林
出　处：《文博》1988 年第 4 期

1984 年，考古人员在西藏乃东县进行文物普查的过程中，曾发现 20 处古墓葬，其中较重要的普努沟墓群、结桑村墓群的调查试掘资料已经发表。此外，还发现雄拉山、墨嘎村、门中村等处一些零星暴露的小型石棺葬。鉴于西藏古墓葬发现较少，整理发表的材料尤为鲜见，故不嫌简略，分为：一、雄拉山石棺葬，二、墨嘎村东石棺葬，三、门中村石棺葬，共三个部分。有照片、手绘图。

据介绍，这几处小型石棺葬与乃东县其他几处经过清理试掘的石棺葬比较，有较大的一致性，葬具均为石片或卵石砌就的石棺，棺长多在 0.55 ~ 1.02 米，宽在 0.33 ~ 0.6 米之间，葬式为蜷屈特甚的屈肢葬，出土陶器均为泥质或夹砂红陶，器形多为侈口、鼓腹、圜底。其他几处石棺葬年代已基本定在吐蕃时期，这几处小型石棺葬的年代亦当在此前后。

757.西藏穷结县藏王诸陵调查简记

作　者：王望生
出　处：《文博》1989 年第 2 期

这里所说的藏王诸陵系指吐蕃王朝时期藏王墓墓群，曾在 1961 年公布为全国重点文物保护单位。陵墓位于穷结县城河南边，范围包括木惹山麓和东嘎沟口，墓地东西长约 2076 米，南北宽约 1470 米，面积约 305 万平方米。简报配以手绘图予以介绍。

在这次普查中，藏王墓群，由访问材料得知有 19 座，但能看到墓冢的有 17 座，所少二座或因故已毁，依据文献资料，结合实地勘查，初步确定了墓主 17 座。他们是拉脱脱日聂赞陵、赤年松赞陵、仲年岱如陵、达日聂色陵、朗日松赞陵、贡松贡赞陵、芒松芒赞陵、赤杜松芒波杰陵、赤德祖赞陵、江朵拉本陵、牟尼赞普陵、牟笛赞普陵、赤德松赞陵、丹赤陵、赤祖德赞陵、吾都赞普陵、温松陵。

简报称，藏王诸陵，近代国内外学者虽作过一些报导和推测，但由于材料不足，常有谬误，而实地考察的结果还是比较可靠的。简报逐墓予以介绍，吐蕃藏王诸陵除了松赞干布陵未见被掘痕迹外，其余陵皆被掘毁，掘墓的时间大约在 9 世纪末。

简报指出，藏王诸陵的封上形制一般可分三种：其一是方形平顶，其二是梯形平顶，再次是圆形。其中方形平顶居多。墓群中封土最大的墓是赤松德赞墓，最小的墓是吾都赞普墓。封土半数多高达 10 米，其结构大多数是以土、木、石夯筑而成。

关于墓内的情况，有藏文记载：墓葬多以金、银、铜、铁及玉器等珍品宝物随葬，尤以藏王生前所用衣物、玩物、座骑等爱物居多。吐蕃有无殉葬，藏文史料概无明显记载。《新唐书·吐蕃传》记道："其君臣自为友，五六人曰共命，君死，皆自杀以殉，所服玩乘马皆瘗，起大屋冢颠，树众木为祠所。"陪葬者均葬于赞普陵。此所指陪葬者是指与赞普盟誓的臣僚。

758.西藏吉堆吐蕃墓地的调查与分析

作　者：何　强
出　处：《文物》1993 年第 2 期

吉堆吐蕃墓地位于西藏自治区南部靠近边境的洛扎县境内洛扎怒曲河南岸、吉堆乡政府南侧的山坡上，共有墓葬 48 座（编号洛·吉·M1～M48）。1991 年，考古人员对墓地进行了调查。简报分为：一、调查与试掘，二、关于 M1 的墓主身份与下葬年代，三、吉堆墓地反映出的其他问题。有照片、手绘图。

据介绍，吉堆墓地的墓葬均为夹石夯土建筑，封土为梯形覆斗状，墓群布局以 M1 为中心，其余墓葬散布在 M1 的周围。M1 在墓群中规模最大，位置最高，所在位置海拔 3725 米，与山下河谷中的平地相对高差 100 多米。其封土堆高 7 米，墓前有 7 层石砌平台。平台两侧有表面垒积石块的祭祀坑共 11 个（编号 K1～K11）。墓主简报推测为得乌穷之墓，下葬年代为 804～815 年。简报指出，如能对其进行全面的科学发掘，并参照敦煌写卷等文献进行深入研究，对吐蕃时代的考古研究工作将会产生积极的推动作用。

759.西藏山南隆子县石棺墓的调查与清理

作　者：西藏自治区文管会文物普查队　崔　巍、李永宪、更　堆
出　处：《考古》1994 年第 7 期

西藏山南地区隆子县，位于西藏高原东南部，西邻措美，北依曲松、加查、朗县，南与错那、门隅接壤，东与珞瑜地区毗邻。隆子县古称"涅"地，县境内有两条大体呈东西流向的古老河流，一为涅河（今称隆子河），一为加波曲，两河之间，为著名的扎日神山，自古以来，便是藏民族的文化发祥地之一。

1991 年 6～7 月，在文物普查期间，考古人员于隆子县境内调查、发现了多处石棺墓群，并对其中几座进行了抢救性的清理。简报分为：一、石棺墓分布情况，二、调查与清理情况，三、结语，共三个部分。有手绘图。

据介绍，隆子县调查发现的这批石棺墓，其墓葬形制均为采用石板砌建的石棺，石棺长度大小仅可容身，除新巴乡吞玛村石棺墓外，一般只有盖板石，而无底板石，个别墓葬底部采用了泥土、碎石渣等铺垫、捣打。石棺选用的石材以整块石板为多，主要用在两侧或两端，但盖板石则形制多样，石棺墓葬的地表均未发现封土痕迹，与同一区域内调查发现的吐蕃时期封土墓葬中迥然有别。

从埋葬方式上来看，主要为单人二次葬，少数墓葬中遗留有火葬的痕迹。出土的骨骼多零散不全，有的不见头骨，是否与古代民族中流行的"割体礼仪"或其他某种丧葬习俗有关，值得研究。根据出土器物的情况分析，并结合以墓葬形制的变化，这批石棺墓的时代可能有相对早晚的关系。其中，新巴乡吞玛村石棺墓简报推断年代下限已到西藏吐蕃王朝时期，公元 9 世纪左右；吞玛村石棺墓的年代下限似也应为 9 世纪前后。根据这批墓葬的形制、出土器物观察，简报推断下限晚不过西汉，似应定为战国—西汉前期。因此，隆子县吞玛村之外的这批石棺墓，其年代约可定在上起新石器时代晚期，下迄战国—西汉前期。所选标本进行的碳十四年代测定结果为公元前 855±125 年（碳十四半衰期 5730 年，树轮校正年代为 BC1048～800 年），可作为判断其年代上限的又一依据。

简报称，据上所述似可将此次山南隆子县调查发掘的石棺墓分为早、晚两阶段。

早期：新石器时代晚期——西汉前期。

晚期：唐·吐蕃王朝时期（约 9 世纪前后）。

760. "拉萨朵仁"吐蕃祭坛与墓葬的调查及分析

作　者：何　强

出　处：《文物》1995 年第 1 期

1991 年，考古人员在西藏山南地区措美县的哲古草原上发现一处带祭坛的吐蕃墓地。简报配以照片、手绘图予以介绍。

据介绍，措美县位于雅鲁藏布江以南的喜玛拉雅山区，其北面为琼结县和乃东县，即传说为藏民族、藏文化发源地的雅砻河谷；南面是与不丹王国交界的洛扎县；东面为与印度、不丹接壤的错那县；西面为浪卡子县。北部为海拔 4500 米以上的哲古草原。哲古草原西部的查扎乡为一条长约 20 公里、宽约 3 公里的草坝子，草坝子东端、查扎河发源处，有一处石圈遗址，当地人称之"拉萨朵仁"，藏语意为"神圣的长石"。拉萨朵仁的东面有一座小山和一个小湖，当地人分别称之为"拉萨日"与"拉萨错"，藏语意为"神山"和"神湖"。拉萨朵仁为一用砾石砌成的同心圆的双重石圈。外圈直径 36 米，内圈直径 26 米，内外圈间距 5 米。内圈中央立有一根高 1.9 米、直径 0.2 米的椭圆形石柱，石柱现已断为三截，最下面的一截尚立于地面，其他两截散落于地。内圈北侧有一砾石砌成的低矮平台。附近墓葬中有人殉、衣冠塚现象。简报认为拉萨朵仁石圈，是附属于墓地的祭祀场所。

761.西藏扎囊斯孔村墓葬群的调查与试掘

作　者：何周德

出　处：《考古与文物》1995 年第 2 期

1985 年 7 月，考古人员在扎囊县结林区斯孔乡斯孔村发现一处规模较大的古墓葬群，考古人员随即对此作了详细的调查，并试掘了一座中型墓葬，取得了一些资料。简报分为：一、地理环境与墓群分布，二、墓葬形制与结构，三、随葬品，四、结语，共四个部分。有手绘图、照片。

据介绍，斯孔村在雅鲁藏布江右岸，位于扎囊县城西南约 4 公里许的开阔山谷。墓葬群处于斯孔村的山谷南北两面山麓，相距约 1300 米，遥遥相对。斯孔村墓群 12 座墓葬，编号为 M1 ~ M12，其中北面山麓 10 座，自东向西编号为 M11、M12。这 12 座墓皆属大中型墓。

该墓群的墓葬布局很有规律，大墓居高或处显要位置，小墓分布其下或左右两边。从墓葬外观形制看，这里有塔形墓和梯形墓两类，前者只有一座（M3），其余 11 座墓葬都属后者。斯孔村 12 座墓葬皆被挖掘一空。简报推断该墓群的相对年代约为吐蕃时期。

简报称，斯孔村墓群的发现及 M5 的清理，具有重要的历史价值，它不仅扩大了西藏墓葬的分布范围，而且为西藏大中型墓的封土、墓室结构树立了一个标尺，像 M5 这种具有完整的墓道、二层台、墓门、墓室、耳室结构的台阶洞室墓，截至目前在西藏还是独一无二的。尤其 M5 的粮食遗物，小陶钵内的颌子骨，及 M4、M5 封土堆顶部的残墙，对研究当时的埋葬风俗、守陵、祭祀等，都提供了重要的实物资料。

762.西藏琼结吐蕃王陵的勘测与研究

作　者：中国社会科学考古研究所、中国革命博物馆　王仁湘、赵慧民、刘建国、
　　　　郭幼安等

出　处：《考古学报》2002 年第 4 期

西藏琼结吐蕃王陵是西藏高原一处著名的古代墓地，它是埋葬包括松赞干布在

内的十多位吐蕃赞普的陵墓区，一般称为"藏王墓"。对吐蕃王陵的考察与研究，已经有了近两个世纪的时光，研究者们弄清楚了许多问题，也留下了一些疑问。虽然科学的考察在断续进行，但是出版物上却始终见不到一幅标准的吐蕃王陵分布图，先后到现场考察过的研究者们甚至对墓地上究竟有多少座陵墓都没有一个统一的说法。在这样的基础上进行的研究，自然会留下明显缺憾。一些学者通过实地踏勘，结合藏汉文献对每座陵墓的主人进行了研究，虽然取得了不少积极成果，但存在的分歧也不小。自1989年开始，中国社会科学院考古研究所组建西藏工作队，进入高原开展考古调查与发掘，对琼结吐蕃王陵作了数次考察。为了绘制出准确的陵区分布图，考古人员在陵区现场与早期制作的航片对勘，重新确定了陵墓的数目及各陵之间的方位关系。简报首次公布的这张陵区分布图，是迄今为止有关吐蕃王陵的第一份比较准确的资料。同时，在以往学者研究的基础上，通过对相关文献较为全面的梳理，对各陵墓的主人重新进行了考证，提出了一些不同的认识。当然，在吐蕃王陵没有正式发掘，而且在一定时限内也不会发掘的前提下，任何考证都不会是最后的结论。简报分为：一、琼结吐蕃王陵的分区与陵墓计数，二、吐蕃王陵保存现状，三、陵墓建在琼结的吐蕃赞普，四、吐蕃王陵墓主新探，共四个部分。有彩照等。

吐蕃王朝建立于633年，877年覆灭。

简报得出了以下三点结论：

其一，琼结吐蕃王陵确可划分为东西两个陵区，即木惹陵区和东嘎沟口陵区。两陵区埋葬的死者有所不同，木惹陵区多埋葬吐蕃王朝盛期的赞普，东嘎沟口陵区则主要埋葬松赞干布之前的吐蕃先君先王和意外死亡的赞普、王子等。

其二，西陵区查明现有陵墓13座，东陵区有7座，两区合计有陵墓20座。如果将19号陵作为两座陵，则合计有陵墓21座。

其三，西陵区的墓主较为明确，13座中可确定墓主的有10座，所有见于文献记载的吐蕃赞普都可以确定相应的陵位。

简报除了绘出陵区分布图，"西藏琼结吐蕃王陵一览表"也十分重要。

简报指出，琼结吐蕃王陵的保护也需要加大力度，目前最紧迫的问题是减缓水土流失的速率，以保护封土少受自然侵蚀。琼结吐蕃王陵是古代藏文化最重要的遗产之一，保护好它，也是为未来的研究者保存一份珍贵的资料。最后附录有《汉译藏文献中关于琼结吐蕃王陵的记载》。

763.西藏洛扎吐蕃摩崖石刻与吐蕃墓地的调查与研究

作　者：四川大学历史文化学院、四川大学博物馆　霍　巍、新巴·达娃扎西

出　处：《文物》2010 年第 7 期

山南洛扎县是我国西藏自治区日喀则地区的一个边境县，其南面与不丹接壤，该县境内的洛扎吐蕃石刻，是吐蕃考古的一个重要发现。早在1982 年，藏族学者巴桑旺堆曾撰文指出"在山南洛扎县境内新发现同一内容的吐蕃时期摩崖石刻两处"，并对这两处石刻文字的内容作了汉译和考订，但文中未提及石刻附近的吐蕃墓葬。1991 年，西藏自治区文物普查队对洛扎县全境进行文物普查时，除对上述两处石刻进行了复查之外，还在石刻附近新发现的吉堆吐蕃墓地作了试掘清理工作。2007 年，语言学家李方桂和柯蔚南合著的《古代西藏碑文研究》一书由王启龙翻译出版，书中第十五章为"文献XIII：洛扎摩崖石刻"，对这两处石刻作了相关考订和研究。但迄今为止，还没有正式公布过这两处石刻文字的相关照片或拓本，石刻文字的格式、内容、保存现状及其与吐蕃墓地之间的关系等问题均不清楚。带着这些问题，2008 年9 月，考古人员再次前往洛扎县进行实地考察。

据介绍，西藏山南洛扎吐蕃墓地是一处未见文献记载的吐蕃王国时期的大型墓地，在墓地附近发现有两处古藏文摩崖石刻，属吐蕃时期重要的文化遗存。简报在实地田野调查的基础上，综合以往研究成果，重新释读了石刻的内容。同时，对石刻保存现状、吐蕃墓地与石刻之间的相互关系、洛扎吐蕃墓地与石刻所反映的吐蕃盟誓制度及其墓地营葬规制等问题做了进一步的分析探讨。配有彩照。

764.西藏洛扎县吉堆墓地与吐蕃摩崖刻石考古调查简报

作　者：陕西省考古研究院、山南地区文物局、洛扎县文广局　席　琳、张建林、
　　　　　卓　玛等

出　处：《考古与文物》2014 年第 6 期

2012 年9 ～ 10 月，考古人员对吉堆墓地进行了考古调查与测绘，在已有资料的基础上又新发现了墓葬、殉牲坑、石墙等遗迹 31 处，全面掌握了墓葬数量、分布、特征以及墓地周围的自然与人文环境信息。此外，还对洛扎县境内的两处吐蕃摩崖刻石进行了调查，首次对刻石做了带比例尺拍照及基于此照片之上的古藏文原貌临摹图。

此次调查成果简报分为：一、吉堆墓地，二、得乌琼摩崖刻石与门当摩崖刻石，共两个部分。有彩照、手绘图。

据介绍，吉堆墓地位于西藏自治区山南地区洛扎县，调查确认墓葬68座，殉牲坑36座，石墙1道，是洛扎县境内及周边地区发现的唯一一处大型吐蕃墓地。墓葬平面呈梯形，夯土包石砌筑。墓地附近的两处古藏文刻石提供了墓地营建、管理及相关历史背景等方面的重要信息，表明吉堆墓地是吐蕃王朝时期敕封到洛扎东岱的高级贵族得乌琼及其家族成员的墓葬群。

简报推断：墓地的最早营建年代应不早于798年，下限则可能晚至赤德松赞末期甚至赤祖德赞时期，时代为8世纪末到9世纪前期。

日喀则地区

765.西藏白朗发现一件瑞兽葡萄镜

作　者：朱建中

出　处：《文物》1992年第12期

1990年8月，在文物普查中，考古人员在西藏白朗县洛江乡长美坚寺发现瑞兽葡萄镜1件。简报配以照片予以说明。

据介绍，该镜是1987年重建长美坚寺时出土，呈黑色圆形，局部残损。简报认为是唐代早、中期遗物。瑞兽葡萄镜在西藏出土尚属首次，弥足珍贵。

766.西藏吉隆县发现唐显庆三年《大唐天竺使出铭》

作　者：西藏自治区文管会文物普查队　霍　巍、李永宪

出　处：《考古》1994年第7期

1990年6月，在对日喀则地区吉隆县进行文物普查时，根据当地人所提供的线索，考古人员在该县境内发现了一通额题为《大唐天竺使出铭》的摩崖石刻碑铭。这一重要的发现，对于研究唐代中外国际交通、早期唐蕃关系等问题，均具有珍贵的史料价值。简报分为：一、发现情况，二、碑铭诠释，三、小结，共三个部分。有照片。

据介绍，摩崖碑铭发现于吉隆县县城（旧名"宗喀"）以北约4.5公里处的阿瓦呷英山嘴。碑刻所在位置北面为宗喀山口，系昔日进入吉隆盆地的古道入口，东、西两面为起伏的群山环抱，南面为通往县城的公路。碑文残存阴刻楷书24行，满行为30～40字。上端无缺字，下端因损毁严重，现共计残存222字，其中有相当部

分已损，漫漶不清。

兹据现场临摹记录，并参考所摄照片（拓片因碑铭表面满涂酥油，凹凸不平等各种原因效果不佳），简报录有 24 行，行中多有空字，简报对碑铭文已试作考释，并对其文意略加以推测。

简报称，西藏吉隆新发现的显庆三年《大唐天竺使出铭》，是迄今为止在西藏所发现的年代最早的一通汉文碑铭，它比现存于拉萨大昭寺前的著名的《唐蕃会盟碑》（即《唐蕃舅甥会盟碑》，建于唐穆宗长庆三年，即 823 年），要早 165 年。根据对碑文内容的考释，可以初步确认为一通唐代初年与王玄策出使印度有关的摩崖碑刻。

简报指出，在吉隆发现的《大唐天竺使出铭》，意义十分重大。首先，它对于解决内地——吐蕃——尼婆罗这条国际通道南段的具体走向、出山口位置等历史上长期以来悬而未决的问题，首次提供了可靠的考古实物依据；其次，它对于补正文献记载中王玄策出使事件的若干史实，具有宝贵的史料价值；其三，碑铭的发现，从考古资料上确认了西藏吉隆在吐蕃时代对外交通中所占据的重要位置，对于研究唐以后直到近现代以吉隆山口为主要孔道之一的喜玛拉雅山地区陆路交通、贸易与经济开发等问题，不仅提供了历史的证据而且具有着现实的意义。

那曲地区

767.藏北石棺葬调查试掘简报

作　者： 西藏文管会文物普查队

出　处：《考古与文物》1990 年第 1 期

藏北，人称千里羌塘，是青藏高原的腹心，平均海拔 4500 米以上。它东临昌都地区，南与拉萨相连，西靠阿里地区，北与青海省接壤。1987 年 5 月 21 日至 8 月 9 日，考古人员在那曲地区搞文物普查时，对安多、比如、索县、那曲四县的石棺葬进行了调查和试掘。

调查试掘情况简报分为：一、芒森墓地，二、七卡石棺葬，结语，共三个部分。有手绘图。

据介绍，藏北安多、比如、索县、那曲四县地理位置呈"S"形连成一线，石棺葬从地面封土、墓葬形制、出土器物来看，属同一时期。芒森墓地 67 座墓葬相对集中，大墓位于墓地的上部，位置特殊，小墓分布于大墓周围及边缘，起着陪葬的作用，似为一部落墓地。三角形封土、平行四边形封土这种特别的形式在西藏当属首次发现；

M2 封土上的梯形石框内中砌石墙，简报认为是家庭合葬墓的表现特征。

石棺葬作为一种普遍形式广泛分布于西藏的拉萨、山南、林芝、昌都、那曲等地。藏北石棺葬的主要特征是梯形封土、石砌边框，此种形制见于西藏乃东县的普努沟墓地和切龙则木墓地，出土器物亦相似，大体年代相去不远。简报推断，藏北石棺葬应系吐蕃时期的藏人墓群。

简报称，藏北石棺葬的发现和试掘，扩大了西藏石棺葬的分布范围，为研究藏北吐蕃社会的历史提供了珍贵的资料。

阿里地区

768.西藏阿里托林寺

作　者：陈耀东

出　处：《文物》1995 年第 10 期

1980 ~ 1981 年，考古人员在西藏进行了实地考察。其中在阿里地区重点考察了古格王国遗址和托林寺。简报分为：一、概况，二、现状，三、主殿复原，四、一些问题的探讨，共四个部分。有照片、手绘图。

据介绍，9 世纪中叶吐蕃王朝崩溃以后，赞普王室的一支后裔德吉尼玛衮逃到西部的阿里地区，建立封建割据地方政权，同时采取大力支持、利用佛教的手段。10世纪，已建成一批佛教寺院，托林寺为其中之一，现托林寺主殿不存，简报绘有复原图。简报称，托林寺以及清承德避暑山庄普宁寺，都是仿照西藏山南扎囊县桑耶寺而建，而桑耶寺又系仿照印度阿旃延那布尼寺而建。托林寺、普宁寺规模都远不及桑耶寺。

林芝地区

769.西藏朗县列山墓地的调查和试掘

作　者：索朗旺堆、侯石柱

出　处：《文物》1985 年第 9 期

列山墓地位于西藏山南朗县东嘎区列村东北约 1.5 公里的列山南山坡上，墓地东北约 2 公里处是金东区政府驻地。墓地南面有金东曲河从东向西流入雅鲁藏布江。列山墓地极为壮观，东区共有封土墓 163 座，呈扇形分布。还发现房屋、祭祀场所及石碑座等。西区共有封土墓 21 座，分布呈曲尺形。这一墓地于 1982 年 3 月发现，同年 6 月和 9 月考古人员进行了两次调查和试掘，共试掘墓葬 3 座，均为小型封土墓。简报分为：一、封土类型，二、试掘情况，三、建筑遗迹及石碑底座，四、问题讨论，共四个部分。有手绘图、照片。

据介绍，列山墓地以大、中型封土墓为主。大型封土墓坐落于山脚中央，居高临下，小型封土墓多分散在大墓周围及墓地边缘。封土平面多为梯形，亦有方形、圆形及亚字形。封土及墓穴为石、土、木结构。主要采用夯筑技术，除版筑法外，还有分节隔垫石板或圆木夯筑的方法。就现有材料而言，葬具有两种：一种是用石板拼对成的小石棺，呈长方形，长 1 米左右，无底板；另一种即直接将尸体安放在用石板叠砌的半圆形穴内。列山墓地的葬式，只发现屈肢葬一种。简报初步推断列山墓地的年代为吐蕃王朝（公元 7 ～ 9 世纪）或更早。

简报称，先民应处于奴隶制时期，殉葬是奴隶社会的一种普遍现象。

770.西藏林芝县多布石棺墓清理简报

作　者：西藏文管会文物普查队　朱建中
出　处：《考古》1994 年第 7 期

1991 年 7 月，考古人员在林芝县八一镇的多布村发现一处石棺墓葬群，随即进行了抢救性清理，调查和清理情况简报配以照片予以介绍。

据介绍，多布村位于林芝县北，东距八一镇（林芝地区所在地）32 公里。墓葬分布在小山包两侧原印刷厂与多布村之间，概无封土堆。由于印刷厂和当地村民长期在此坡地上取土建房而时有暴露，可惜没有及时保护，均被破坏不少。这次共清理 7 座（编号为 91 林多 M1 至 M7），墓地比较集中，方向也基本一致，均东西向，但无明显规律。从目前清理的情况看，石棺一类为石块垒砌为棺，仅一座，为 M1，骨骸无存，葬式不明。随葬器物置西头南边处，计有陶罐、石锛、石斧各一件。其余 6 座为另一类，均以青石板为棺，长方形和梯形两种。随葬器物较少，共出土器物 4 件，陶器 2 件，石器 2 件。简报推断该墓地应是吐蕃早期墓葬。第一类石块垒砌墓，更具原始性，时间应比第二类石板棺墓早。简报认为，此次发掘为以后研究吐蕃各时期的石棺椁墓的葬制开辟了先河。

771.西藏工布江达县色沃岩画调查简报

作　者：西藏自治区文物保护研究所　何　伟、夏格旺堆
出　处：《考古与文物》2014 年第 6 期

2013 年 11 月，考古人员在工布江达县尼洋河边发现了色沃岩画。这是迄今为止在林芝地区发现的第二处岩画。与林芝墨脱县阿梗岩画不同，色沃岩画为敲凿制成而非涂绘。简报分为：一、地理位置及自然环境，二、岩画内容简述，三、结语，共三个部分。有彩照、手绘图。

据介绍，色沃岩画是迄今为止林芝地区发现的第二处岩画点。该处岩画点以密点敲凿为主要制作方法，以剪影图像为主要表现手法，画面布局合理，动物简朴写实。综合题材内容、表现手法和风格特征，再参考以往调查资料分析，简报初步推断色沃岩画应为佛教传入以前或佛教广泛传播以前，即吐蕃之前或吐蕃前期的遗存。简报称，色沃岩画的发现，为研究藏东南地区的岩画增加了新资料。

772.西藏工布江达县洛哇傍卡摩崖造像考古调查简报

作　者：西藏自治区文物保护研究所　罗布扎西、李林辉
出　处：《考古与文物》2014 年第 6 期

2009 年 7 月，考古人员对林芝地区工布江达县江达镇江达村太昭古城文物遗存及茶马古道太昭段沿线的文物点开展了考古发掘和调查工作。期间，重点对洛哇傍卡摩崖造像进行了较为详细的调查。调查工作简报分为：一、地理位置，二、摩崖造像内容，三、造像题材与年代，四、结语，共四个部分。有手绘图。

据介绍，洛哇傍卡摩崖造像是林芝地区工布江达县内发现的一处重要的文物点，地处"唐蕃古道"与"茶马古道"交通要道之上，是一处造像及藏文题记共存的摩崖石刻作品，其主要内容有佛像、佛塔及藏文题记。简报通过造像、佛塔及古藏文题记特征的比对，初步认为其年代为 9 ～ 11 世纪。简报称，洛哇傍卡摩崖造像、佛塔以及与佛教"戒律"相关的古藏文题记共存的现象，是目前所知的西藏境内摩崖造像中罕见的实例。

陕西省

西安市

773.西安白鹿原墓葬发掘报告

作 者：中国科学院考古研究所 俞伟超
出 处：《考古学报》1956 年第 3 期

1956 年秋，考古人员在西安白鹿原发掘了 24 座墓葬，简报配以照片、手绘图及折页登记表予以介绍，目次如下：一、墓地概况，二、汉代墓葬，三、三国墓葬，四、隋代墓葬，五、唐代墓葬，六、结语。

据介绍，此次发掘主要收获在隋唐墓葬，尤其是其中两座纪年墓十分重要：一是贞元十七年（801 年）唐墓，一为大业十一年（615 年）隋墓。两墓均有墓志，简报未录志文全文。

774.唐长安城地基初步探测

作 者：陕西省文物管理委员会 杭德州、雒忠如、田醒农
出 处：《考古学报》1958 年第 3 期

唐长安城在当时是我国最大的城市，也是世界上最大的城市之一。其设计规范，曾为许多东方国家所模仿（特别是日本）。按《隋书·文帝本纪》载：长安城是隋文帝开皇二年（582 年）六月，太府修筑，至开皇三年三月，经九个月时间筑成，命名为"大兴城"。唐长安城，是在隋大兴城的基础上加以扩张修建的，其城、门、街、坊、市等名称多沿用隋制。可以说，唐长安城的前身，就是隋的大兴城。这个城市自隋开皇二年兴建，经过了322 年，到唐天祐元年（904 年）正月，朱全忠挟唐昭宗移都洛阳时，宫室、百司及民家，即被拆毁，以其材木，扎成浮筏，由渭河转黄河至洛阳，百姓号哭之声，月余不息。至此唐长安城便成了废墟。简报分为"序言""探测实况""结语"共三个部分，介绍了对唐长安城地基的初步探测情况，有照片、探测复原图，以及宋代吕大防所刻长安城图的摹本。

据介绍，唐长安城的实测与文献记载有相符的地方，也有不合的地方。另外，地基破坏相当严重，有的地方几乎已荡然无存。

今有卫东青先生《唐长安城》（陕西人民出版社 2019 年版）一书。此书实为一复原图册，绘有大明宫、太极宫、曲江池、太液池、兴善寺、玄都观、小雁塔、大雁塔、东市、西市、凌烟阁、两仪门等唐代长安著名景观。

775.西安羊头镇唐李爽墓的发掘

作　　者：陕西省文物管理委员会

出　　处：《文物》1959 年第 3 期

1956 年 4 月初，百姓在距西安城南 8 公里的雁塔区羊头镇取土时挖掉了墓上封土，并发现了带壁画的古墓。考古人员进行了抢救性发掘。简报分为："随葬品""壁画和墓志"予以介绍。有照片、手绘图。

据介绍，此墓由墓道、天井、墓室、甬道组成。墓门处有早年盗洞。出土铜器、玉器、瓷器、铁器、陶俑、木俑等。残存壁画 25 幅，较完整的壁画 16 幅，均绘在墓室和墓道中。墓道中为单色墨画，墓室中为彩色壁画。发现墓志 1 合，计 1774 字。简报未录全文。

据志文，墓主人李爽，唐高宗总章元年（668 年）七月四日卒于九成宫中御府之官舍，享年 76 岁，同年十一月二十二日与其夫人郑氏合葬于雍州明堂县界凤栖之原。李爽两《唐书》无传。志文撰者为兰台侍郎崔行功，崔氏《新唐书》卷二百一有传。

776.西安郭家滩隋姬威墓清理简报

作　　者：陕西省文物管理委员会　　田醒农

出　　处：《文物》1959 年第 8 期

1954 年为配合基建工程在西安郭家滩进行了古墓葬的发掘清理。简报配以照片、拓片、手绘图，介绍了隋大业六年（610 年）龙泉敦煌二郡太守姬威墓。

据介绍，该墓分墓道、墓室、天井、墓门等部分，出土有陶俑 120 多件、陶器、玉器、鎏金铜饰、铁器等共计 300 余件，大多残缺。有石墓志，知墓主叫姬威，是当时太子杨勇的幸臣，后又成权臣杨素的亲信，反过来谋害太子杨勇。姬威卒于大业六年（610 年），享年 62 岁，同年葬于白鹿原。简报未录志文全文。

777.长安县南里王村唐韦泂墓发掘记

作　　者：陕西省文物管理委员会　杭德州、阎　磊
出　　处：《文物》1959 年第 8 期

韦泂墓坐落在长安县（旧韦曲镇）东北约 2 里韦曲原上的南里王村。1958 年 2 月，农民在村西打井修渠时发现墓内有壁画和石椁等，当即报告有关部门。1959 年 1 月 5 日，考古人员前往清理。墓的前后室由于破坏严重，随葬器物多被打碎。墓室墓道内的壁画虽然有部分残缺，却仍不失为珍贵的新资料。简报分为：一、发现与发掘经过，二、墓葬形制与结构，三、出土遗物，四、壁画，五、石椁等五部分。有手绘图、照片。

据介绍，墓由前后二室、甬道、天井、小龛、墓道及其围墙等部分组成。该墓早经盗掘，主要随葬品已无存，残余的一些冥器，也被扰乱捣毁，惟甬道小龛内的陶俑未经扰动，但由于龛顶塌陷，多被压碎。出土器物有陶俑共 157 件，胎为灰色，质颇坚硬，模制，鎏金铜饰 6 件。石墓志 1 合，未录全文。该墓壁画，分布在墓道、甬道、墓室及天井的下部，因长期潮湿，大部脱落。墓内石椁是由底、椁、顶三部分组成，石板表里全是人物及窗门等线画，造型生动、手法简洁、个性突出，实属罕见。

简报称，唐代聚居在长安城南韦曲的韦姓是当时显要的门阀之一，中宗时，由于韦后专权，韦氏一门更是势倾朝野，现今韦曲原上的南、北里王村，便是韦氏坟园所在地。韦后生前她的父母兄弟相继亡殁，葬仪极奢，及韦后覆灭，睿宗、玄宗曾大掘韦氏之墓。这次在清理过程中于第一天井上部地面，发现南北长 7 米、东西宽 5 米的破坏痕迹，因而简报推断是有目的的破坏，而非暗盗。

778.西安北郊唐水道清理简报

作　　者：陕西省文物管理委员会　王玉清
出　　处：《文物》1959 年第 8 期

1955 年 4 月，西安北郊新华窑厂工人挖出铁板一面，考古人员赶往清理，证实为一处水闸门。简报配以照片、手绘图予以介绍。

据介绍，发现有铁制水闸门、石板、刻有工匠姓名的砖等 25 种遗物，证实这是唐代地下水道。出土地点南距唐长安北城墙约 500 米，与唐长安南城明德门、北城玄武门在一条直线上，与西门之间为朱雀大道。玄武门正北为唐代西内苑。此下水道应是与这些遗址有重要联系的。

779.唐大明宫发掘简报

作　者：马得志

出　处：《考古》1959 年第 6 期

唐大明宫位于西安城北的龙首原上，距城 1 公里多，宫城的南面与唐京城北墙相接。大明宫又名"东内"，始建于唐太宗贞观八年（634 年），高宗龙朔二年（662 年）重建，次年四月，高宗由太极宫（又名西内）迁大明宫居住听政。从高宗至唐末诸皇帝大都居住在这里。大明宫的建筑距今已 1200 多年，经过长期的雨水冲刷等自然的破坏，现在在地表上已看不出城址的轮廓和形制，除个别的城门和城墙转角处还有高出地面的土丘外，绝大部分城垣在今天的地面已无踪迹可寻。各宫殿遗址破坏尤甚，一般仅有基址埋在地下。大明宫的勘察和发掘工作从 1957 年开始至 1958 年底，基本上已将宫城的范围和形制勘探清楚，并发掘了部分宫城、城门和宫殿的遗址。简报分为：一、城垣，二、玄武门与重玄门的发掘，三、麟德殿，共三个部分。有手绘图。

据介绍，大明宫的位置处于西安市区，它的南部（龙首原以南）已建满了住宅，因此，南城（即京城北墙）被破坏得较严重。原上和原以北的部分多为农田，保存较好，大部分埋在地下，仅个别的地方还有高出地面的遗迹。测得西城南北长 2256 米，北城城基全长 1135 米。除宫城外，还在宫城内发现宫墙遗址 3 处以及玄武门、重玄门、麟德殿、一部分房屋遗址，出土了 160 余块封泥。

简报说，由于宫城范围很广，所做的工作毕竟还是很少，同时大明宫内的宫殿、围墙等建筑复杂，在短期内亦很难全部厘清，许多问题还待今后的发掘来解决。

780.西安西郊隋李静训墓发掘简报

作　者：唐金裕

出　处：《考古》1959 年第 9 期

1957 年 8 月，考古人员在西安玉祥门外发掘了隋墓一座，简报配以照片予以介绍。

据介绍，该墓为方形竖穴土坑墓。石椁石棺，有墓志、陶器、陶俑、瓷器、玻璃器、玉器、骨器等出土，一铜钵内装有玛瑙串珠、银指甲套、波斯银币等。人骨颈部、手部有金项链、金手镯。

由墓志知，墓主为一叫李静训的女孩，其祖父李崇、父亲李敏《隋书》卷三十七有传。当为官宦之女。死时年仅 9 岁，大业四年（608 年）下葬。简报指出，此墓虽为儿童墓，但相当豪华，遗物精美，且有许多器物为研究中西文化交流提供了材料。

781.唐长安兴庆宫发掘记

作　者：马得志

出　处：《考古》1959 年第 10 期

兴庆宫在今西安城东南约 1 公里处，为唐长安城兴庆坊旧址。1958 年，考古人员进行了发掘。简报分为：一、工作经过，二、建筑遗址，三、出土遗物，四、勤政务本楼与花萼相辉楼的位置等共四个部分。有手绘图等。

据介绍，考古人员清理了兴庆宫西南角部分城垣，发掘了勤政楼及其他房址、回廊遗址十余处。出土有带字砖、瓦、瓦当等建筑材料。认为勤政楼、花萼楼为开元八年（720 年）所建，开元十四年扩建。对照考古成果，简报认为《陕西通志》、毕沅《关中胜迹图》所载兴庆宫最为相符。吕大防的兴庆宫图反映的应是开元十四年以前的情形，而且把两楼连接在一起也是与考古发掘的实际情况不相符的。

782.唐代长安城平康坊出土的鎏金茶托子

作　者：马得志

出　处：《考古》1959 年第 12 期

1957 年 5 月，在西安和平门外建筑工地上，发现了 7 件唐代鎏金茶托子。考古人员赶到时，已全被取出，其中 2 件在取出时损坏。简报配以照片予以介绍。

据介绍，出土地点为唐代长安城平康坊东北隅。周围除了发现有唐代砖墙基 3 米多、开元钱 40 余枚、瓷碗、盘子残片外，未发现其他唐代遗物。简报推测出土地点应为唐代长安城平康坊一处居所。当时何人在平康坊居住已无从详考，唐孙棨著《北里志》提及平康坊，但所记多为娼妓故事。出土的一件茶托子上有铭文，知其为大中十四年（860 年）所造，为"左神策军使"家用物。

783.介绍几件陕西出土的唐代青瓷器

作　者：陕西省文物管理委员会　段绍嘉

出　处：《文物》1960 年第 4 期

简报配以照片，介绍了几件陕西出土的唐代青瓷器。计有：1956 年在西安东郊韩森寨乾封二年（667 年）段伯阳墓中出土的堆花高足钵；西安南郊羊头镇总章元年（668 年）李爽墓出土的龙凤短嘴壶；1955 年西安东郊灞桥开元九年（721 年）骞思泰墓出土的青釉洗子；1956 年西安西郊枣园咸通十二年（871 年）张叔尊墓出土的青釉八角颈瓶；1955 年西安东郊韩森寨出土的青黄釉的堆花壶；西安东郊灞桥出土的带盖四系罐；1953 年西安东郊灞桥出土的洗子□素瓶。

简报称，初唐时的青色釉，多半较南北朝淡而美观，近于白器，青釉四系坛最为盛行，殉葬时用它盛粮食。瓷器在墓室中放置的部位，多在死者的头部附近，一般是墓室的北壁下。它有由南北朝施釉较厚发展到薄而光润的迹象，胎骨都是高岭土制成，质较坚硬，制作亦细致。盛唐以至中唐，青瓷釉色和造型与初唐无多大区别。中唐以后，不仅青釉瓷器少见，即一般的殉葬瓷器也不多，盛粮食的四系坛，都改用陶制。这种现象是否与安史之乱有关，还需要深入研究。

784.西安东郊唐苏思勖墓清理简报

作　者：陕西考古所唐墓工作组

出　处：《考古》1960 年第 1 期

1952 年 2 月，考古所为配合基建工程，在西安东郊经五路清理了一座唐墓，编号为 59M1。此墓位于纬十路南侧的一个坡地上，距唐兴庆宫遗址东南约 0.5 公里。在发掘工作中，着重清理了墓室和甬道部分，墓道前半部在探知长度后，未进行发掘。简报分为：一、墓葬形制与结构，二、随葬品，三、墓门雕刻，四、壁画，五、结束语，共五个部分。有手绘图、照片。

据介绍，此墓分墓道、甬道、墓室三部分，葬具腐朽无存，墓室顶发现字砖两块。此墓随葬品大部分为陶俑，另外还有铜簪、铁锁等。墓志 1 合，志文行书与正楷相间，直书 36 行，每行 30 字，简报未录全文。墓门由石门、门楣、门额、门坎、门框等 7 件构成，其上都有精美的线雕画。在墓室和甬道的砖壁上有壁画 24 幅。

根据墓中出土的墓志，知死者为苏思勖，官至银青光禄大夫行内侍省内侍员外，天宝四年（745 年）卒，同年 11 月 25 日葬于万年县长乐原。由墓志确知此墓年代，以之与近年来西安附近发现的盛唐时期墓葬比较，出土遗物如陶俑等大致相同，但这一墓中特别值得重视的是丰富多彩的壁画，尤其是墓室东壁的舞乐图，比敦煌画和陶俑更真实地表达了当时舞乐的实况，为研究唐代舞乐的绝好资料。

785.西安西郊中堡村唐墓清理简报

作　者：陕西省文物管理委员会　杨止兴等

出　处：《考古》1960 年第 3 期

1959 年 6 月下旬，在西安西郊中堡村发现一座唐墓，考古人员前往清理。该墓墓顶已被挖去一部分，墓室的大部分器物保存比较完整。简报配以手绘图、照片予以介绍。

据介绍，这座唐墓是一土洞墓，方向正南北，墓室成长方形。人骨架及葬具，由于淤土的扰动，原来位置形状不明。出土遗物很丰富，但未发现墓志。女俑、马俑、骆驼俑在塑造手法和形制上略同于西安西郊南村鲜于庭诲墓出土物。简报推断当是盛唐时期的墓葬。这座墓中出土的三彩假山、四角亭、八角亭、房子、骆驼俑都很精致。

786.唐贴金画彩石刻造像

作　者：程学华

出　处：《文物》1961 年第 7 期

1959 年 7 月，西安市在城东北隅外 500 米处修下水道时，发现 10 尊贴金画彩石刻造像。简报配以照片予以介绍。

据介绍，此 10 尊造像除两尊为青石外，余均为白石雕刻，所用白石为蓝田汉玉。这批造像出自一口径 1 米的圆形窖穴中，距地表约 10 米，大多残伤。

简报称，这批造象的出土地点，应属唐长安城的长乐坊。经初步考查，这批石刻可能为原大安国寺之遗物。依出土时相互叠压的情况，这批造像很可能是毁佛时填入窖穴的。究竟是当时僧人为了保护埋人抑是被人们毁而弃之，不能确定。

简报指出，就这批造像的造型艺术说，确系民间艺术家的精心杰作。从整体造型来看，全躯比例匀称，各像神态及面部表情刻画入微，充分显示了雕法的圆熟精炼。

787.唐长安城西市遗址发掘

作　者：中国科学院考古研究所西安唐城发掘队　庄锦清

出　处：《考古》1961 年第 5 期

勘探和发掘唐代长安城商业和手工业中心——西市遗址，对探索唐长安城都市生活面貌有很大意义。因此，考古人员于 1959 年、1960 年先后进行了两次钻探和发掘。简报分为：一、西市钻探情况；二、西市发掘情况；三、出土遗物，共三个部分。有照片。

据介绍，西市平面大致呈正方形，四街呈井字形，市中心部分呈长方形，房屋建筑可能被火焚毁。另发现一条支渠，用以供水，遗迹有道路、房基、排水沟道、圆形建筑；出土遗物有建筑材料、生活用具及其他。

简报称，经过两次钻探和发掘，对唐长安城西市有了初步的了解，为以后大面积发掘工作打下了基础。

788.1959～1960年唐大明宫发掘简报

作　者：马得志
出　处：《考古》1961年第7期

唐代长安大明宫遗址的勘探和发掘工作，是从1957年春开始的，到1960年底为止，已经进行了4年。自1957年春至1959年春这一阶段的工作收获，已在《唐长安大明宫》一书中作了详尽的介绍，自1959年秋至1960年底这一阶段的工作情况简报分为：一、宫殿及城门等遗址的勘探；二、右银台门等门址的发掘；三、含元殿等遗址的发掘，共三个部分。有照片。

据介绍，1959～1960年的勘探工作，主要是在大明宫的北部进行，除勘探各宫殿遗址的分布情况外，对部分的城门和其他遗址也作了复探，至1960年底，基本上将大明宫遗址全部勘探完毕。经过这次勘探和发掘，对唐代大明宫的布局以及宫殿的建筑形制等，都有了进一步的了解，从而可以对大明宫作出进一步的研究和初步的复原。含元殿的建筑形式给我们很大的启示。它的整个建筑的配置是，正中大殿，右左为对称的高阁和回廊，殿前设有宽广的龙尾道等，整个建筑虽都连绵相接，但又各成一体，主次分明，其布局形式非常协调，气魄雄伟而壮观，这种布局形式为后来宫殿的建筑开创了范例。

789.西安市西郊唐代砖瓦窑址

作　者：唐金裕
出　处：《考古》1961年第9期

1956年11月，考古人员在西安市西郊任家口和二府庄的南面，发现唐代砖瓦窑址34座。窑的上部均被破坏，重点清理了其中较完整的5座。简报配以照片、手绘图予以介绍。

据介绍，遗址内出土物较少，有绳纹残砖、筒瓦、板瓦、残莲花纹瓦当和未经烧过的瓦坯片等。这些窑址均压在大土门村汉代建筑遗址的东北部上，建造在唐城的普宁坊内。《唐会要》卷86"街巷"条载："开元十九年六月敕：京洛两都，是惟帝宅，街衢坊市，固须修筑，城内不得穿掘为窑，烧造砖瓦，其有公私修造，不得于街巷穿坑取土。"从文献记载看，在禁令之前，无疑已有砖瓦窑的烧造。此次发掘也证实了这一点。

790.西安北郊发现唐代金花银盘

作　者：陕西省博物馆　李长庆、黑　光

出　处：《文物》1963 年第 10 期

1962 年 3 月西安北郊坑底村农民挖井时，发现唐代金花银盘一件，并有开元钱 621 枚。当时该村生产队向马旗寨公安局派出所报告了情况，同日派出所用电话通知博物馆后，考古人员前去了解出土情况。银盘现藏博物馆。简报配以照片予以介绍。

简报介绍，出土地点位于大明宫西夹城外 32 米处，东南距九仙门 120 米左右。银盘圆形，边为葵花瓣式，盘心六曲，居中双凤，周围宝相花六朵。银盘背面有铭文两行，36 字。唯鱼字剥落，袋字只存下半部，其余均完整。简报录铭文全文。

据《新唐书》卷一百八十二《裴休传》，此盘应是裴肃为浙东观察使时所铸，献给德宗。

791.唐青龙寺遗址踏察记略

作　者：中国科学院考古研究所、西安唐城发掘队　卢兆荫

出　处：《考古》1964 年第 7 期

青龙寺，本隋灵感寺，建于开皇二年（582 年）。北宋时，青龙寺可能仍然存在。明万历间，赵崡游西安城南古迹时，青龙寺已不复存矣。故知寺之废毁，可能在北宋之后、明万历之前。青龙寺毁弃既久，地面上已无痕迹可寻，故其遗址究在何处，一直是个没有解决的问题，以至有好事之徒伪刻碑碣、捏造寺址事，考古人员为此专程踏察。简报分为：一、青龙寺的位置问题，二、青龙寺遗址的现状，三、遗址附近所见的文物，共三个部分。有手绘图等。

据介绍，结合文献记载，青龙寺应在唐长安城最东边的新昌坊，离延兴门不远，延兴门遗址在今西安城东南 6 里许的铁炉庙村的东南。该村恰好位于新昌坊的东南部，当即古青龙寺遗址的所在地，寺的范围，可能还包括村北的高地。该村村南有一东西向大车路，路南麦田中有一水渠，从水渠断层上可见道路遗迹，应为当年延兴门街遗迹。考古人员在村中发现村民家所藏石灯台经咒幢、残破佛像及砖瓦破片等遗物。

792.西安发现晚唐祆教徒的汉、婆罗钵文合璧墓志
——唐苏谅妻马氏墓志

作　者：陕西省文物管理委员会

出　处：《考古》1964 年第 9 期

1955 年冬，在配合基建中，考古人员于西安西郊约 2 公里的土门村附近发现一方苏谅妻马氏的石墓志。此处东边紧靠唐长安城外郭，位于汉长安城以南，墓已被破坏，编为 2 号墓，其中最重要的发现是墓志。简报录有汉文全文。

据介绍，志石为白色石灰石，略呈方形，无盖。志面刻有两种志文，下半为汉字，7 行，每行 6 字至 8 字不等，最后一行为 3 字，共 41 字。上半为外国文，共 6 行，横书，和汉字习惯直书不同。文后附录"唐苏谅妻马氏墓志跋"一文，详加考证，知此志为唐代火祆教徒汉、婆罗钵文合璧墓志，十分珍贵。火祆教是波斯人索罗亚斯德约于公元前 6 世纪创立的宗教。226 年波斯萨珊朝兴，立为国教，一时盛行于中亚细亚。南梁、北魏间才名闻于我国。625 年大食国灭波斯，占有中亚细亚，许多祆教徒便移住东方。唐初颇加优待，长安和洛阳，以及凉州、敦煌等地方，都有他们的祠宇，并且置有萨宝府一官来管理祆教的事。会昌五年（845 年）唐武宗毁佛，外来的宗教如火祆、摩尼、大秦（景教），也都连带遭禁。武宗死后，禁令才放松。此志年代为咸通十五年（874 年），距武宗死已近 30 年了。

793.初唐画家王定墓志铭

作　者：鲁　深

出　处：《文物》1965 年第 8 期

1956 年 6 月，西安市西郊枣园村东出土了武周万岁登封元年（696 年）画家王定的墓志铭。志正方形，27 行，行 26 字，正书。志盖佚。现存陕西省文物管理委员会。简报附有志文全文。

据介绍，过去有关美术史籍，俱不载王定的籍贯和生卒年月。据志文得知，他是琅琊临沂（今山东）人。出身南朝缙绅家庭。他的曾祖父、祖父及父亲先后充任梁、陈等朝官职。至于王定的具体生卒年月，一般画史只称王定是贞观时人。据志文："以总章二年（669 年）四月十四日，卒于雍州万年县宣阳里之私第，春秋八十有九。"据此上推，则王定当生于陈宣帝太建十四年（582 年）。王定在贞观年间，以画得名。他作画迅捷，擅长菩萨、高僧等宗教画，又工仕女、花卉及山水。可惜他的作品都散失无传。这一墓志的发现，为了解这位初唐画家提供了可贵的资料。

794.西安市西窑头村唐墓清理记

作　者：陕西省文物管理委员会　何汉南
出　处：《考古》1965 年第 8 期

1964 年 4 月 15 日，西安市阿房区鱼化公社西窑头村村民在该村西南约 10 公里的地方发现一座砖券的古墓，并在墓底发现金币 3 枚。6 月 9 日，村民将金币送交陕西省博物馆。西窑头村在西安市西郊，距城区约 5 公里。这一地区在 1955 年和 1956 年时，曾出土过唐代西域米国人米继芬、阿史那毗伽特勤的墓志和古波斯银币等，据此推想，这一带似乎是埋藏西域人的地区。考古人员于 1965 年 2 月 17 日至 20 日对该墓作了清理。简报配以手绘图予以介绍。

据介绍，墓主应为大食族人。该墓曾被盗，随葬品几被洗劫一空。墓中出土 3 枚金币，均为白衣大食时所铸，墓室为砖砌八角形。这种八边形的墓葬可能是盛唐以后向五代的等边六角或八角形演变的过渡。其时代约当中唐与晚唐之间。

795.西安南郊何家村发现唐代窖藏文物

作　者：陕西省博物馆革委会写作小组、陕西省文管会革委会写作小组
出　处：《文物》1972 年第 1 期

1970 年 10 月，西安南郊何家村发现两瓮唐代窖藏的文物。两瓮唐代窖藏的文物共计一千多件，其中金银器物有 270 件。此外还有宝玉珍饰、贵重药物、中外钱币、银铤、银饼、银板。这批文物的特点是数量多、种类繁、制作精美、保存完好。简报配以照片等予以介绍。

据介绍，瓮中许多金银器，都以墨书标明了每件器物的重量，银饼和银板的重量则是用凿子錾上字迹的。这些唐人标明的重量，为我们测定唐代衡制提供了可靠条件。根据七件标明重量器物的重量，推算出唐代每两平均数值为 42.798 克，一大斤为 684.768 克，等于今日市秤 1.37 斤。这是迄今以来国内对唐大斤较精确的测定数字。

简报说，墨字"东市库"银饼，是我们首次见到的。它可能是唐代商业税收的实物证据。另外，出土的炼药用金银锅、唐代宫廷用作赏赐的金银钱等，均很珍贵。

796.唐长安城兴化坊遗址钻探简报

作　者：陕西省博物馆、文管会钻探组
出　处：《文物》1972 年第 1 期

考古人员在西安南郊何家村发现唐代窖藏文物，1970 年 10 月至 1971 年 6 月，又在附近展开钻探，在距离该窖藏不远处又发现了第二处窖藏。装金银器的瓮与第一处窖藏基本相同。简报配以手绘图予以介绍。

据介绍，两处窖藏均发现于唐代长安兴化坊内东西街路南靠近西部。经过钻探，已探明兴化坊四至，坊内东西大街和地下遗址保存情况。但因地面有建筑，东西坊门等均未找到。

797.唐长安大明宫含元殿原状的探讨

作　者：傅熹年
出　处：《文物》1973 年第 7 期

1959 ~ 1960 年，考古人员发掘了含元殿遗址。遗址由殿、阁、廊、龙尾道等部分组成。通过对遗址的分析，参考史籍中的叙述，探索其形制和构造特点，绘制出有一定依据的复原图。简报分为"含元殿的年代"等几个部分，有手绘图等。

据介绍，大明宫在唐长安城外，紧靠北城墙东段，原是隋代禁苑的一部分。唐太宗贞观八年（634 年）就其地建永安宫，次年改名大明宫，准备给太上皇李渊居住。其后约三十年，唐高宗李治再修大明宫，改名蓬莱宫，于龙朔二年（662 年）自城内旧宫太极宫迁居。因为它在太极宫之东，故称"东内"，相应称太极宫为"西内"。含元殿即始建于此年，次年四月建成。含元殿是"东内"中轴线上第一座殿，南对"东内"正门丹凤门。它是举行元旦、冬至大朝会和大酺、阅兵、受俘、上尊号等一系列重要仪式的场所，是唐代最重要的殿宇之一，性质近似于清故宫中的太和殿。从史籍中查明，在安史之乱、朱泚之乱和黄巢起义军退出长安后，李克用等唐军阀入长安大肆烧杀时，虽然长安城遭到严重破坏，含元殿却未毁。简报深入细致地讨论了含元殿的诸多细节，并绘出了含元殿复原图。

798.唐代长安城明德门遗址发掘简报

作　者：中国科学院考古研究所西安工作队
出　处：《考古》1974 年第 1 期

唐代长安城及其各城门的位置，在 1962 年即已经勘查。这次发掘的明德门是南城正中的一门，其东为启夏门，西为安化门，与明德门相距均为 1400 余米。明德门北对皇城之朱雀门和宫城的承天门，是长安城的正南门。长安城各城门的建筑时代，是在隋初开皇二年（582 年）建大兴城城时所建，唐初仍沿用之。至高宗（李治）永徽五年（654 年）修筑长安城罗郭（外郭），起观于东、西、南三面的九个城门。

考古人员于 1972 年 10 月开始对明德门进行发掘，至 1973 年 1 月发掘结束。简报配以手绘图予以介绍。

据介绍，明德门遗址在今西安市南郊杨家村的村南。门址所在的地势较高，门址的上部受到了破坏。门址往往埋于地表农耕土之下，即是城门墩的夯土基址，计五个门道。从发掘情况看，明德门是被火烧后废弃的。各门道的两壁及路面大部被烧成黑红色的坚硬烧土，并有大量的木灰和硬块。城门墩的上部已破坏无存，现仅存门墩的底部。简报推测明德门的废弃，很可能是在唐末天祐元年（904 年）后梁朱全忠迁昭宗（李晔）于洛阳的前后烧毁的，而不会太晚。

简报称，唐长安城的交通制度，从门址的遗迹也可窥见一斑。在五个门道中，只有东西两端的两个门道有车辙，有的车辙是从中间三个门道的前面绕至两端的门道通行的，可见当时中间的三门不准行车。明德门的五个门道，其两端的二门为车马出入通行的，其次二门为行人出入通行。至于当中的一门，从雕刻精致的残石门槛来看，此门或不准一般人通行，而很可能是专供皇帝每年南郊"郊祀"和其他出行时通行的。简报称，长安城城门多为三个门道，唯独明德门为五个门道。这或许是因为明德门为长安城正门。当年一定是有着相当宏伟的城楼。这从发掘出的大量砖瓦和粉面彩绘砖，也可证实。当年在长安城的中轴线上，耸立着宏伟的明德门，通向 150 米宽的朱雀大街。

799.唐青龙寺遗址发掘简报

作　者：中国科学院考古研究所西安工作队

出　处：《考古》1974 年第 5 期

青龙寺遗址在今西安郊区铁炉庙村北高地上，也就是唐长安城内东南部"新昌坊"的东南隅。东接城墙，南临延兴门大街，地势高敞，当时名为"乐游原"，为长安城内风景区之一。青龙寺原为隋之灵感寺，建于隋开皇二年（582 年），至唐初武德四年（621年）被废，龙朔二年（662 年）复为观音寺。景云二年（711 年）又被改名为青龙寺。至晚唐会昌五年（845 年），武宗毁佛时此寺曾被废，但当时人们仍习惯称青龙寺。此后直至北宋元祐元年（1086 年），青龙寺尚存在，其废毁在北宋元祐元年以后。青龙寺遗址均已埋没地下，至今成为一片农田，地面上已看不到寺的任何遗迹，但在地边、垄头暴露出的唐代碎砖残瓦，却到处皆是。1963 年考古人员作了勘查，1973 年又进行了复勘和发掘。简报分为三个部分，有手绘图。

据介绍，发现了夯土建筑遗址 7 处，试掘了 2 处。简报推测青龙寺的面积应占新昌坊的四分之一（坊内十字街东南部），而不会小于此。日本著名僧人空海等均曾在青龙寺受法。此次发掘有利于弄清青龙寺的原貌。

800.西安曲江池出土唐代铁铠甲

作　者：西安市文管处　晁华山
出　处：《文物》1978 年第 7 期

1976 年 7 月中旬，在西安曲江池出土唐代铁铠甲一领。今日西安南郊曲江池，是唐代长安城东南隅的芙蓉园与曲江池旧址所在地。这里现在仍然是一片洼地，向南逐渐升高，形成一块独立的高地。铁铠甲出土地在高地的中心，距离曲江池南沿的秦代二世皇帝胡亥陵墓约 300 米处。铁铠甲是在平整土地时发现的。据发现人说，出土时甲片编联尚整齐，是一件完整的铠甲，里面夹有"开元通宝"铜钱。经过钻探后推测，铠甲出土于一个直径 4 米多的不规则圆形坑内，坑最深处为 2.1 米，铠甲位于坑西北部深约 0.75 米处。根据同出"开元通宝"铜钱，可以确定铠甲是唐代遗物。

据介绍，收集到的甲片共 322 片，按照甲片的形状，可分成三种，即宽条型、中宽型和窄条型。这领铠甲的出土地点在唐长安城芙蓉园南的高地，可能是皇帝在这处游览胜地的卫戍人员所在地。

801.唐代天文家瞿昙谟墓的发现

作　者：西安市文物管理处　晁华山
出　处：《文物》1978 年第 10 期

唐代天文学家中姓瞿昙的有瞿昙罗、瞿昙悉达、瞿昙谟、瞿昙谦及瞿昙晏诸人，他们的生平引起中外不少学者的注意。1977 年 5 月，在陕西省长安县纪阳公社北田村发现了瞿昙谟墓，并有墓志出土。对研究瞿昙氏家族来说，这次提供的材料是十分重要的。简报配以照片等予以介绍。

据介绍，瞿昙谟墓位于北田村西约 100 米的地方。由于多年经常挖土，墓室顶部已被削去。经过清理知道，地面下 2.2 米就到了墓室底，四壁砖几乎已被拆完。从残留的砌砖可以看出，墓室平面呈正方形，边长 4.14 米。在填土中发现近代粗瓷白碗碗底残片，可以判定墓室是至晚数十年前因盗拆墓砖而被破坏的。甬道开在墓室南壁东半部，全用砖砌铺，宽 1.39 米、长 5.2 米，南端用砖封堵，与墓道隔断。拱券以下的两壁和铺砖全部完好。甬道内充满淤积的纯净泥土。南端靠两壁立着 50 多个红陶俑和陶马，均完好；北端即接近墓室的一端有青石墓志 1 合。看来甬道内未被扰动过。墓志边长 65 厘米、厚 15 厘米，四侧面阴纹线刻人身形的十二生肖，志文楷书。志盖为盝顶形，顶部篆书《大唐故瞿昙公墓志铭》，四坡面阴纹线刻龙、虎、龟、凤四兽。简报后附墓志全文。据志文及其他史料，列有瞿昙氏家族世系表。

简报介绍说，瞿昙氏四代人服务于唐代司天台达一百多年，瞿昙罗、瞿昙悉达和瞿昙䛒任司天监绵延 110 年以上。由于长期担任这个职务，所以开元、天宝年间有过"瞿昙监"的称呼，与著名天文学家僧一行齐名。

802.唐"净土变相"线刻画像石

作　者：王化民
出　处：《文物》1980 年第 3 期

1972 年夏天，西安市文物管理处整修小雁塔院落时，在塔的西南方，距塔身约 100 米远处，从一堆杂草丛生的废墟里搬取出来一块残损的画像石。残石呈长方形。在方石的上方有一极为残破的平顶圆座。从现状推测，该石原是正方形的方座，其四边各有一幅相同的菩萨画像，每面有两个菩萨像。现在有一边画面还较完整，右边和左边的画面大部损坏，都只留下一个不完整的菩萨像。四方座的四角都有莲花饰边，能较为清晰地看出的只有两角。这块四方形画像石，约从四分之三处断裂，留下的约四分之一，其上方可能有塑像。简报认为这是盛唐时期"净土变相"中的"莲胎托质"菩萨画像，意即从莲花中生出来的菩萨。"净土变相"宗教宣传画，是根据《无量寿经》《阿弥陀经》《观无量寿经》三种佛经的内容编画出来的。

简报称，净土宗是佛教中流行最为广泛的一个教派，其特点在于"通俗化"。它排斥一切深奥的教义，倡导口念"阿弥陀佛"即能往生西天净土的快速成佛法。宗教宣传画是净土宗的一种有力宣传工具，当年其数以千万计。但这么多的壁画，至今已经荡然无存，估计主要是毁于唐武宗会昌年间的一次灭佛运动。至于宗教宣传中的石刻艺术，当然也同样会遭到毁损的命运，但由于它质地比较坚牢，毁坏比较费事，因此还可能有少数得以保存。这一块线刻"净土变相"就应当是武宗灭佛运动的幸存者。

803.唐长安城东市遗址出土金铤

作　者：晁华山

出　处：《文物》1981 年第 4 期

1977年4月13日,农民在西安市东南郊太乙路开挖下水管道沟,出土唐代金链2枚。

简报介绍,金铤出土地点在太乙路中段,西安第二建筑公司对面人行道道牙下,下水管道沟东壁上。由沟壁上可以看出地层可分为三层:上层是现在的碎石路面及碾压过的路基,中层是被扰动过的黄土层,比较纯净;下层是砖瓦碎块层。金铤就出在这一层,下层的包含物从沟内掘出后,可以认出有三彩厚底碗、石弹丸、黑色磨光面筒瓦及绳纹砖等。从共存物看,简报推断金铤应是唐代遗物,在这里出土可能是在唐末战乱中埋入瓦砾堆而得以保存到今天。

804.西安东郊三座唐墓清理记

作　者：陕西省考古研究所　陈国英

出　处：《考古与文物》1981 年第 1 期

1980 年 1 月,西安市西北国棉四厂在其职工子弟学校操场基建施工中,钻探出古墓葬多座。经该厂校老师面告,考古人员前往清理了其中的 3 座唐墓,编号为 M1 至 M3。简报分为:一、墓葬形制,二、随葬器物,共两个部分。有手绘图等。

据介绍,3 座唐墓,皆为土洞墓,平面呈刀形。斜坡墓道均位于墓室之南。3 座唐墓因全被盗掘过,随葬器物所剩无几。M1 随葬品虽较多,但也破碎不堪,多数已无法复原。3 墓所出遗物能辨别器形和复原者,计 86 件。以陶俑、陶器为大宗。另有铅马镫、瓷碗、开元通宝钱币、石墓志等。

简报称,三合墓志,一为"唐武都侯右龙武军大将军章令信墓志",二为"唐陇西郡卑失氏墓志",三为"唐陇西郡李文贞墓志",志文撰写者均为县级中、低级官吏。简报未录志文全文。

805.陕西蓝田发现一批唐代金银器

作　者：蓝田县文管会　樊维岳

出　处：《考古与文物》1982 年第 1 期

1980 年 12 月 8 日,蓝田汤峪公社杨家沟村的农民,在平整土地时,发现了一批金银器。考古人员前往调查。据在场的农民谈,这批金银器埋在杨家沟村北约 300

米处小河边的第二阶地上，窖口距地面约2.5米。这里未发现墓葬，成批器物有层次地叠压堆积埋藏在临时挖掘的土坑之内。简报配以照片予以介绍。

据介绍，出土的金银器有银铤、金银器等。鸳鸯绶带纹银盒底部錾有唐人标重"重一十五两五钱一"的字样，鸳鸯绶带纹银盘底有"桂管臣李杆进"的錾文。简报推测，这批金银器埋藏草率，尤其有正在使用的马蹬及跨具一同落土，证明是在行旅之中仓促掩埋的。从出土的双凤衔带金饰、立凤银饰、白釉鸳鸯纹银饰、鸿雁银饰、白釉莲叶纹银饰、折枝团花纹银饰等装饰件看，完全与前蜀王建墓葬中出土的宝盝底盒上四面镶嵌的各色图案的金银饰件相同，简报推断这批金银器是曾经装在宝盝之中的。

简报称，蓝田县汤峪公社这些宝盝饰件的出土，再一次证实在唐代中期已有宝盝，五代与宋的宝盝应是晚于唐代的，也说明占有这批金银器的主人，身份是相当高贵的。

806.西安西郊出土唐"宣徽酒坊"银酒注

作　者：朱捷元、李国珍、刘向群
出　处：《考古与文物》1982 年第 1 期

1979 年 10 月，西安市西郊未央区鱼化寨公社南二府庄农民，于该村南平整土地时，发现了唐代咸通十三年"宣徽酒坊"银酒注一件及"开元通宝"铜钱一批，随即送交给陕西省博物馆收藏。

据介绍，发现银酒注的地方在南二府庄西南 300 米处一块台地上，东距南北向的洋惠渠约 30～40 米，酒注上距地表 40～50 厘米。在酒注出土地点西边约 8 米的地方，还发现了唐"开元通宝"铜钱 300 多枚，台地中有夯土层及唐代砖瓦残片，简报推断此台地似为一处建筑基址。

据介绍，由铭文所记，此银酒注是唐懿宗咸通十三年（872 年）制造，特敕为"宣徽酒坊"使用，有"地字号银酒注壹枚"的编号。可以判明，当时"宣徽酒坊"的银器（包括酒器、食器等），是按《千字文》的"天地玄黄，宇宙洪荒"的顺序编排号码的。同时，也可以说明当时宣徽酒坊所使用的银器，数量是相当可观的。简报认为，宣徽酒坊应为宣徽院所属的酒坊。

807.西安南郊发现唐"打作匠臣杨存实作"银铤

作　者：朱捷元、李国珍、刘向群
出　处：《考古与文物》1982 年第 1 期

1958 年，西安南郊后村农民在该村平整土地时发现了一批银器，计有银铤、银勺、银簪、银饰品等共 9 件，后送交陕西省博物馆收藏。简报配以照片予以介绍。

据介绍，这批银器中，因其银铤上刻有"打作匠臣杨存实"银铤与唐咸通十三年"宣徽酒坊"银酒注的铸造匠杨存实名字相同，两者应是一个制作者。

808.临潼关山唐墓清理简报

作　者：临潼县博物馆　赵康民
出　处：《考古与文物》1982 年第 3 期

1981 年 8 月 30 日，关山大队醒钟生产队于街北 50 米处挖沤青坑时发现一座砖砌古墓。考古人员 9 月 1 日派人前往清理。简报分为：一、墓的形制，二、出土器物，墓的时代，共三个部分。有手绘图、照片。

据介绍，墓坐北面南，由墓室、甬道、墓道三部分组成。这座墓出土器物中除 1 件小俑、1 件陶鸡、2 件陶羊散失外，其余 52 件均运县博物馆入藏。这座墓是一座由墓道、甬道和方形墓室组成的"凸"字形墓葬，这种形状的墓葬结构多见于初唐至盛唐时期，与后来的长方形墓室、刀把形的墓葬形制迥然不同。出土器物都是盛唐的特点和风格，据此，简报推断这座墓的年代为盛唐之末的天宝年间。

809.西安西郊出土两合唐宫人墓志

作　者：关双喜
出　处：《考古与文物》1982 年第 6 期

1982 年 4 月陕西省博物馆征集到唐宫人墓志 2 合。墓志出土于西安西郊陕西省物资局围墙外。墓葬已遭破坏。简报配以拓片予以介绍。

据介绍，宫人何氏墓志 1 合，青石质。阳刻篆文为"大唐故宫人何氏墓志"，志文楷书，除空格及损坏者外，尚能识别 213 字。简报录有志文全文。

据志文，何氏是太原文水人，奉职掖庭，位居司制。《唐六典·内官·宫官·内侍省》（卷十二）所载，何氏当是掖庭宫六品司制，而且技艺是很高的。

唐故麻氏墓志 1 合，青石质。阳刻篆文为"唐故掌闱麻氏墓志铭"。阴刻楷书志文，除损坏及空格者外，能识 139 字，简报录有志文全文。

据志文，麻氏，丹阳建康人，仕为掌闱。《唐六典·内官·宫官·内侍省》（卷十二）载，掌闱就是负责看门的宫人。

810.西安发现唐代金杯

作　者：贺　林、梁晓青、罗忠民
出　处：《文物》1983 年第 9 期

1983 年 1 月，西安市住宅统一基建办公室所属单位在太乙路取土时，于地下深 1.5 米左右处发现一件金杯和数件鎏金花饰的银盘残片。金杯完整无损，现藏于陕西省文物管理委员会。简报配图予以说明。

简报介绍，金杯为椭圆形，杯底捶出鱼龙变化戏珠图案，鱼龙体态生动，底刻水波纹，水波纹外捶饰一周联珠纹，联珠纹外又刻一周花瓣带饰。杯内壁錾两组对称的宝相花，花朵两侧錾对称的如意花纹，每组花之间饰扭丝花纹带。杯口沿内侧与圈足外侧各饰一周芙蓉花瓣。杯身外壁为素面。在西安地区近年出土唐代金银器物中，这样精巧美观的造型和繁缛细腻的纹饰，尚属少见。从造型装饰、制作工艺技术等特点看，简报推断这只杯可能是盛唐至中唐时期的器皿，其出土位置当在唐长安城的东市范围以内。

811.唐华清宫调查记

作　者：赵康民
出　处：《考古与文物》1983 年第 1 期

华清宫是唐代封建帝王游幸的别宫，因建于骊山绣岭上下，亦名绣岭宫，又因宫在池上，也叫华清池。今日华清池袭唐旧名而建于唐华清宫的废墟之上。唐代华清宫规模宏大，建筑壮丽，布局严整，曲折萦回，遍及骊山上下。考古人员对华清宫的范围曾作多次调查。简报分为：一、唐华清宫的建筑遗存，二、历年出土的唐代文物，三、现存与新出历代碑石，共三个部分。有拓片等。

据介绍，现存建筑遗址有：一号遗迹，位置在今铁路疗养院后花园的山坡上，系 1956 年基建时发现的。基址坐南面北，曾见石灰石质莲纹柱石多件，排列整齐，未曾移动。当时未作清理，现仍埋于地下。这处遗存是笋殿的基址。

二号遗迹，位置在骊山西绣岭第三峰顶，是老母殿村在 1978 年平整土地时发现的。遗址内出有大量唐代砖瓦建筑材料和铁泡钉及白玉残力士像。这里是朝元阁的所在。

三号遗迹，位置在二号遗迹南约 100 米处，坐东面西，南北三开间，进深 5 米。中部已被生产队取土破坏。从位置上看，这里是虢国夫人庄园所在，这处遗存面积不大，应是赐庄建筑群的附属建筑。

另有排水管道两处、浴池一处等。出土唐代文物主要为砖瓦、石件等建材。现存自北魏至民国碑 11 块，已佚石碑 14 块。

812.蓝田县水陆庵附近出土唐代鎏金铜佛像

作　　者：樊维岳、朱捷元
出　　处：《考古与文物》1983 年第 1 期

1958 年，蓝田县水陆庵附近河湾大队在平整土地时出土了一批唐代鎏金铜佛像，共计 7 件。1960 年，在西安西郊枣园村也出土了唐代鎏金铜佛像 1 件。这些造像是少见的唐代鎏金铜像，具有较为重要的历史和艺术价值。简报配以照片予以介绍。

据介绍，前 7 件造像出土地点距白居易去过的著名寺院水陆庵仅 500 米左右，当为该寺遗物。枣园村所出 1 件原归何处不详。

简报称，这 8 件鎏金铜佛像造型准确，比例适度，制作精致，通体鎏金，保存完好，表现了一千多年前的唐代造型艺术的高超和铸造技艺的精湛，是 1949 年后在陕西地区出土的唐代铜佛像中最为精致的几件。这些造像的特点是在北方原有浑厚劲健的基础上，加进了南方清新柔润的风格。这些造像塑造得慈祥和蔼，栩栩如生，充满了人情味和亲切感，可以说是唐代社会人们对于美的理想的集中表现。

813.西安南郊三爻村发现四座唐墓

作　　者：桑绍华
出　　处：《考古与文物》1983 年第 3 期

1980 年秋，在西安市南郊三爻村新安建材厂施工中，先后发现 4 座唐墓。墓室早年均遭破坏，随葬品也凌乱破碎。简报分为：一、随葬器物；二、墓志；三、小结，共三个部分，有照片、拓片。

据介绍，在 4 座唐墓中，M1 有较多随葬陶俑，但部分已残，无法复原。M2、M3、M4 只残存极少量的陶俑和陶器，并各有墓志一合。4 座墓出土遗物除四合墓志外，能辨别器形和可复原者，共计 77 件。4 合墓志为：张楚贤墓志（M1）、张君夫人王氏墓志（M2）、崔君墓志（M3）、时夫人墓志（M4），简报附有 4 志志文全文。由志文知，M1、M2 为夫妻异穴合葬。从 M1 出土的志文得知，墓主人张楚贤出生于官宦世家。曾祖兰、祖球、父渊，史书均有记载，只是比较简略。例如：《魏书·卷二十四》讲"库长子兰，累迁龙骧将军行光州事"。而志文称曾祖兰，为"梁伏波将军、尚书左民郎、南谯州刺史、武城侯。"《隋书·张渊传》对张楚贤之父记述甚详。M1 的下葬年为龙朔二年（662 年），M2 的下葬年为麟德元年（664 年），M3 墓主人崔纮曾祖崔知温《新唐书》有传。元和六年（811 年）下葬。M4 下葬年为大中八年（854 年）。

814.西安西郊出土唐代手写经咒绢画

作　者：陕西省博物馆　李域铮、关双喜
出　处：《文物》1984 年第 7 期

1983 年 11 月，陕西西安西郊丰滈路自来水一厂在基建施工时发现一座古墓，考古人员前往调查清理。该墓距地表深约 1.5 米，墓室已破坏，葬制不明。墓中出土一件十分珍贵的唐代手写经咒绢画及唐代彩绘塔式带座陶罐、陶俑等文物十余件。简报配以彩照予以介绍。

据介绍，出土有陶器、陶俑等，绢画 1 件，出于鎏金铜臂钏所附铜盒中，出土时团成一个约 3.5 厘米、横断面不规则的椭圆形球，质地非常酥脆。绢面初为墨褐色，脱水后呈金黄色并有光泽。修复、揭裱后，展开为 26.5 厘米见方的画面。画绢质精细，色泽清丽淡雅。画面上的人物、器物等均以墨线勾勒，敷清淡的水墨及朱砂、石绿、赭石等颜料。内容与佛教密宗有关。简报推断该墓的年代为唐代中、晚期。

815.西安发现唐代礼佛奏乐图石刻佛座

作　者：西安市文管处　姜克任、刘　炎
出　处：《文物》1984 年第 11 期

1977 年，考古人员配合基建，清理了西安新城内的"小碑林"。这里在明代是秦王藩府，清代是八旗兵教场；1927 年以后，冯军将领宋哲元驻陕时，搜集历代碑石贮存于此。清理时，发现一具唐代青石佛座，四周布满线刻图像。简报配图予以介绍。

据介绍，佛座高 50 厘米。横截面呈正方形，每面宽 80 厘米。正面刻一博山炉，周围刻火焰，构成火珠图案。两翼是两名供奉僧，披袈裟，跽跪，执勺向炉内添香，身旁各置一盒。左侧刻一组三个男乐人，第一人双手执铙钹，第二人执杖挝揭鼓，第三人双手拍腰鼓。右侧刻另一组三个女乐人，第一人拨"阮"，第二人弹琵琶，第三人臂间挟"抚拍"，徒手作按节指挥状。背面也有一组三个男乐人，第一人捧笙，第二人吹排萧，第三人吹笛。这三组乐人，分为弦乐、管乐、打击乐三个乐部，组成一个完整的乐队。

816.西安出土唐代李勉奉进银器

作　者：保　全
出　处：《考古与文物》1984 年第 4 期

1975 年，在西安南郊西北工业大学基建工地出土唐代窖藏银器 4 件。简报配以照片等予以介绍。

据介绍，计双鱼宝相莲瓣纹银盘 1 件、双鸿小簇花纹银碗 1 件、鸳鸯鸿雁折枝纹银碗 1 件、黄鹂折枝花纹银盘 1 件。银盘等上有铭文，知为唐朝议大夫、洪州刺史李勉奉进贡之物。出土地点是唐长安城内与西市比邻的光德坊西北隅。

817.陕西高陵县耿镇出土唐《东渭桥记》残碑

作　者：董国柱

出　处：《考古与文物》1984 年第 4 期

1978 年 8 月，高陵县文化馆在考古调查中于高陵县耿镇公社周家大队发现唐开元九年（721 年）《东渭桥记》残碑。该碑系 1976 年本队农民在白家嘴村西南 300 米处挖沙取石时出土，今存县文化馆。简报配以拓片予以介绍。

据介绍，碑身形似经幢，为正六棱柱形，下部残断。碑文楷书，凡 435 字。简报录有全文。从碑文得知，东渭桥建于唐玄宗开元九年（721 年），由京兆尹负责全面工程，参与建桥工程的有高陵、三原、奉先、美原、华原、同官、富平等京畿之地的官民。

简报称，关于东渭桥、中渭桥、西渭桥渭河三桥的历史情况，虽有史书记载，惜无实物佐证。唐东渭桥残碑的发现，为研究唐代的桥梁建筑、交通运输提供了有益的实物资料。

818.隋罗达墓清理简报

作　者：李域铮、关双喜

出　处：《考古与文物》1984 年第 5 期

1982 年 6 月 28 日，西北国棉五厂在基建施工中发现隋代墓葬一座，考古人员进行了调查和清理。简报分为：一、墓葬的位置与结构，二、出土器物，三、结语，共三个部分。有拓片、照片。

据介绍，此墓位于西安东郊郭家滩，距城十余华里，从出土墓志看，此处隋代叫白鹿原，属大兴县浐川乡长乐里。该墓在清理前，已被施工单位从顶部下挖至墓底，墓顶全部揭开。葬具已完全腐朽，葬式不明。该墓由于塌陷和随葬器物被扰动，绝大部分残碎，收集到的器物总计 58 件，经过复原后，较完整的有 41 件，以陶俑为大宗。另有墓志一方，简报录有志文全文。

据志文知，墓主人叫罗达。罗达，代郡桑乾人，《周书》《北齐书》及《隋书》

均无传。从墓志得知，罗达生于东魏天平二年（535 年），死于隋开皇十六年（596年）。其主要活动在北周，因而墓志上载的都督、巴渠县开国男、帅都督、大都督、行军总管、仪同大将军、车骑将军及太子右监门副率等官职，均系北周所任而并无有隋朝的官职。罗达与杨坚虽均为北周大臣，但在杨坚灭周建隋后，罗达再没有参与政治活动。

简报称，罗达墓中出土一具完整的象牙笏板，这在陕西地区的隋唐墓葬中属首次发现。笏是古时大臣朝见天子时手中所执的狭长板子，用玉、象牙或竹片制成，以为描画及记事之用。史书多有记载，但实物少见。

819.陕西临潼邢家村发现唐代鎏金铜造像窖藏

作　者：临潼县博物馆
出　处：《文物》1985 年第 4 期

1984 年 3 月，陕西省临潼县武屯乡邢家村农民在村外一二百米处取土时，于距地表 1.3 米深处，发现一处鎏金铜造像窖藏。简报配以照片予以介绍。

据介绍，这一窖藏，计有完整造像 297 件。残像 42 件，零星背光 4 件，足床 24件，残片 54 件；其中最高的 23.5 厘米、最低的 3.2 厘米。造像因系直接入土窖藏，没有盛器。造像数量虽多，但造型雷同的不少。其中的金属锤镍佛像残片颇为珍贵。此种残片或为装饰佛殿所用，不属供养佛像。

简报认为，此批造像，佛、道二教造像并存，应造于唐玄宗及武后、玄宗前期的造像盛期。

820.唐司马睿墓清理简报

作　者：负安志、王学理
出　处：《考古与文物》1985 年第 1 期

1984 年 3 月，在西安东郊配合基建工程中发现了一座唐代墓葬，随即进行了清理发掘，该墓为唐司马睿墓。墓地在今西安市东郊灞桥区洪庆乡路家湾。

简报分为：一、墓葬形制，二、随葬器物，三、墓志，四、"结语"，共四个部分。有拓片、照片。

据介绍，该墓曾被盗掘过，墓室器物已被扰乱，是一座斜坡形长墓道的土洞墓。有简单的壁画，出土遗物以陶俑为大宗，计153 件。墓志一合，楷书，简报录有志文全文。

简报称,这座墓的主人是司马睿,史无记载。仅从墓志志文得知,墓主世代为官。曾祖司马徽,祖父司马宾,父司马腾,均为后魏官僚。司马睿于隋开皇三年(583年)生于河南沁阳县,死于贞观二十二年(648年)二月,活了66岁,官至太子左内率。简报考证可能是晋王李治的太子左内率。

821.长安发现唐智该法师碑

作　者:秦　珠
出　处:《考古与文物》1985年第4期

1979年3月,考古人员在陕西省长安县终南山天子峪口的天子峪大队附近,发现了一方唐初的石碑。系唐贞观十三年圆寂的智该法师碑,简报录有碑文全文并予以介绍。

据碑文,智该法师是贞观十三年(639年)六月八日圆寂于长安灵化寺,终年62岁,按此推算,应生于577年(北周武帝建德六年)。俗姓王氏,豫州人。祖询,北周豫州刺史,父俨,隋巴西县令,均不见史籍。智该9岁出家,先依显州(治所在今山西孝义县)本行寺哲法师请道,后又从相州(治所在今河南安阳)裕法师学经。隋开皇十五年(595年),智该18岁,在显州讲大涅槃、金刚、般若等经。后游历各地,隋末入关至长安,隋唐两代,均受到皇室重视,奉为上宾。其应为高僧,但《续高僧传》等书中均无传。碑文正可补史书之失。如我国唯识宗(法相宗),一般公认的创始人为玄奘。玄奘从天竺(印度)取经回长安是贞观十九年(645年),当时智该已死了5年,而据碑文,智该生前已讲唯识,可见唯识宗开创的年代还应提前。

822.西安东郊出土唐许遂忠墓志

作　者:李域铮
出　处:《考古与文物》1985年第6期

1982年10月,考古人员在西安东郊西北第一印染厂家属宿舍堡子村,征集到唐代宦官许遂忠墓志1合,全文共837字,书法瘦劲,师承欧体。简报配以拓片予以介绍。

简报录有墓志志文全文。墓主许遂忠,两《唐书》均无传。据志文,许遂忠曾任掖庭局监作、内府局丞、内府局令、内侍省内侍等职,均属内侍省职官。许遂忠发迹于内侍省,侍奉德宗、宪宗、穆宗、敬宗四帝,享有"绿绶""朱绶""紫绶"之荣,"进封为开国公,食邑二千户",握有"入司禁署,出护藩方"的大权,声势显赫，虽然史书无传，但可以看出是宦官集团中一位上层人物。由志文知唐内侍省署遗址在今西安市玉祥门内约 240 米处，即唐代长安城皇城西北部。

许遂忠墓志撰文者王源中，《新唐书》有传。王为宪宗时进士，字正蒙，以直谏知名。许遂忠曾在长庆二年监太平军，可知许、王曾在一起共事，二人可能交情颇厚，因而王源中才为许遂忠撰写了这方墓志。许氏下葬年为唐文宗大和三年（829 年）。

823.西安东郊出土唐李敬实墓志

作　者：关双喜
出　处：《考古与文物》1985 年第 6 期

1982 年 12 月，考古人员在西安东郊郭家滩西北第四棉纺厂工地，发现唐代李敬实墓志 1 合。墓志在距地面 12 米深处挖出，墓葬已遭破坏，残存的有"开元通宝"铁钱 10 枚，铜镜一面，残陶俑、残陶罐等数件。在该墓出土器物中，惟有墓志完整无损。简报配以拓片予以介绍。

据介绍，志文行书，计1150 字。简报录有志文全文。李敬实，正史无传。《资治通鉴》卷249 唐纪65 有"内园使李敬实"遇宰相郑郎不避马而受责的记载。对于"内园栽接使"一职，《资治通鉴》的注释称："内园使，并内诸司之一，五代时，有内园栽接使。"但志文中有李敬实于唐宣宗大中十一年"至冬初，除内园栽接使"的记叙，说明这一官职晚唐已经设置，并非五代时才有，这是志文对史籍的补正。

志文称李敬实"祖讳惟宁，昔侍从德宗，有定难之功，特加优宠，父讳从义，掖庭局丞，终临泾监军"。唐德宗建中四年(783 年) 冬十月，德宗为避难而逃往奉天，德宗回到京城后，李惟宁侍从德宗有定难之功，其身份应为文场、仙鸣所率之宦官。其父从义为掖庭局丞，终临泾监军，掖庭局丞均为内官为之，其身份也是宦官无疑。李敬实与其父当为养父养子之关系。此志对于研究唐代宦官制度颇有价值。

824.西安东郊隋李椿夫妇墓清理简报

作　者：陕西省考古研究所　桑绍华
出　处：《考古与文物》1986 年第 3 期

1984 年 9 月 8 日，西安庆华厂厂区防空洞内发现塌陷古墓一座。考古人员前往清理。简报分为：一、墓葬形制，二、出土器物，三、小结，共三个部分。有照片、拓片。

据介绍,该墓位于西安市庆华厂小招待所的大路旁。据墓志称,此处在隋代属于蓝田县潼人乡。墓室呈方形,墓室南有甬道、墓道。由于防空洞漏水,造成该墓国道部分严重塌陷。甬道和墓道未进行清理,且因墓上有建筑物,无法钻探。但从墓室距地表深约13米推知,该墓为斜坡形墓道。葬具、人骨已朽。随葬品大多残破,计120余件,其中陶俑113件。

该墓出土有墓志2合,均为楷书。简报录有志文全文。由志文知,这座隋墓系夫妇合葬墓。李椿薨于开皇十三年(593年),其妻刘琬华殁于大业三年(607年),相隔有24年之久。依志文知李椿为隋赵武公李弼之第七子,叔父汝南公之继子。李椿胞兄耀、晖、衍、纶、晏均在《北史》《周书》等史书中有记载,惟有李椿生平不明。李椿志文周详,对其功勋尤尽力渲染,可补史书阙漏。

825.西北大学发现唐代连珠宝相花瓦当范

作　者：贾麦明

出　处：《考古与文物》1988年第4期

1982年10月,西北大学在建专家楼食堂时,发现两个唐代连珠宝相花瓦当范。瓦范出土时其中一个甚残,另一个散为两半,后经修整复原。简报配以照片予以介绍。

据介绍,此范为青灰色陶质,火候较高。范呈圆台状,面大底小。面径22.5厘米、高6厘米。这是迄今所知面径最大的唐代宝相花瓦范。范中心呈七珠莲花形。瓦面的主要部分为六个宝相花瓣,靠近边轮为一圈连珠。瓦范镌刻细腻,线条明快。今天的西北大学校园,是唐代长安太平坊的所在地,毗邻皇城西南角,当时坊里满布古寺名刹和达官显贵的宅邸。这个瓦范的发现为研究唐代瓦当形制和宫殿建筑有一定的意义。

826.西北大学发现唐代砖垒渗井

作　者：贾麦明

出　处：《文博》1985年第1期

1982年11月上旬,西北大学在基建专家楼食堂时,发现唐代砖垒渗井两处。简报予以简单介绍。

据介绍,唐渗井遗迹地面上原有建筑物。基建时未作详细钻探,渗井上部情况已不得知。发现时渗井距地面约1.2米,后来经过清理,两井相距3米,甲深为1.8米,乙深为 2 米，砖砌，口底同大。两井出土器物甚少，甲井内有残白瓷碗、陶盆各一个。同时，在距渗井不远的地方还发现唐代小泥佛、寺院僧尼用的蒜头瓶等。这两处渗井处于西北大学西南隅，原是唐代著名寺院温国寺的所在地。渗井应为该寺院排污设施。唐代城里居民使用下水道与排污沟，将污水倒入排污沟，寺院在偏僻处挖一渗井排掉污水。两个渗井的发现为研究唐代太平坊的位置与唐代排污设施具有一定的意义。

827.临潼唐庆山寺塔基出土百余件珍贵文物

作　者：《文博》通讯员
出　处：《文博》1985 年第 4 期

1985 年 5 月 5 日，新丰砖瓦厂在取土时于距地表 6 米处发现一砖砌券室，考古人员进行了调查和清理。

据介绍，计发现壁画 5 幅、石雕"释迦如来舍利宝帐"、金棺银椁、珍珠、绿宝石、人面壶、高足杯等计百余件。其中许多均为稀世之宝。有些当来自印度、伊朗。

828.临潼唐庆山寺舍利塔基精室清理记

作　者：临潼县博物馆　赵康民
出　处：《文博》1985 年第 5 期

1985 年 5 月 5 日中午，临潼县新丰砖瓦厂在该厂南原取土制砖，在距地表 6 米深处发现一座砖砌券室。代王镇姜原村一些村民争挖古砖，拆毁了券顶，相继从中取出"上方舍利塔记"碑、线雕石门、三彩护法狮子、释迦如来舍利宝帐和陶瓷文物等 77 件。考古人员夜赴现场观察，在姜原村召开了有关群众会，宣讲了文物保护法，动员交出全部出土文物，并进行了抢救清理。

简报分为"精室形制""出土文物""结语"，共三个部分。有照片、手绘图。

据《上方舍利塔记》知，这座券室原是唐庆山寺上方舍利塔下安置释迦如来舍利的精室，位置在汉新丰故城东，鸿门坂东侧 0.5 公里的凤凰原上。平面呈"甲"字形，由斜坡道、甬道和主室三部分构成。

此主室仅 3 平方米大，但居然出土遗物达 127 件，其中石质 3 件，白瓷器 35 件，黄瓷器 2 件，黑瓷器 4 件，三彩器 6 件，黑陶器 1 件，彩绘陶器 2 件，金、银器（包括鎏金、鎏银器）48 件，铜器 16 件，铁器 3 件，玻璃器 7 件。其中上方舍利塔记碑一通，唐开元二十九年（741 年）刻，513 字，主要记述上方舍利塔的修造过程。简报录有全文。

简报称，此塔毁于唐武宗灭佛时，但塔基精室还在。舍利金棺银椁工艺精湛，玲珑透剔，珠宝镶嵌，衰以锦绮，精美绝伦。石门线雕细腻，主题繁复，集盛唐线雕之大成。三彩狮子、凤头人面壶、虎腿兽面衔环鎏银熏炉等，都是稀世罕见之瑰宝，千年文物之精华。大量完整的定窑白瓷也是考古史上鲜见的。

今有陈文增先生《定窑研究》（华文出版社2003年版）一书，可参阅。

829.西安西郊唐卑失十囊墓清理简报

作　者：李域铮
出　处：《文博》1985年第6期

唐卑失十囊墓，位于西安西郊枣园村东陕西省钢铁研究所之内，距今西安城约12里。墓地在原唐代长安西城郊区。该墓于1983年7月施工时被发现，考古人员赶到时，墓室、墓道已被推土机推掉，所有随葬品已被取出，只能就收集到的资料做一简单介绍。简报分为：一、墓葬的结构，二、出土器物，三、小结，共三部分。有照片、手绘图。

据介绍，此墓应为一竖井斜坡长道土洞墓。此墓出土文物除1合石刻墓志外，其余全部是俑类，已编号者共29件。此外还有断身残头碎片不能复原。其中一组具有胡人形象的乐俑值得注意。简报录有墓志志文全文。据志文，知此墓主人为唐代将军俾失十囊。此人两《唐书》无传。由志文知此人为西突厥人。开元初年臣服于唐，开元二十六年（738年）死，二十七年（739年）下葬。

830.西安慈恩寺内的唐代砖瓦窑址

作　者：韩保全
出　处：《考古与文物》1986年第1期

1983年5月，在西安南郊慈恩寺整修工程，发现一处唐代砖瓦窑址，考古人员进行了清理。简报配以手绘图予以介绍。

据介绍，该窑址位于慈恩寺大殿北道西侧，北距大雁塔基座20米。窑的上部被破坏，窑室填土可分上下两层，上层土色灰黑，土内杂有宋、元瓷片及明清砖瓦碎块，下层为较纯净的黄土，杂有唐代砖瓦片。窑室共有三座，呈品字形排列，位于一个长3米、宽2米的长方形竖坑内，在竖坑的三个拐角处，各开窑门，挖筑窑室。另一拐角则为一斜坡坑道，通向地表，因已破坏，长宽不详。但在残留的斜坡上，有黑褐色路土，似为烧窑工人上下之通道。这样布局，可能是便于一个工人同时照管3座窑。出土有陶范、瓦、砖等。简报推断为初唐时的窑址。

831.西安市西郊曹家堡唐墓清理简报

作　者：张海云、廖彩梁、张铭惠
出　处：《考古与文物》1986 年第 2 期

1981 年 1 月 3 日，西安市枣园公社曹家堡大队农民在取土过程中，发现唐墓一座，考古人员进行了清理。简报分为：一、墓葬结构，二、随葬器物，共两个部分。有照片。

据介绍，该墓是埋在一个汉代建筑物（当地人称"影山楼"）的夯土基址上的土洞墓，分墓室、甬道和墓道三部分，葬具、人骨已朽。出土器物计有陶俑、陶马、陶牛、陶羊、陶鸡、陶罐、铁刀、铁剪、铜镜、铜钱、金首饰、小石兽、蚌壳等共 36 件。此墓为小型单室土洞墓，无墓志，应是无官品的庶人墓，但其殉葬品如此丰富，并出有金首饰，绝非一般贫民，墓内所出胡人头像的圆片金饰是中外经济文化交往的见证。这些应是妇女妆饰之物，简报推测墓主人似为一富商的眷属，时代为初唐时期。

832.西安火烧壁发现晚唐"官"字款白瓷

作　者：王长启、成生安
出　处：《考古与文物》1986 年第 4 期

1985 年 3 月 25 日，西安华光劳动服务公司建筑队于北郊火烧壁发现一批窖藏瓷器。考古人员到达现场时，相当一部分瓷器已经破碎散失，仅收集到较完整的瓷器 52 件，其中带有"官"字款白瓷共 33 件。简报配以拓片予以介绍，有照片。

据介绍，计三尖瓣口盘 17 件、五双脊瓣口盘 1 件、五尖瓣口盘 6 件、五宽瓣口盘 2 件、五宽瓣浅口碗 4 件、敞口碗 2 件及白釉瓿残片 1 件等。以上各类碗盘，外底均有一个"官"字，是在施釉后未烧前刻划的。瓷器胎薄质细，色白，坚硬致密，瓷化程度很高，内外施满釉，釉质匀净，釉色白中闪青，光润晶莹，柔和细腻。简报认为应是晚唐定窑烧制的"官"字款白瓷，这种瓷器一部分是给宫廷烧制的贡品，还有一部分是给官僚、豪绅及寺庙烧制的用品。这批瓷器埋藏的时间当在唐末。881 年黄巢起义军攻入长安城，义军失败后，藩镇又多次发生兵变，攻打京城，烧杀抢掠，直到 904 年朱全忠毁灭长安城，十多年间，战乱不息。窖藏瓷器的出土地点正是唐长安城的安定坊遗址，这里常有官宦人家居住，窖藏瓷器当为晚唐官宦之家为躲避战乱而埋入地下的。

833.唐长安城发掘新收获

作　者：马得志

出　处：《考古》1987年第4期

　　唐长安城的调查发掘工作，自1980年以来，主要是对大明宫的一部分殿堂遗址、皇城的含光门以及坊内个别寺院遗址进行调查和发掘。简报配以手绘图等予以介绍。

　　据介绍，大明宫遗址早在20世纪50年代中期至60年代初，曾作过全面调查和部分的发掘，其结果已经报道过。此次又对大明宫的清思殿、三清殿、朝堂以及翰林院等遗址进行了发掘。这些遗址保存状况虽然不太理想，但对它们的位置和建筑形制，却得到明确的了解和肯定，这对研究大明宫的布局和建制是有积极意义的。发现遗物有鎏金装饰品残片多片及开元通宝钱和石质黑、白围棋子多枚。另有铜鱼符一件，刻有"同均府左领军卫"七字，为出入宫门的鱼符。唐敬宗常以左、右神策军侍卫游猎、打球等，此鱼符或为侍卫者出入清思殿时所遗失的也未可知。简报还介绍了长安城的重要寺院西明寺，这也是与日本学问僧关系很深的寺院，如永忠、空海、圆珍等都曾在西明寺居住过。道慈于大足元年（701年）入唐，传三论宗，开元六年（718年）回国。建于日本天平元年（唐开元十七年，729年）的平城京大安寺，就是按道慈提供的长安西明寺的式样修建。

834.隋正觉寺遗址出土的石造像

作　者：韩保全

出　处：《考古与文物》1987年第6期

　　1985年9月，西安市大南门外冉家村南一基建工地出土了11件石造佛像等。考古人员进行了清理。简报配以照片予以介绍。

　　据介绍，计有青石观音造像1件，上有铭文，沙石造像1件、大业五年石造像1件、白石观音像1件、白石供养人像1件、石佛座2件等。关于这批造像的年代，除有隋大业五年（609年）纪年的一躯造像外，尚有一躯青石观音像底座铭刻"□和二年□月"等字样。从这躯像的造型特征看，应是北周时期的作品，故推断当是北周武帝天和二年（567年）所造。而同时出土的没有纪年的其他造像，从其特征判断，也都应是北周或隋这一时期的作品，而绝无隋以后的，当是隋末时埋入地下。

835.华清古宫出土隋鎏金铜佛

作　者：林　泊

出　处：《文博》1987 年第 3 期

1980 年冬，在临潼县唐华清宫的昭阳门外（骊山第二峰老母殿），距地表 3 米多深处，发现隋代带铭鎏金铜佛一躯，铜镜两面。可惜铜镜已散失，铜佛现由临潼县博物馆收藏。简报配以照片予以介绍。

据介绍，佛为站姿。通高 10.7 厘米，佛体高 5.8 厘米，莲瓣束腰须弥座高 1.4 厘米，足床高 3.5 厘米，宽 4.2 厘米。佛作球状高髻，头披佛巾（类似近代披风），垂于肩下。面稍瘦削，眼微闭，抿唇。手姿为两掌面前，左手取手指下向，右手取手指上向，作受礼状。足床上有铭文，知为隋开皇十一年（591 年）信徒所献。

836.唐鎏金铜羊和鎏金铁心铜龙

作　者：卢桂兰

出　处：《文博》1987 年第 5 期

简报分为两个部分予以介绍。

第一部分为"鎏金铜羊"。1974 年，西安市南郊红庙村小学师生在校园内平整原红庙旧址大殿台基时，在殿基的西北隅发现一鎏金铜羊，由学校领导交送陕西省博物馆。此羊工艺精湛，刻有工匠姓氏的豆金铜羊绝非是一般建筑物上的装饰品。

第二部分为"鎏金铁心铜龙"。1975 年，百姓在西安南郊草场坡施工取土时发现两个鎏金铁心铜龙，两龙质地、造型、尺寸均相同，一残断为数段，另一个完好。龙体为铜质，铜内包铁心，表面鎏金。通长 28 厘米，通高 34 厘米，重 2.78 公斤。龙整个身躯弯曲成"S"形，头高昂，带有三个结叉的长角后伸，紧贴头顶，大嘴张开，露出锐利的牙齿，长舌在口内卷曲上翘。

简报称，这几件遗物均应为唐代难得的工艺珍品。

837.西安曲江发现唐尼真如塔铭

作　者：杨兴华

出　处：《文博》1987 年第 5 期

1958 年 2 月，考古人员在曲江乡三兆村工作时，发现大唐甘露寺尼真如塔铭一方。简报配以拓片予以介绍。

据介绍，石为方形，高66厘米，宽72厘米，上刻9行94字，简报录有塔铭全文。知其为一唐总章二年（669年）出家尼姑之塔铭，此尼祖父为高昌国光武王，曾祖为高昌南献文王。

838.隋唐长安城实际寺遗址出土文物

作　者：李健超

出　处：《考古》1988年第4期

1982年12月下旬，西北大学修建宾馆餐厅时，于地面以下0.5～2米间及其一个废井中出土大量唐代遗物。完整的方砖、长砖、莲花纹瓦当、铜钱、石经幢残片及陶器等，收藏于西北大学历史系文物陈列室。本文记述的是从工地堆积物中采集的，个别物件是工程管理人员提供的。简报分为：一、出土文物，二、文物出土地点名称探索，三、实际寺在中国佛教史上的地位，有拓片、照片。

据介绍，出土文物有束腰佛座残石，贴金菩萨像残石，飞天线画残石，石经幢残片，开元通宝，长和方形砖，板瓦，筒瓦及瓦当。简报推断，这批出土文物为隋唐实际寺、唐温国寺之遗物。

简报称，实际寺是一座净土宗寺院，在中国佛教史和中外文化交流史上都具有重要的地位。

839.陕西唐大明宫含耀门遗址发掘记

作　者：中国社会科学院考古研究所西安唐城工作队

出　处：《考古》1988年第11期

含耀门是大明宫含元殿以东出入宫廷的主要宫门之一，位于含元殿东侧第二道宫墙的中部，距含元殿遗址221米。含耀门北对第三道宫墙的崇明门，南对第一道宫墙昭训门，再南即出宫城南面的望仙门。含耀门遗址紧邻市区，部分门址已被民房占压，考古人员于1987年4月9日开始进行发掘，至5月25日发掘结束，发掘面积为650平方米。简报分为：一、地层，二、门址，三、出土遗物，共三个部分，有照片。

据介绍，门为南北向，门址平面呈长方形，东西长26.4米，南北宽12.5米。门分为东、西两个门道，西门道的南部被民房占压，只发掘了北半部，东门道作了全部发掘。从发掘的现象可知，门被烧毁后，又遭扰乱和破坏，但门的形制尚清楚可辨。门址平座分为两端门墩及门道和二门道之间的隔墙等三部分。皆为黄土版筑，外包砖皮。东门道宽5.15米，进深12.5米；西门道宽4.95米，较东门道略窄，只发掘了北部 6 米长一段。东门道内有车辙遗迹，西门道无车辙。门道内两侧的柱石及门槛等皆破坏无存，但石础的坑位尚清楚。遗物大都出在门道内及门两侧，以砖瓦最多，瓷片很少；此外在门道中出小铜佛 2 件及陶质浮雕佛像 2 件。

简报称，在大明宫南部的三道宫墙上共有含耀门这样的宫门 6 座，分别在中轴线的两侧，向北直通内廷。从此次发掘的情况看来，门的规模相当大，门外有东、西二墙夹道，显得宫廷门禁特别森严。过去发掘过的唐代各门址均为一、三或五个门道，都是单数，而含耀门却为两个门道。不知各宫门都是如此，抑或因特别需要而独含耀门设两个门道？尚待发掘其他门址验证之。

840.西安东郊隋舍利墓清理简报

作　者：郑洪春
出　处：《考古与文物》1988 年第 1 期

1986 年 6 月 4 日，榆林地区驻西安办事处在基建施工中，发现隋代舍利墓一座。考古人员赶赴现场进行了清理。该墓位于今西安市长乐路 40 号榆林地区驻西安办事处内。据墓志称：位于当时隋大兴城的"兴宁坊清禅寺内"。简报分为：一、墓葬结构，二、随葬器物，三、墓志，四、结语，共四个部分。有照片、拓片、手绘图。

据介绍，当时在现场的民工讲：为一长方小型砖室墓，用 20 块长方砖组成。墓室内，由南向北放置残菩萨一尊，米黄色瓷瓶一件，其瓶口处置玻璃器一件，绿釉四耳罐一件，灰陶罐二件。在这些器物的左侧，又放置周代玉琮一件，汉代玉猪一件。此墓虽小，结构简单，但随葬器物却很丰富。除陶、瓷器外，还有玻璃器 29 件，玛瑙、水晶石、琥珀等珍贵的珠宝，这些珠宝，全部装在米黄色瓷瓶内。墓志砖已残，简报录有全文。有些字已漫漶不清，但仍可看出清禅寺主人德 × × 圆寂于隋文帝开皇九年（589 年），圆寂后，于同年 10 月 11 日将舍利骨灰埋在隋大兴城兴宁坊清禅寺内。今之西安市东五路东的榆林办事处、第四军医大学等单位，为当时隋大兴城兴宁坊所在地，此与隋大兴城的勘查实测图位置相符。

841.陕西户县西坡村唐墓清理简报

作　者：张民生
出　处：《考古与文物》1988 年第 3 期

1983 年 7 月下旬，户县城郊公社西坡大队六队农民田双才在家后院打井时，在距地面 1.06 米处发现了一座唐代夫妻合葬深墓。据本人谈，前几年挖掘现用井时，就发现了墓葬的迹象（为券拱式的砖砌墓门），但与本井挖掘关系甚微，故进行了封闭。后因井水混浊，本人对文物缺乏认识，于是又在此井附近另选新址连续挖了两次，出土文物共 17 件，后在大队支书说服下，方才向县文化馆文物组作了汇报。考古人员进行了清理。简报分为：一、墓葬形制及地理位置，二、随葬品，三、小结，共三个部分。有照片、手绘图。

据介绍，该墓位于户县城西约 1 公里涝河西岸的西坡村，西距唐代长安都城远郊著名的风景区"渼陂泛舟"的原湖旧址仅约 500 米。据当地人反映，该村西北角原有高 7 米的圆锥形墓塚，后农田基建夷为平地。此墓是否就是今抢救清理之墓或是此墓的陪葬墓不得而知。此墓形制为单室方形砖室墓，由墓道、甬道、墓室三部分组成。墓室底距地表 3.20 米。有盗洞，男骨架已被盗墓人踩踏，女骨架保存尚好。出土陶俑、陶器、三彩器、铜镫、鎏金铜币等 30 件。简报认为此墓应为初唐时期之墓。具体年代，上限应为唐高宗李治时期，下限最晚不会超过唐玄宗开元年间。

842.西安西郊唐西昌县令夫人史氏墓

作　者：陈安利、马　骥
出　处：《考古与文物》1988 年第 3 期

1986 年 9 月，陕西省第一建筑工程公司一队在西安西郊陕西省第三印染厂施工中，发现一座唐代墓葬。考古人员进行了清理。简报分为：一、陶俑，二、器物，三、墓志和"结语"，共四个部分。有照片、拓片。

据介绍，墓葬已被施工破坏，墓中出土有陶俑、陶瓷器、墓志等物。石墓志志文楷书，简报录有志文全文。从志文中知，墓主史氏生前是唐绵州西昌县令常承之的妻子，贞元十年（794 年）死于长安崇贤里之私宅，终年 74 岁，贞元十一年下葬。绵州，隋开皇五年置，以绵水得名，唐因之。西昌县是绵州所属八县之一，辖境在今四川北部安县境内，与今四川南部之西昌县不同，后者为清代设置。

简报称，西安市西郊新西北火车站一带，约位于唐长安城开远门外。这里经常发现唐墓，这一带很可能是唐长安城的墓葬区。

843.西安出土文安公主等墓志及郭彦塔铭

作　者：桑绍华、张　蕴
出　处：《考古与文物》1988 年第 4 期

1985 年 5 月，西安市先后发现两合墓志和一方塔铭。一为《大唐故文安公主墓志铭》，出土于西安东郊霸桥乡草滩砖厂取土场。该墓早年已被破坏殆尽，现仅存墓志及莲花帐座一件。另一为《故朝散郎前行太史监灵台郎太原郭府君塔铭》和《英国公长史李府君墓志》，同出于长安县郭杜镇长里村。

简报分为：一、大唐故文安公主墓志铭，二、郭元诚塔铭，三、李威墓志，共三个部分。有拓片等。

据介绍，唐文安公主墓志，志文楷书，简报录有志文全文。文安公主，《旧唐书》阙记，《新唐书》及《唐会要》均有载，只是非常简略。知其为唐顺宗之女，据志文生于贞元九年（793年），卒于大和二年（828年），年仅36岁。志文可补史书之缺处甚多。郭元诚塔铭，楷书，计463字，简报录有全文。塔铭主人郭元诚，字彦，为大居士，享年74岁，以开元十八年三十一日终于常乐私第。妻子琅琊王氏，开元二十二年六月二十五日终于同第。以其年七月十四日迁葬于唐长安县高阳原积德里（即今长安县郭杜镇长里村）。并在墓上建树双塔，以达到"勒颂题铭，庶千龄而不朽"之目的，是迄今为止最早的居士塔铭。

李威墓志，简报亦录有志文全文。墓主李威，字景仁，陇西人，垂拱元年（685年）七日卒于长安，六月十六日葬于京兆高阳原，享年63岁。所谓"景午"，当为丙午，乃避李渊父世祖元皇帝李昞（昺）之讳。志称"高阳原'即今长安县郭杜镇长里村一带。从志文看，该墓主人题名结衔，明显地突出英国公长史之职官，而英国公是参与了反武则天的政变的，说明史载武氏大搞株连并非如想象中那样严厉。因此，唐英国公史李威后代才能无所顾忌。但墓志中一再说李威"养性祇园""栖念四禅""巢慧情于宝树"等，又表示李威潜心佛法，韬晦于世，这些反映了李武集团斗争的规模及枝节。

844. 长安县出土唐工部尚书杜公长女墓志

作　者：李域铮
出　处：《考古与文物》1988 年第 4 期

陕西省博物馆收藏一方《唐工部尚书杜公长女墓志铭并序》，共计 310 字，毕诚撰文，楷书，字迹秀劲。此墓志出土时未见盖。据了解该墓于 1979 年出土于陕西省长安县大兆公社司马村南边涝池旁，1983 年 2 月入藏陕西省博物馆。简报录有全文并配以拓片予以介绍。

据介绍，该墓主曾祖为杜佑。志文所记杜佑官职，与两《唐书》杜佑传略有出入。只是《旧唐书》将"赠太师"误记为"赠太傅"。

845.西北大学发现唐代连珠宝相花瓦当范

作　者：贾麦明

出　处：《考古与文物》1988 年第 4 期

1982 年 10 月，西北大学在建专家楼食堂时，发现两个唐代连珠宝相花瓦当范。瓦范出土时其中一个甚残，另一个散为两半，后经修整复原。简报配以照片予以介绍。

据介绍，此范青灰色陶质，火候较高。范呈圆台状，面大底小。面径 22.5 厘米，高 6 厘米。这是迄今所知面径最大的唐代宝相花瓦范。范中心呈七珠莲花形。瓦面的主要部分为六个宝相花瓣，靠近边轮为一圈连珠。瓦范镌刻细腻，线条明快。今天的西北大学校园，是唐代长安太平坊所在地，毗邻皇城西南角，当时坊内满布古寺名刹和达官显贵的宅邸。这个瓦范的发现对研究唐代瓦当形制和宫殿建筑有一定的意义。

846.西安市玉祥门出土的几件石、瓷器

作　者：韩　钊

出　处：《考古与文物》1988 年第 5、6 期合刊

1985 年夏，位于西安市玉祥门的西安市化工研究所搞基建时出土了几件石、瓷器。简报配以照片予以介绍。

据介绍，计石壶 1 件、石秤砣 1 件、白釉瓷碗 2 件、瓷灯盏 1 件、青瓷注子 1 件、青瓷碗 1 件、陶器 3 件。根据这 5 件瓷器来看，时代定在中唐较为合适。

847.西安南郊出土一批唐代瓷器

作　者：马　红、秦怀戈、范炳南

出　处：《文博》1988 年第 1 期

1986 年 1 月间，西安市雁塔区瓦胡同村农民在取土时，发现一批唐代瓷器。考古人员将已流散到农民手中的出土文物基本收回，并进行了调查和了解。简报配以照片、手绘图予以介绍。

瓦胡同村位于西安市南约 7 公里。据农民反映，瓷器是从距地面约 4～5 米深的土洞里挖出的，土洞共有十几座，瓷器就放在洞内尸骨周围，每个洞有 1～3 件不等。从现场调查的情况看，地面及取土断面已无任何遗迹现象可寻，土洞已经被全部挖掉。出土瓷器共计 23 件。简报推断为唐代中晚期遗物。

848.唐昭应县城调查

作　者：骆希哲

出　处：《文博》1988 年第 3 期

　　临潼县位于西安市以东 60 里的骊山北麓之阴，北面渭水，南枕骊山。据文献记载，唐昭应县城即在今临潼县城。考古人员自 1985 ~ 1986 年，对临潼县城进行了多次调查。简报配以手绘图予以介绍。

　　据介绍，根据1984 年航测照片和走访得知，临潼县城墙1949 年后基本保存完好。城郭犹在，平面略呈方形。城有四门，南曰"华清"，北称"临潼"，西名"永丰"，东北名"集凤"。过去由于对城墙的时代不甚清楚，未予保护，人为破坏严重，现已残缺不全，仅剩15 处长短不等、高低不一的残段，但城墙轮廓仍历历在目。今知临潼县城在历史上先后修筑两次，而第二次是在第一次的基础上修筑的。这次调查所知城墙周长2463 米，高9 米，城墙为内外层结构，与文献记载相符合。内层城墙为唐天宝六年（747 年）夯城，外层城墙是明洪武初年修筑。其夯层厚度与华清宫墙均为10 厘米。调查中所发现唐代砖瓦、浴池遗迹，应为唐昭应县城内建筑物遗存。由于今临潼县城内建筑物密布，无法进行细致的勘查工作，要了解唐昭应县城内建筑布局，有待于进一步的考古调查。这次勘查证明唐昭应县城的位置即临潼县城之所在。

849.唐长安城安定坊发掘记

作　者：中国社会科学院考古研究所西安唐城工作队　马德志

出　处：《考古》1989 年第 4 期

　　1987 年 7 月中旬，接西安市文物管理处通知后，得知省旅游局在今西安城的西北 2 公里多的火烧壁村西 40 米处建旅游用品仓库。这一带正处于唐长安城安化门内东侧的安定坊西北隅之内，距安化门很近。为了解坊内的布局，以及是否有小十字街的遗迹等，考古人员遂决定在建筑范围内进行大面积揭露发掘。于 7 月下旬开始边钻探边发掘，至 8 月 26 日全部结束。共发掘面积为 1780 余平方米，发现十字街遗址及井址两座。简报分为四个部分。有手绘图、照片。

　　据介绍，安定坊的这次发掘虽无重要的遗物发现，但就所发现的小十字街遗址来说，对了解长安城各坊的布局形制却是很有意义的。过去在永宁坊大十字街的东南隅，也发现过小十字街，但多被破坏，保存得很不好，其东西向的小街残存宽已不足 3 米。在西城怀德坊东北隅一方内也曾探得有小十字街遗迹，但未作发掘。今又在安定坊掘出保存完整的小十字街，这说明小十字街在长安城各坊内已不是孤例了。特别是皇城左右的三排（南北各十三坊）四面开有坊门的各坊内，都应有小十字街，每个坊在大十字街的四隅之内，各有一小十字街。即每坊除有一大十字街之外，还各有四个小十字街，这些小街将一个坊划分为十六个方块，其中的居民出入可以四通八达，交通颇为方便。

简报称，从安定坊的发掘可以看出，长安城各坊内大、小十字街的布局，早在隋建"大兴城"时，即已设计规划好，唐初仍保存其原来形制。至盛唐时期，豪门贵族大兴兼并，竞筑大宅、府第，将小的街道并入院内而作废。到后期中、晚唐之际，社会经济衰败，贵族大宅也多有更移，墙垣颓废，以致在其上筑井，当日豪华府第已不复见。以发掘的情况看来，长安城各坊的建筑兴衰，也正是唐代社会兴衰史的一个缩影。

850.唐长安青龙寺遗址

作　者：中国社会科学院考古所西安唐城队　马得志等
出　处：《考古学报》1989 年第 2 期

青龙寺位于西安市南郊铁炉庙村北高地，系唐长安城新昌坊的东南隅。考古人员1963 年曾对青龙寺遗址作过初步调查，1973 年进行复查。复查中除将青龙寺在新昌坊的位置和范围勘测清楚外，还探得青龙寺的建筑遗址7 处（编为1～7 号遗址），并发掘了2 号和4 号遗址。1979 年秋继续探查和发掘，在4 号遗址北面探得围墙基址（8 号遗址）和3 座窑址，同时发掘1、3、5、7 号遗址和8 号遗址的一部分。1980 年春，继续发掘8 号遗址、6 号遗址和3 座窑址。所发现的建筑遗址，大部集中在青龙寺西端，从布局看，这些遗址应是东西并列的2 座伽蓝院落遗址。6 号遗址位于青龙寺北侧中部，紧临新昌坊东街，为青龙寺的北门遗址。简报分为：一、青龙寺遗址的勘查，二、塔院遗址，三、东院殿址（4 号、8 号遗址），四、北门遗址（6 号遗址），六、出土遗物，七、灯台，八、结语，共八个部分，介绍了青龙寺遗址的勘查情况及上述各遗址的发掘资料。有照片、拓片、手绘图。

据介绍，青龙寺遗址仅发掘了寺址西端的两座院址及其中部的北门遗址，遗址占地尚不到青龙寺总面积的七分之一，其东部地区肯定还有许多建筑。但经过多次勘查和试掘，除北门遗址外，中部、东部地区未再发现其他建筑遗迹。其原因可能是唐武宗会昌五年（845 年）拆毁后，东部未再重建，又经长期平整土地，将早期遗址破坏殆尽。西部所以能留存部分遗址，是因为寺院废毁后的第二年便恢复了建筑，直至北宋后才逐渐荒废。这一带地势比较平坦，未遭人为破坏，因而保存下来。南部从断崖向南至延兴门大街，几乎占青龙寺二分之一的地区，肯定也会有建筑，可惜这一带已被深掘十余米，所有遗迹均不复存在。

简报指出，长安的名寺一般规模都比较大。青龙寺占地为四分之一坊，其面积比西明寺大，建筑规模绝不会小于西明寺。从文献记载中可知，青龙寺有上中下三经藏院、东塔院及传法院等。从地理位置看，在西端发掘的塔院遗址当是青龙寺的"西塔院"，据此，青龙寺的建筑至少也应有六七个院，甚至更多些。有关唐代寺庙的布局和建筑制度等，段成式的《寺塔记》和张彦远的《历代名画记》等书中多有记载。当时的寺院大都分为若干个院，如净土院、经院、塔院、菩提院，多者达十余院。门则有大三门（或称山门）及中三门，并建有门楼。寺的主要建筑是正殿，有东西殿或东西轩，由门至殿则以回廊连接。寺的次要建筑则有精舍、讲堂、方丈室、食堂等。但这多为官立的名寺之制。当时长安以私人舍宅立寺者为数颇多，其形制未必尽如此，大多仍因袭住宅形式为寺，所以唐代一般中小寺院的格局，多与当时的府第或民宅无太大区别。宋以后，特别是明、清时期，将寺院建筑宫殿化，赋予寺院许多神秘感。

简报认为，青龙寺是长安名寺之一，为佛教密宗教派的根本道场，以教学和发扬密宗而得名，自天宝（742～755年）之后至中唐已达极盛时期，其影响远远越出了唐朝国域之外。日本、新罗、诃陵（爪哇）等国僧人来中国，学习密教者多于青龙寺求法，特别是日本的学问僧和请益僧与青龙寺有着密切的关系，故青龙寺对日本佛教深有影响。青龙寺的盛衰，反映着中国密宗教派的发展与衰微的全过程，在中国佛教史上理应占有一定的地位。

851.西安南郊唐韦君夫人等墓葬清理简报

作　者：王育龙

出　处：《考古与文物》1989 年第 5 期

1985～1986 年配合 206 所工地建设发掘了 6 座唐墓，出土陶、瓷、铁、铜、骨器 115 件。有墓志一件，简报录有志文全文。韦君胡夫人墓有壁画，但保存不好。此处可能为唐代韦氏宗族墓地。破坏严重，与《新唐书·外戚传》所载天宝九年下旨破坏韦氏宗族墓史料可互相印证。

852.长安县南里王村唐壁画墓

作　者：赵力光、王九刚

出　处：《文博》1989 年第 4 期

1987 年 7 月，陕西省长安县韦曲北原南里王村核工业部 206 所工地在施工中发现唐代墓葬一座，内有壁画。考古人员进行了清理。简报分为：一、墓葬情况，二、壁画，三、壁画的特点和艺术特色，四、结语，共四个部分。有照片、手绘图。

据介绍，该墓位于长安县韦曲镇北原上南里王村附近，距长安南路约200米。墓葬形制为竖井式单室砖墓，木棺已朽，人骨已被扰乱。仅发现了一些残缺不全的小件陶器、陶俑及一些碎片，计有陶牛、陶猪、陶狗、陶骆驼小女俑，分离塔式罐，陶砚等，仅陶砚制作得较为精致。另还有几枚"开元通宝"铜钱。未发现墓志，墓主身份不详，应属中小地主。此处曾多次发现唐代显赫一时的韦氏家族墓葬，简报怀疑墓主人很可能是韦代家族衰败后，其中地位较低的成员。此次发掘最大收获之一是壁画，正因该墓的规格较低，绘画技法及艺术风格亦有鲜明的特色，技法娴熟，有较大的随意性，应出自民间画师之手，有其独特的艺术风格。简报推断该墓的时代为盛唐之后，中唐前期。

853.唐华清宫汤池遗址第一期发掘简报

作　者：唐华清宫考古队　骆希哲、廖彩良等
出　处：《文物》1990年第5期

唐华清宫遗址位于今陕西临潼县城南，骊山北麓的华清池周围。1982年4月，临潼县政府在华清池温泉总源北修建"贵妃亭"时，发现唐华清宫汤池遗址，考古人员自1982年5月4日至同年11月进行了发掘。清理出汤池殿基、殿基、石墙、莲花踏步各1处。简报分为"地层堆积""遗迹""出土遗物""结语"，共四个部分。有照片、拓片、手绘图。

简报称，汤池实际使用面积并不大，仅70平方米。此次发掘的最重要收获之一，是证实华清宫遗址的修建和使用从秦汉到明清从未中断。另外，出土的条砖上有工匠手印、印戳，说明唐代设有专门修缮皇家宫殿的管理机构，下辖官营手工作坊，生产砖瓦等建筑材料，对砖瓦的质量实行个人负责制度。同一印戳的条砖大小、厚度不尽相同，简报认为当时工匠做砖时并未使用统一规范的模具，而是用手工一块块做成。

854.西安西郊唐墓

作　者：陈安利、马咏忠
出　处：《文物》1990年第7期

1984年12月，在西安西郊新西北火车站东侧基建施工中发现唐墓1座，考古人

员于 1984 年 12 月 5 日至 7 日对该墓进行了发掘。简报分为：一、墓葬形制，二、随葬器物，三、结语，共三个部分。有照片。

据介绍，墓葬位于新西北火车站东北约 100 米处，正当唐长安城外郭城开远门外。墓底距地表深达 6 米。因此发掘中将墓室全部进行了清理，而墓道只清理了一段。墓葬为单室土洞墓，墓室西侧有一砖砌棺床。随葬品均在墓室棺床东侧，主要是陶器，摆放位置大体是镇墓兽在前，其次是马、驼等。侍俑均靠近棺床，家畜模型等在墓室北侧。棺床上发现有碎骨骼和数枚"开元通宝"铜钱。出土遗物中三彩器较为精致。简报推断该墓的年代应在盛唐前期，即武则天时期。

855.唐长安西明寺遗址发掘简报

作　者：中国社会科学院考古研究所西安唐城工作队　安家瑶
出　处：《考古》1990 年第 1 期

西明寺是唐代名刹之一，不仅规模宏伟，而且汇集了唐代名僧，在中国佛教史上占重要地位。1985 年考古人员配合西安市供电局白庙变电站工程基建，发掘了西明寺遗址的一部分。发掘工作从 2 月份开始，其间因故几次停工、复工，断断续续工作到 11 月底，基建范围内的发掘基本结束。发掘面积 7500 平方米。简报分为：一、遗址位置及地层堆积，二、遗址的布局及结构，三、出土遗物，四、几个问题，共四个部分。有照片、拓片、手绘图。

简报称，宋敏求的《长安志》及徐松的《两京城坊考》对西明寺的位置有明确记载，即西明寺位于唐长安城延康坊的西南隅。延康坊位于朱雀大街以西第二街，即皇城西侧第一街西，从北数第七坊。延康坊的西北角与西市的东南角相对。20 世纪 50 年代末和 60 年代初，曾对长安城的街道和里坊进行过探查。延康坊南北 520 米，东西 1020 米。坊东的街道，即朱雀大街以西第二街，与现在的环城西路、太白北路基本重叠，坊北的街道，即由外郭城北城内第一条顺城街算起的第七街，南北宽 40 米，与现在的友谊西路基本重叠。此次发掘地点应位于古代长安延康坊的西南四分之一坊的东端。

据介绍，这次发掘，特别是带有西明寺铭文的石茶碾的出土，证实了西明寺位于延康坊的西南部，占四分之一坊之地。延康坊东西长 1020 米，南北宽 520 米，那么西明寺东西长大约 500 米，南北宽大约 250 米，占地约 12.5 万平方米。这个数字与《大慈恩寺三藏法师传》记载的西明寺"寺面三百五十步，周围数里"基本相符合。唐代西明寺的占地面积，大大超过了保存至今的一般明、清寺院的规模。本次发掘面积 7 万平方米，仅占西明寺遗址的十五分之一。西明寺应建于唐高宗显庆元年（656

年），658 年建成，一直存在至晚唐，武宗灭佛时长安仅保留有 4 座寺院，西明寺即其中之一。此次发掘，对研究唐代佛教史具有重要价值。

今有冉万里先生《唐代长安地区佛教造像的考古学研究》（科学出版社 2017 年版）一书，可参阅。

856.西安市周围出土的三合唐墓志

作　者：许自然、张　蕴
出　处：《考古与文物》1990 年第 4 期

1986 年，陕西省考古钻探公司在对咸阳煤校基建工地的考古钻探中，采集到2 合保存完整的唐代墓志，即《大唐故苏府君墓志铭》《大唐故苏大夫夫人墓志铭》，同年夏，又于西安市东郊马腾空砖厂收集到《大唐故兰夫人墓志铭》1 合。简报分为：一、大唐故苏府君墓志铭，二、苏大夫之夫人墓志铭，共两个部分予以介绍。有照片。

据介绍，简报录有志文全文。由志文知志主苏通，死于洛阳城，时年 62 岁，葬于长安城西，与其夫人任氏合葬。祖上世代为官，本人在左武卫中任职。志文可补唐初官制、西北地区州郡名称等。兰夫人为官宦人家之女，所嫁夫君为何人不详，但其子何少直官至中郎将、上柱国，史书未载。从志文看，其夫当早亡，孤儿寡母生活十分艰难，其子沦为宦官，也正因是宦官，才有机会任神策军护军中尉等高官，掌管皇家卫队，官居四品下。兰夫人开成二年（837 年）去世，同年下葬。

857.西安净水厂唐墓清理简报

作　者：陕西省考古研究所配合基建考古队
出　处：《考古与文物》1990 年第 6 期

西安净水厂位于西安市南郊。1987 年在黑河引水工程中，发现大批古墓，经发掘，共清理汉墓 41 座、唐墓 16 座、明清墓 7 座。16 座唐墓的情况简报分为：一、墓葬形制和结构，二、随葬品，三、墓葬时代，共三个部分。有手绘图、拓片。

据介绍，清理的 16 座唐墓，均属小型土洞墓。共出陶器、瓷器、铁器、铜器百余件，其中以陶器数量最多，为 46 件，铜镜 2 枚，以及货币、陶俑类等数十件。墓志，共 4 合，分别为 M22、M23、M26 所出，其中 M22 出土 2 合，简报选其中 1 合加以介绍。

墓志方形，文字采用阴刻，共 890 余字。简报录有墓志全文。由墓志可以看出，墓主姓吴名卓，为唐德宗时长乐郡王，从"正义大夫"可知，其官位已至三品。

此次清理的 16 座唐墓，多为唐代中、晚期墓。其中 M22、M23、M26 三座有墓志，均提供了确切纪年。M22 属唐宪宗元和八年（813 年）墓，M23 也为元和年间（806~820 年）墓，M26 为晚唐广明年间（880~881 年）墓。M43、M44 简报推断当属初唐墓，M45 简报推断当为中、晚唐墓无疑。M52 其时代简报推断为盛唐到中唐。简报推断 M97 当为中、晚唐墓，M42 为双天井长斜坡墓道，简报认为具初、盛唐特点。

858.西安出土回纥府君李忠义墓志

作　者：师小群、王建荣
出　处：《文博》1990 年第 1 期

1987 年 12 月 2 日，在西安西郊新西北火车站东的陕西省第三印染厂家属区基建工地，出土唐代墓志 1 合。志盖盝顶，方形，篆书"大唐故回纥府君墓志"。正方形志石，志文为行楷书体，共 20 行，满行 20 字。简报录有志文全文，并配照片。

据介绍，"大唐故瀚海都督右将军卫大将军经略军使回纥府君墓志铭并序，姨弟左骁卫仓曹杨仲举撰书"。从志文知道，墓主李忠义"以天宝七载（748 年）十二月二十四日，薨于翊善里之私第"，终年 81 岁。

志文载，李忠义，字厚改，陇西成纪人，生前官职累迁至"云麾将军、左龙武军将军、上柱国"。云麾将军，武散官，从三品；职事官为左龙武军将军，从三品；上柱国是正二品的勋官。左右龙武军，"掌同羽林"，"掌统北衙禁兵，督摄左右厢飞骑仪仗。大朝会，则周卫阶陛；巡幸，则夹驰道为内仗。凡飞骑番上者，配其职"（《新唐书·百官志四》）。

志文为集贤院御书赵守所书。集贤院，即集贤殿书院，开元十三年（725 年）置，隶旨撰集文章，设集贤学士、修撰官、写御书等职（《旧唐书·卷四十三》）。

859.西安西郊热电厂基建工地隋唐墓葬清理简报

作　者：西安市文物管理处
出　处：《考古与文物》1991 年第 4 期

1990 年，考古人员在西郊热电厂工地清理了 144 座古墓。简报先行介绍了其中的隋墓 4 座、唐墓 136 座，有陶俑、三彩器等遗物出土。时代从隋至唐末分为四期。

此次清理发现有 5 方墓志，简报附有部分志文。

860.唐董僧利墓清理简报

作　者：西安市文物管理处
出　处：《考古与文物》1991 年第 4 期

1989 年清理，为一带斜坡墓道土洞墓，出土有陶俑、陶器、铜镜、铜钱、墓志等，简报录有志文全文。知此墓为唐董僧利夫妇合葬墓，为初唐时墓。麻织棺罩，为首次发现。

861.西安三桥车辆厂工地发现唐裴利物夫妇墓

作　者：桑绍华
出　处：《考古与文物》1991 年第 6 期

1985 年 4 月，西安三桥车辆厂厂区内施工时，发现已塌陷的砖砌古墓一座。墓早年被盗，并被施工民工取出部分文物，考古人员进行清理。简报分为：一、形制，二、随葬器物，小结，共三个部分。有拓片。

据介绍，该墓坐北朝南，呈刀把形，由墓室、甬道、墓道三部分组成。该墓因塌陷严重，所得器物多已残碎，陶俑的彩绘亦剥落，多数已难复原，较完整及完整的共 48 件。可分陶俑、石猪、软石小罐、铜镜、开元通宝和骨制品、石制品数枚。另有墓志 2 合，简报录有志文全文。

由志文知，该墓主人为裴利物夫妇。志载裴利物死于天宝十一年（752 年）五月二十一日；裴妻窦夫人死于乾元二年（759 年）九月九日，十月十一日祔葬于三桥龙尾原。这座夫妇合葬墓在时代上是盛唐到中唐的过渡阶段。出土文物虽破碎不堪者居多，但仍不失其重要性。墓主人不见两《唐书》，志云"烈考讳进，时揖清英，纪国王之外孙，河南尹之元兄"。而窦夫人为"河南郡太守怀亮之孙，驸马都尉延祚之女"。从志文中获知应属外戚。又根据墓志可列出裴利物之世系：仙祖侍中→艺祖承嗣→大父仲将→烈考进→裴利物→女儿宠，以上可补史阙。另外，从志文中还得知，今三桥乃沿袭唐代之地名，今三桥车辆厂地处于唐代龙尾原，为我们研究唐代长安地理方位与地名提供了宝贵资料。

862.唐翠微宫遗址考古调查简报

作　者：李健超、魏　光、赵　荣
出　处：《考古与文物》1991 年第 6 期

唐翠微宫遗址位于西安市南约 27 公里的秦岭北坡，行政区划属长安县滦镇皇峪寺村。遗址所在地为一山间平台。平台呈阶梯状，由北而南步步抬升，俗称为下营、中营、上营，面积0.47平方公里。周围群峰环峙，是一个典型的山间平台。1984年、1985年和1987年，考古人员先后四次对翠微宫遗址进行了考古调查。主要简报分为：一、遗迹和遗物，二、唐翠微宫历史沿革，三、唐翠微宫的地理环境，共三个部分。有照片。

据介绍，由于长期耕作破坏，地面遗迹破坏严重，未发现明显的宫殿建筑遗迹，收获以遗物为主。主要为砖、瓦、基座等建材，还有蹲狮2尊。

简报称，据《资治通鉴》卷一九八，翠微宫修建于贞观二十一年（647年），唐太宗曾来此避暑、理政，贞观二十三年（649年）就病故于此宫含风殿。尽管翠微宫风景优美，气候凉爽宜人，但限于交通困难及唐高宗之后政治上的不稳定，自太宗以后，翠微宫也就不为后继的皇帝所用，而于唐元和中废宫为寺。现在发现的一些遗迹，实际上已是寺院的遗存了。

863.蓝田新出土舍利石函

作　者：樊维岳、阮新正、冉素茹
出　处：《文博》1991年第1期

1990年3月8日，蓝田县蓝关镇几位农民，在县城东南的蔡拐村取土时，发现了一件盝顶舍利石函。考古人员到现场进行调查，据在场人说，舍利石函出土于大约1米见方的洞龛内，石函上下覆盖有带手印的大方砖若干块，函内还发现木质盒状物一具（已腐朽）。蔡拐村位于蓝田县城东城墙下，南距灞河300多米，在长坪公路以北约一百多米的断崖之上。此地为唐代法池寺旧址。简报配以照片予以介绍。

据介绍，新出土之舍利石函为盝顶式，函侧刻斜列式如意云头各四朵，盖侧刻斜列式如意云头各五朵。石函呈方形，长32厘米、宽32厘米、高32厘米。石函质地为汉白玉，尚完整，四周有浅浮雕石刻图四幅，线条如新，造型完整，内容新奇罕见，计有《高僧说法图》《迎宾图》《葬图》《迎送舍利图》。

简报称，这具盝顶舍利石函，从图上雕刻的高丽、日本、昆仑、西域等人数众多的来宾来看，在唐代我国与外国及各少数民族的宗教来往和文化交流就很频繁。特别是与高丽、日本及东南亚各国的来往更为频繁。《高僧说法图》上的覆钵顶舍利精舍，就是一座典型的古代印度建筑。

此石函出土于唐法池寺旧址。法池寺是唐代有名的寺院，简报推断此石函可能为唐代早期器物，至迟也不会晚于唐宣宗大中年间。因该寺大中年间已改名通灵寺。

864.西安新发现的东罗马金币

作　者：王长启、高　曼

出　处：《文博》1991 年第 1 期

西安在汉唐时期是全国政治、经济、文化的中心，是著名的"丝绸之路"的起点。在西安地区曾多次发现西域的古货币。1969 年西安何家村唐代窖藏发现一枚波斯萨珊银币与 1 枚拜占廷金币。西安市文物库房也藏有 3 枚东罗马金币。简报配以拓片一并介绍。

据介绍，此 4 枚东罗马金币，大多有明确出土地点。出土地点有的在唐长安城兴化坊，有的在唐长安城商业区"西市"原址。简报称，在"西市"出土的 2 枚金币，是在唐代西市遗址或与唐开元货币同时出土，证明其在唐代确有货币职能或货币交换使用。

865.长安唐代二龙塔调查记

作　者：卢晓明、王九刚

出　处：《文博》1991 年第 5 期

秦岭北麓，长安县太乙宫镇东约 6 里的蛟峪、土门峪之间，有一道隆起的山梁，在梁顶约东西宽 40 米、南北长百余米的缓平地带靠北处，耸立着一座古塔，当地俗称"二龙塔"。塔南依群山，北揽樊川，极目远眺，视野开阔，令人心旷神怡。考古人员曾对该塔进行了调查，略有收获。

简报分为：一、塔的现状及构造，二、二龙塔的构筑特点，三、性质及建造年代，共三个部分。有照片、手绘图。

据介绍，二龙塔为一座密檐式砖构筑塔，现残存 7 层，高 18.65 米，平面呈正方形，每边长约 7 米。据当地老人讲，塔内原有楼板旋梯，木料构成，可供登临。清末民初毁于兵燹。"文化大革命"中附近生产队盖饲养室，抢拆塔砖，上边有几层已被拆毁。后因各队在抢拆过程中发生矛盾，才由当地政府出面制止，这座砖塔才得以幸存。据当事人讲，当年拆塔时曾将塔底地基挖开，发现有石门，门楣上刻有字。塔中心有一眼井，当地俗称龙眼，未发现别的东西，他们把井填了，石料拉回村，现已丢失。二龙塔周围的空地上，未发现寺庙建筑遗迹、遗物。据当地老人从父辈那里得到的传说：二龙塔本就无寺庙建筑，修塔原因是唐朝时朝中南方人做官的多，为镇服南方，以保关中风水，特选此地势营造砖塔。传说当然不可信，但作为佛教象征标志的塔，此处确无寺庙建筑，因此是否可以说：此塔不是为人们进行宗教活动而建，而是作为一种风水塔，已具有文峰塔的性质，这有待进一步考证。此塔的建造年代，简报推断为初唐，至迟不晚于盛唐。

866.西安东郊唐天宝十一年墓出土的瓷器

作　者：王九刚
出　处：《考古与文物》1992 年第 5 期

1988 年 5 月，考古人员在东郊西等驾坡村北配合韩森寨小区建筑工地清理了天宝十一年（752 年）唐墓一座。在墓室及甬道口出土有一些瓷碗残片，显系盗墓者所为。经粘对为形状大小相同的 3 件不完整的个体。简报配以照片予以介绍。

据介绍，瓷碗口沿外撇，圆唇，腹部较丰满，圈足。1 件釉发红，内釉青白；1 件外釉发黑，内釉净白。这种外黑内白的施釉做法，在山西浑源窑、河南巩县窑均有发现，从器形、芒口等则更多接近巩县窑特点。简报推断这 3 件瓷碗应为巩县窑产品。

867.蓝田县出土唐故忠武将军右卫率邓温墓志铭

作　者：李思宇、樊维岳
出　处：《文博》1993 年第 3 期

1986 年 7 月，陕西省蓝田县孟村乡田禾村出土《大唐故忠武将军右卫率邓府君墓志之铭并序》1 合。田禾村位于白鹿原，唐代为著名寺院清凉寺所在地。墓葬情况不详，墓志出土于墓室前门内。盖上部楷书"大唐故邓府君墓志之铭并序"，志文楷书，每字以方格相间，共 29 行，行满 28 字，文末两格刻四字，全文共 800 字，无撰写与书丹人，书法秀丽，师承魏体。简报录有志文全文。

据志文，墓主人为唐代皇室宿卫军队将领邓温。志文记载了邓温从16 岁担任太子卫士起，到56 岁薨于忠武将军右卫率任上，任职四十余年，是一个驰骋全国的府兵重臣和皇宫卫士。志文虽不能避开极力颂扬的文风，但也为我们提供了研究唐代府兵制和皇宫卫率制度的史实资料，可以补史之不足。邓暠、邓弘政、邓恽、邓温都是隋、唐的从三品以上的高官，有关他们的记载，为唐史研究提供了实物资料。

太极元年（712 年）曾三次改元，五月改元元和，时太平公主势力正盛，谋废太子之计未成。八月太子李隆基即位，改元先天，而邓温就是在这一年五月薨于东宫太子李隆基的右卫率任上。

868.陕西长安隋宋忻夫妇合葬墓清理简报

作　者：陕西省考古研究所隋唐研究室　赵永峰
出　处：《考古与文物》1994 年第 1 期

1990 年 2 月初，华光公司长安分公司在长安县韦曲镇东街原砖厂进行基建施工时，于北崖下发现一座隋墓，考古人员于 2 月 5 日至 10 日对此墓进行了抢救性清理。清理结果简报分为：一、墓葬保存状况及清理收获，二、随葬品，三、墓志，四、结语，共四个部分。

据介绍，墓葬坐北朝南，呈"中"字形，由墓道、甬道、前室、东西耳室、后室构成。出墓志 1 方，志文楷书，共 38 行，满行 37 字，共 1268 字，简报录有志文全文。墓主宋忻卒于开皇七年（587 年），春秋五十有五，其出生年代应为 532 年，即北魏孝武帝永熙元年。宋忻卒于开皇七年，从其年龄推算，其祖、父两代均应为北魏官员，可以说三代均为北魏官员。宋忻历北魏、西魏、北周、隋四朝，官至隋尚书省度支尚书，其墓志的出土，补充了史书的遗漏，为研究北朝史、隋史提供了新的资料。

宋忻妻韦胡磨，出身名门望族。韦氏家族为北朝至隋唐时期长安城南的名门望族。近年来，在宋忻墓北南李王村一带发现了大批韦氏家族墓葬，宋忻为韦氏的女婿，墓葬又位于附近，无疑为研究韦氏家族史提供了新的资料。

简报称，宋忻夫妇合葬墓出土的铜镜，制作精细，浮雕感强，造型较少见，不失为一艺术佳品。另外，墓志及盖上的四神十二时像造型生动，笔画简练，实为线刻精品。宋忻夫妇合葬墓的发掘，无疑为北朝隋代的考古、历史研究提供了新的资料。

869.西安秦川机械厂唐墓清理简报

作　者：吴　春
出　处：《考古与文物》1994 年第 4 期

西安秦川机械厂位于西安市东郊韩森寨地区。1991 年 4 月，在厂门北侧进行基础建设时发现唐墓 4 座。西安市文物处立即派员前往，发掘清理。简报分为 M1、M2、M3、M4 四个部分。有手绘图、照片。

据介绍，M4 的规模较大，在出土器物中有墓志 1 合，阴刻正书共 439 字，简报录有志文全文。从志文可知，墓主为罗观照，徐王元礼之姬，因病死于 680 年 4 月 6 日，葬于同年 8 月 12 日。据《旧唐书》记载，徐王元礼为唐高祖李渊的第十子，武德四年被封为郑王，贞观六年又授为郑州刺史，徙封徐王，迁徐州都督。贞观十七年转为绛州刺史，永徽四年加授司徒，兼潞州（今山西长治）刺史。咸亨三年（672 年）

死，追赠太尉、冀州大都督，陪葬献陵。8 年后，其姬罗氏在咸阳病故。

简报称，M4 虽然墓葬严重被盗，但从仅存的随葬品来看，不仅随葬品精美，而且简报推测随葬品比较丰富。可见，墓主罗氏是作为皇室成员而得以厚葬的。这也从一个侧面反映出李唐社会经济繁荣的景象。

870.西安王家坟唐代唐安公主墓

作　者：陈安利、马咏钟
出　处：《文物》1991 年第 9 期

1989 年 7 月，在西安东郊王家坟西北电力职工医院院外发现砖室古墓一座，考古人员对此墓进行了清理。简报分为：一、墓葬概况，二、壁画，三、石刻，四、随葬遗物，五、结语，共五个部分。有照片、拓片、手绘图。

据介绍，此墓为单室砖墓，南北向，有墓道、甬道及墓室。出土有象牙簪、黑釉瓷罐、铜钱等，有石墓志 1 合，楷体，计 29 行，满行 29 字，简报未录志文全文。据志文，知墓主为唐安公主，唐德宗长女，皇太子李诵（后继位为顺宗）之胞妹。兴元元年（784 年）三月十九日卒于梁州（今汉中）城固县，卒年 23 岁。当年十月迁葬于长安城东龙首原。

871.唐华清宫汤池遗址第二期发掘简报

作　者：唐华清宫考古队　骆希哲等
出　处：《文物》1991 年第 9 期

1983 年 8 月至 1986 年 6 月，考古人员对唐华清宫汤池遗址进行了发掘，总清理面积约 4000 平方米，清理出汤池、砖砌水道、陶质水管道、水井等。简报分为：一、遗迹，二、出土遗物，三、结论，共三个部分。有照片、拓片。

据介绍，发现的最主要遗迹为汤池 7 处（T1～T7），位于今华清池温泉水源北偏西约 45 米处。汤池四壁及底部均已受破坏，但大体还可分辨出整体呈长方形，东西长 5.2 米，南北宽 2.77 米，残深约 1.2 米。池底为两层，下为条砖，上为青石板平铺，现青石板多已不存。池壁也为内外双层，内层为砂石，外层为条砖。进水管为陶质圆形管道，排水管为并列的两条陶管道。另 6 处汤池遗址相距不远，修建模式大同小异。出土遗物有钱币、砖、瓦当、陶水管道等。简报推断，这 7 处汤池为唐以前的遗存。其中 T1 有可能是唐华清宫内的太子汤。另有一处汤池，简报怀疑就是唐玄宗为杨玉环修的海棠汤。

872.西安东郊发现一座唐墓

作 者：陈安立、马志祥

出 处：《考古》1991 年第 3 期

1987 年 11 月，国营东方机械厂在 104 工地施工中，发现一座古墓葬，考古人员进行了清理。简报分为：一、墓葬位置及形制，二、出土器物，三、小结，共三个部分。有照片、手绘图。

据介绍，墓葬位于西安东郊纬什街西侧的东方机械厂福利区。墓底距今地表有 4 米多。墓葬平面呈刀形，墓道向南，墓室略成梯形。完整的随葬品有铜镜、瓷盂、陶砚、骨骸和陶俑等，其他尚有陶器残片数块，未能复原。

873.西安东郊黄河机器制造厂唐五代墓发掘简报

作 者：李军辉

出 处：《考古与文物》1991 年第 6 期

1990 年 11 月，黄河机器制造厂招待所楼基建时发现古墓，经清理发现汉墓 1 座、唐墓 7 座、五代墓 1 座。简报分为：汉墓，唐墓，五代墓，共三部分。有手绘图。

据介绍，汉墓位于基建区中部偏西，编号 M9，为斜坡墓道洞室墓。分内外两层：外层单砖横向平垒，内层纵向卧砌。随葬品被盗，仅有五铢铜钱 1 枚。唐墓 7 座都是木棺装殓，单人仰身直肢葬。共出土陶俑 24 件，陶器 15 件、铜器 8 件、铜钱 23 枚和残铁器。7 座墓中 M7 出土物最多，M7 简报推断属初唐无疑。五代墓只 1 座，编号 M3，竖井墓道洞室墓，平面呈"刀"字形，封门不详。随葬品被盗过，出土有瓷碗 1 件、铜钱 3 枚。人骨架已朽。

874.西安东郊红旗电机厂唐墓

作 者：西安市文物园林管理局 王九刚

出 处：《文物》1992 年第 9 期

1988 年 1 月，西安东郊韩森寨红旗电机厂在基建中发现唐墓 1 座。考古人员赶到现场时，墓顶已被揭开，随葬器物被起出墓外，因此仅对甬道部分进行了清理。简报配以照片予以介绍。

据介绍，墓葬为砖室结构，平面近方形，四壁稍外弧。墓内出土随葬器物43件，计有陶女俑、男俑、牵马（驼）俑、骑驼俑、镇墓兽以及铜镜、钱币、木梳等。

简报称，由于墓内没有发现墓志，故墓主身份及下葬年代不明。根据西安地区历年发现的唐墓，凡有墓志的，墓主多为有官位的人或他们的家属，随葬的陶俑中有仪仗俑及文吏俑等。此墓的陶俑多为侍女及牵马（驼）俑等，未发现文吏俑、仪仗俑，因此墓主身份可能是无官位的富商大贾或地主。简报指出，此墓具有唐玄宗至代宗时期唐墓的特点。

875.陕西青龙寺佛教造像碑

作　者：翟春玲

出　处：《考古》1992年第7期

西安市青龙寺遗址保管所内收藏一批北魏至隋、唐时期的佛教造像碑。其中一件是保管所内基建工地出土的，其余在青龙寺遗址附近，20世纪70年代初期搞农田基本建设时出土。这批资料整理简报配以照片予以介绍。

据介绍，佛像及造像碑计有：

1. 圆雕白石造弥勒佛。系北魏孝明帝时造。座侧面从左至右刻原文及造像的时间等内容，共47行，残存132字，每行2～3字不等，简报录有全文。

2. 释迦佛造像碑。是保管所1983年在惠果、空海纪念堂院内（即古青龙寺东塔院遗址内）北部修建接待室时出土的，碑造于西魏文帝"大统十一年（545年）四月己酉朔十五日"。碑阳及两侧面均有佛造像，碑阴右下角残，左上角稍残。30厘米以上部分用魏碑体阴刻着造碑的原因、时间及发愿文，共12行，残存141字，每行10～15字不等。在文字的左边有一个名叫"都唯那刘明"的供养人。碑石下部是3排16个手擎长颈莲花的男女供养人，男性明显多于女性，衣饰等均同于碑之供养人。简报未录碑文。

3. 青石四面开龛造像碑。碑石顶有一圆形石柱，该碑造像雕刻风格刻板规矩，服装纹饰简洁稀疏，造型简单，从衣着及面相等方面分析，似为北朝时期少数民族的作品。

4. 单面开龛造像碑。砂岩石质。正中开一尖拱形龛，高34厘米，宽48厘米，雕一佛二菩萨。该造像碑无明确纪年。从其造型风格及雕刻工艺等方面分析，简报推断应为北朝时期作品。

5. 圆雕石灰石佛像。身体以上残缺，现仅存腿部及莲花台座。

该造像从仅存的下半身衣纹厚重、疏简，衣褶呈阶梯状，雕刻风格仍较规矩，造型高大，有丰满圆润感等方面分析，简报推断似应为隋代作品。

6. 佛说般若波罗蜜多心经造像碑。该造像碑的上限只能是在永淳二年以后。另据佛、菩萨面相丰满圆润，造型优美，雕琢精致，线条流畅，特别是一莲梗上生出三朵莲花，莲花上一佛二菩萨，构思和艺术处理颇新颖别致，具有盛唐时期佛教石刻造像的特点，简报推断应为唐盛时期的作品。

7. 四面开龛造像碑。砂岩石质。碑石四周原有缠枝忍冬纹装饰，现已漫漶。该造像碑雕刻刀法热练，一莲梗上生出三朵莲花流行于唐代，简报推断应为盛唐时期的作品。

8. 圆雕青石罗汉造像。保存完整。造像无明确纪年，但其面部造型颇似龙门石窟看经寺的罗汉，从雕刻艺术看，简报推断应为盛唐时期的作品。

9. 石灰石三面开龛造像碑。碑石带是半成品，只能看出各造像粗略的轮廓，细部均模糊不清，但从其造型特征分析，简报推断应属于唐代中晚期的作品。

876.西安东郊黄河机械厂唐墓清理简报

作　者：徐　进
出　处：《考古与文物》1992 年第 1 期

1982 年 9 月，西安黄河机械厂在距本厂正东门南约 80 米处基建施工中，发现古墓葬一处。当时即出土三彩小瓶、彩绘仕女俑、鎏银铜盘等文物多件。考古人员对该墓作了抢救性清理。简报分为：一、墓葬形制，二、随葬器物，三、结语，共三个部分。有手绘图、照片、拓片。

据介绍，该墓系土圹墓，由墓室、墓道、甬道及小龛四部分组成。因历代地貌变迁之故，清理时墓顶距现地表仅 0.5 米。该墓年代，简报推断为下限在武宗朝以前，即中唐早期。简报认为出土的两件白瓷小碗是河南一带窑口出品。而葵形四龙衔珠镜的发现，填补了唐代铜镜谱中的一个空白。

877.唐惠昭太子墓清理简报

作　者：陕西省考古研究所秦陵工作站
出　处：《考古与文物》1992 年第 4 期

1990 年 11 月至 1992 年 2 月，考古人员对临潼县西泉乡椿树村一座已经破坏、无法保护的古墓进行了抢救性清理。从墓内出土的玉册文字得知，此墓为唐宪宗长子惠昭太子陵。简报配以手绘图予以介绍。

据介绍，墓葬位于西禹公路东侧，临潼县西泉乡的椿树村与郭王村之间。封土高约 20 米，原地面建筑已不存。墓已被盗掘破坏，可看出原应有壁画。墓室高 8.5

米，南北长 4.8 米，东西宽 4.6 米。此次清理最大收获，就是出土的唐惠昭太子哀册表。

878.西安东郊唐韦美美墓发掘记

作　者：呼林贵、侯宁彬、李　恭

出　处：《考古与文物》1992 年第 5 期

该墓 1989 年发现于西安东郊国棉五厂施工中，简报配以手绘图予以介绍。

据介绍，该墓由墓道、天井、甬道、墓室组成，随葬器物品有铜器、银器等 67 件。有墓志一合。简报录有志文全文。

由志文知墓主人名韦美美，死于开元二十年（732 年），仅 17 岁，也无官职。但韦氏为唐代望族。志文中提及的韦翼、韦琨、韦恂如及外祖父陆伯玉等人，在新旧《唐书》《唐刺史考》等书中均有记载。随葬品中的錾金花银贝盒等制作又极精美，只能是出自皇家工匠之手。

879.陕西省第三印染厂两座唐墓清理简报

作　者：杨军凯

出　处：《考古与文物》1992 年第 5 期

1990 年1 月，陕西省第三印染厂在西安市西郊新西北站东侧（该厂家属区内）基建过程中，发现唐墓2 座，编号分别为M1 和M2，考古人员前去进行清理。简报分为：一、墓葬形制，二、随葬器物，三、结语，共三个部分。有手绘图、照片。

据介绍，2 座唐墓皆为土洞墓，平面呈刀形。因墓室顶塌陷，2 座唐墓所出器物多已残碎，其中 M1 在墓室南端有盗洞一处，破坏较为严重。2 座墓所出较完整和完整器物共有 57 件。根据比较，结合墓葬形制和所出的随葬器物，简报推断，陕西第三印染厂 2 座唐墓的年代应是初唐至盛唐的中间时期，定在高宗—武则天时期较为合适。

简报称，从墓葬形制和出土器物整体看，这 2 座唐墓均为中小型墓葬，出土器物精品不多，但在一定程度上也反映了唐代手工艺发展水平和社会风俗，为研究唐代社会的饮食文化提供了珍贵的实物资料。

另外，从地理位置来看，陕西第三印染厂地处西安市西郊新西北火车站附近。这一带过去经常发现唐代墓葬，出土大量的陶俑和陶器，因此简报认为很可能为唐代长安城开远门外的一个墓葬区。

880.西安西郊出土的唐代玉带

作　者：王自力、张全民
出　处：《考古与文物》1992 年第 5 期

1990 年 12 月中旬，西安市未央区三桥镇关庙小学在教学楼基建工地发现了唐代玉带，考古人员前往调查。据了解，玉带出于距地表深约 2 米的"问题坑"中，同坑还出土一铜锣，圆形、面微鼓、器沿带一身，耳横穿一孔，耳上端刻一"田"字。而此"坑"已被全部挖掉，现场遭到严重破坏，出土文物亦大多流散。在公安人员的密切配合下，追回玉带板 18 块。

此地西临皂河，东距唐长安城金光门约 3 公里，向南约 200 米即为已清理过百余座唐墓的西郊热电厂。从其位置看处于西安西郊唐墓群的范围之内。这些玉带板简报配以照片予以介绍。

据介绍这次出土的 18 块玉带板中，雕刻人物的共 10 块，其中乐伎 5 块，饮酒者 2 块，持物者 3 块，皆为高鼻深目的西域人形象。简报推断这批玉带的时代当为盛唐。

881.西安东郊清理的两座唐墓

作　者：张全民、王自力
出　处：《考古与文物》1992 年第 5 期

1989 年 7 月，西北电力器材总厂在西安东郊纺建路北、西北电力建设局第四工程公司对面院内修建家属楼时发现唐墓一座（编号 89 电材）。1991 年 7 月，西安灞桥区计划生育委员会于区政府门前修建办公楼时发现唐墓一座（编号 91 计生）。这两座唐墓皆由市文物管理处进行了抢救性清理。清理情况简报分为：一、墓葬形制，二、随葬器物，三、小结，共三个部分。有手绘图、照片。

据介绍，89 电材墓坐北朝南。长方形墓室，土洞墓；出土陶俑 72 件、陶罐 4 件、泥质冥钱 7 枚、东罗马金币仿制品 1 枚。简报推断这座古墓属初唐时期，时代大致在高宗前后。91 计生纪年砖墓志的出土，简报确定这座墓下葬时间为贞观十四年（640年），这就为唐墓编年提供了新的资料。

简报称，89 电材唐墓中出土了成串相连的泥质穿孔圆饼，简报初步判定为泥质冥钱。此后，1990 年在西安西郊热电厂工地唐墓中发现几枚，惜已残碎。1991 年，在西北电力建设局第四工程公司幼儿园工地，距 89 电材唐墓东北约 50 米处的一座唐墓中，又发现两枚。简报推断，西安地区唐墓中随葬泥质冥钱当非个别现象，可能已形成一种风习。1981 年，西安西郊曹家堡唐墓中曾出土一枚圆形金饰，与简报发现的这枚东罗马金币仿制品在诸多方面有相似之处。

882.唐独孤公夫人清河张氏墓清理简报

作　者：高陵县文物管理委员会　董国柱
出　处：《文博》1992 年第 4 期

1990 年 8 月高陵县船张村建材厂在砖机取土时发现一座塌陷的墓葬。考古人员对该墓进行了清理。从出土的墓志得知，此墓系唐左骁卫将军兼羽林将军独孤公夫人清河张氏的迁葬墓。简报分为：一、墓室结构，二、出土文物，三、结语，共三个部分。有手绘图、照片。

据介绍，该墓位于高陵县奉正原上的船张村，这里地形高隆险峻，南临泾河、渭河的交汇地带（即泾渭分明的所在地）1 里。陵墓坐北向南，单室，券顶。由墓室和斜坡甬道组成。清河张氏墓由于系迁葬墓，在墓室内未发现遗物，只有石棺一副，小龛内的冥器有陶牛、陶羊、陶马、陶鸡、陶马蹄金饼，甬道两侧有壁画的痕迹，在距墓室 1 米处放有墓志 1 合，青石制成，正方形。阴文楷书"大唐故张夫人墓志石"。志文楷书，29 行，行 30 字，共计 830 字。简报录有志文全文。据独孤公夫人墓志，夫人清河人，其父蔺某，广州南海令，家系名门望族。夫张祎之位至左骁卫将军兼羽林将军陇西独孤府君。府君本为李姓，隋以后赐张姓。共有二子，长子名兴，官至朝散大夫高平郡长史。季子名森，授睢阳郡谷熟县主簿。独孤公张夫人于唐天宝七年（748 年）七月七日病故于长子高平郡之官，终年 67 岁。首葬于河南偃师之郊，于天宝八年（749 年）十一月十八日迁葬于高陵县奉正原。

简报称，据清河张氏墓志，左骁卫将军兼羽林将军独孤公的墓距今清理的张夫人的墓 4 里，这就为确定张将军墓的位置提供了重要的依据；张夫人墓的发掘和清理，对研究张姓族系的发展及船张村的沿革无疑具有重要的史料价值。

883.陕西长安县南里王村与咸阳飞机场出土大量隋唐珍贵文物

作　者：负安志
出　处：《考古与文物》1993 年第 6 期

1987 年 10 月至 1989 年 12 月，1991 年 9 月至 1992 年 4 月，考古人员先后对韦后家族墓进行了发掘。为了配合基本建设工程，对韦后家族墓地陵园内 300 多座隋唐墓及 30 多座汉墓也进行了清理。在韦氏家族墓和 300 多座隋唐墓中出土了大量的珍贵文物，为研究隋唐时代政治、经济、文化提供了非常重要的资料。

据介绍，韦氏家族经历了唐初的政治风云，经历了流放、复辟、政变、诛杀等重大历史事件。韦后家族墓，位于长安县（韦曲）东北之南里王村，韦后政变失败后，韦氏家族墓被毁，唐玄宗"复诏发掘"。今日正式对韦后家族墓发掘时，陵园内地面上的石刻、石碑及封土都不存在，地下尚残留着内城与外城基址。东、西、南、北四门被毁，由于历年农民平地，四门基址全被破坏。文物已是劫余。

884.唐裴氏小娘子墓出土文物

作　者：李秀兰、卢桂兰
出　处：《文博》1993 年第 1 期

1948 年冬，在长安县神禾原贾里村附近发现一座唐墓，出土文物当时运往长安县，后转交县文化馆保存。1950 年，由县文化馆西北历史文物陈列馆（陕西省博物馆前身）收藏。因该墓为 1949 年以前发现，且出土物几经转手，故出土情况及出土文物原数量已不得而知。简报配以照片予以介绍。

据介绍，陶俑共 48 件，计有彩绘陶男立俑 14 件，彩绘陶女立俑 6 件，彩绘陶牵马俑 4 件，彩绘陶胡人牵马俑 2 件，彩绘陶马 12 件，陶牛 2 件，彩绘陶镇墓兽 1 件，彩绘陶武士俑 2 件，彩绘陶载物驼 2 件，彩绘陶骑马俑 1 件，彩绘陶黑人俑 2 件。

该墓有墓志铭一合，墓志盖为覆斗形，四周阴刻龙凤纹饰，中间楷书三行九字"唐故裴氏小娘子志铭"；志石阴刻楷书 13 行，满行 24 字，共 212 字。简报录有墓志全文。

从志文内容可知，裴氏小娘子系山西解县县令裴销之第四女，相国裴均之孙女，其六世祖是智勇双全、威震西域的军事家裴行俭。裴氏家族自南北朝至唐代一直是河东的名门望族。裴氏小娘子死时年仅 17 岁，正如志铭中所曰："蝼首未敛，鱼轩莫期。"但由于其先辈对其"亲爱惋惜"，死后特从河东运往长安，"葬于长安里御宿川神禾原，祔先茔之侧也"。所以对此墓及其出土文物的价值不可忽视。

简报称，此墓为确定裴氏家族的茔地位置提供了重要线索。该墓出土的黑人俑是陕西已发现的唐墓中较为罕见的随葬品。该墓有明确纪年，出土遗物对研究当时的中外关系及唐代中晚期陶俑艺术的特点提供了弥足珍贵的实物资料。简报指出，此墓位于贾里村附近，而志文中记有"归葬于长安里御宿川神禾原"，这对确定御宿川和神禾原的位置找到了可靠的证据。

885.西安狄寨出土唐三彩

作　者：马咏钟

出　处：《文博》1994 年第 1 期

1985 年初，西安市东南郊灞桥区狄寨乡一唐墓内出土一批唐三彩，考古人员前往清理。惜出土地点被破坏殆尽，经现场调查，收回部分三彩器，整理修复后，计有成型三彩器 7 件。简报配以照片予以介绍。

据介绍，唐代的三彩制作技术，自初唐釉陶工艺发展到武周时期渐趋成熟，但仍保留着早期的某些特征，釉色较为单调，颜色浅淡，各色釉垂流较为严重，器物下部露胎较多。狄寨乡出土的这批三彩，已完全脱离早期的特征，与武周时期的西安西郊唐墓出土的三彩相比较，三彩女俑体态丰满圆润，与其同类俑较为苗条的形象形成明显的对照，三彩马更显肥满劲健。这批三彩釉色丰富多彩且深沉凝重，人物形象丰腴肥圆，比例匀称，显然为三彩工艺已达成熟时期作品，与盛唐时期的西安西郊中堡村唐墓出土的同类器物多有相似之外。因此，简报推断这批唐三彩的时代应为睿宗到玄宗初期。

886.西北大学校园里的唐代遗迹与遗物

作　者：李怀清

出　处：《考古与文物》1995 年第 4 期

历史文献和考古探测证明，西北大学校园坐落在唐长安城太平坊的废墟上。太平坊是长安城内一个封闭式居住小区，当时称"坊"或"里"。四周有墙围绕，开东西门，有横街通东西门。长安城就像一个大棋盘，除宫城、皇城和东西两市外，整齐地划分为 109 坊。但是在皇城以南的 36 坊，只开东西二门，太平坊位于皇城以南西南角，所以也只有东西二门。坊东西长 450 步（合 670 余米），南北宽 350 步（约合 500 米），总面积约 23 万平方米，合 340 余亩。唐代韦述《两京新记》等史书中都记载了一些曾在太平坊住过的高官、名人姓名，并记载说太平坊的西南隅是温国寺，西门之北是定水寺，东南隅是舒王元名的王府，其他寺院以及名人宅第坐落在太平坊的什么位置，至今还是一个历史之谜。简报分为：一、隋唐实际寺（温国寺）遗址出土的文物，二、定水寺遗址及太平坊东南隅及附近出土的零星文物，四、千贯唐代铜钱不知谁家所藏，五、千年前的足球场无觅处等五个部分，介绍了西北大学校园内的考古调查与发掘情况。

据介绍，除了两座寺院发现了一些唐代遗物外（温国寺在今图书馆一带，定水寺在今化学楼一带），1981 年 3 月修建学生食堂饭厅时，地面以下也挖出大量唐代遗物，传闻有一民工拾到金条（是否为银锭？）、与佛教有关的木质和琉璃质的念珠，还有残破的莲花连珠蔓草纹方砖和兽面瓦当、瓷碗等。惜未及时捡收，这些遗物大多佚散。1985 年，在学生饭厅西北侧约 50 米处建学生宿舍七楼，于地面之下出土莲花纹瓦当、砖瓦碎片以及黄釉瓷钵等。这一带，当是舒王元名的王府。1953 年冬季，西北大学修建东操场，于今操场跑道北部弯道内侧偏西处发现一窖铸有"开元通宝""乾元重宝"字样的铜钱币。钱系按贯数排列放置，有绳索贯连痕迹，约是百钱一贯。后交陕西省博物馆接收，共计 8490 斤，每斤以122 枚计算，总数约为 1035780 枚（现场遗失和路途遗漏的不计其数）。唐代一贯为 1000 枚，则西北大学操场出土的铜钱币应为 1035 贯，这里应是唐代御史大夫王𨱓的府第。但从出土钱币来看，有些较其在世时间为晚，已说不清是谁家的窖藏。

简报指出，西北大学一带"只要动工到处都可以发现唐代的砖瓦、生活用具、水井和渗水坑，比较珍贵的唐代文物往往抛弃在渗井和渗坑内"。相信还有许多文物还埋藏在地下或被新建筑物所破坏。

887.西安东郊出土韩索郎墓志

作　者：宋　英

出　处：《考古与文物》1995 年第 5 期

1988 年夏，西安市灞桥区狄寨乡任仿村村民在村东砖场取土时出土唐代墓志一方，现存狄寨一农民家中。志石近正方形，志文楷书，共 16 行，行 19 至 23 字不等，简报录有志文全文并以拓片予以介绍。

据介绍，韩择木在肃宗朝累迁荣职，官至正三品（太子宾客、礼部尚书均为正三品）。然两《唐书》中无其正传、附传，只在他人纪传和志中多处言及。其曾孙韩索郎墓志的出土，表明：

其一，韩择木，京兆万年县人。墓志撰、书者为墓主之从叔，推知，万年县白鹿原一带，当为韩氏之祖籍。

其二，韩氏家族，乃世代为官的官宦人家。礼部尚书择木，生著作郎秀荣，秀荣生奉天县主簿暞；暞生索郎。

以上二条，可补正史之阙。

撰者韩绰、书者韩旼，史志未载。

888.唐长安城发现坊里道路遗迹

作　者：赵　强、李喜萍、秦建明
出　处：《考古与文物》1995 年第 6 期

1992 年 3 月，西安市黑河引水工程施工至雁塔路段，自今西安市和平门始，沿道路东侧人行道，向南开挖管道沟至西安测绘研究所，此段工程共长 2200 余米，宽 3 米，深 3 米。上下穿过唐长安城平康、宣阳、亲仁三坊并永宁坊部分范围。考古人员利用工程间隙，对施工现场进行了调查，发现一条东西大道剖面及其他遗迹，经判断，该道路系隋唐长安城平康坊与宣阳坊之间的东西向街道。有关情况简报分为：一、道路遗迹，二、其他遗迹，三、结论，共三个部分。有手绘图。

据介绍，依据位置，简报断定，此次发现的建东街口道路系隋唐长安城平康坊、宣阳坊之间的东西道路。这条道路，当为唐长安城内繁华区街道无疑，道路中密集的车辙，即说明了这一点。此条道路宽度在 29 米左右，约合唐代十丈之制，路南北侧设有高于路面的土挡，土挡外侧为排水沟，排水沟宽度在 2 米以上，排水沟侧可能即为坊墙。此次调查还了解到城内各坊中分布有一定数量的井，生活用水可能主要来自井水。在平康、宣阳、新仁几坊管道沟通过处，暴露出为数较多的渗井，表明这是当时处理污水的一种重要方式。

889.唐遂州司马董务忠墓清理简报

作　者：程学华、程蕊萍
出　处：《文博》1996 年第 2 期

1988 年 8 月至 11 月，为配合西临高速公路建设，考古人员清理了唐朝散大夫遂州司马董务忠夫妇合葬墓一座。墓葬虽曾被盗破坏，但仍有重要收获。简报分为：一、位置，二、墓葬形制，三、葬具、葬式，四、出土文物，共四个部分。有手绘图。

据介绍，墓葬位于临潼县斜口乡以西地窑村的东侧，北距西临公路1 公里许。这里是骊山北麓开阔的平原地带，显然在历史上这里曾是长安通往临潼要道驻足之地。唐玄宗每岁来华清宫即于此歇马。墓由墓道、甬道及墓室部分组成，全长34.5 米、深0.8～10 米，墓道长27.4 米、宽1.5 米、深0.8～10.3 米，整个墓道有天井，南洞各5 个。一椁二棺，棺内各有人骨一具，一具为仰身直肢葬，一具已散乱。该墓虽然被盗，盗墓者入室破坏棺椁时留下了一些铁瓦刀，一些重要文物大多被盗，其后又经自然破坏，墓室内几乎被淤泥充满，但仍出土有玉器、铜器、铁器、陶器、瓷器等计143 件。出土有墓志2 合，知墓主为唐朝散大夫（从五品）董务忠夫妇。查唐遂州司马董务忠，新旧《唐书》无传，但他的仕途生涯，在唐高宗咸享仪凤年间先任中书，武卫金吾二长史，开耀元年又奉勅令，驰驿驻渠州，中宗元年封为朝散大失，直至武则天垂拱四年殁于洛阳县睦仁里第，时值初盛唐之交。简报录有二志志文全文。

简报称，据志文，该墓先于天授二年（691 年）建成，埋葬了自洛阳迁回的董务忠，后在圣历三年（700 年）又重新挖开，再葬了其妻赵氏，自此正式填封。

890.蓝田发现唐凤衔绶镜

作　者：阮新正
出　处：《文博》1996 年第 6 期

1993 年 4 月 13 日，蓝田县小寨乡村民平整庄基地时，发现一面大型唐凤衔绶镜。简报配图予以介绍。

据介绍，此镜面径 26.8 厘米，葵花形，半球形钮。此镜完好无损，光洁厚重，形体较大，制作精美，图案布局疏朗，花纹对称平衡，动中有静，是唐代中期一面不可多得的好镜。

891.西安唐金乡县主墓清理简报

作　者：西安市文物管理委员会　韩保全、张达宏、王自力、张全民等
出　处：《文物》1997 年第 1 期

金乡县主是唐高祖李渊的孙女，滕王李元婴的第三女，其墓位于西安市东郊阐桥区新筑乡于家砖厂内，处于灞河东岸，是金乡县主与其夫于隐的合葬墓。1991 年 8 月 5 日，砖厂取土时出土了部分陶俑，驻地的陕西省武警第五支队及时追缴了这批陶俑，保护现场并向文物部门报告了情况，考古人员立即赶赴现场，经探查墓道南端已被推掉，出土的陶俑原置于墓道东龛内。从 8 月 6 日至 14 日，对墓葬进行了抢救性清理。简报分为：一、墓葬形制，二、壁画，三、随葬器物，四、结语，共四个部分。有彩照、拓片、手绘图。

据介绍，墓葬坐北朝南，由墓道、天井、过洞、小龛、甬道及墓室 6 部分组成。原有封土堆已无存。出土有陶俑、陶器、铜器及墓志 2 合等。简报附有两志全文。

简报称，此墓为于隐与唐宗室金乡县主的夫妻合葬墓。据墓志载于隐卒于武则天永昌元年（689 年），葬于天授元年（690 年），而金乡县主卒于唐玄宗开元十年（722 年），葬于开元十二年（724 年）。此墓约开凿于永昌元年至天授元年（689～690 年），壁画也绘于此时。墓的形制大小与于隐的身份相符，当是为于隐下葬使用的。开元

十二年安葬金乡县主时，也没有按县主的等级另行建墓，而是与其夫合葬，原墓的形制大小没有改动，只是给金乡县主配备了石椁作为葬具。原绘壁画也许保存尚好，因而也没有重新绘制，但把原来放置的与于隐身份相符的等级较低的随葬品全部撤走，而换上了与金乡县主身份相符合的新的随葬品，一件残为半身的彩绘红陶女骑俑当是撤换时不慎遗落在西龛的。

892.唐大明宫含元殿遗址 1995～1996 年发掘报告

作　者：中国社会科学院考古研究所西安唐城工作队　安家瑶、李春林等
出　处：《考古学报》1997 年第 3 期

含元殿为唐长安大明宫的正殿，其遗址历经千年沧桑，至今仍保存在西安火车站北 1 公里处。1959～1960 年，考古人员对含元殿遗址进行了勘察和发掘。简报分为：前言，一、地理位置及探方分布，二、含元殿建筑群遗迹，三、早于含元殿的遗迹，四、出土遗物，五、讨论，共六个部分。有照片、拓片、手绘图。

据介绍，考古人员勘察了含元殿殿堂、两阁、殿堂与翔鸾阁之间的遗迹，大台、殿前广场、龙尾道、东朝堂等遗迹，以及早于含元殿的砖瓦窑址 21 座，出土墩台、灰坑、夯土墙基和磉堆等遗迹，出土了砖瓦、石制品、陶器、瓷器、铜器等遗物。

简报认为，含元殿作为唐代宫庭正殿，不可能是由唐观德殿改拆而成。含元殿自龙朔三年（663 年）建成后，一直使用了二百多年，其间多次修缮。本次发掘没有发现含元殿被毁的新证据，历史文献中也无记载。简报推测是毁于唐代末年。

简报指出，含元殿当时是颇具"国际影响"的。渤海国上京宫城第一座大殿，就是模仿含元殿而造。含元殿两侧有"龙尾道"，日本平城宫也受此影响。殿堂南侧设"左右阶"是我国古代建筑的传统做法，龙尾道可以看作是一种变化了的"左右阶"。含元殿是唐代举行外朝大典的场所，殿堂高大巍峨，又建在三层大台之上，充分显示了皇帝至高无上、与天相通的权威。殿前广场宽广平坦，表现唐朝疆域辽阔统一。若将登殿踏道设在殿南正中，则会分割广场，并增加殿堂与广场的距离。龙尾道位于两阁内侧的设计，则更加突出了殿堂高大、广场宽阔的特点，满足了外朝大典的礼仪需要。

893.青龙寺遗址出土"盈"字款珍贵白瓷器

作　者：西安市文物保护考古研究所　翟春玲、王长启
出　处：《考古与文物》1997 年第 6 期

为了进一步发展中日两国人民之间的友谊及文化交流，1992 年两国有关部门在

青龙寺遗址上修建仿唐建筑。同年5月处理地基时，在距地表有1.2米左右的唐代文化层中，发现了一个长约9.1米、宽约4.5米、深约2～2.5米的不规则形状的唐代灰坑。出土了大量唐中晚期的瓷片（其中有极其珍贵的"盈"字款的白瓷器残片）、陶片，还有少量的建筑物构件、残砖、瓦块等。简报分为：一、出土器物，二、结语，共两个部分。有照片。

据介绍，出土的大量瓷片中，以白色、黑色的为最多，茶叶末色、青绿色次之，灰色甚少。实用器可分为食具、水器、饮具等类。食具有碗、盘等，数量较大。水器有罐、瓶等，为当时寺院僧俗日常生活之用，有些可能用于洒扫、灌顶、剃度等宗教活动。经修复，共复原29件器物。出土的瓷器有邢窑、巩县窑、耀州窑等的产品。另外还出土有砖、瓦等建材。其中"盈"字款瓷器当出自邢窑，是专供皇帝一人使用的。在此出土，或为皇家所赠。

青龙寺遗址位于今西安市东南郊铁炉庙村以北的乐游原上，即唐代长安城延兴门内新昌坊之东南隅。它始建于隋文帝开皇三年（583年），唐初一度被废弃。龙朔二年（662年），城阳公主病笃，因姑苏僧法朗诵《观音经》，公主病愈，因复立为寺，改称观音寺。至景云二年（711年）改名为青龙寺。会昌五年（845年）武宗灭佛时，寺院再度被废，收为皇家内苑。翌年五月，宣帝准奏予以恢复，改名护国寺，但不久就恢复了青龙寺原名。青龙寺也是唐代长安城中的名寺之一，为佛教密宗的主道场，以教学和发扬密宗而得名。自天宝以后至中唐，达到极盛时期，其影响远远超出了唐朝国域之外。来此求法的除国内各地的僧侣外，还有日本、新罗、爪哇等国的僧侣。尤其是日本佛教史上著名的"入唐八家"，其中的六家到长安后，曾先后在青龙寺受法。北宋时青龙寺仍然存在，元祐元年（1086年）张礼在《游城南记》中还有关于青龙寺的记载，可见其废毁当在元祐元年之后。

简报推断这批出土器物应属于唐代中晚期的遗物，其时代上限可能在中唐末、晚唐初，下限至唐末。

894.唐长安城太平坊东南隅出土遗物

作　者：穆晓军、刘　瑞、陈晓捷
出　处：《文博》1998年第6期

1995年3月，西北大学操场南侧围墙外进行房屋改造，在地基施工中出土不少隋唐遗物，考古人员尽可能作了采集。简报分为：一、瓷器类，二、陶器类，三、建筑材料，结语，共四个部分。有手绘图。

据介绍，西北大学校址坐落在唐长安城太平坊之内，采集标本的地点正处于太平坊的东南隅。简报据唐韦述《两京新记》和《长安城》，认为这里是一处优越的居住场所。从整体上看，这次采集的标本种类较多，既有生活用具，也有建筑材料，以质地而言，则瓷器所占比例为最大。建筑材料中的瓦当及大量表面打磨光滑的筒瓦，显示了此处建筑等级较高。

简报称，这次采集的标本年代从隋至唐代晚期，基本反映了隋末社会动荡、经济凋弊的现象。大量的瓷器、陶器及建筑材料，反映了当时社会生活的一个侧面。唐末战乱频仍，长安城遭到很大破坏，而朱温的破坏尤甚。

895.唐华清宫梨园、小汤遗址发掘简报

作　者：唐华清宫考古队　骆希哲等
出　处：《文物》1999 年第 3 期

梨园和小汤是唐华清宫内的重要组成部分，1994 年经过钻探、试掘，确定梨园和小汤建筑遗迹位于今陕西省临潼县华清池内新浴池北，南距 29 世纪 80 年代发掘的唐玄宗和杨贵妃沐浴的汤池建筑遗迹约 80 米。1995 年 5 月至 10 月，考古人员清理出小汤和梨园殿址、烧火坑、水道等遗迹及大量建筑材料。简报分为：地层堆积、建筑遗迹、出土遗物、结语，共四个部分。有彩照、拓片、手绘图。

据介绍，唐华清宫隳废之后，至宋、元、明、清，屡建屡毁，地层堆积比较复杂。遗迹距今地表 5.8 ～ 7.5 米。出土有建材、陶器、瓷器、石刻佛像、骨器、货币等。梨园和小汤均为唐代华清宫内重要建筑。梨园应为唐玄宗时所建教习歌舞之处。遗址应为梨园弟子住宿之处。汤池应建于唐代晚期，位于梨园之东。梨园在唐末被毁。汤池沿用至宋、金、元，废弃于明。

896.西北大学出土唐代文物

作　者：西北大学　刘　瑞
出　处：《考古与文物》1999 年第 6 期

1996 年 10 月，在西北大学图书馆东侧、西大宾馆北侧进行基建清理时，于两眼废井中出土了一批遗物。水井直径约 80 ～ 100 厘米，由于施工时已下挖 4 ～ 5 米，开口地层不详，但井底用砖为平印砖，经专家鉴定属唐代。井内遗物分布于填土中，亦有唐代风格。简报分为：一、瓷器，二、三彩器，三、陶器，四、建筑材料，共四个部分。有手绘图。

据介绍，西北大学新出土的这批唐代文物，虽无明确纪年，但联系有关遗物特征，

简报推断其年代大体为盛唐时代。西北大学位于唐长安城太平坊所在地。据史料记载，坊内有数座重要寺院和达官显贵的住宅。在这批遗物发现地点的西侧曾发现过大面积的建筑遗址，在其北侧进行的考古发掘也发现了一些建筑遗迹，经过钻探，亦知这一带属于唐实际寺范围。从考古发现看，主要以宗教内容的遗物为主。最近在校园内暖气管道施工中采集到半截黑皮筒瓦，从另一个侧面显示了太平坊内建筑规模的宏大。

897.西安发现唐三彩窑址

作　者：张国柱、李　力

出　处：《文博》1999 年第 3 期

1998 年 6 月，一位从事收藏的藏友偶然在西安西郊机场基建废土堆上发现了一些陶片，考古人员认为是唐代遗物。简报配以照片予以介绍。

据介绍，考古人员赶到现场时，楼房已盖到快两层了，后在挖暖气管道时又赶去，拣选上百块陶器、三彩残片。经过近半个月时间的筛选和冲洗拼对，同时查找了大量资料研究后认为，这些残片多数是在制作唐三彩过程中，先入窑素烧而成的不合格陶坯，有的裂了纹，有的残破了，有的变形了，是作坊当作废料倒出来的。其中也有上釉的器物，同样或残或损，还有的因火候掌握不好，或入窑时堆放不好而烧坏了，有的甚至是三个罐烧结在一起，有的还与窑中的砖烧熔到一起。简报推测附近一定有唐代烧造唐三彩的大型作坊。出土地点在唐代属长安城内的醴泉坊内。

898.礼泉寺遗址出土佛教造像

作　者：西安市文物保护考古所　王长启

出　处：《考古与文物》2006 年第 2 期

1986 年，西北民航局在西安市西郊沣镐西路以南、劳动南路以西、原西安民航机场的北侧基建时，发现一唐代的大灰坑及废井，出土了大量石刻造像及其残块。结合这一情况，回顾 1982 年空 38 团和 87130 部队在附近基建时也曾出土过百余件善业泥造像的残块，经研究考证，这里应属唐代礼泉寺遗址的范围。因此，这批石刻造像及善业泥造像，应属于礼泉寺的遗物。经修复、整理，简报分为：一、遗物，二、结语，共两个部分。有照片。

据介绍，礼泉寺遗址出土的石刻造像，其时代上自北魏中期，下至隋唐时期。其种类很多，有圆雕的佛像、菩萨像，也有浮雕的造像碑、造像龛。从石料方面看，有白石、青石，也有砂岩石。礼泉寺位于唐长安城礼泉坊十字街北之西，始建于隋文帝开皇十二年（592 年）。简报推测礼泉寺自唐武宗灭佛毁寺后，再未得到恢复。所以它的下限应该是唐武宗会昌五年（845 年）。参照有关石窟造像资料，礼泉寺遗址出土的这批造像，大致分为：北朝中期，即北魏迁都洛阳后至东魏、西魏时期；北朝晚期，即北齐、北周时期；隋至初唐时期；初唐以后至会昌灭佛时期。

899.户县出土唐三彩俑

作　　者：马咏钟

出　　处：《文博》2000 年第 2 期

1999 年 10 月 22 日，户县大王镇卓西村农民在村北砖厂取土时，发现唐三彩残片和两件较完整的三彩镇墓俑。考古人员前往调查。可惜现场已被推土机完全破坏，只能从残留的土质辨出此处原为一古墓葬。其墓葬型制、走向无从察考。几件三彩俑简报配以照片予以介绍。

据介绍，彩俑有天王俑两件，皆为陶土胎，呈红色。除头部外，通体施绿、褐色釉，头盔和面部施以粉彩。

三彩镇墓兽两件。两件镇墓兽施绿、深褐色釉，釉色深沉凝重。

小男侍俑三件。两件彩绘陶俑粉彩已剥落，红色陶胎。另有三彩骆驼残片数件。

简报称，上述三彩俑，其彩釉、胎质、造型都有别于盛唐时的同类器物。其以陶土做胎，釉层较薄，易脱落。天王俑虽雄健有力，但仍显削瘦。具有初唐造型的诸多特征，同盛唐时期大多以白瓷土作胎，釉色光润艳丽，人物造型肥腴、线条有力的特点形成鲜明的对比。所以这批三彩俑的时代，简报推断应为高宗时期或略晚。

900.西安西郊热电厂二号唐墓发掘简报

作　　者：陕西省考古研究所隋唐研究室　孙铁山、徐雍初

出　　处：《考古与文物》2001 年第 2 期

西安西郊热电厂二期工程施工中发现唐代墓葬群。考古人员前往发掘。此次共清理发掘唐代墓葬 51 座，其中二号墓出土了 18 件唐代三彩器物。简报分为：一、墓葬形制，二、出土遗物，三、结语，共三个部分。有手绘图、照片。

据介绍，西郊热电厂位于西安西郊西户公路之南，北距西郊枣园村约 3 公里，西北距秦阿房宫 2 公里，西面地下为古河床。二号墓位于工地东南，东临 M1 有 5 米，西邻 M3 仅 1 米多。此墓坐北向朝，平面为刀把形，由墓道、过洞、天井、墓室四部分组成。此墓出土文物共 18 件，均为三彩器。简报认为墓主极可能是一个富有的商

人。从墓葬形制及三彩器推断，其年代早不过唐，晚不过盛唐，简报对于器物的来源，推测为在未找出生产与其相同产品的三彩窑之前不排除从西市购回的可能。

简报称，这批三彩器物是唐代三彩顶峰时期的产品，不论其造型、色彩都有很高的艺术欣赏价值，是研究唐代三彩不可多得的实物资料。墓主身份低微却出土了18件如此精美的三彩器物，打破了精美三彩器均出自大墓的惯例，丰富了小型墓葬随葬品的内容。

901.陕西西安唐长安城圜丘遗址的发掘

作　者：中国社会科学院考古研究所西安唐城工作队　安家瑶、李春林
出　处：《考古》2000 年第 7 期

圜丘，又名圆丘，元代以后也称作天坛，是皇帝进行祭天活动的礼仪建筑。自有史记载至清王朝覆灭，礼仪制度一直是国家的重要组成部分，天子祀天祭地更是一整套礼仪制度的重中之重。在隋唐长安城的考古与研究中，礼仪建筑是都城考古的一个缺环。为了填补缺环，弄清唐长安城圜丘的形制及遗址的保存状况，考古人员将唐长安城圜丘遗址的发掘与研究确定为研究课题。1999 年 3 月 1 日～5 月 15 日，对唐长安城圜丘遗址进行了考古发掘。6 月 18 日～7 月 2 日，对圜丘遗址周围的附属建筑进行探沟勘察。这次发掘情况简报分为：一、地理位置与地层堆积，二、圜丘主体建筑遗迹，三、圜丘外围附属建筑遗迹的探寻，四、出土遗物，五、结语，共五个部分。有手绘图、拓片、照片。

据介绍，本次发掘的遗址位于外郭城南垣以南约 500 米，明德门遗址以东 950 米，与文献记载的圜丘地理位置完全吻合。而且遗址的形制和尺寸与文献记载的圜丘形制基本相符。本次揭露的遗迹简报确认为是唐长安城圜丘。圜丘始建于隋，废弃于唐末。

简报称，圜丘在多次修缮过程中，其高度与面径的尺寸都会有一些改变。与现存遗迹相比较，遗址的高度与唐小尺换算结果相近，圆台的面径与唐大尺换算结果接近。简报指出，应该注意的是圜丘沿用的时间超过 300 年，其间经过多次修缮，现揭露出来的遗存应是晚期面貌。

902.西安西郊枣园唐墓清理简报

作　者：陕西省考古研究所　石　磊、阎毓民
出　处：《文博》2001 年第 2 期

枣园位于西安市郊西北部，北临枣园西路，东接汉城北路，南望大庆路，西

有阿房路。附近的民居和村落分别有枣园西坊、金家堡、曹家堡及和睦村等，唐墓处于前两者之间地带，南临西安远东机械制造公司。此地改造民居中常有古墓暴露，1997～1998年，考古人员先后两次在此处南部清理唐代墓葬30余座。1999年10～11月，又清理唐墓27座。前两次的资料正在整理之中。简报分为：一、墓葬形制，二、葬具葬式，三、随葬器物，四、结语，共四个部分。配以手绘图，先行介绍了1999年发掘的27座唐墓。

据介绍，墓葬的总体结构为单室土洞墓，均有墓道和墓室。墓道设在墓室东南，完整墓道均呈竖穴式，底部朝墓室方向斜下。多数带有甬道。封门多用土坯，土坯较硬。这批墓葬多遭盗扰，葬具皆朽，仅可辨其残迹。凡用葬具，均为木质棺材。木棺宽端均朝北放置，结合未经扰动、残留原处的人骨判断，死者均为头北足南，面部多向上。除了M8为双人合葬、M2疑为屈肢二次葬外，余均为单人一次仰身直肢葬。共获劫余随葬品陶、瓷、铅、铜、铁、石等质器物153件，可复原和能观其形者148件。简报推断此批墓葬为唐代墓葬，年代从初唐中期至唐代中期不等。简报称，此地为唐代长安城墓葬区集中处，过去多发现有宫女墓葬，此次墓主人的身份，尚待研究。

903.西安硫酸厂唐墓发掘简报

作　者：孙铁山、张海云
出　处：《文博》2001年第5期

2000年9月，西安硫酸厂扩建复合肥车间，在开挖基槽时发现一批唐墓，考古人员共清理唐墓11座，出土了一批较为珍贵的文物。简报分为：一、墓葬形制，二、出土器物，三、结语，共三个部分。有手绘图。

据介绍，西安硫酸厂位于西安市三桥镇东南角，312国道南侧，西安—余下铁路西侧。新扩建的复合肥车间在厂区北侧。11座唐墓均为刀把形，可分土洞墓和砖室墓两种。墓葬破坏严重，仅5座墓可大致知其形制。出土文物以陶器为主且集中在M7与M2。M8仅出土了一副完整的鎏金铜腰带带具。此腰带金光闪闪，当是有相当身份的人配戴的。此批唐墓的时代，简报推断大致在武则天到玄宗开元、天宝年间。

904.西安西北政法学院南校区34号唐墓发掘简报

作　者：西安市文物保护考古所　孙福喜、后晓荣等
出　处：《文物》2002年第12期

2002年4月下旬至7月底，为配合西安市南郊西北政法学院南校区的建设，考

古人员进行了考古发掘,共清理、发掘汉唐墓38座,其中34号唐墓出土器物精美完整。简报分为:一、墓葬形制,二、随葬器物,三、结语,共三个部分,先行介绍了该墓的发掘情况。有彩照、拓片、手绘图。

据介绍,该墓为斜坡墓道土洞墓,坐北朝南,平面略呈"甲"字形,由长斜坡墓道、天井、甬道、墓室组成。葬具已朽,单人葬,仰身直肢葬。墓内出土十几件陶俑和三彩器,有镇墓兽、天王俑、仕女俑、牵马俑、牵驼俑、陶马、陶骆驼、三彩罐等。陶俑造型生动,制作精美,彩绘颜色鲜艳如新,并采用贴金手法,为不可多见的唐代艺术精品。该墓的年代,简报推断为唐玄宗开元年间,墓主可能是有一定官品的品官或品官夫人。

905.唐姚无陂墓发掘简报

作　　者:西安市文物保护考古所　程林泉、王九刚、王　磊、袁长江等
出　　处:《文物》2002年第12期

1999年6月,西安市南郊雁塔区曲江乡羊头镇砖厂在羊头镇村西取土时,发现唐墓一座。考古人员对该墓进行了抢救性清理发掘。简报分为:一、墓葬形制,二、随葬器物,三、结语,共三个部分。有彩照、拓片、手绘图。

据介绍,墓葬为长斜坡墓道土洞墓,由墓道、过洞、天井、壁龛、甬道、墓室构成。墓室内放置两具木棺,为夫妇合葬墓。出土的随葬品中有19件三彩俑,虽然体量较小,但制作精致,形神兼备。女俑体态修长,面容清瘦。在小型唐墓中出土如此多的三彩器尚不多见。值得一提的是,此墓出土的单耳银杯,具有明显的中亚风格,其底部以汉字錾工匠名为首次发现,说明其不是舶来品,应为当地的工匠制造,具有中西合璧的特点。这对探索唐代中西文化的交流,尤其是对研究唐代金银器的制作具有重要的意义。

该墓出土有青石墓志1合,计665字,简报未录志文全文。据墓志记载,墓主人姚无陂为平州司仓,官秩正八品下,卒于万岁通天二年(697年),葬于唐长安城南的奉西原上。

906.西安东郊唐温绰、温思暕墓发掘简报

作　　者:西安市文物保护考古所　孙福喜、王自力等
出　　处:《文物》2002年第12期

2000年12月~2001年1月,考古人员在西安市东郊的纺正街向阳院住宅小区

发掘了几座唐墓。其中，温氏父子墓东西相距 25 米，随葬品均较丰富。简报分为：一、温思暕墓（M1），二、温绰夫妇合葬墓（M2），三、结语，共三个部分。有照片、拓片。

据介绍，M1 系双室土洞墓，坐北朝南，由长斜坡墓道、天井、过洞、壁龛、前甬道和后甬道、前墓室和后墓室构成，总长约 32 米。曾多次被盗，劫余仅有陶俑和小件残饰品。出土墓志 1 合，楷书，计 1131 字，简报未发全文。M2 也曾被盗，出土有 10 件小铜镜、铜钱等。出土有墓志，简报也未录志文全文。

据墓志记载，温思暕乃温绰之子，生前被封为上柱国、司农少卿、太中大夫，死于武周证圣元年（695 年），葬于万岁登封元年（696 年）。关于温绰夫妇合葬墓，据墓志载，温绰因病死于太宗贞观七年（633 年），年仅 49 岁。其夫人赵氏死于高宗咸亨元年（670 年），享年 84 岁。二人死亡时间相距达 37 年，却合葬于一墓之中。墓志乃是咸亨元年赵氏死后所刻。由此可以推断，该墓的建造年代应是咸亨元年（670年），墓建好后，将温绰遗骨迁来合葬，墓内随葬品也应是咸亨元年放置的。

907. 西安唐代曹氏墓及出土的狮形香熏

作　者：西安市文物保护考古所　王自力
出　处：《文物》2002 年第 12 期

1995 年 12 月，考古人员配合西安东郊纺织城的基建工程，清理了几座唐墓。其中 3 号墓为唐僖宗乾符三年（876 年）曹氏墓，其墓室结构独特，有 11 个小龛，出土了铜镜、双系瓷瓶、石砚等。随葬品中有一件狮形香熏，造型精巧别致。简报分为：一、墓葬形制，二、出土器物，三、关于狮形香熏，共三个部分予以介绍。有照片、手绘图。

据介绍，该墓坐北朝南。墓道位于墓室的南部正中，竖穴式，平面呈梯形，长 3.6 米，宽 1.48～1.76 米。墓道北端为砖砌拱形顶的短甬道，长 1 米、宽 1.44 米，顶已塌，东西两壁高 1.2 米。甬道北端以砖封门。墓室为方形土洞式，南北长 3.7 米，东西宽 3.62 米，顶已坍塌。棺床西出土有一滑石狮形香熏 1 件，其具体的用途当是燃香使室内空气清香宜人，同时也有驱赶蚊虫、辟秽祛邪、灭菌消毒的作用。唐代日常生活中所用的香熏，至少有置于香案上的香熏、放于卧褥中的香毬和用于佩身的挂熏等。从其形制看，这件狮形香熏当是摆放在室内的香案上，使用木炭等燃料，放置龙脑、苏合等树脂类香料熏烧发烟的日用器具。唐宋以来的文献中称狮形香熏为"金倪""香倪""宝倪"等。倪，即狻猊，是"狮子"的古称。简报称，也不排除此物与佛教活动有关，但不应是专门用于佛教的佛具。

出土有石墓志 1 合。志盖盝顶，阴刻篆书"唐故杨公曹氏墓志铭"9 字。志文共 34 行，满行 34 字。刻字较浅，又因石质风化，有多处文字漫漶不清。首题"唐故振武监军使赠内侍杨公夫人谯郡曹氏墓志铭并序"，志文称夫人字延美，乾符二年（875 年）九月廿九日卒于胜业里第，享年 53 岁，于乾符三年（876 年）二月二十四日葬于万年县崇道乡上傅村其夫旧茔。

908.西安西郊陕棉十厂唐壁画墓清理简报

作　者：陕西省考古研究所　马志军、张建林

出　处：《考古与文物》2002 年第 1 期

1996 年 3 月下旬，西安西郊陕棉十厂在其福利区西纺一村 15 号住宅楼的基建施工时，发现古代墓葬数座，考古人员前往进行抢救性清理。共清理唐代墓葬 9 座，其中一座壁画墓出土器物比较丰富，壁画的保存状况较好。该墓的清理情况简报分为：一、概况，二、墓葬形制，三、葬式葬具，四、随葬器物，五、壁画，六、M7 与 M8 的叠压关系，七、几个问题，共七个部分。有手绘图、照片。

据介绍，西坊一村位于陕棉十厂厂区东侧约 400 米，西安—余下铁路从此间穿过。15 号住宅楼位于西纺一村的南部，其基槽平面呈东西向，可分东西两区，此次清理的 9 座墓均位于东区。该壁画墓的编号为 96 十厂 M7（简称 M7），位于东区的东北角处。该墓为斜坡墓道单砖室墓，平面略呈长刀把形，由斜坡墓道、过洞、天井、甬道和墓室组成。葬具木棺，墓主情况及葬式等无从得知。该墓出土随葬器物主要为各类陶俑，仅有个别陶器和瓷器以及若干铅泡和铁钉等。虽然墓道壁画已不存在，但甬道、墓室壁画保存尚好，内容和布局基本可以辨识。该墓因未随葬墓志，具体年代不详，只能从墓葬形制和随葬遗物来进行分析比较。简报推断该墓年代应在天宝初年前后。

909.西安发现的唐长安佛堂院残碑

作　者：西安市大明宫保管所　高本宪

出　处：《考古》2002 年第 10 期

现收藏于西安市大明宫遗址保管所的唐长安佛堂院残碑，是 1994 年于西安市铁路第三中学附近的一小堆现代建筑垃圾中发现的。此碑碑首和碑身同为一体，碑首保存基本完整，碑身仅存一小部分。实测残碑宽 68.5 厘米、高 61 厘米、厚 14.5 厘米。简报配以拓片予以介绍。

据介绍，此碑曾先后两次被勒刻。正面额文排列3行，每行3字，共9字，为"客省新修佛堂院之记"；碑文字迹稍漫漶，仅存右边6行，共8字，碑的背面字迹清晰，额文排列与正面相同，共9字，为篆书"内外客省重修佛院记"，碑文残存右边的8行，共15字。简报推测，当地居民在翻修房屋时，将出土的碑首连同其他垃圾一并倾倒于采集地点。另外，该碑碑文用隶书刻写，而唐代只在盛唐时期使用过隶书，故此碑的竖立年代简报推断大致可定在开元、天宝时期。简报称，此碑的出土，为唐长安官禁寺院和客省的研究提供了重要的实物资料。

910.唐牛浦墓志

作　者：倪丽烨
出　处：《文博》2002 年第 5 期

唐牛浦墓志，全称《大唐故牛浦君墓志铭》，裴约礼撰，2000 年出土于长安县王寺村。

据介绍，志为1合，盖盝顶，正方形。顶部篆书3行9字："大唐故牛浦君墓志铭"。计564字。正书，部分字残损。志石四周有线刻的十二生肖图。简报录有志文全文。

牛浦的生卒年月，据志文"会昌三年（843 年）卒，享年八十有一"推算，牛浦生于代宗宝应元年，即 762 年。曾参与与吐蕃、回纥的交往。女儿嫁于皇亲。志文还提到唐代万年县的细柳乡名称，可补史书之阙。

911.西安南郊新发现的唐长安新昌坊"盈"字款瓷器及相关问题

作　者：西安市文物保护考古所　尚民杰、程林泉
出　处：《文物》2003 年第 12 期

2002 年 3 月，考古人员在西安南郊刘家庄村东西安铁路分局新南花园征地范围内进行考古勘探时，发现古井 30 余口，随后进行了清理发掘。在位于新南花园西部的一口古井（编号 2003XNJ1）内出土了一批带"盈"字款的瓷器及其他器物。简报分为：一、出土器物，二、相关问题，共两个部分。有拓片、照片。

据介绍，此次发现的"盈"字款瓷器，均为白釉瓷，器形有执壶、五曲花口盘两类。其中执壶及盖为分别成批制作，这种情况较为少见。瓷器釉面细润，釉色白中泛青，较之以往发现的"盈"字款瓷器更加精细。"盈"字均刻于器底部，从胎与釉之间的关系而论，"盈"字当在成胎后刻划，而后再施釉烧制，如五曲花口白瓷盘的白釉已将"盈"字覆盖。

简报认为这批出土瓷器就是唐代邢窑的产品，"盈"字款瓷器当是邢窑专为唐大盈库特别烧制的供品。唐大盈库见于文献记载，此次"盈"字款瓷器在西安地区的发现，特别是在唐新昌坊内的再次出现，无疑具有重要意义。从文献记载来看，大盈库属由皇帝直接支取的"私库"。库中之物的取用，取决于皇帝本人的旨意，而且多以宦官主领其事，库中之物的出处，一是赏赐给嫔妃大臣，二是用于紧急国情下的支出。所以，大盈库又被称为"中藏""内藏""禁藏""中库"等。这批"盈"字款瓷器的发现，无疑为大盈库的研究提供了十分重要的实物资料。

912.唐长安城大明宫太液池遗址考古新收获

作　者：中国社会科学院考古研究所、日本独立行政法人文化财研究所奈良文化财研究所联合考古队　安家瑶、龚国强、李春林、何岁利、汪　勃

出　处：《考古》2003 年第 11 期

2003 年 2 月 20 日至 5 月 20 日，中日联合考古队对太液池北岸、蓬莱岛南岸遗址进行了考古发掘，取得了重要的收获，为中国古代宫廷池苑和古代建筑史的研究提供了新的珍贵资料，简报分为：一、太液池北岸遗址发掘区，二、蓬莱岛南岸遗址发掘区，共两个部分。有彩照。

据介绍，2000 年曾在这里发掘过一条探沟，初步了解到蓬莱岛南面池内的地层堆积等情况。这次发掘的主要目的是弄清蓬莱岛南岸的结构和上面的建筑等情况，共发掘探方 6 个，发掘面积 1248 平方米。蓬莱岛南岸发掘区出土的遗物，主要有长方形砖、方砖、兽面砖、莲花纹瓦当、陶质假山石等。

简报称，蓬莱岛南岸的发掘情况初步表明，蓬莱岛是太液池中一座园林式的岛屿。

913.唐长安城大明宫太液池遗址发掘简报

作　者：中国社会科学院考古研究所、日本独立行政法人文化财研究所奈良文化财研究所联合考古队　龚国强、何岁利

出　处：《考古》2003 年第 11 期

太液池，又名蓬莱池，位于唐长安城大明宫的北部，是唐代最重要的皇家池苑。其遗址现位于陕西省西安市未央区大明宫乡孙家湾村南，太液池遗址的正式考古工作开始于 1957 ~ 1959 年，考古人员在大明宫遗址进行了大规模钻探，确定了太液池遗址西池和东池两部分的位置。2001 年，中国社会科学院考古研究所和日本独立

行政法人文化财研究所奈良文化财研究所在完成汉长安城桂宫遗址合作发掘研究项目后，确定把唐长安城大明宫太液池遗址作为考古发掘和研究的合作课题。2001年9月～2002年12月，中日联合考古队首先选择在太液池西岸遗址的中部和西北部进行了三次发掘，主要目的是了解太液池西岸的池岸结构、房屋建筑等情况，并解决太液池进出口水道的疑难问题。三次发掘的面积总计为8400平方米。

本阶段工作的主要收获简报分为：一、地层堆积，二、出土遗迹，三、出土遗物，四、结语，共四个部分。有手绘图、照片、拓片。

发掘情况表明，太液池西岸主要由夯土筑成，岸面上不但有宽阔的池边大道，而且还有房屋建筑以及系统完备的排水设施。唐代太液池的始建年代简报推断应与大明宫的修建年代一致或稍晚。贞观八年（634年），太宗因"西内"太极宫低下卑湿，开始在长安城东北的龙首原上建筑永安宫，次年改名为大明宫，未成而止。高宗龙朔二年（662年）重新开始大规模营建，次年从旧宫迁往大明宫听政。自此，从高宗以后的唐代共19个皇帝常在大明宫听政和居住。所以，太液池的始建年代应不晚于662年。太液池的废弃年代当在唐代晚期。

914.西北大学田家炳高资培训中心楼基出土唐代文物

作　者：贾麦明、刘　瑞
出　处：《考古与文物》2003年第1期

1998年春，西北大学图书馆南侧开始建设田家炳高校师资培训中心楼，在处理楼基的过程中，发现了一些重要的遗迹，并出土了不少有价值的唐代佛教文物，考古人员及时对其进行了清理和采集。简报配以手绘图、拓片予以介绍。

据介绍，在楼基范围内发现的遗迹主要是十余口井。从井中出土的文物看，一般都具有比较明显的唐代特征，所以简报认为井的时代也应该与之相近或稍早。这次清理和采集的出土文物大部分就集中在J1、J2、J3、J4中。

J1位于楼基中部，井中共出土文物8件；J2位于楼基西部，共出土文物6件；J3位于楼基东部，出土文物18件；J4位于楼西侧近壁，出土汉玉残像1尊。大中八年残碑发现于楼基平面，青石质。残存文字4列49字，简报录有文字全文。除了以上文物以外，在各个水井及楼基平面还出土了少量的"开元通宝"和大量的建筑材料。此外在楼基侧壁中央还发现有一金代墓葬，仅发现瓷瓶1件。

简报称，这次发现文物的时代特征明显，除了金墓发现的瓷瓶外未发现晚于唐代的文物，大中八年（854年）残碑的发现亦有助于判断遗物时代。

915.唐高祖谥号玉牌

作　者：茂陵博物馆　韩若春

出　处：《考古与文物》2003 年第 2 期

陕西户县满焕溪存有一玉牌，色略白，长条形，残成四节，全长 28.4 厘米、宽 2.9 厘米、厚约 2 厘米，上面阴刻颜体楷书："高祖神尧大圣大光孝皇帝"11 字，是满焕溪 1938 年服兵役期间，在西安甜水井南段南城墙附近挖防空洞时得到的。据满焕溪回忆，此玉牌出土于一个一米多宽，一人多高，由方砖砌成，且有石条封盖的洞中，这就为此牌的用途提供了佐证。简报配以拓片予以介绍。

据介绍，玉牌上所镌刻的"高祖神尧大圣大光孝皇帝"系唐开国皇帝李渊谥号的全称。据新、旧《唐书》记载，高祖神尧大圣大光孝皇帝，姓李讳渊，字叔德，陇西成纪人。仕隋封唐王，承亡隋之际举兵于晋阳，六载之中平天下，从而建立了唐朝。甲子其子李世民即皇帝位，贞观三年徙居大安宫，九年五月庚子崩于垂拱前殿，年七十有一，群臣上谥曰大武皇帝，庙号高祖，十月庚寅葬于献陵。高宗上元元年八月改谥神尧皇帝，天宝八载谥神尧大圣皇帝，天宝十三年二月增谥神尧大圣大光孝皇帝。

简报称，该玉牌虽刻有"高祖神尧"字样，却并非李渊之物，极有可能是唐玄宗李隆基或其后的皇室成员，在特殊背景下祭祀祖宗的遗物，可能就是奉祀的灵牌，简报推断时代当在唐"安史之乱"前后，是研究唐代奉祀制度不可多得的实物凭证，同时也为确定唐长安城太庙的具体位置提供了有益线索。

916.唐长安南郊韦慎名墓清理简报

作　者：陕西省考古研究所、西安市文物保护考古所　刘呆运、李　明、张全民、
　　　　王久刚

出　处：《考古与文物》2003 年第 6 期

2002 年 8 月底，陕西师范大学长安新校区在施工挖管道沟时，发现一座唐代壁画墓。施工过程中，使用机械取土已将墓道大部分破坏，并将砖室墓顶部揭开 1～2 米见方的豁口，所幸未伤及墓室底部及墓道上的壁龛，但壁画已大面积脱落。考古人员对该墓进行了抢救性清理。清理工作自 2002 年 9 月 1 日开始，至 10 月 5 日结束。出土彩绘陶俑 200 余件、墓志 2 合，墓室内还绘有精美的壁画。该墓出土物保存基本完好，墓主人属于唐代的韦氏家族，比较重要。发掘收获简报分为：一、位置，二、墓葬结构，三、葬具葬式，四、壁画，五、随葬器物，六、结语，共六个部分。

有手绘图、拓片。

据介绍，韦慎名墓位于西安市南郊的长安区郭杜镇茅坡村，韦郭公路以南的陕西师范大学长安新校区，距西安市区 15 公里左右。该墓系长斜坡墓道带天井和小龛的单室砖墓，平面略呈长刀把形，坐北朝南。整座墓由墓道、天井、过洞、壁龛、砖券甬道和墓室几部分组成。由于该墓遭多次严重盗扰，葬具和墓主人尸骨已荡然无存，出土仅见残铁棺钉，简报推测当时使用木棺。甬道两壁、顶部及墓室四壁都作草拌泥地仗，抹白灰，绘壁画。墓室内随葬品只剩零星陶器残片及 2 合墓志，经修复有陶罐、釉陶灯、彩绘塔式罐、陶风字砚等。4 座壁龛原封未动，出土大量随葬陶俑。墓志 2 合。均为青石质，正方形。顶面阴刻篆书 3 行，行 3 字："大唐故韦府君墓志铭"。志石阴刻正书，31 行，行 33 字，共计 981 字。简报录有志文全文。

简报称，该墓是一座盛唐时代中型官吏墓，下葬时间为开元十五年（727 年）。此墓为二次葬，韦慎名葬于开元十五年，其妻刘约祔葬于开元二十四年（736 年）。韦氏家族"世为三辅著姓"，在唐代的政治舞台上是相当活跃的。其墓的发现，为研究唐代韦氏家族的族墓范围提供了新的资料。

917.西安发现一批唐代金银器

作　　者：王长启

出　　处：《文博》2003 年第 1 期

2002 年春，西安市公安部门移交给文物部门唐代金银器等文物共27 件，据调查这批金银器在长安区祝村乡羊村唐墓出土。简报配以照片予以介绍。

据介绍，此次出土的各种器型金银器均为素面，以往考古资料发表的唐代金银器有纹样装饰，以錾刻、鎏金为多。这批器物造型规整，制作较精细，品种多为传统造型，也有外来器型，例如长杯。有的器型很小，显然不是生活实用品，应为随葬品，有盘、碗、釜器型，具象征性。

简报指出，我国使用金银器皿，始于战国时期，到了唐代，金银器在上层社会广为流行。从考古资料看，唐代及唐以前外来金银器输入很多，随之其制作匠工也相继而来。这是自汉代以来，由于东西方经济贸易和文化交流开通了陆路与海上"丝绸之路"的结果。当时的金银器生产发展很快，金银器制作有模仿、学习西方的装饰与造型。从金银器的发展看，由外来品到仿制生产，是以当时人们的观赏和使用习惯进行改造，使之符合需要，而或多或少地保留外来的风格，这正是对外来文化的吸收扬弃，同时也改变了观念，创造了新的文化。

918.唐严州刺史华文弘夫妇合葬墓

作　者：西安市文物保护考古所　张全民
出　处：《文博》2003 年第 6 期

1992 年 5 月，位于西安东郊幸福路上的西安华山机械制造厂在修建变电所开挖地基时出土了一些文物。经现场踏勘，这些文物出自一唐代双室土洞墓的天井小龛内。6 月 2 日至 11 日，考古人员进行了抢救性发掘，发现该墓系唐严州（治所在今浙江桐庐）刺史华文弘与夫人金华（今属浙江）郡君的合葬墓。简报分为：一、墓葬形制，二、出土遗物，三、小结，共三个部分。有手绘图、拓片、照片。

据介绍，这是一座多天井长斜坡墓道双室土洞墓，由墓道、过洞（5 个）、天井、小龛（6 个）、封门、前后甬道和前后墓室几部分组成。木质棺椁已朽，夫妻骨架已朽，但还可看出是仰身直肢葬。该墓出土有陶、泥、滑石、铜、铁、铅、玻璃、石和蚌等各种质地的文物。其中陶俑 61 件。出土石墓志 1 合，简报未录志文全文。

据志文，知此墓为华文弘夫妇墓。华文弘夫妇史籍无载，二人皆出身显赫。据志文所述，华文弘的祖父华缜，官拜南朝梁持节开府仪同三司、东衡州刺史、荔浦郡开国公、陈安成郡守。华文弘本人曾任严州刺史，死后赠衡州刺史，赐姓李。夫人是南朝陈后主的孙女、永嘉王的女儿，唐时因夫君华文弘有功而授封为金华郡君。其子沙州（治所在今甘肃安西东南）刺史李思贞墓志 1953 年在西安东郊高楼村发掘出土，记载有"父文弘，皇朝使持节严州诸军事、严州刺史"，所述谱系与其父墓志相同。

简报称，华氏一生辗转南北东西，许多活动都与唐朝经略边疆的历史有关。贞观十年（636 年）征伐高丽时，他担任辽东道右二军骑曹，经历了唐太宗亲临督战的事件，参加了盖牟、白崖等著名战役。高宗永徽二年（651 年）任交州都督府（今越南境内）户曹参军。后来又赴西南边陲，担任黔州都濡县令、检校夷州司马，前往平定牂、明等十州"夷獠"，此后唐朝在这里设置州县进行管理。龙朔三年（663 年），奉命担任勋州道（应为黔州下都督府所领的五十个羁縻州之一）总管，平定十州。随后于咸亨元年（670 年），诏拜洮州都督府长史，经略西藩。上元元年（674 年），任使持节严州诸军事、严州刺史。据《旧唐书·地理志》记载，严州乃秦桂林郡地，后为猿所据。乾封元年（666 年），招致生獠，置严州及三县。华文弘上任严州刺史在唐朝设置严州的第八年。关于唐代对大海洲（海南岛）的经营，史书记载不多，墓志所记可补史书之阙。上元二年（675 年），华文弘担任振州道行军长史。仪凤元年（676 年），在一次战斗中战死。估计唐朝的统治曾遭到当地土著的反抗，从志文可窥见当时战事之一斑。华文弘战死疆场，皇帝下诏赠与灵輴（载枢车）和马匹，还葬京师，赐姓赠官。

919.长安县东曹村出土的唐代文物

作　者：西安市文物保护考古所　翟春玲、王焕玲、翟　荣、贾晓燕
出　处：《文博》2003 年第 6 期

2003 年初，考古人员在清理库存文物时，发现一批 1986 年陕西长安县（今西安长安区）大兆乡东曹村出土的文物，有陶器、陶俑、玉、石、料器和"开元通宝"钱等 300 余件。经过细心整理、清点，发现其中大部分为唐代遗物，也有北魏"正光四年"铭墓志砖。所整理的出土文物，品种多样，大多制作精致，施彩绘，美观大方，造型新颖别致，生动活泼，具有较高的历史和艺术价值，如粉彩红陶黑人俑、彩绘着胡装女俑、挠耳狗等，在以前唐墓中很少出土，是研究唐代雕塑和中外文化交流史的重要实物资料。简报分为：一、墓葬形制，二、随葬器物，三、结语，共三个部分。有照片。

据介绍，根据当时的发掘者回忆，长安县大兆乡东曹村是唐代的一个墓葬群，大约有六七十座墓葬。这里发掘的墓葬全部为坐北朝南的单室斜坡墓道土洞墓，绝大部分为小型"刀"把形，由近长方形竖穴墓道、甬道和长方形土洞墓室组成，这类墓随葬品出土不多。只有 M13 规模较大一点，由斜坡墓道、天井、甬道、东龛、西龛和长方形土洞墓室组成。随葬物品有陶俑 129 件，有女俑、男俑、骑马俑、武士俑头、天王俑、十二生肖俑和动物俑等，还有滑石猪、剑格、剑饰等。另有北魏"正光四年"铭墓志砖件，已残。简报推断该墓为唐代墓，北魏砖志与此墓无关。墓主当为比较富裕的平民夫妇。

920.唐康文通墓发掘简报

作　者：西安市文物保护考古所　杨军凯、孙　武、冯　健等
出　处：《文物》2004 年第 1 期

唐康文通墓位于西安市雁塔区延兴门村西西安交通大学数码园东兴置业园区内，距西安市中心约 8 公里，唐长安城延兴门外。2002 年 3 ～ 6 月，考古人员在此清理发掘汉唐墓葬 37 座。其中唐康文通墓（M2）为大型前后室砖墓。简报分为：一、墓葬形制，二、随葬器物，三、结语，共三个部分。有照片、拓片、手绘图。

据介绍，M2 为长斜坡墓道大型前后室砖墓，坐北朝南，由墓道、天井、过洞、壁龛以及前室、甬道和后室组成，总长 35.7 米。随葬品主要有三彩俑及器物、彩绘陶俑、瓷器、玉器、铜器及墓志等。其中描金彩绘三彩俑、天王俑、镇墓兽和武官俑，体形高大，做工精细，特别是在釉上施用了彩绘工艺，与以往同类三彩俑有明显区别，

是三彩制作技术上的又一飞跃。

简报录有墓志全文。据志文，墓主康文通于万岁通天元年（696年）七月终于安邑里私第，神功元年（697年）十月葬于京兆万年县龙首乡界。志文称其祖康和为隋上柱国，父康鸾为唐朝散大夫，康文通出身豪门望族，为周故处士，但于文献并无记载，应不属当时高级官吏，其前后室砖墓的形制，当与盛唐的厚葬之风有关。

921.西安南郊唐墓（M31）发掘简报

作　者：西安市文物保护考古所　孙福喜、杨军凯、孙　武、冯　健等
出　处：《文物》2004年第1期

2004年4～7月，为配合西安市南郊陕西师范大学后勤集团郭杜校区的建设，考古人员进行了考古钻探和发掘，共清理出汉、唐、明代墓葬75座，其中M31唐墓出土了大量精美、完整的三彩俑。简报分为：一、墓葬形制，二、随葬器物，三、结语，共三个部分。有照片、手绘图。

据介绍，该墓共有3个过洞和3个天井。天井平面均为长方形，较过洞和墓道窄。墓室为土洞，平面呈长方形。墓室西部有砖砌棺床，其上骨架多朽成灰，仅有零星几块人骨，已被扰乱，葬式不明，并残留草木灰。盗洞一处，位于第3天井中部。平面呈圆形，贯穿甬道，封门被破坏。随葬器物主要分布在甬道和墓室东部，计83件，其中三彩俑41件。三彩俑题材丰富，造型生动。通体施蓝釉的三彩马、载物卧驼、骑驼奏乐俑及杂技俑等，给人以强烈的艺术感受，真实地反映了唐代现实生活的不同侧面。简报推断该墓年代为盛唐时期，墓主人应为贵族。

922.西安市南郊茅坡村发现一座唐墓

作　者：西安市文物保护考古所　孙福喜、王久刚等
出　处：《文物》2004年第9期

2001年8～10月，考古人员在市南郊长安区郭杜镇茅坡村南邮电学院新校区，清理了一批古代墓葬。该校区北距今西安城约10公里，清理的古墓葬以战国墓为主，另有少数汉墓和唐墓。其中一座小型唐墓(M13-1)出土器物精美。简报分为三个部分，有彩照、手绘图。

据介绍，M13-1为南北向土洞墓，由墓室、墓道两部分组成。墓道开口距现地表1米。M13-1早年被盗扰，清理时在墓室扰乱土中发现有零碎人骨，墓室底部仅保留一头骨，因此葬式不清。墓室底部有草木灰及明显的朽木灰迹，并有黑红色、

白色漆皮及铁棺钉，据此可知原应有木棺。因早年盗扰，出土器物以小件器物为主，共18件。简报推断该墓的年代为中唐晚期到晚唐时期。

简报称，仅从劫余的出土遗物看，2件青瓷骑马俑和1件黑釉瓷狗为手工捏制，小巧生动，应属儿童玩具。玉梳脊为新疆产的羊脂玉，其玉质、纹饰图案、雕刻手法均与1979年西安兴庆宫遗址出土的海棠石榴纹玉簪相近，为唐代玉器中精品。此玉梳脊体小，应非实用器，而是发髻上的装饰。鎏金铜凤鸟、鎏金铜三角形饰件制作精美，应为发簪上的簪首装饰。根据装饰物及出土的玩具推测，该墓主人应为一未成年女性。由于墓葬早年被盗扰，现存器物仅为盗后遗留的很少一部分，但残存器物均很精美，再结合青瓷骑马俑可能来自江南，反映了墓主人家庭有一定地位，应为贵族。

923.西安唐大明宫太液池南岸遗址发现大型廊院建筑遗存

作　者：中国社会科学院考古研究所、日本独立行政法人文化财研究所奈良文
　　　　化财研究所联合考古队　龚国强、何岁利等

出　处：《考古》2004年第9期

2004年春季，中国社会科学院考古研究所和日本独立行政法人文化财研究所奈良文化财研究所联合考古队经过三个月的发掘，在西安唐长安城大明宫太液池南岸遗址上清理出一组大型廊院建筑遗存。这是继2003年发掘太液池北岸遗址干栏式建筑基础以及蓬莱岛南岸园林景观遗存以后，太液池遗址的又一次重要发现，为中国古代都城考古以及中国古代园林建筑史的研究提供了新的资料。简报分为：一、出土遗迹，二、出土遗物，三、初步收获，共三个部分。

据介绍，这组建筑遗存位于现西安市未央区大明宫乡含元殿村西北，地处唐太液池遗址南岸之上、龙首原的北缘，其位置居于大明宫的南北中轴线上，与南面的含元殿、宣政殿、紫宸殿等三大殿以及北面的蓬莱岛基本上成一直线。出土遗迹有廊院等，出土遗物有砖瓦、石雕、陶瓷器、金属件等。

简报称，这处廊院建筑遗存规模宏大，此次发掘共清理出南北向和东西向的长短廊道各4条、南北向和东西向的独立夯土墙各1道。这些廊道和夯土墙彼此呈直角状连接，间隔出5个大小不等的院落空间（不包括发掘区边缘的其他廊院的局部）。遗憾的是，遗址破坏程度非常严重，原来的廊道面早已被削去，现清理出的廊道遗存面很低，柱础石和础坑等也早已无存。同时需要说明的是，这组廊道向东、向西和向南均延伸至发掘区外，未能一次性全部揭露。

此次发掘出的大型廊院遗址，是中国都城建筑考古中首次发现的皇宫内大型廊院的实例，具有重要的学术价值。

924.唐长安醴泉寺遗址出土的鎏金铜造像

作　者： 西安市文物保护考古所　王长启
出　处：《考古与文物》2004 年第 3 期

20 世纪 70 年代初，在西安西郊桃园地区，即原西安民用飞机场跑道北侧，基建时发现一批鎏金铜造像，后经考查得知出土物原在坑内，坑直径达 1 米左右，铜造像距地面 1 米多深散乱堆放。遗物现藏西安市文物保护考古所。简报配以照片予以介绍。

据介绍，计有佛坐像 4 件，佛立像 1 件，菩萨立像 3 件，天王王像 1 件，力士立像 1 件，弟子立像 1 件，单跑供养人像 1 件，天尊立像 1 件，天尊坐像 2 件等。

简报称，出土的造像均为铜质鎏金，个体较小，造型精美，铸造工艺技术高，无论佛、菩萨、天王还是天尊像都眉目清楚，形态生动，身上着装衣纹、帛巾裙带、冠饰缨珞清晰可见，质感强，各个造像面部或肃穆庄严，或和善安然，或俊秀妩媚，略带笑意，表现出心底的慈悲。天王、力士勇猛可畏，均将神态刻画得非常真切。这些遗物的出土地点位于原西安民用飞机场北部，系唐长安醴泉坊内的醴泉寺遗址，当为该寺遗物。

925.隋吕思礼夫妇合葬墓清理简报

作　者： 陕西省考古研究所　刘呆运、李　明
出　处：《考古与文物》2004 年第 6 期

隋吕思礼夫妇墓位于西安市长安区郭杜镇长安产业园二十所新征地内，南邻韦斗公路，北距羊村 300 米。2003 年 3 月，为配合二十所工程建设，考古人员对其施工工地进行了考古发掘。一期共发掘墓葬 4 座，吕思礼墓为其中最大的一座（编号CESM2）。保存完好，未被盗掘，又出土有墓志，时代特征明显。简报分为：一、地层关系，二、墓葬形制，三、出土器物，四、结语，共四个部分。有手绘图、拓片。

据介绍，隋吕思礼夫妇墓系斜坡墓道带天井的单室土洞墓，坐北向南。由墓道、通洞、天井、封门、甬道、墓室六部分组成。出土器物 67 件，其中陶器 55 件，铜镜 1 面，釉陶器 3 件，玉器 7 件，石墓志 1 合。志盖无文字，近正方形。志为正方形，志文为魏体，共 32 行，满行 31 字，全文共 955 字。简报录有志文全文。

墓主人吕思礼，史书有传。墓志记载，吕思礼大统四年正月在蒲州去世，未说明死因，当与史书记载原因一致，为皇帝赐死，死时年仅 38 岁。其夫人辛氏，大统

五年九年在长安清德里去世，年仅 24 岁，死因不明。隋大业十二年正月十五日合葬于高阳原。史书记载，吕思礼有一子，名宣嗣，北周大象年间，位至驾部下大夫，史书无传。

隋吕思礼夫妇合葬墓，由墓志可知，两人在西魏大统四年、五年死去。隋大业十二年迁葬到高阳原。墓葬发掘过程中，由于墓室内多次进水，淤土较多，湿度也较大，遗迹多已不见。未发现棺灰痕迹，也未发现骨头的痕迹。

简报称，吕思礼夫妇合葬墓的发掘，丰富了隋代墓葬的内容，为研究隋代的埋葬制度、文化艺术以及社会生活提供了新的实物资料。

926.西安东郊唐墓出土的花鸟螺钿镜

作　者：西安市文物保护考古所　翟春玲
出　处：《考古与文物》2004 年第 6 期

西安市文物保护考古所收藏了一件 20 世纪 80 年代后期西安市东郊韩森寨红旗电机厂唐墓出土的八瓣葵花形花鸟螺钿镜，直径 225 毫米，边厚 8 毫米。原来花纹空间有镶嵌物，可惜现已脱落丢失。简报配以照片予以介绍。

据介绍，该镜采用散点式构图，将螺蚌贝壳饰片磨平成 1 毫米厚的薄片，剪刻成不同的花鸟形象粘贴于镜背面。它与金银平脱镜一样，用比较成熟的艺术技巧表现主题思想。该墓内未发现墓志，故具体年代不详，但是从该墓出土的蹲式镇墓兽、牵马（驼）俑的造型、服饰，三彩卧驼骑俑等与开元十一年（723 年）鲜于庭诲墓所出的同类随葬俑相似，与开元二十八年（740 年）杨思勖墓以及西安南郊庞留村至德二年（757 年）墓所出土的同类随葬俑相似，因此，这面八瓣葵花形花鸟螺钿镜的相对年代应该为唐玄宗至唐代宗时期。

简报称，螺钿镜是唐代铜镜中的一个新品种，出现于盛唐时期，工艺十分精致，流传下来的实物极少，这件花鸟螺钿镜的出土，为研究盛唐时期螺钿镜的制造工艺及我国古代髹漆技术提供了宝贵的实物资料，弥足珍贵。

927.灞河再现隋唐古桥

作　者：侯卫东、李　鑫、王昭守、李燕霞、冯　涛
出　处：《文博》2004 年第 4 期

2004 年"十一"期间，被泥沙掩埋了一千多年的灞河桥，在洪水的冲刷下突然显露了出来，并迅速引起了世人极大的关注。简报配以照片等予以介绍。

据介绍，隋唐灞桥遗址位于西安市东郊灞桥镇柳巷村东的灞河河道内，距西安市城区仅10公里。约建于隋开皇三年（583年），唐、元等时均有修葺。为一多孔石拱桥，估计其总长约400米。该遗址的发现，曾被评为当年的十大考古发现之一，并在此后被列为第四批全国重点保护单位。

928.西安市唐长安城大明宫太液池遗址

作　者：中国社会科学院考古研究所、日本独立行政法人文化财研究所奈良文
化财研究所联合考古队　安家瑶、龚国强、何岁利、李春林等

出　处：《考古》2005年第7期

唐都长安城东北部的大明宫是唐王朝内政外交的中心，其使用时间长达220余年，唐朝21个皇帝中有19个曾在大明宫中听政和居住。宫城中以太液池为中心的园林建筑区，荟萃了唐代园林建筑艺术的精华，可谓是中国古代皇家园林的杰出典范。唐大明宫太液池皇家园林遗址位于陕西省西安市未央区大明宫乡孙家湾村西南、龙首原高地的北侧。遗址除东部被现代建筑占压外，大部分为农地、菜地和果园。对太液池皇家园林进行记述的古籍主要有唐《两京新记》、五代《旧唐书》、五代《开元天宝遗事》、北宋《唐会要》、北宋《长安志》、清《唐两京城坊考》等。这些记述零星、简单，远不足以展现大唐盛世太液池皇家园林的面貌和风采，故其缺憾只能依靠对太液池遗址进行的考古调查发掘来弥补。简报分为：一、太液池遗址考古简况，二、重要的考古发现，三、初步认识及发掘意义，共三个部分。有彩照等。

据介绍，太液池遗址的正式考古工作始于1957～1959年进行的大规模考古钻探，当时大致确定遗址的位置和范围。之后，考古工作停顿了近40年。直至1998年冬，太液池遗址的考古才重新提上议事日程。又于2000年春，在遗址的南岸、蓬莱岛南岸和新发现岛屿等几处地方进行了试掘。2001～2004年中日联合考古队又进行了系统的发掘。

简报称，2001～2004年对太液池遗址进行了发掘，弄清了太液池周岸的不同结构，发现了道路、建筑基址、人造园林景观、水井、排水沟等重要遗存，出土了大量珍贵遗物，弥补了文献记载的不足，再现了这座皇家园林的基本面貌。

简报指出，根据考古调查和发掘结果，并结合古籍记载，今天可对唐太液池皇家园林得出几点初步的认识：

一是规模宏大，面积占据了后宫的大部分，充分体现了大唐盛世的雄伟气概。

二是园林中"一池三山（岛）"的配置表明，唐代皇家园林的设计和建造继承

了汉代以来中国传统的道家园林思想。

三是广阔的水池、堆筑的假山以及其他园林建筑景观遗迹表明，太液池皇家园林属于典型的人工山水风景园，意在通过模拟天然风景，为皇帝家族创造一个理想的休憩环境。

四是园林因地制宜的规划设计，周岸各种建筑物错落有致、疏密有序的合理配置，系统的给排水设施，以及通过地势和周围宫殿院落来造景、借景的手法，无不体现出唐代造园技艺的成熟、高超。

简报认为，唐太液池遗址的一系列调查和发掘，具有极其重要的学术意义。这些调查和发掘是我国目前最为系统全面的古代园林考古发掘工作，其揭露出来的许多重要遗迹以及出土的大量珍贵遗物，使唐太液池这座神秘的皇家园林的基本面貌得以重见天日，从而弥补了古代文献记载的不足，填补了中国古代园林考古的一段空白，为中国古代都城考古、中国古代园林建筑史以及中日古代皇家园林比较等方面的研究提供了极其重要的最新实物资料。

929.西安唐长安城太平坊隋唐时期遗迹的清理

作　者：西北大学文博学院考古系　　王维坤、贾麦明、任　江等
出　处：《考古》2005 年第 9 期

西北大学本部校园是唐长安城太平坊遗址的所在地。2002 年 3 月，在平整教学十号楼（这里位于教学八楼、地质系教学楼之南，原拟建楼，后改为花园绿地）、教工第二食堂和校博物馆的地基时，发现隋唐时期的遗迹与遗物。文博学院考古系闻讯后，随即派人予以清理。自 3 月 14 日开始，至 28 日为止，共清理隋唐时期清明渠遗迹 2 处、水井 1 眼、灰坑 13 个，并获取了一批遗物。简报分为：一、遗迹，二、遗物，三、结语，共三个部分。有手绘图等。

简报内容，此次发掘至少有以下四个方面：

其一，根据文献记载，隋开皇初年在大兴城内开凿清明渠以引城南的沇（滈）水入城，由南至北流经太平坊，出太平坊通向皇城、宫城，直至唐代清明渠仍沿用。西北大学本部校园恰好坐落在隋唐长安城太平坊遗址之上。1993 年经实地钻探勘察，得知清明渠遗迹由南而北依次位于今西大医院楼、教学八、六、七楼东端的地下，证实了文献的记载。

其二，此次发掘中发现清明渠底南高北低，存在一定的落差。

其三，对于清明渠出太平坊的流向，一种认识是出北坊墙，直通皇城；一种认识是出太平坊西北隅，北入布政坊，至右金吾卫东南，屈而东南流入皇城。简报推

测清明渠由太平坊西北隅流出。至于清明渠是否由太平坊西北隅北入布政坊，还是直通皇城，只能留待今后解决。

其四，出土遗物以唐代为主，还夹杂一些唐以后的遗物，如酱色釉瓷坛和"至和元宝"铜钱，估计是废弃后未完全封填的唐代水井。发现的"牙刷"很有意义，目前所知唐人洁齿的主要方法是点药揩齿，或是直接用手指揩齿，或是用杨柳枝等枝制成的齿木揩齿。五代、北宋始出现植毛牙刷。此次出土的骨制小刷形制比较接近赤峰大营子辽墓 M1 所出的植毛牙刷。如果这件小刷不是后期混入的，中国古代居民使用植毛牙刷洁齿的时间可以因之上溯至唐代。

930.西安唐长安城大明宫太液池遗址的新发现

作　者：中国社会科学院考古研究所、日本独立行政法人文化财研究所奈良文
　　　　化财研究所联合考古队　安家瑶、龚国强、何岁利、李春林等
出　处：《考古》2005 年第 12 期

2005 年 2 月至 5 月，中日联合考古队对西安唐长安城大明宫太液池遗址进行了第六次考古发掘。此次发掘的具体地点位于唐太液池遗址西池的东南岸。由于现代村庄、道路和有关管道的阻隔，发掘工作只能分为东区和西区两个部分进行，发掘获得了一些重要的新发现。

简报分为：一、遗迹，二、遗物，三、主要收获，共三个部分。有彩照。

据介绍，发现有池岸、道路、排水管道、水边建筑等遗迹，瓦当、方砖、陶瓷、铜、铁器等遗物。

简报指出，2005 年春季发掘无论是在遗迹还是遗物方面，都有与以前有所不同的新发现，主要收获有以下三点：

其一，清理的池边干栏式水榭和廊道建筑遗存，对唐太液池皇家园林建筑形式有了更清楚的认识。再次证明了挖坑立承重柱的处理方式应是唐代园林水上建筑的一种特殊的处理方法。

其二，出土的透雕龙纹石栏板和带莲花座的蹲狮的石望柱，是最高等级的建筑构件，为唐代考古所首见，也为复原唐代宫殿建筑配置提供了详实的考古资料和依据。

其三，池底淤泥中首次大范围地清理出莲荷的遗痕，证实了唐诗"太液芙蓉未央柳"以及文献中对太液池莲荷美景的记载，使我们对太液池皇家园林的美景又有了更进一步的了解和认识。

931.唐范孟容墓发掘简报

作　者：陕西省考古研究所　焦南峰、马永赢、李　岗、肖健一
出　处：《考古与文物》2005 年第 2 期

1998 年 6 月，为了配合西安金珠有限责任公司基本建设工程，考古人员对其管道基槽内的墓葬进行了发掘清理，唐范孟容墓即为其之一。该墓的发掘情况简报分为：一、地理位置及地层堆积，二、墓葬形制及葬式葬具，三、出土器物，四、结语，共四个部分。有手绘图、照片。

据介绍，西安金珠有限责任公司位于今高陵县泾渭镇（原马家湾乡）梁村北原上，东接达尔曼公司，西靠西安至铜川的高速公路，北邻光明公司，南眺渭水。此处属咸阳原的东端、渭河三级台地，地势高亢，土厚水深。1997 年，金珠公司在此处征地 200 余亩筹建公司，考古人员对其征地进行了考古勘探和发掘工作，先后钻探发现墓葬 700 余座，发掘墓葬 200 余座。范孟容墓位于征地的北端正中。该墓编号为 98 高马梁 JM187，平面呈南北向刀把形，分墓道、甬道、墓室三部分。该墓由于曾经被盗，故在发掘过程中仅出土完整及可复原器物 4 件，计陶瓮 1 件、塔式罐 1 件、陶罐 1 件、墓志 1 合，从出土的残碎陶片观察，还有陶马、镇墓兽等若干。墓志，青石质。志盖上部正中阴刻楷书 3 行 9 字"大唐故范府君墓志铭"。志石上有楷书，共计 515 字，简报录有志文全文。此墓的年代根据墓志的记载，确定是唐文宗大和六年（832 年）二月廿七日。墓葬的主人为唐故左监门卫胄曹参军范孟容，字宽夫，高平人。从"泛湖之遗芳"的记述，可知其为春秋越国名臣范蠡之后。生于 791 年，831 年 7 月 18 日逝于长安丰邑里之旅舍，年仅 41 岁。

简报称，范孟容墓规模虽然不大，随葬器物也不多，但其墓道和甬道之间用陶瓮封门的随葬形式，在已发表的西安地区乃至关中地区的隋唐墓葬中还是首次发现，应进一步关注和研究。

932.唐孙承嗣夫妇墓发掘简报

作　者：陕西省考古研究所、西安市文物保护考古所　张全民、刘呆运、王久刚、李　明
出　处：《考古与文物》2005 年第 2 期

为配合陕西师范大学长安新校区的建设工程，考古人员于 2001 年 12 月至 2002 年 11 月在新校园规划区内进行了集中发掘，共发掘汉、西晋和隋唐墓葬 100 座。该工地位于陕西省西安市长安区郭杜镇茅坡村南，北面紧临韦郭公路。这里位于隋大兴唐长安城西南，相距约七八公里，地势高亢，隋唐时代称为"高阳原"，是都城

内居民的主要墓葬区之一。2002 年 4 月 10 日至 4 月 26 日，对 M12 进行了发掘。该墓是唐兵部常选孙承嗣和夫人高氏的合葬墓。发掘情况简报分为：一、墓葬形制，二、随葬品，三、结语，共三个部分。有手绘图、拓片。

据介绍，该墓系长斜坡墓道带两个天井的单砖室墓，由墓道、过洞、天井、甬道、墓室等部分组成。该墓共出土随葬品159 件，其中墓志2 合，志石正方形。阴刻楷书23 行，满行23 字，共计523 字。简报录有志文全文。墓主孙承嗣出身戎马世家。祖父孙感仁，任唐右金吾卫翊府左郎将、上柱国。父亲孙荆山，任左豹韬卫、伊川府左果毅游击将军、上柱国。孙承嗣以门荫成为兵部常选。有二子担任过折冲府别将之职，三个儿子也是兵部常选。志文为研究唐代府兵、门荫制度提供了新的资料。

简报称，这是一座合葬墓，据两墓志记载，夫人高氏于开元五年（717 年）葬于长安县义阳乡高阳原，孙承嗣于开元二十四年（736 年）祔葬此处。从有关遗迹遗物简报推测，该墓应是开元五年高氏下葬时开凿而成，出土器物绝大多数是孙承嗣合葬时的陪葬品。

简报指出，该墓结构完整，出土遗物丰富，纪年明确，为唐墓的编年研究提供了很好的资料。

933.西北大学校北门唐代遗迹的发掘

作　者：西北大学文博学院、兰州大学资源环境学院　贾麦明、吉笃学
出　处：《考古与文物》2005 年第 6 期

2000 年 4 月，西北大学基建处在校北门两侧修建博物馆综合楼和教学九楼开挖地基的过程中，发现了一些灰坑和水井遗迹。文博学院考古专业的师生在学校相关部门的密切配合下，对所发现的遗迹进行了抢救性的发掘清理。简报分为：一、博物馆综合楼地基出土的遗迹和遗物，二、教学九楼地基出土遗物，三、结语，共三个部分。有手绘图、拓片。

据介绍，西北大学地处西安市太白北路，北临西安南城墙西段，南接大学南路。博物馆综合楼位于学校北门的西侧，面积约 3 万平方米。教学九楼位于北门的东侧，其中博物馆综合楼地基的遗迹发现较早，因而水井和灰坑得以全面清理。而教学九楼则扰乱比较严重，仅采集到一些陶、瓷、铜、铁器和石经幢残块及砖瓦块等。

据介绍，本次发掘出土和采集的遗物具有鲜明的时代特征。尤其是瓷执壶、陶双耳罐和陶素面罐等都是唐代中期的典型器物，而各遗迹中均未见到早于唐代和晚于五代的遗存。因此，发现的这批遗迹和出土的遗物其时代简报推断应为唐代。

934.西安南郊新出土的唐代银平脱蚌盒

作　者：陕西历史博物馆、西安市文物局　师小群、王蔚华

出　处：《文博》2005 年第 5 期

2005 年 4 月陕西历史博物馆征集到两件银平脱蚌盒，据说出土于西安市长安区郭杜唐墓。其一，银平脱折枝团花纹蚌盒，只剩下一半。天然蚌蛤，外表饰银平脱折枝团花，用银片雕刻而成，錾刻技法表现叶脉、花瓣、花蕊。其二，银平脱折枝花叶纹蚌盒，此件扣起来为一完整的蚌盒。简报配以彩照予以介绍。

据介绍，唐代金银器中有一种蛤形银盒，盒体仿天然蚌蛤形，扣合处为蚌蛤的齿合，并以环轴连接，可以开合。目前国内外公开发表的蚌蛤形银盒有 13 件。西安南郊新出土的两件银平脱蚌盒，简报推断器一制作年代为 8 世纪中叶以前（唐高祖至唐玄宗开元前期），器二制作年代为 8 世纪中叶至 8 世纪末（唐玄宗开元至唐宪宗以前）。

简报称，这两件首次发现的银平脱蚌盒，为唐代金银平脱漆器增添了新的实物资料，并且与金银器中的蚌形银盒有着密不可分的联系，愈显得弥足珍贵。

935.西安小雁塔东院出土唐荐福寺遗物

作　者：中国社会科学院考古研究所西安唐城队、西安市文物保护考古所联合考古队　龚国强、张全民、何岁利等

出　处：《考古》2006 年第 1 期

2003 年 7 月 13 日～8 月 21 日，为配合西安小雁塔历史文化公园建设项目，考古人员对唐荐福寺浮图院遗址东部即现西安市友谊西路 68 号市文物保护考古所所在的大院（该院落位于今天小雁塔保管所东侧，习惯上称之为小雁塔东院）进行了钻探，发现了唐代建筑夯土基址、墙基、渗井、砖砌排水沟，以及晚唐时期的灰坑和近代墓葬等遗迹。其中，晚唐灰坑中出土的遗物种类多，形制精美，具有较高的历史文物价值。简报分为：一、灰坑的位置、地层堆积以及形制，二、出土遗物，三、结语，共三个部分。有彩照、手绘图。

唐荐福寺作为长安城中最为重要的寺院之一，曾先后有多位高僧居住或主持过，如义净从印度取经回来就在荐福寺内译经 8 年，使荐福寺成为全国最有名的三大译场之一。日本僧人圆仁、惠远、圆珍等也曾巡礼过荐福寺。寺内还有唐代著名画家吴道子、张璪、毕宏的图画。荐福寺同时还是长安城中较为著名的戏场之一。唐武宗灭佛时，京城 100 多所寺院被毁，仅 4 所佛寺被保留，荐福寺为其中之一，可见

其地位非常重要。据文献记载，此寺始建于唐睿宗文明元年（684年），唐末毁于兵火，此后未再重建。

此次发现的灰坑距唐荐福寺直线距离不足百米，灰坑中出土的遗物种类较为丰富，有陶、瓷、石、骨、铜铁、贝等六类，包括建材、日用器皿、文具、梳妆用品、佛教用具等，甚至还有天然螺贝。瓷器窑分别来源于河北邢窑或定窑、河南巩县窑、陕西铜川黄堡窑、湖南长沙窑、浙江越窑等多个窑口。遗物中，不乏精美之作，如金砂砚、绞胎瓷枕、注壶、瓷盒、瓷碗、瓷盘等。兽面砖是唐代宫殿、寺院等重要建筑的装饰，这次兽面砖的发现无疑也为推断该遗址的建筑性质提供了有价值的线索。

简报推断该灰坑时代为中晚唐，其性质应为一垃圾坑。

936.西安市唐长安城大明宫丹凤门遗址的发掘

作　者：中国社会科学院考古研究所西安唐城队　龚国强、何岁利、李春林等
出　处：《考古》2006年第7期

丹凤门是唐长安城大明宫的正南门，其遗址位于现今西安市新城区二台路与自强东路之间的革新街南口。丹凤门遗址的位置早在1957～1959年对唐长安城进行大规模考古勘探时就已经确定。1961年，唐大明宫遗址被国务院公布为全国第一批重点文物保护单位，丹凤门遗址作为大明宫的一部分，也得到了较有效的保护。几十年来，其所在的土丘仍然大致保持原样，没有被毁坏。2005年6～7月，西安市政府为实施大明宫含元殿御道保护工程，投巨资倾力迁移了含元殿御道范围内的所有住户以及学校、医院和工厂等单位，并全部拆除了有关的建筑物，涉及的区域长约620米、宽400米。这一工程为丹凤门遗址的全面发掘创造了极为有利的条件。2005年9月至2006年1月，对丹凤门遗址进行了全面发掘。

简报分为：一、发掘经过，二、地层堆积，三、出土遗迹，四、出土遗物，五、结语，共五个部分。有彩照、手绘图。

据介绍，丹凤门是唐长安城内大明宫的正南门，属于等级最高的五门道制。这也终结了长期以来丹凤门是五门道还是三门道的争论。遗址由墩台、门道、隔墙、马道、城墙等部分组成，出土较多建筑材料和生活用品。

简报称，丹凤门规模之大、门道之宽、马道之长，均为目前隋唐城门考古之最，充分体现出这座宫门的规格之高和皇家气派之宏大。与之相比，即使如唐长安城的正南门明德门，在规模上也要相形见绌。此次发掘对中国古代都城考古和古代建筑史研究具有重要意义。

937.唐长安城崇化坊遗址发掘简报

作　者：西北大学文化遗产与考古学研究中心
出　处：《文物》2006 年第 9 期

　　西北大学新区位于西安市西南郊，北邻新桃园住宅小区，南邻赵家坡村，西邻西安带钢厂。原为唐长安城崇化坊的一部分，清代以来一直是烧制砖瓦的窑场，当地人称"宋家窑"。由于长期取土，对遗址中部和西部的破坏极为严重，至今遗留有宽数十米、深十余米的大坑数个，地面和断壁上到处可见残窑址、碎砖瓦。近几十年来，由于村民们挖卖黄土，又将区域内的东南部几乎破坏殆尽，仅区内东北部保存较好。1996 年 5 ～ 6 月，为配合新区住宅楼的基建工程，西北大学文博学院考古教研室教师及 1993 级考古专业学生在区内保存较好的东北部进行了发掘。简报分为：一、地层堆积，二、遗迹，三、遗物，四、小结，共四个部分。有照片、手绘图。

　　据介绍，此次考古发掘发现的遗迹主要是唐代的，有活动面和夯土。遗物以建材为主，另有少量瓷器。简报认为，此次发掘处应是唐长安城崇化坊内某一建筑遗址的一部分，极有可能是坊内东北角的经行寺。唐三彩盒、碗的出土，证实其不仅用作明器，也是生活用品。

938.西安紫薇田园都市工地唐墓清理简报

作　者：陕西省考古研究所　刘呆运、李　明等
出　处：《考古与文物》2006 年第 1 期

　　为配合西安南郊紫薇田园都市房地产开发项目的建设，考古人员对该工地范围内的古墓葬进行了抢救性发掘。自2002 年9 月进入工地，至2004 年12 月，共发掘古墓葬485 座，绝大多数为唐墓。其中M60 未被盗掘，甬道顶部拱顶较为少见。随葬品保存较好，又出土了新的种类。简报分为：一、地理位置，二、墓葬形制，三、葬式与葬具，四、随葬器物，五、结语，共五个部分，先行介绍M60 的发掘清理情况。有手绘图、照片、拓片。

　　据介绍，紫薇田园都市位于西安市南郊长安区郭杜镇北2 公里，北距西安市区约8 公里。M6 位于该工地J 区21 号楼基槽东北部。该墓系斜坡台阶墓道单室土洞墓，平面呈刀形，坐北朝南，由墓道、甬道和墓室三部分组成，残长6.44 米，墓室底距地表深7.8 米。墓室内棺床上葬一人，骨架已腐朽成粉末状，保存状况极差。从骨架残存形状及牙齿位置看，应为仰身直肢，头向北。葬具为木棺，已完全腐朽。该墓

共出土随葬器物41件。主要有陶俑、陶器、铜钱、小件生活用品等。所有随葬品皆出自墓室，陶俑按顺序摆放在墓室东部，铜钱、铁剪等小件放置于棺床上，原应置于棺内。从随葬品看墓主人应为女性。

简报推断墓葬时代上限不会超过唐肃宗乾元元年（758年），应属中唐，即8世纪50年代末至60年代初。

939.原唐长安城平康坊新发现陶窑遗址

作　者：王长启、张国柱、王蔚华
出　处：《考古与文物》2006年第6期

2004年夏季，在西安市太乙路北段市政管道改造工地，即靠近西安古城墙外东南角的南北大道东侧近道沿处，施工挖掘了一条宽2米、深约3米的沟，沟两侧有200余米长堆土中夹杂着大量的残破陶俑残片。有男俑、女俑、武士俑、动物俑、器皿及陶范等，从沟壁面看，残陶片多夹杂在上半部，同时灰坑、窑炉也能辨认出来。简报配以照片予以介绍。

据介绍，该地在唐代属于长安城平康坊，位于唐代东市西侧，由于是在施工中发现，无法扩大发掘现场进一步了解遗址详情，当时施工中发现的较完整的陶俑与动物俑，俑头均被拣走了，余下的大量都是陶俑的下部或残陶范碎片。简报认为该陶窑烧制时间为初唐至盛唐以后。产品主要是供当地人死后用作随葬的三彩器、陶器。

简报指出，近年来，西安发现的唐墓非常多，由唐代早期至晚期丰富多彩，有人物、动物、器皿等，人俑有男女侍俑、文官俑、武士俑、胡人俑、天王俑，动物俑有镇墓兽、马、骆驼、牛、羊、狗、鸡等。

简报还对陶俑组合进行了分析，结合葬制的变化和墓志的纪年，可以将唐墓俑大致分为四期：初唐、盛唐、中唐、晚唐。在唐代二百余年中，这四期的俑在造型、服饰、艺术风格或组合上都有不少的变化，侍从俑由"削为仪容"的瘦型向肥胖型逐渐转变。唐代女装主要是衫、袄、帔等，从初唐短衫窄袖至盛唐时变为裙长衫硕的宽松式，中唐以后越来越肥大。头戴兜鍪、身着明光铠甲、一手持兵器、另一手持长盾的武士俑，在北魏时出现，到初唐仍有，以后少见。天王俑初唐没有，至高宗时武士俑基本改为天王俑。在盛唐以后，天王俑在盔帽上大量出现起装饰作用的鸟雀，俑的这种由初期向晚期的发展变化，已得到考古发掘实物资料的证实。

940.西安市南郊马腾空唐墓发掘简报

作　者：陕西省考古研究所　肖健一、王肖龙
出　处：《江汉考古》2006 年第 3 期

2001 年 4 月至 10 月，考古人员在西安市南郊马腾空村清理了 15 座唐代墓葬。所有墓葬皆为南北向，单室墓室，墓道在南，墓室居北。墓葬形制可分为 A、B、C 三型。可以看清的几例葬具、葬式皆为单棺单人，仰身直肢。随葬品以陶俑最为丰富，计有镇墓俑、男俑、女俑、动物俑等，其中男俑、女俑中的半身俑时代特征明显，女俑的发式新颖奇特，造型生动，在隋唐考古中较为少见。加之又出土了 4 合墓志，具有明确的纪年，可以作为判断其年代的标准器。简报分为：一、墓葬形制与葬具、葬式，二、出土器物，三、分期与年代，共三个部分。有照片、手绘图、拓片。

据介绍，发掘地点位于西安市雁塔区曲江池乡马腾空村西南，2001 年为配合西安市绕城高速公路建设而进行了发掘。出土的 4 合墓志中，有唐穆宗长庆三年（823年）、唐宪宗元和九年（814 年）、光和十年（815 年）及唐玄宗天宝十五年（756 年）纪年。

941.含光门段明城断面考古调查报告

作　者：西安市文物局、陕西省古建设计研究所联合考古调查组
出　处：《文博》2006 年第 3 期

2004 年初，西安市含光门段城墙道路工程施工，考古人员们配合工程，对该处暴露的西安南城墙断面展开考古调查。调查发现，此处断面外部为明清城墙，内中夹包有隋唐长安城之皇城城墙，并有隋唐之后数次对城墙修建补筑的墙体，同时也调查了唐城的地基结构，其上下衔接，展示了完整的隋唐皇城结构。这处墙体断面，对于认识隋唐长安城皇城之结构及其后历代城墙的维修改建历史，具有重要价值。有关情况简报分为：一、地理位置，二、历史沿革，三、城墙断面，四、隋唐皇城基础，五、结论，共五个部分。有彩照。

据介绍，本次调查对西安城墙的一处典型断面进行了重点的分析，可将断面分为五个时期，即第一期（隋唐期）、第二期（唐末五代期）、第三期（宋元期）、第四期（明清期）、第五期（现代修葺层）。现存城墙是经过五次大的修筑而成，其中第一期为隋唐皇城。此次调查基本搞清了唐长安皇城此段城墙的建筑结构。

942.隋唐皇城含光门西过水涵洞遗址考古调查报告

作　者：西安市文物局、陕西省古建设计研究所、联合考古调查组　梁小青、
　　　　秦建明

出　处：《文博》2006 年第 4 期

2004 年初，西安市含光门段城墙道路工程施工，考古人员配合工程，对该处暴露的西安南城墙断面展开考古调查，于城墙底部发现一处砖构建筑，这处砖构建筑已经残损，据其结构特点，判断当为一处隋唐时期皇城城墙下部的过水涵洞，遂对该处遗址一并进行了考古调查与测绘。有关情况简报分为：一、涵洞遗址结构，二、水栅结构，三、复原结构，四、涵洞建筑材料，五、过水涵洞在隋唐皇城的位置与作用，六、大兴城的设计与涵洞的建筑年代，七、涵洞发现的价值与考古意义，共七个部分，有彩照。

简报介绍，这处遗迹系设于隋唐皇城城墙下的带水栅过水涵洞，其结构基本可以复原。简报推断建筑年代在 582 年左右，是隋唐长安城最早的建筑之一。简报称，隋唐皇城城墙下过水涵洞的发现，对于认识隋唐都城规划中的排水工程设施与其设计细节提供了实物资料。长安城是一座有百万人口的大都市，有数条大渠道进入城中，雨水与污水的排水道也要穿越多处城墙。此类设施应当还有多处。

943.隋唐长安城含光门北侧地层的考古调查

作　者：西安市文物园林局、陕西古建设计研究所、西安城墙考古调查组
　　　　姜宝莲、秦建明

出　处：《文博》2006 年第 5 期

2004 年 3 月初开始至 8 月底止，为配合含光门新辟西门洞工程，考古人员对有关文物进行考古调查与资料记录，发现和获得了一批关于西安城墙的重要资料，其中调查和研究了含光门北侧唐至明清的地层与城墙结构的相互关系，对于了解隋唐及其后历代城墙的维修改建情况，认识唐长安皇城内部与历代西安城内的地层历史，都具有特殊意义。简报分为：一、调查概况，二、地层结构与出土遗物，三、地层分期，四、地层分析，五、本次调查收获，共五个部分。有彩照。

据介绍，本次考古调查进一步认识了隋唐皇城的结构：皇城内侧可能存在一条东西向水沟，这处水沟在皇城建筑初期即存在，当是与皇城同时规划。皇城下过水涵洞之流水即注入该沟，该沟流水方向应当是自东向西流动。沟中有丰富且连续的自隋唐至现代的地层堆积，堆积层与其中遗物反映了各时代周边环境信息。简报指出，从遗物的时代特征可以看出地层的大致时代，出土遗物与地层可以分为五个大的时

期，即隋唐期、唐末五代期、宋元期、明清期、近现代。从北壁和西壁的地层关系来看，北壁沟内的遗物堆积和西壁显示的筑城分期基本对应，二者可以互相校正。简报称，隋唐长安城在中国历史上有着重大影响，在中国古代都城中有较高的学术地位。

944.西安市唐大明宫含元殿遗址以南的考古新发现

作　者：中国社会科学院考古研究所西安唐城队　龚国强、何岁利、李春林等
出　处：《考古》2007 年第 9 期

2005 年 6～7 月，西安市政府在财政部、国家文物局、陕西省文物局的大力支持下，实施大明宫含元殿御道保护工作，拆除了含元殿遗址以南南北长 650 米、东西宽约 400 米范围内的全部建筑物。2005 年 8 月至 2006 年 6 月，考古人员为配合大明宫含元殿御道保护工程建设，对上述拆除范围内的遗址进行了考古勘探和试掘工作。有一些新的重要发现，其中最重要的是在含元殿遗址以南发现了唐代渠道、桥梁、道路等遗迹。简报分为：一、殿前渠道，二、桥梁遗迹，三、道路遗迹，四、出土遗物，五、小结，共五个部分。有彩照等。

据介绍，出土了砖瓦、石块、螺壳、陶瓷器、铜钱、铁钉及铁剑等唐代遗物。其中砖瓦数量最多，有长方形砖、方形素面砖、方形花纹砖以及莲花纹瓦当、板瓦等，一些砖上还带有"……官砖""安门……""开廿九六月官砖"等刻铭。

简报指出，这次发现的唐代渠道呈东西走向，位置恰在大明宫含元殿前并与之基本平行，渠上又建筑有 3 座间隔几乎等距的桥梁。简报认为，这处渠道应为进入大明宫的"龙首渠"支渠，渠上发现的东西两侧桥梁应是文武百官上朝前的"下马桥"，而中间较大的桥梁应是唐朝皇帝专用的御桥。至于 20 世纪五六十年代在大明宫含元殿和丹凤门遗址之间发现的东南—西北走向的所谓"龙道渠"，经过初步试掘和解剖，应是明清甚至更晚时期所挖。

至于在朝堂南面发现的砖道遗迹，也与有关的历史记载较相符，如《新唐书·仪卫志》载："朝日……文武班于两观，检察御史二人，立于东西朝堂砖道以莅之。平明，传点毕，内门开，检察御史领百官入"。此外，《玉海》卷 70、《全唐文》卷 727 也均有类似的记载，说明朝堂前有砖道相通。

简报最后指出，唐含元殿前新发现的渠道、桥梁以及道路等遗迹，意义十分重大，为我们深入了解唐大明宫前朝部分的建筑设计和布局提供了新的参考资料，对于研究中国古代宫城制度的发展演变也具有重要的学术意义，并将有助于唐大明宫遗址的整体保护。

945.西安南郊唐史君夫人颜氏墓发掘简报

作　者：陕西省考古研究所　杨武站、曹　龙、马永赢
出　处：《考古与文物》2007 年第 1 期

唐史君夫人颜氏墓位于西安市雁塔区缪家寨村西南 150 米处。2005 年 1 月 28 日至 2 月 1 日，在配合浪仙屿餐饮娱乐公司生态园基本建设的过程中发现并抢救发掘了该墓。发掘情况简报分为：一、墓葬形制，二、出土器物，三、结语，共三个部分。有手绘图、照片、拓片。

据介绍，颜氏墓编号为 M3，平面形状呈"刀"形，由墓道、甬道、墓室三部分组成。该墓随葬器物较为丰富，墓志、陶俑分布在甬道和墓室口部，钱币、串珠等小件器物原放置在棺内，发掘时散乱分布于墓室淤土中，墓志 1 合，阴刻楷书共 48 字，简报录有志文全文。该墓墓志记载简略，史君及夫人颜氏夫妇二人只有姓氏而无名。墓志明确记载，颜氏死于大周延载元年（694 年）"拾月拾捌日"，葬于神功元年（697 年）"拾月贰拾贰日"，为武则天执政时期，此时武则天已将国号改为大周，墓志中的"年、月、日"均使用武则天所颁布的文字。史君所任职的博士应为五品，是国子博士，墓志中的安宁乡简报认为应为宁安乡。

简报称，史君夫人颜氏墓位于唐明堂县安宁（宁安）乡，对研究唐代都城长安附近的行政区划具有一定的参考价值。该墓埋葬时间明确，为研究西安地区盛唐时期中小型墓葬提供了新材料。

946.唐殷仲容夫妇墓发掘简报

作　者：陕西省考古研究所　李　明等
出　处：《考古与文物》2007 年第 5 期

2004 年 7 月底至 8 月初，在西北大学长安新校区基建范围内发掘了唐殷仲容夫妇墓，工地编号 2004CXDMll6。发掘工作自 2004 年 7 月 23 日始，至 8 月 9 日结束。发掘收获简报分为：一、墓葬位置，二、墓葬结构，三、随葬器物，四、结语，共四个部分。有手绘图、照片。

据介绍，西北大学长安新校区位于西安市南郊的长安区郭杜街道办事处东南 2 公里，北距唐长安城遗址约 8 公里，位置在唐长安城的西南郊。唐殷仲容夫妇墓位于校区内新建教学楼东北部，该地点原属于郭杜街道办事处康杜村耕地。该墓系长斜坡墓道多天井和小龛的单室土洞墓，平面呈刀形。由墓道、过洞、天井、壁龛、甬道和墓室等部分组成。该墓曾遭盗扰，随葬品出土有陶、铜、铅、骨、玉等质地

的器物和墓志共计 55 件。简报录有墓志志文全文。

　　该墓系殷仲容与其妻颜顽夫妇的合葬墓，因有 2 合墓志出土，下葬年代具体。颜顽葬于唐高宗永隆二年（681 年），殷仲容葬于武周长安三年（703 年），因此该墓的下葬年代应为殷仲容墓志所记的长安三年七月十七日。墓址所在地是"高阳原隋唐墓地"的腹地，地势较高，隋唐墓葬分布并不密集，而且墓主人多是世家大族和六品以上的官吏，时代上也以初唐和盛唐居多，可见该墓墓址选择此地是经过精心安排的。殷仲容有一个早殇的长子殷泰初，卒于永淳元年（682 年），时年 28 岁，其墓位于殷仲容夫妇墓西侧 66 米（陕西省考古研究所 2004 年发掘资料），而且墓志明确说明是"窆于先茔之后"，可知殷氏家族墓地即位于高阳原腹地。墓主人之一殷仲容（633 ～ 703 年），是唐高宗至武则天时期名重一时的书法家，官至秘书丞（从五品上阶）、工部郎中（从五品上阶）、申州刺史（正四品下阶）。他擅长篆、隶书，尤精于榜书题额。两《唐书》中没有立传，但其名屡见于他人传记。

　　简报称，殷仲容妻颜顽（631～677 年），是秘书监、海内大儒颜师古（581～645 年）之女，也是唐代大书法家颜真卿的堂姑祖母。颜真卿《颜家庙碑》："与内弟殷仲容齐名……君（颜惟贞）仁孝友悌，少孤，育舅殷仲容氏"（按：颜惟贞是颜真卿的祖父），说明殷仲容又是颜真卿的舅祖父。由此可知殷氏与颜氏世代通婚。殷氏与颜氏都是南朝世家、书香门第，世代名人辈出，可谓"门当户对"。颜顽年 17 岁（647 年）嫁给殷仲容，仲容时年 14 岁，当时颜师古已过世两年，此桩婚事应该是在颜师古在世时就已安排妥当的。殷仲容的祖父殷闻礼、父亲殷令名都是初唐名士。殷令名也是隋末唐初闻名的书法家，张彦远《历代名画记》载其名。

947.西安西大街古井出土唐代遗物

作　者：西安市文物保护考古所　张全民等
出　处：《文物》2009 年第 5 期

　　西安西大街位于现西安城市的东西中轴线上，属旧街区，地理位置颇为重要。隋唐时期这里属于当时皇城，分布着大量的中央官署机构。五代、宋、元时期这里位于当时的长安城内。2000 年，西安市开始对西大街一带进行大规模的拆迁改造，发现地下分布着十分密集的古井。考古人员在巡视过程中发现此工地古井被盗挖情况严重，2005 年 3 月，考古人员对工地进行抢救性考古发掘，清理古井 4 座，出土了一批宋元瓷器残片，其中一些可以复原。其后工地基槽西南角又发现 1 座古井，清理出唐代执壶等器物，有的较为完整。简报分为两个部分，配以照片，先行介绍这口唐代古井。

据介绍，古井中出土有耀州窑瓷器，年代大约在唐代中晚期。瓷器光亮如新，不见使用痕迹。此井深 6 米，也可见当时唐长安城地下水位的高度。简报推测，此井地点应位于当时的司农寺内。

948.西安南郊隋李裕墓发掘简报

作　者：陕西省考古研究院　李　明等
出　处：《文物》2009 年第 7 期

2006 年 12 月 12 ～ 18 日，考古人员在西安市南郊长安区郭杜镇抢救性发掘了一座隋代纪年墓，编号简称 M38。该墓北距隋大兴城遗址约 7 公里，位于隋大兴城的西南郊。简报分为：一、墓葬形制，二、葬具与葬式，三、随葬器物，四、结语，共四个部分。有彩照、拓片、手绘图。

据介绍，该墓系长斜坡墓道多天井的单室土洞墓，平面呈刀形，坐北朝南。由墓道、过洞、天井、甬道和墓室等组成，墓室底部距地表 5.66 米。据出土墓志记载，墓主人是隋京兆尹、猗氏县公李裕，葬于隋大业元年（605 年）。此墓出土的随葬器物有陶俑、陶器、瓷器、漆器、铜器等，其中瓷器均为白瓷器，有四系鸡首壶、碗、杯、碟、盘、辟雍砚，是隋代邢窑的产品。

李裕的祖父李弼系北周八柱国之一，李裕的父亲李曜（又作"李耀"）系李弼长子，北周时官至骠骑大将军、开府仪同三司。此二人《周书》《北史》均有记载，但李裕史书无传。此志文正可补史书之缺。简报录有全文。墓主人李裕系勋臣之后，以祖荫入仕，虽官至二品，但政治经历简单，亦无作为，其墓葬形制和规模无特别之处。随葬的瓷器反映了墓主人生前的生活，以李裕的身份看，这些瓷器可能是定烧的。

949.西安市东郊枣园苏村出土唐代齐璿墓前碑石

作　者：西安市文物保护考古所　王久刚等
出　处：《文物》2009 年第 8 期

枣园苏村位于西安市东郊浐河东岸。2005 年 4 月下旬，村民盖房挖地基时发现一青石龟座，考古人员前往查勘。青石龟座位于宅基地中间，面朝南，龟座上部距地表约 1 米。清理发掘中在位于龟座左前方发现了碑石。从发掘情况推测，龟座应位于原位置，其北面应有墓葬。碑文共 34 行，满行 68 字，实刻字数 2233 个。碑石侧有磨损现象，特别是 28 ～ 34 行个别字已磨毁。书体为楷书，略带行意。简报录有全文。

据碑文知，墓主齐璿，曾任礼部员外郎、右史司过记事，都官郎中加朝散大夫、长安县令、洛州司马、卫尉卿鸾台侍郎。载初元年（689 年）62 岁，诏为京师留守，代苏良嗣知事，又迁国子祭酒，依旧留守，因故被贬为沣州刺史，后又升任荆州大都督府司马，检校益州大都督府长史兼同昌等三军支度大使，万岁登封元年（696 年）三月四日因病薨于益州之馆宇，享年 79 岁，第二年即万岁通天二年（697 年）正月廿四日与夫人吴氏合葬于京兆府万年县白鹿原。继夫人博陵崔氏祔于封域。15 年后于睿宗太极元年（712 年）因其子之故追赠为礼部尚书。夫人吴氏以唐高宗仪凤年间（676 ~ 679 年）终于户县官舍，齐璿时年约 48 岁，据此可知墓主任户县令时在仪凤年间。续夫人崔氏于长寿年间（692 ~ 694 年）终于沣州廨宇，墓主时年约 66 岁，正值被贬沣州刺史之时。开元十年（722 年）春，其子景胄随唐玄宗去东周（洛阳），冬十月表请还秦树碑座寝，就在准备起程时因病死亡，临终留言表示对立碑之事深感遗恨。后其孙明允刻立此碑，故此碑时间应为开元十年（722 年）后的不长时间，距墓主人去世已约 25 年。

简报指出，此碑文多为对墓主人的称颂之同，但也有一些有史料价值的内容，如唐代的治安治理情况等。又如介绍了北齐《玉府新书》的编写、内容、作者等情况。碑文为主人之孙所书，楷书略带行意，字体平稳、端正，浑厚刚劲，既学欧、褚又有所创新，具有较独特的艺术风格。

950.唐薛元暇夫妇墓发掘简报

作　者：陕西省考古研究院　段　毅
出　处：《考古与文物》2009 年第 6 期

2007 年 4 月，考古人员在配合陕西师范大学后勤基地 14 号楼的建设中，发现了一座唐墓，墓主人薛元暇，为魏晋以来的河东望族、汾阴薛氏家族成员。该墓位于今西安市长安区郭杜镇大居安村。简报分为：一、墓葬形制，二、葬式葬具，三、随葬品，四、结语，共四个部分。有手绘图。

据介绍，该墓葬坐北朝南，平面略呈"刀"字形，总长 14 米，由长斜坡墓道、三个过洞、三个天井、甬道、砖封门和单土洞墓室组成。墓室内存有三具人骨架，其中两具被放置于棺床之上，东西各一，均为仰身直肢，头向北。位于东侧者身形较为高大。有一具人骨似为未成年人。葬具应为木棺，已朽。该墓曾被盗，仅出土陶器、瓷器、石墓志等计 55 件。简报录有志文全文。

据出土墓志可知，墓主人薛元暇，系魏晋以来的河东汾阴薛氏家族成员，生于隋开皇十四年（594 年），逝于唐高宗麟德二年（665 年），享年 71 岁，一生所任实职均为中下级官吏，大约在唐高祖立国不久已经袭封内阳郡开国公，墓志中提及的其曾祖薛端、祖父薛胄以及父薛献并见于史书记载，元觊父献史书记载甚略，志文可补史阙。

简报称，元觊一生所任实职并不高，然其袭封的开国公乃是唐代封爵之一，属正二品，与之对应的墓葬为带有三个天井的长斜坡单墓室土洞墓，在初唐，葬制尚属规范之时，应是对其身份地位的一种反映。

951.西安南郊傅村隋唐墓发掘简报

作　者：陕西省考古研究院　段　毅、孙安娜
出　处：《考古与文物》2010 年第 3 期

2005 年，考古人员对西安市雁塔区丈八乡傅村一带房地产开发占地内 102 座古墓进行了发掘。简报分为：一、墓葬形制，二、出土遗物，三、结语，共三个部分，介绍了其中的 39 座隋唐墓。有手绘图。

据介绍，39 座隋唐墓均为小型土洞墓，多见长方形斜坡墓道，其次为长方形竖穴墓道。有的长方形斜坡墓道带一个天井，长方形竖穴墓道墓底则有斜坡和平底两种，墓道长度 2.4 ~ 8.16 米，宽度 0.6 ~ 1.02 米。盗扰严重，许多墓葬封门无存，从残存的迹象看以土坯封门为常见，个别墓葬为砖封门。大多数墓顶塌陷严重，以弧顶和平顶为多。葬具均为单棺，大部分墓室葬一棺。葬式多为仰身直肢，除个别骨架完好外，大部分骨架零乱、朽蚀，保存较差。这批墓葬出土随葬品较少，39 座墓葬共出各类文物 116 件，主要有陶器、陶俑、铜钱、铁器、石器、蚌器几类。其中 M10 出土的唐代铜尺比较重要。此批墓葬，年代从隋至初唐、盛唐、中晚唐不等。

952.西安南郊隋苏统师墓发掘简报

作　者：陕西省考古研究院　李举纲、袁　明
出　处：《考古与文物》2010 年第 3 期

2009 年 2 月 14 ~ 18 日，考古人员在西安市南郊的长安区韦曲街办事处韩家湾村征地范围内发掘了隋大业四年（608 年）苏统师墓，编号为 2009HDM37。简报分为：一、墓葬形制，二、葬具葬式，三、随葬器物，四、结语，共四个部分。有拓片、手绘图。

据介绍，该墓系长斜坡墓道单室土洞墓，平面呈刀形，由墓道、甬道和墓室等部分组成。一棺，一人骨一副，仰身直肢。该墓墓室已塌陷，墓室顶部有早期盗扰的痕迹，共清理出随葬器物 15 件（组），包括瓷器（邢窑白瓷）、陶器、铜钱、铜镜、泥钱、墓志等，除墓志以外，其他器物均放置于棺内。简报未录墓志志文全文。

墓主人苏统师，史传元载，墓志仅提供其为京兆郡武功县人，有学者曾结合中原地区隋墓形制、规模、内部设施及随葬品等对隋代墓葬等级进行过初步研究，苏统师墓应属于第二等级的中型墓，惟随葬品数量偏少。研究者认为这一等级的墓主多属于三品以下、七品以上的中高级官吏。不过苏统师墓出土墓志中明确标示出的墓主为"权瘗"。权瘗就是暂且埋藏，这应与中古时期流行卒后归葬祖茔的传统有关，这也就解释了随葬品偏少的原因。

953.西安新出土唐代铜镜

作　者：西安市文物保护考古所　张小丽
出　处：《文物》2011 年第 9 期

2002 ～ 2006 年，考古人员在西安市长里村东侧的紫薇田园都市 K 区、潘家庄村西侧和南侧的世家星城、缪家寨村北的三环路东南连接线 3 标段、马腾空村北的三环路东南连接线 5 标段等工地发掘了一批唐代墓葬，出土了许多器物。其中所出铜镜十分珍贵，简报配以照片予以介绍。

据介绍，所出铜镜有十二生肖镜、生肖镜、海兽葡萄镜、四瑞兽镜、鸾鸟衔绶镜、花草镜、双雁双兽花枝镜、龙纹镜、连珠纹镜、飞鸟云纹镜、千秋万岁镜等。年代从唐高宗至唐晚期不等。出土时铜镜大多放在墓主人头骨旁，有的放在漆盒内。

954.西安市长安区唐乾符三年天水赵氏墓发掘简报

作　者：陕西省考古研究院　李举纲、袁　明、杨　洁
出　处：《四川文物》2011 年第 6 期

为配合基建，考古人员于 2009 年 3 月在西安市长安区韦曲街办事处夏殿村以西发掘了唐乾符三年（876 年）天水赵氏墓（编号 2009XBM7）。该墓纪年明确、形制保存较为完整，出土物种类丰富、工艺精美，其中墓志盖、石间叠压铁板、铜钱尤为值得注意。这座唐墓的发掘为长安地区唐代晚期墓葬研究提供了新的资料。简报分为：一、墓葬形制，二、葬具葬式，三、出土器物，四、结语，共四个部分。有手绘图、拓片。

据介绍，2009 年 3 月，考古人员在曲江观山悦住宅小区工程建设征地范围内，即西安市长安区韦曲街办事处夏殿村以西发掘了唐乾符三年（876 年）天水赵氏墓（编号 2009XBM7）。据墓志记载，墓主为女性，墓志楷书，共计 178 字，简报录有志文全文，随葬品共计 24 件。

简报称，该墓出土的龙纹铜镜、贴金骨梳背、铜鎏金花钗残饰件、水晶簪头及 10 枚黑白围棋子等器物，为研究晚唐时期贵族妇女妆具、饰品及其生活娱乐等方面提供了实物资料。

955.西安市长安区晚唐时期令狐家族墓葬发掘简报

作　者：陕西省考古研究院　李举纲、袁　明、杨　洁
出　处：《文博》2011 年第 5 期

2009 至 2010 年间，在西安市南郊的长安区韦曲街办事处韩家湾村征地范围内发掘了唐咸通六年（865 年）令狐绹墓及乾符五年（878 年）河东裴氏墓。两座墓皆为竖穴墓道单室土洞墓。墓葬形制较为完整，属于晚唐时期的典型墓葬，虽曾遭盗扰，出土器物数量不多，但很有特色，两合墓志的发现为中晚唐时期科举和家族研究提供了新的文献资料，同时基本确认了令狐家族墓地的所在地。简报分为：一、唐令狐绹墓，二、唐裴氏墓，三、结语，共三个部分。有拓片、手绘图。

据介绍，令狐绹墓（M56）与裴氏墓（M9）相距 60 米，均有墓志出土。令氏墓志，楷书，计 709 字。裴氏墓志，楷书，计 326 字。简报均录有志文全文。

据志文，M56 墓主令狐绹，唐代文学家令狐楚之侄。墓志撰书者及篆额者为其仲弟令狐缥，见载于《唐郎官石柱题名考》，此志中标明伯仲，可补史阙。据墓志记载，令狐绹因病逝于开化里，于唐咸通六年（865 年）葬于万年县焦村凤栖原其先府君令狐定大茔之左次，推测此地即为令狐家族墓地，但由于配合基建发掘时间紧促，勘探资料中未显示相关信息，墓地范围及墓葬排列顺序尚无法确定。另外，《全唐文补遗》中收录有一方唐咸通八年《唐故朝散大夫检校尚书比部郎中兼侍御史知度支陕州院事令狐府君墓志铭并序》，志文记载墓主令狐纵及其夫人"归葬京兆府万年县焦村之先茔"，考令狐纵为令狐绹堂兄弟。

M9 墓主河东裴氏，志载为唐侍中、尚书右仆射裴耀卿之后；其父裴庚官居司农寺主簿，未见载于谱系。裴耀卿，《旧唐书》有传，其世系上溯后魏冀州刺史裴叔业，为史称"南来吴裴"的一支裴姓家族，但墓志首句却写其为河东西眷裴，为何谬附，存疑待考。墓志撰文者为裴氏夫君令狐钧，官居知盐铁陈许院事、朝散郎、监察御史里行，史书无载；据墓志记述裴氏因病于唐乾符四年十一月终于公

署，于次年正月（878年）归窆于长安万年县高平乡东焦原之大茔，即其夫令狐家族墓地中。

956.唐贞顺皇后敬陵石椁

作　者：兰州大学西北少数民族研究中心、陕西历史博物馆　程　旭、师小群
出　处：《文物》2012年第5期

唐玄宗惠妃武氏于开元二十五年（737年）终于兴庆宫，赠贞顺皇后，葬于敬陵。敬陵位于陕西省西安市长安区大兆镇庞留村西，2004年被盗掘。2010年6月，在公安、文物部门的努力下，贞顺皇后石椁从美国追索回国，由陕西历史博物馆收藏。

石椁的基本情况简报分为：一、形制与结构，二、内外壁与基座雕刻，三、价值与意义，共三个部分。有彩照、手绘图。

据介绍，墓中石椁为面阔三间、进深两间的单檐殿顶建筑，内壁和外壁布满雕刻及彩绘。外壁以神话人物和花鸟画面为主，绕以花草纹、动物纹、云纹等；内壁以仕女画面为主，边框饰花卉纹；基座刻瑞兽形象。此为目前所见体积最大、等级最高的石椁，简报称，这为研究唐代丧葬制度和绘画史提供了重要的实物资料。

957.西安唐殿中侍御医蒋少卿及夫人宝手墓发掘简报

作　者：西安市文物保护考古研究院　杨军凯、辛　龙、郭永淇
出　处：《文物》2012年第10期

唐殿中侍御医蒋少卿及夫人宝手墓，位于西安市南郊长安区韦曲街道办事处东兆余村北500米，东距高望村约1公里。为配合国家民用航天产业基地项目，考古人员于2010年9月～2011年2月在此清理汉、十六国、唐代墓葬共30座。其中蒋少卿及夫人宝手并穴合葬，墓中出土了大量的彩绘陶俑。简报分为：一、墓葬形制，二、随葬器物，三、结语，共三个部分。有彩照、拓片、手绘图。

据介绍，M15、M16为夫妻并穴合葬墓，出土了大量彩绘陶俑。墓志1合，志文楷书，共466字，简报录有志文全文。据墓志记载，M15的墓主是唐代殿中侍御医蒋少卿，葬于显庆二年（657年）；M16的墓主是其夫人宝手，葬于上元二年（675年）。唐代侍御医是宫内的主要医官，蒋氏家族在唐代初期的官方医学机构中占有重要地位，简报称，蒋少卿墓的发现对研究唐代的医疗官署制度有重要意义。

958.西安凤栖原唐郭仲文墓发掘简报

作　者：陕西省考古研究院、西安市文物保护考古研究院　郭永淇、杨军凯、
　　　　　辛　龙、杨　洁

出　处：《文物》2012 年第 10 期

2010 年 9 月至 2011 年 2 月，为配合基本建设工程，考古人员在西安市长安区韦曲街道办事处东兆余村北、高望堆村东发掘汉代、十六国时期及唐代墓葬共 30 座，其中唐郭仲文墓（编号为 M1）南距东兆余村约 300 米，西距高望堆村约 1000 米，发现了大量精美的壁画。M1 的发掘情况简报分为：一、墓葬形制，二、壁画，三、出土器物，四、结语，共四个部分。有彩照、手绘图。

据介绍，东兆余村北发掘的唐墓葬出土的器物 4 件（组），其中墓志 1 合，志文楷书，共 1057 字，简报录有志文全文。据墓志可知，墓主为唐郭子仪之曾孙郭仲文，葬于会昌二年（824 年）。墓中发现了大量精美的壁画，对于研究唐代晚期墓葬壁画具有重要的价值；简报认为，此墓的发掘为研究唐代墓葬的埋葬制度提供了珍贵的实物资料，郭氏家族墓地的发现为进一步研究郭氏家族的变迁史提供了新线索。

959.西安南郊唐贞观十七年王怜夫妇合葬墓发掘简报

作　者：陕西省考古研究院　李举纲、袁　明、郑旭东

出　处：《文博》2012 年第 3 期

2010 年 3 月，考古人员在西安市长安区韦曲街道办事处韩家湾村以西黄河上游水电开发有限责任公司 1000 兆瓦太阳能光伏电池项目工程基建范围内，发掘了唐贞观十七年（643 年）上柱国王怜夫妇合葬墓（M11），该墓纪年明确、形制保存基本完整，出土物种类丰富、陶俑组合较为明晰。简报分为：一、墓葬形制，二、葬式葬具，三、出土遗物，四、结语，共四个部分。有手绘图。

据介绍，该墓已因施工受到破坏，为长斜坡墓道单室土洞墓，由墓道、过洞（2 个）、天井（2 个）、壁龛（2 个）、甬道、封门、墓室组成。墓室西部有东西并列的人骨 2 具，仅存头骨、少量肢骨及髋骨。人骨置于棺床上，棺床四周用砖围起。该墓曾遭盗扰，共出土器物 133 件。东壁龛出土器物 45 件，有陶骑马俑、陶立俑、陶羊、陶猪、陶狗、陶鸡、陶泡钉；西壁龛出土器物 19 件，有陶骑马俑、陶立俑、陶羊、陶猪；墓室出土器物 68 件，有武士俑、镇墓兽、马俑、陶立俑、陶骆驼、陶牛、陶狗、陶珠、青瓷罐、铜镜、铜饰、铁扣件及石墓志。简报录有墓志志文全文。

据志文，知墓主为王怜夫妇。墓主王怜，史传无载。据志文记载，可知其父、

祖都曾官居显位并获封爵。志文记载王怜"祖魏特进、尚书左仆射、河南道大行台、廿四州诸军事、廿四州刺史，赠尚书令、太原公"，其中"特进""尚书左仆射""太原公"等与史籍中历仕北魏、西魏、东魏、北齐的王思政所历官职及封爵相符；王思政第三子王楼的封爵与志文所记相合。王思政之父王祐，《北史》称官州主簿，与墓志官齐尚书左仆射、上柱国、太原公不符，推测王祐官职可能为北齐追赠。由此可推测王怜应为王思政之后裔。志载王怜曾随隋炀帝东征，封朝散大夫，正四品文散官，鸾击郎将，后率众归降李渊，被授予银青光禄大夫、三卫总管，与李渊父子合围攻下长安后，又封上柱国，为正二品勋官，左监门郎将，为正四品下武官。武德二年（619 年）又授左监门将军，为从三品武官。武德七年（624 年）逝于长安，贞观十七年（643 年）与夫人迁葬于雍州万年县义善乡兴寺里少陵原。

960.西安西郊唐突骑施奉德可汗王子墓发掘简报

作　者：西安市文物保护考古研究院　柴　怡、李文会、张翔宇等
出　处：《文物》2013 年第 8 期

2011 年 10 月，考古人员在西安市西郊大庆路西段发掘了一座唐墓，编号为2011XXBM6（以下简称 M6）。此墓位于隋唐长安城西郊，东距隋唐长安城约 2.5 公里。简报分三个部分介绍了发掘情况，配有彩照、拓片和手绘图。

第一部分为墓葬形制。该墓为斜坡墓道砖室墓。墓葬上层堆积被破坏，发现时墓葬开口距地表约 1 米。此墓由墓道、甬道和墓室三部分组成。已经盗扰，无人骨痕迹。从残存棺痕判断，葬具为木棺，墓内还发现了残朽铁棺钉。

第二部分为随葬器物。此墓出土陶俑、陶动物、陶器、铜钱合计 43 件，还出土1 合墓志。陶俑有镇墓俑、立俑、骑俑、坐俑、跪拜俑。简报对每种俑都有详细描述。出土铜钱为 2 枚开元通宝，出土墓志并盖 1 合 2 石。

第三部分为结语，据墓志记载，墓主为唐突骑施质子光绪（？～ 765 年），葬于唐永泰二年（765 年）十月十六日，光绪系唐交河公主孙、突骑施奉德可汗王之子。光绪王子"少自绝域质于京师"，并以突骑施质子身份入内侍，又曰"缅慕华风遂袭冠带"。简报称可见唐文化对其影响至深，也说明墓主汉化程度之高。王子事迹史书不载，但其祖母交河公主，在《新唐书·突厥列传》中有记载。

简报说此墓出土一件陶跪拜俑，文官形象，头戴高冠，面部微仰，脸庞丰润，双眼细长，鼻梁挺直，嘴微抿，身着宽袖长袍，腰束宽带，作跪拜状，两手交握呈作揖状置于胸前。跪拜俑在唐代陶俑中较少见。

简报认为，此墓是近年来在隋唐长安城发现的一座地位较特殊的西域部族墓葬，

也是首次在唐长安地区发现的突骑施王庭成员的墓葬。

简报指出,此墓的发现不仅为研究突骑施的兴衰提供了新的实物资料,也为研究唐代中央政府与西域部族的关系提供了新资料,具有重要的学术意义。

961.西安市西郊杨家围墙唐墓 M1 发掘简报

作　者:西安市文物保护考古研究院　杨军凯、辛　龙、郭永淇、郑旭东等
出　处:《考古与文物》2013 年第 2 期

2011 年 2 月 25 日～3 月 10 日,考古人员在西安市西郊大庆路与汉城北路交汇处西北,杨家围墙城中村改造项目工程基建范围内发掘了 10 座唐代墓葬。其中 M1 保存较好,出土大量陶俑、釉陶和瓷器等文物。简报分为三个部分予以介绍。有手绘图。

第一部分为墓葬形制。M1 为长斜坡墓道单室土洞墓。坐北朝南,墓葬平面略呈"刀"形,由墓道、封门、墓室三部分组成。葬具应为木棺。墓主骨骼保存较差,葬式不明。

第二部分为随葬器物。该墓共出土器物 30 件,分布于棺床北端及墓室东侧。塔式罐底座及带盖瓷罐置于棺床北端,瓷器、三彩器及女俑、陶骆驼、陶马等置于墓室东北角,镇墓兽、天王俑置于墓室口东侧。

第三部分为结语,指出 M1 为长斜坡墓道单室土洞墓,墓室平面略呈长方形,棺床位于墓室西侧,墓道偏于墓室南壁东侧,为典型的"刀"形墓。此类型墓葬多为庶人使用,但在初唐、盛唐时也有低品级的官员使用。M1 的墓主应为庶民或低品级官员。该墓葬的时代则应为 8 世纪末至 9 世纪初。

简报认为,该墓出土的三彩提梁扁壶,具有鲜明的草原民族特色。瓷器的大量出土,也是该墓随葬物的一个特色。而 M1 棺床上出土的泥质红陶塔式罐底座,又与白瓷盖罐聚于一处,推测原应为完整的塔式罐组合。这种塔式罐盖,罐为白瓷,而座为陶质,盖钮为环形,这与唐代塔式罐常为竹节状盖钮、塔形盖钮、葫芦形盖钮有所不同,值得深入研究。

962.西安南郊唐代张夫人墓发掘简报

作　者:西安市文物保护考古研究院　张小丽、赵　晶等
出　处:《文博》2013 年第 1 期

2014 年 4 月,为配合西安公交总公司城南公交枢纽站的建设,考古人员在朱雀

路与南三环十字西南、南寨子村北发掘了20座汉代至明代墓葬。该批墓葬保存较完好，其中编号XAGJSNZM4为一座唐代墓葬，分四个部分加以介绍。有手绘图、拓片。

第一部分墓葬形制该墓坐北朝南，形制为长斜坡墓道（带1过洞、1天井）单室土洞墓，平面近直背刀型，由墓道、过洞、天井、甬道、墓室五部分组成。

第二部分葬具葬式及随葬品位置。棺床上南北向置一木棺，已朽，仅存朽木痕迹。棺内有人骨架1具，保存较差，多已朽成粉末状，葬式为仰身直肢，头向北。

第三部分随葬器物。该墓共出土器物15件（套），另有墓志1合。其中墓室东侧中部置塔式罐2套，女俑3件，幞头俑2件，胡人俑1件，陶羊1件，陶牛1件，陶猪1件。棺床上墓主人头骨右上方置铜镜1面，头部有银颌托1件，右手处有铜猪1件，左臂处有银管饰1件。墓志置于墓室口紧贴东壁处，出土时志盖合于志石之上，略有错位，志盖首朝西。

墓志顶面阴文篆书"大唐故张夫人墓志铭"9字，行3字。简报录有志文全文。

第四部分结语。据墓志可知，墓主为范阳张氏之女，随父任于蜀，开元十九年（731年）卒于四川彭州官舍，年仅17岁，其卒因是因为母亲去世后"哀毁过礼，久而成疾，遂告云亡"。开元二十一年（733年）祔葬于祖父之茔。

墓志十分简要地记载了张氏女家族谱系，其祖父讳季友，为银青光禄大夫、陇州刺史，其父时任职于蜀，但其官职和名讳，墓志并未提及。由墓志可知张氏之母为河南元氏，元氏的祖父讳大士，为西台侍郎，父讳庭，为太原府法曹。河南元氏，原属鲜卑族拓跋部的一支，在孝文帝实行汉化改革后改姓为元氏，是北魏、东魏、西魏的皇族。

简报指出，该墓随葬器物数量不多但种类较丰富，特别是出土的一面孔雀镜甚为独特。以往唐开元时期的葵花镜纹饰内容多以瑞兽、花枝、莺鸟为主，但该镜却刻画了两只栩栩如生的开屏孔雀隔纽相望，而且在铜镜上部出现了莲蓬簇拥的"卍"字。一般认为，"卍"字是古代印度宗教的吉祥标志，是太阳的象征，随着古代印度佛教的传播进入中国，武则天将其音定为"万"，义为"吉祥万德之所集"。之前出土的"卍"字镜均流行于唐德宗至晚唐时期，且布局为"卍"字以纽为中心分布。该面铜镜应是卍字纹出现于铜镜之上的较早实例，而莲蓬簇拥的"卍"字纹则应和佛教有比较密切的关系，象征着祥瑞。

963.唐郭仲恭及夫人金堂长公主墓发掘简报

作　者：西安市文物保护考古研究院　杨军凯、郑旭东、辛　龙、郭永淇
出　处：《文博》2013 年 2 月

2010 年 9 月至 2011 年 2 月，考古人员在西安市南郊长安区韦曲街道办、国家民用航天产业基地神光蓝宝石单晶片项目工程基建范围内，发掘了一批汉代至唐代的墓葬。其中有唐乾符二年（875 年）郭仲恭及夫人金堂长公主的同穴合葬墓。该墓纪年明确、形制保存基本完整，出土墓志两合，另有瓷罐口沿、铜镜、石枕等物出土，其中一件鸟形石器，仅存下半部分，推测为熏炉一类物，具体定名还有待于今后的考古发掘。

简报分为：一、墓葬形制，二、随葬器物，三、结语，共三个部分。有手绘图、照片。

据介绍，唐郭仲恭及夫人金堂长公主合葬墓，位于西安市南郊长安区韦曲街道办东兆余村北 500 米，东距高望堆村约 1000 米。虽被严重盗扰，仍出土墓志两合及铜镜、石器等随葬品。志文楷书，共计 664 字，另一志文楷书，共计 830 字，简报录有二志志文全文。

根据出土墓志可知，墓主郭仲恭、金堂长公主分别于唐会昌四年（844 年）和唐乾符二年（875 年）入葬。该墓为长斜坡墓道单室砖室墓，带 3 个天井，墓室平面呈方形。此类墓葬使用时间较长，从初唐延续至中晚唐，但集中于初唐至盛唐时期，有杨玄略墓、张叔遵墓。张叔遵应是 871 年入葬。

墓主郭仲恭，字德卿，唐汾阳王郭子仪之曾孙，驸马都尉、拜骑省左常侍、赠左仆射郭暧之孙，策司空、兼太常卿、赠太尉郭钊之第五子，任将作少监（从四品）、赠工部尚书。

金堂长公主，为唐穆宗第四女，志文记载其"以长庆元年初封晋陵公主，开成中改封金堂，母曰郑才人，寻殂。有子二人，女三人，女皆淑顺有先范"。

郭仲恭于会昌四年（844 年）八月廿一日寝疾，薨于京师长兴里之私第，十一月六日，葬于万年县之南封义善乡凤栖原。金堂长公主于乾符二年（875 年）二月二十六日薨，其年十月二十日祔于先茔。长兴坊，位于朱雀门街东第二街，街东从北第三坊。唐玄宗时期中书令张嘉贞，肃宗、代宗时期宰相杜鸿渐，敬宗、文宗时期宰相路随等，都曾居住于此。葬地"义善乡"，位于万年县南。在郭仲恭墓以西曾发掘了郭仲文夫妇合葬墓，郭氏家族墓地应位于凤栖原。

964.唐代故济州司马郝君夫人达奚令婉墓发掘简报

作　者：西安市文物保护考古研究院　张小丽、赵　晶、朱连华等

出　处：《文博》2013 年第 4 期

清凉山公园位于西安市南郊上塔坡村北，南邻西部大道，西邻东仪路，东临朱雀大街延伸线，北临雁环路，是西安市战国至唐代墓葬密集区。2012 年 8 月至 11 月，为配合清凉山公园建设项目，考古人员对公园内拟建的一座人工湖范围内的古墓葬做了发掘。此次共发掘古墓葬 148 座，以唐代墓葬为主，战国墓葬次之，也有少量隋、宋、元、明时期墓葬。其中 22 号唐墓保存完好，出土器物丰富，且出土有墓志。简报分为四个部分予以介绍，配有手绘图。

第一部分墓葬形制。该墓是在已开挖的人工湖基坑内发掘清理，墓葬上部已被取土破坏。由墓道和墓室两部分组成。

葬具葬式。该墓葬具为木棺，南北向位于墓室西侧生土棺床上，木棺已朽，仅存棺木朽痕。依朽痕可知棺长 2.1 米、南宽 0.76 米、北宽 0.6 米，棺板厚约 6 厘米。棺内有人骨 1 具，保存完整，葬式为仰身直肢，头向南，面向东，双手置于腹侧。

第二部分随葬器物。该墓未遭盗扰，保存完好，共出土随葬器物 36 件（组），包括陶器、陶俑、铜器、石器、墓志。

第三部分介绍了墓志的情况，有拓片。

第四部分结语称，该墓出土有墓志，墓志墨书虽脱落严重，造成诸多字句不详，但关键内容尚有保存，这给墓主相关信息的获得提供了可靠的依据，可知墓主卒年为唐代乾封二年（667 年）。据墓志可知，墓主讳令婉，其曾祖为北周太保存冢宰郑桓公，祖父曾任金州刺史，父亲为隋度支员外，夫君为唐济州司马、上柱国郝君。墓主的祖父担任过金州刺史，而达奚武之子达奚震也确实担任过此职，由此可知，墓主应为北朝名姓达奚武的后人。

达奚氏，据《元和姓纂》，可见达奚为北魏皇族，后改姓为奚，并与穆、于、陆、娄、贺、刘、尉共定为八姓，是为鲜卑高门，在西魏、北周仍然享有很高的地位，深受当权者的重用。该墓葬的发现，为研究北魏达奚氏在唐代的生存状况及政治地位提供了宝贵的资料。

向达先生早就有《唐代开元前后长安之胡化》一文，对居住在长安一带的"胡人"进行了研究，可参阅。

965.西安马家沟唐太州司马阎识微夫妇墓发掘简报

作　者：西安市文物保护考古研究院　杨军凯、郑旭东、赵占锐等
出　处：《文物》2014 年第 10 期

2002 年 4 ~ 5 月，考古人员在西安市绕城高速公路马家沟段抢救性发掘了一座唐墓（编号M1）。墓葬位于西安市灞桥区纺织城马家沟村东。根据出土墓志可知，墓主为唐太州司马阎识微及其夫人。发掘情况简报分为：一、地层堆积，二、墓葬形制，三、随葬器物，四、结语，共四个部分。有彩照、拓片、手绘图。

据介绍，墓葬为长斜坡墓道多天井单室土洞墓，随葬大量三彩俑、三彩动物、单彩动物、铜器、金银器等，还出土了2合墓志。阎识微墓志，楷书，共735字；裴氏墓志，楷书，共565字，简报录有2盒墓志志文全文。据墓志可知，此墓为唐太州司马阎识微及夫人裴氏的合葬墓。简报称，此墓的发掘不仅为研究盛唐时期阎氏家族兴衰转变提供了新资料，也为唐代三彩器的研究提供了丰富的实物资料。

966.长安地区新发现的唐墓壁画

作　者：陕西历史博物馆　程　旭
出　处：《文物》2014 年第 12 期

近年来，陕西省西安市长安周边地区新发现一批唐墓壁画，如西安市长安区唐贞顺皇后敬陵壁画和长安区郭庄村唐墓壁画、渭南市崇凝镇唐墓壁画等。简报分为：一、西安市长安区大兆乡郭庄村唐韩休夫妇合葬墓壁画；二、西安长安区大兆乡庞留村唐贞顺皇后敬陵壁画；三、唐代墓砖壁画；四、西安市长安区西北村 M16 唐墓壁画；五、渭南市崇凝镇唐墓壁画，共五个部分。有照片。

据介绍，由于盗掘等原因，其中有些墓葬已不存，仅余壁画照片，内容包括仕女图、高士图、乐舞图及独立的山水壁画等。简报认为这些图像记录了完整的历史环境信息，具有较高的史料价值，对于研究唐代社会史、美术史、物质文化史等具有十分重要的意义。

967.西安市唐长安城大明宫兴安门遗址

作　者：中国社会科学院考古研究所西安唐城工作队　何岁利、龚国强、李春林
出　处：《考古》2014 年第 11 期

兴安门是唐长安城大明宫南墙上"南五门"之一，位于大明宫南墙建福门西侧，

其遗址位于今西安市自强东路北、二马路南、建强路东，亦即大明宫西南角外侧。为配合西安唐大明宫国家遗址公园的建设，2009 年 4 月 24 日至 7 月 2 日，考古人员对兴安门遗址进行了考古发掘。简报分为：一、发掘经过，二、地层堆积，三、遗址，四、出土遗物，五、结语，共五个部分予以介绍。有彩照、手绘图。

据介绍，此次考古工作不仅发掘了兴安门遗址，还对兴安门遗址以西的西内苑东墙、以东的大明宫西宫城也进行了部分发掘。发掘表明，兴安门址系黄土夯筑而成，门上建筑已毁，唯残留夯土基址。门址可分为早、晚两期，早期门址为 3 个门道，晚期门址为 2 个门道，形制明显不同。出于遗址保护原则，只对晚期门址进行了发掘。对于叠压在晚期门址之下的早期门址，主要采取小型探沟、钻探等方法对其形制进行探究。发现有砖石等建筑材料及小铜佛、钱币等日常用品。兴安门在两《唐书》、《唐会要》等古文献中多有记载，简而言之，兴安门早、晚期的变迁也就是从"城门"到"宫门"的变化。

简报指出，兴安门遗址的发掘，为中国古代都城考古研究提供了新资料。这座城门所承载的历史信息，对于都城发展、演变等的研究具有不可替代的学术价值。

杨鸿勋先生有《大明宫》（科学出版社 2013 年版），系结合了传世文献与考古材料的研究专著，可参阅。

968.西安市唐故奚质子热瓌墓

作　者：西安市文物保护考古研究院　张小丽
出　处：《考古》2014 年第 10 期

2005 年 8 月 28 日，西安市昆明路立交桥南侧，三环路的西排水管道施工过程中，施工队挖掘出了一合墓志。该地东距北石桥村100 余米。考古人员进行了勘探和发掘，并对出土墓志的墓葬（编号为C03M1）作了抢救性发掘。清理情况简报分为：一、墓葬形制，二、随葬器物，三、结语，共三个部分。有彩照、拓片、手绘图。

据介绍，出土墓志志文楷书，共 255 字，简报未录志文全文。由志文可知，墓主热瓌卒于唐玄宗开元十八年（730 年）七月五日，同年七月二十日迁葬于昆明原。为大唐奚国质子，开元十八年卒，享年 26 岁。除此之外，志文仅交代了墓主族出、来唐之因，但对墓主本人情况很少论及。

简报称，该墓虽遭盗扰和施工破坏，但出土的墓志甚为重要，是研究开元时期唐朝和第三国关系史的珍贵资料，历史价值之重要不言而喻。同刊同期有葛承雍先生《西安唐代奚族质子热瓌墓志解读》一文，可参阅。

969.唐太府少卿郭锜夫妇墓发掘简报

作　者：西安市文物保护考古研究院　张小丽、赵　晶
出　处：《文博》2014 年第 2 期

2012 年 3 月，为配合航天东路建设工程，考古人员于西安市南郊长安区韦曲街道办枣园村西南、东兆余村北发掘清理了 3 座古墓葬。其中编号为 XAHTDLM3 的墓葬出土有墓志，纪年明确。据墓志可知，该墓为郭子仪孙、郭曜次子郭锜及夫人卢士绚合葬墓，是研究唐代郭子仪家族的重要资料。发掘情况简报分为：一、墓葬形制，二、出土器物，三、结语，共三个部分。有拓片、手绘图。

据介绍，M3 为郭子仪之孙郭锜及夫人卢士绚合葬墓，该墓出土墓志 2 合，有明确纪年。"大唐故卢夫人墓志铭"，志文楷书，共计 387 字，简报录有志文全文；"唐故太原郭府君志铭"，志文楷书，共计 1061 字，简报录有志文全文。墓主郭锜，字宗器，其先祖太原人，为唐代郭昶之五代孙，郭通之玄孙，郭敬之之曾孙，汾阳王郭子仪之孙，郭曜（郭子仪长子）次子，生于唐代宗大历八年（773 年），卒于唐宪宗元和十四年（819 年），春秋四十七。

简报称，郭锜夫妇合葬墓的发掘是在西安南郊凤栖原上发现的又一座郭氏家族墓，与之前发掘的郭仲文、郭仲恭墓以及之后发掘的郭曜、郭钊、郭暧墓一同为研究郭子仪家族提供了重要资料。

970.西安上塔坡唐王府君墓发掘简报

作　者：西安市文物保护考古研究院　张小丽、朱连华、赵　晶、邰紫琳
出　处：《文博》2014 年第 3 期

上塔坡村位于西安市南郊韦曲原上，北距唐长安城明德门约 3300 米。2012 年 9 月至 11 月，为配合清凉山森林公园建设项目，考古人员于上塔坡村北、隋清凉寺东南发掘战国至明代墓葬 148 座。其中 102 号墓葬为唐天宝九年王府君之墓。发掘情况简报分为：一、墓葬形制，二、出土器物，三、结语，共三个部分，有彩照、拓片、手绘图。

据介绍，墓葬坐北朝南，形制为长斜坡墓道土洞墓，平面呈弧背刀形，由墓道、墓室两部分组成。该墓器物出土时陶器多已残碎，整修后计 27 件，有陶器、铜器及其他杂器等，另有铜钱 4 枚，砖志 1 合，简报录有墓志全文。确定墓主卒于天宝九年（750 年）。简报综合墓葬形制、出土陶俑数量、类别、高度以及墓志记载，推测墓主王府君卒时身份应为庶人。

简报称，王府君墓虽保存较差，但纪年明确，且墓葬形制和出土的天王俑也具有一定的代表性，是唐代考古研究的新资料。

971.郑乾意夫妇墓发掘简报

作　者：西安市文物保护考古研究院　杨军凯、郑旭东、辛　龙、王　颖等
出　处：《文博》2014年第4期

2012年5月，考古人员在西安市长安区郭杜产业园，雅居乐房地产开发项目基建工地内，发掘了唐贞观十四年（640年）郑乾意夫妇合葬墓（编号为M7）。该墓纪年明确，形制保存基本完整，出土物种类丰富，有陶俑、陶器、铜器和石墓志等，为西安地区唐代墓葬研究提供了新资料。

简报分为：一、墓葬形制，二、葬具年代，三、随葬器物，四、结语，共四个部分。有彩照、拓片、手绘图。

据介绍，该墓为斜坡墓道单室土洞墓，由墓道、过洞、天井、甬道、墓室等部分组成。该墓共出土随葬器物108件（组），主要有镇墓俑、骑马俑、陶立俑、动物俑、陶器、铜器和墓志等。墓志志文楷书，27行，每行26字，共667字，简报录有志文全文。

据出土墓志可知，墓主郑乾意，字恭礼，荥阳人，史书无载。郑乾意为官宦子弟，本人也在隋朝为官。在隋大业八年（612年）四月十七日卒于府舍，年52岁。夫人柳氏，父隋昌州刺史柳止戈。唐武德六年（623年）十月七日卒于私第。唐贞观十四年（640年）正月廿三日，合葬于雍州长安县高阳原。志文中对研究隋代兵府的设置提供了重要文字资料；郑乾意夫妇墓的发掘，为研究隋唐过渡时期考古学文化的变迁，也提供了珍贵的实物资料。

972.唐张泰夫妇墓发掘简报

作　者：陕西省考古研究院　李举纲、袁　明、郑旭东等
出　处：《文博》2014年第4期

2010年4月，考古人员在西安市长安区韦曲街道办韩家湾村以西，黄河上游水电开发有限责任公司光伏电池项目工程建设征地范围内，发掘了唐开元九年（721年）张泰夫妇墓（编号2010HDM1）。该墓纪年明确，形制保存基本完整，出土物种类丰富，有陶俑、铜器、铁器和墓志等。

简报分为：一、墓葬形制，二、葬式葬具，三、出土遗物，四、结语，共四个部分。

有彩照、拓片、手绘图。

据介绍，该墓为长斜坡墓道单室土洞墓，由墓道过洞、天井、甬道、墓室等部分组成。该墓曾遭盗扰，共出土器物50件（组），墓志1合，志文楷书17行，每行17字，共266字，简报录有志文全文。据出土墓志可知，墓主张泰，范阳人，卒于载初元年（689年）四月十六日，春秋五十有五，简报推测生于贞观九年（635年）。夫人为南梁萧氏支脉之女。

简报称，张泰夫妇墓的发掘，为西安地区唐代墓葬研究提供了一则新资料。

973.唐代故高阳郡君许氏夫人墓发掘简报

作 者：西安市文物保护考古研究院 杨军凯、宁 琰
出 处：《文博》2014 年第 6 期

考古人员于 2013 年 7 月在西安市南郊航天产业基地神州六路与航拓路交汇处西北角，航天学校工地内进行考古发掘，共发掘墓葬 40 座，其中一座唐墓纪年明确、形制保存基本完整，编号 M7。该墓虽被严重盗扰，仍出土陶器、三彩器、瓷器、陶俑以及墓志一合。该墓的发掘情况简报分为：一、墓葬形制，二、出土器物，三、结语，共三个部分。有手绘图、拓片。

据介绍，该墓由墓道、甬道、墓室三部分组成。该墓共出土随葬品 46 件，包括三彩器、陶器、瓷器、铜铁器、骨蚌器、琉璃器、石器、石墓志，志文楷书 11 行，共计 53 字，简报录有志文全文。根据墓志可知，墓主人女性，姓许，其夫为唐楚州刺史，卒年为唐代龙朔元年（661 年），卒地为雍州万年县义善乡西。

简报称，墓葬中的随葬陶俑体态清瘦，造型具有典型的唐高宗早期风格。

铜川市

974.陕西铜川唐玉华宫遗址调查

作 者：卢建国
出 处：《考古》1978 年第 6 期

陕西铜川市金锁公社玉华生产大队位于子午岭南端余脉之中，南距铜川市约 40 公里。根据文献史籍记载，唐代初期兴建的玉华宫，就位于现今玉华生产大队。至今，当地人还广泛传说：玉华曾经是唐太宗避暑的地方；村庄附近峡谷间的三处洞窟，

是当时太宗和后妃们居住过的"正宫""东宫""西宫"。1977年冬，玉华生产大队农民在村东取土时，于地下约2米深处发现各种形式的砖、瓦等建筑材料和铁兵器、铜钱等物，考古人员于同年12月对文物出土的现场进行了勘察。同时，又对群众中传说的"正宫、东宫、西宫"三处洞窟进行了调查。初步确定了唐玉华宫宫殿建筑遗址范围和部分宫殿基址的具体位置。玉华宫遗址调查结果简报分为三个部分并配以手绘图、照片予以介绍。

据介绍，玉华宫为唐初兴建的离宫之一，高宗时玄奘于此进行佛教典籍的专业翻译，从而促进了我国和印度及南亚各国的文化交流。但由于玉华宫建筑久已倾塌，地面上无完整遗迹可寻，史料记载中的凤凰谷、珊瑚谷、兰芝谷等地名，与现今地名均不相符，现经过调查初步确定了宫殿建筑基址的具体位置和范围，为今后研究唐代玉华殿提供了重要线索。另外，玉华宫碑刻文字的出土，补正了文献史籍记载的不足之处。

玉华宫遗址北区，即传说的"正宫"石窟，窟前地面上唐代宫殿遗迹遗物暴露比较明显，数量较多，尤其是石刻佛座铭文更与玄奘法师有直接关系，这些特点与《元和郡县志》《太平寰宇记》记载相印证，简报肯定现今"寺沟"即是文献史籍记载中的"兰芝谷"。

975.铜川市黄堡镇出土唐代金花银碗

作　者：铜川市博物馆　卢建国
出　处：《文物》1980年第7期

1977年7月，铜川市木材公司在黄堡镇东北约2公里处基建取土时，于地下0.8米深处发现金花银碗1件。同时出土的还有陶罐1件，距离银碗约2米，罐内填满淤土。同一地层内还包含数量极多的布纹瓦、长方形石块等建筑材料，以及唐代白瓷碗、黑釉盆、注子等残片。这块地方当地人称"庙坡"，又是耀州窑淘洗瓷土的"泥池"故址。简报配有照片和手绘图予以介绍。

简报称，这件碗的造型装饰、制作工艺技术等特点与西安沙坡、何家村出土的唐代金银器中同类型的碗、盘、洗等类似。五曲葵瓣式器皿，在晚唐以后的瓷器中也是习见的。再根据地层及伴出文化遗物的时代判断，这件金花翼鱼水波纹银碗简报推断应是唐代遗物。黄堡镇是我国陶瓷发展史上著名的耀州窑所在地，史籍、地志对黄堡烧瓷史实均有记载。金花银碗出土的地点正在"十里窑场"范围以内，由此推测，它的埋藏时间很可能与耀州窑烧造历史有关。

976.耀州窑遗址调查发掘新收获——兼谈对耀州窑的几点新认识

作　者：禚振西、卢建国

出　处：《考古与文物》1980 年第 3 期

1973 年 5 月，考古人员配合基建，对耀州窑遗址进行了调查和清理，清理了宋代窑一座和部分作坊遗迹，获得瓷器、瓷片、窑具等近万件。与已发表的《陕西铜川耀州窑》相似的，不再赘述。简报配以手绘图等，仅介绍所得之新收获。

据介绍，新发现的瓷器品种有白釉绿彩、白釉褐（赭）彩、釉下彩、素胎黑彩、黑釉褐（赭）斑、剔釉填彩、填白七种。对唐代耀瓷、五代耀瓷以及耀州窑与其他窑口关系，也都均有新的认识。

977.铜川市陈炉出土唐代银器

作　者：卢建国

出　处：《考古与文物》1981 年第 1 期

1980 年 1 月，铜川市陈炉公社林场黄农顺等 6 人，在平整土地时，于地下 3 米深处，挖出陶罐窖藏的银器 5 件，计有盘 3 件、杯 2 件。简报配以摹本予以介绍。

据介绍，此 5 件银器应出自唐代建筑遗址，属唐代遗物。银杯和银盘底部錾刻的"朱""袁""信永录……"铭文，当为制作匠师的姓名。"六两三分"当为 3 号盘唐代重量标记。经过实测，该盘重量 255 克，由此折算，唐代每两约为 40.5 克。这个数据与陕西省博物馆根据何家村出土的唐代金银器推算的"唐代每两平均数值为 42.798 克"比较接近。

978.耀县药王山隋墓清理记

作　者：崔汉林、阴志毅

出　处：《文博》1986 年第 1 期

耀县药王山隋墓位于耀王山南庵院中，西距西铜铁路的耀县车站 2 里，距耀县县城 3 里，其北隔沟 1 里和药王山北洞相望，其南隔涧半华里和晒药台相望。

这座隋墓是 1984 年 11 月药王山文物管理所在南庵院中修建蓄水池时发现的。随后考古人员对该墓进行了发掘。由 1984 年 11 月 19 日开始，到 1985 年 6 月 30 日结束。该墓发掘情况简报分为：一、墓葬形制，二、出土文物，三、看法与收获，共三个部分。有手绘图、照片。

据介绍，该墓根据耀县药王山南庵的地形而建，由墓道、前室、甬道和后室四部分组成。棺床采用须弥座的形式，须弥座是佛和菩萨的坐台。此墓的石棺，造型精致，体积比较小，不是尸体棺，而是骨灰棺，但棺内制作粗糙，没有经过磨制加工，简报观察，应是套棺。根据墓葬的形制比较大和棺床为须弥座及须弥座和石棺上的花纹佛教色彩浓厚等，可知墓主人是地位较高的一位和尚。据观音像座铭文，因此人患有严重的发癫病，年年复发，久治不愈，因此和另一位刘姓佛檀主，于大业三年（607年）三月二十五日，造了这一观音像。耀县隋墓中出土的其他几尊残石像也具有隋代造像的基本特征。简报推断时间也应在大业三年（607年）。

简报称，该墓虽然被盗，但出土的石刻葬具，造型精致，雕刻华美，是隋墓出土的石刻艺术精华。这种石刻葬具在陕西省属首次发现，为研究隋代的历史和石刻艺术，增添了新的实物资料，对研究隋唐时代的佛教史、研究耀县药王山摩崖造像的历史，都有所补益。

979.铜川黄堡发现唐三彩作坊和窑炉

作　者：陕西省考古研究所铜川工作站　禚振西、杜葆仁等
出　处：《文物》1987 年第 3 期

陕西铜川黄堡宋时属耀州，是我国著名的耀州窑所在地。1959 年，考古人员曾对耀州窑遗址作过发掘。1984 年秋季以来，再次发掘了耀州窑遗址，揭露面积共4000 多平方米，清理出14 组作坊、17 座窑炉，出土了大批唐、五代、宋、金、元时期的精美瓷器和各种器物。其中一组唐三彩作坊和三座烧唐三彩窑炉的发现，为研究陕西唐三彩器提供了重要资料。简报分为三个部分，配以手绘图、照片予以介绍。

据介绍，唐三彩作坊和烧三彩的窑炉连在一起，位于耀州窑遗址的中心地带。东距黄堡镇约 1 公里。在铜川市电瓷厂南围墙外，东北距电瓷厂大门 65.5 米的漆水河西岸上，比现在河床高 8.5 米。遗迹保存基本完整。唐代三彩窑炉在全国属首次发现，意义不言而喻。

据简报推测，陶瓷窑炉发展的大致顺序是：从升焰式发展成平焰式和半倒焰式，然后出现倒焰式。耀州窑唐至金元的窑炉全为半倒焰式馒头窑，这是一种间歇式窑炉。大面积发掘表明，耀州窑的窑炉多是两座或三座并连在一起，这种布局使窑炉能够进行连续性生产，弥补了半倒焰式馒头窑的缺陷。

简报指出，窑址发掘中发现，宋、金、元窑炉烟囱底部吸烟孔多局部被堵，一座宋代窑炉的通风口留有安装闸板的痕迹，宋代开始用煤，耀州窑瓷器釉色泛黄。

金元地层中还出土许多测定窑温用的火照。这些无疑都是工匠们在烧造过程中经验积累的结果，是充实陶瓷史的有用资料。简报认为，以铜川黄堡为代表的耀州窑，在历史上影响范围相当广泛，仿烧耀州窑青瓷的有甘肃天水窑、河南临汝窑、宜阳窑、宝丰窑、新安城关窑、禹县钧台窑、内乡大窑店窑，广州西村窑和广西永福窑等，形成了一个庞大的耀州窑系。窑系的形成过程，也是制瓷工艺传播和各地制瓷工匠互相学习的过程。

简报指出，毫无疑问，耀州窑的窑炉结构和烧成技术必然会影响到属于耀州窑系的各个窑场。耀州窑在窑炉发展史上的地位是应该受到重视的。

相关读物有《耀州窑史话》（紫禁城出版社1992年版），考古学家石兴邦先生作序。

980.陕西耀县柳沟唐墓

作　者：杜葆仁、张世英、禚振西
出　处：《考古与文物》1988年第3期

柳沟唐墓位于耀县城南柳沟塬边。1987年1月16日，当地农民李向文在柳沟塬边坡上取土时挖出了几件唐三彩，考古人员进行了调查，保护了出土现场。对这座唐墓进行了清理发掘，编号为M4。通过清理，不仅搞清了墓葬形制，又出土了一些随葬器物。这座唐墓距离铜川黄堡唐代烧制三彩的窑场特别近，因此它对于研究唐代铜川黄堡窑场和当时三彩的生产具有十分重要的意义。简报分为：一、发现经过，二、墓葬形制，三、随葬器物，四、有关耀县柳沟唐墓的几个问题，共四个部分予以介绍。有照片。

据介绍，该墓是一座土洞墓，其结构由墓道和墓室两部分组成，墓室和墓道均为长方形，墓道东壁和墓室东壁连成一条直线，平面呈带把刀形。葬具、人骨已朽。共出土精美的三彩和彩绘陶俑、陶器38件。根据器物组合看，尚有少数流散在外，该墓为耀县数十年来出土唐三彩器最多的一座唐墓。有用作镇墓的武士俑和镇墓兽，还有拱手俑、马、骆驼、牛车、罐、瓶、盅等，共18件，占出土随葬品的47.32%，接近一半。墓主应为比较富有又无官阶的士庶。年代为初唐与盛唐交替时期，定在高宗或武则天前期较为适宜。

简报称，目前出土最早的三彩是上元二年（675年）陪葬献陵的李凤墓中的三彩，麟德元年（664年）陪葬昭陵的郑仁泰墓中也出有三彩，现在耀县柳沟唐墓中又出土了一批三彩，而且质地和铜川黄堡唐代窑址中出土的完全一样，这些都是在初唐后期，所以铜川黄堡创烧三彩的历史，也应该是在初唐后期。

981.唐代玉华宫遗址发现鎏金铜造像

作　者：杨敏侠

出　处：《文博》1988 年第 1 期

1984 年 5 月 14 日，宜君马坊村村民新建庄基取土时，在距地表 1 米处发现两件鎏金铜观世音造像，同时伴随出土的还有鎏金铜像座 2 件，敛口灰陶罐 1 件及大量的方砖、筒瓦、铺地砖等建筑构件。考古人员确认该处为唐代的建筑遗址。简报配以照片予以介绍。

据介绍，鎏金铜观世音坐像，通高 12.9 厘米。鎏金铜观世音立像，通高 13.6 厘米。鎏金铜像座 1 件。敛口灰陶罐 1 件。简报推断为盛唐时期遗物。

982.陕西铜川黄堡耀州窑遗址发现五代"官"款青瓷

作　者：耀州窑博物馆　薛东星

出　处：《考古》1989 年第 1 期

20 世纪 70 年代初，有人在厂外漆河边的窑址范围内采集到一件划有"官"字款识的青瓷残碗标本；1985 年 12 月，考古人员在窑址调查时，又在同一地点采集到一件"官"款青瓷残碗标本。两件标本除在釉色、划字上略有区别外，造型、胎质、支烧方法等均同。简报分为三个部分予以介绍，有照片。

据介绍，铜川市电瓷厂位于黄堡耀州窑遗址的中心区内，北邻铜川市第四中学，南接市灯泡厂，西包公路于厂外通过。"官"款青瓷是在四中对面的河边公路旁的断崖下发现的。断崖堆积层中显露出历代向河边倾倒的废匣钵、瓷片及炉渣。简报指出，五代划"官"字款识的白瓷已发现不少，但同时期划"官"字款识的青瓷迄今仅在南方发现两件。

耀州窑遗址所发现的"官"款青瓷，在我国北方窑址中系首次发现，它不仅为研究"官"款瓷器增加了新的材料，而且也极大地丰富了五代耀州窑的内容。

983.耀州窑遗址新发现的五代陶范——兼谈对五代耀州窑的几点认识

作　者：王兰芳

出　处：《考古与文物》1995 年第 3 期

1990 年 3 月 22 日，铜川市四中师生在该校操场植树时，挖出了一个破碎的陶盆，内装 17 个陶范，其中 2 件残。这批陶范的形制和尺寸都基本相同，呈馒头状，外壁抹光，内壁距口沿 0.4 厘米处阴刻一周弦纹，周壁刻划花纹，内底心微微凸起，外直径 7.1 ~ 8 厘米。简报分为：一、出土陶范介绍，二、几点认识，共两个部分。有手绘图。

据介绍，这批陶范从纹饰题材来分有三类，即几何纹、花卉纹、动物纹。根据陶范的形制和特征，简报推断这批陶范应是五代耀窑的遗物。

简报认为，这批陶范的形制、尺寸、用途基本相同，但花纹却都不相同，它们集中在一个陶盆内，说明是属于同一个主人或同一个作坊的，证明了五代时耀州窑可能已有一些专门生产某一类器物的专业作坊。

984.耀县药王山佛教造像碑

作　者：韩　伟、阴志毅
出　处：《考古与文物》1995 年第 2 期

耀县药王山小碑林共藏佛教造像碑 23 通，有纪年的 17 通。其中北魏碑 5 通，西魏碑 3 通，北周碑 3 通，隋碑 5 通，唐碑 1 通，已失纪年的 6 通。简报分为：一、北魏碑，二、西魏碑，三、北周碑，四、隋唐碑，共四个部分。有拓片。

据介绍，北魏碑介绍有郭德胜碑和夫蒙文庆碑，简报均录有发愿词。西魏碑有大统元年（535 年）毛遐碑、大统十七年（551 年）"七十六"碑，简报录有发愿词全文。北周碑有保定四年（564 年）田元族碑，简报录有碑文全文。隋唐碑有开皇六年（586 年）雷香妙碑、开皇十一年（591 年）卢谊碑，简报录有碑文全文。简报还讨论了造像碑外形的演变情况。

985.陕西铜川市唐窦及墓发掘简报

作　者：陕西省考古研究院、铜川市考古研究所　马志军、张汉文、陈小杰、
　　　　文　辉
出　处：《考古与文物》2009 年第 3 期

2005 年 8 月至 11 月，为配合华能铜川电厂的基建工程，考古人员在距铜川新区约 10 公里的坡头镇冯兰村发掘清理了一批古墓葬，唐代窦及墓即是其中的一座，发掘编号为 HTDM14（简称 M14）。简报分为：一、地面概况，二、墓葬形制，三、葬具葬式，四、壁画，五、随葬器物，六、石椁线刻画，七、小结，共七个部分。有手绘图、照片。

据介绍，该墓位于华能电厂征地范围的北部偏西处，其北侧紧邻楼村中学。该

墓地面封土已不存在，墓周围有围沟，并有残石碑、石人、石虎、石羊等石刻。墓的地下部分由斜坡墓道、过洞（5个）、天井（5个）、甬道及墓室等部分组成，全长约39.5米。有被盗痕迹。石椁内未见木棺，葬式不明。壁画保存不好。该墓早期多次被盗，出土随葬器物较少，且多残损，主要有陶俑，以及少量陶器、瓷器、铜器、铁器、铅器等。

简报称，从出土的墓志可知墓主为唐故石州离石府右果毅都尉窦及，卒于唐高宗总章元年七月（668年），葬于咸亨元年三月（670年），享年87岁。窦及，史籍无载，据墓志记载：其曾祖窦略为周骠骑大将军、开府仪同三司；其祖窦炽为周隋二朝太傅、隋雍州牧、邓国恭公；其父窦深为隋开府仪同三司、蔚州刺史、绥安县开国公。其祖均在北周及隋为高官，本人仅官及从五品官。该墓虽为土洞单室墓，但规模较大，长斜坡墓道，有五个过洞和五个天井，全长约近40米，周围有较大范围的围沟，原地面并且有石人、石虎、石羊以及神道碑等，从出土的残石座看，还应有石望柱等，墓室内并置有较大规格的石椁，明显逾制。

同刊同期有张汉文先生等《唐窦及墓志考释》一文，录有志文全文，可参阅。

宝鸡市

986.千阳县发现大批唐代鎏金铜造像

作　者：千阳县文化馆、宝鸡市博物馆　樊晓祖、刘宝爱、李翠香
出　处：《考古与文物》1984年第5期

1978年12月，千阳县崔家头公社农民，在黄里发现一处窖藏，内有近百件通体鎏金的铜造像，并出土3枚"乾元重宝"。陕西发现如此大量的唐代鎏金铜造像实属少见。简报配以照片予以介绍。

据介绍，鎏金铜造像共94件，包括立式观音菩萨像60件、半跏菩萨10件、立佛11件等，另有青铜造像2件。这批造像，虽同出一处窖藏，但造像风格尚有区别。初步判断有隋唐两期。如95号菩萨有明确纪年，系隋开皇五年（585年）铸造，1号与96号观音菩萨也应属隋代造像。其余菩萨、佛及七佛造像应属唐代。从造像类型上看，观世音菩萨占出土总数三分之二，七佛造像亦有一定数量，似与天台宗关系较深。

至于这批造像埋藏的时间，简报称，据《千阳县志》记载和实地调查，这里确曾有过一座大的寺院，建于隋，兴盛于唐，衰败于明。1970年修建冯家山水库以前，

这里曾是瓦砾一片。现在出土的这批佛像，很可能出自这个寺院。埋藏的时间有可能与历史上第三次毁佛事件有关，当属唐武宗会昌五年（845 年）。

987.隋文帝陵、祠勘察记

作　者：罗西章

出　处：《考古与文物》1985 年第 6 期

陕西省扶风县东南的五泉乡王上村旁，有一高大的土冢，当地人称之为"杨家陵"。这就是隋王朝的建立者——高祖文帝杨坚及其皇后独孤氏的合葬陵。考古人员于 1970 年至 1984 年间，多次前往勘查，并采集了一些文物。

简报分为：一、遗迹概况，二、采集文物，三、结语，共三个部分。有照片。

据介绍，隋文帝陵高 27.4 米，高大巍峨，陵冢周围的城垣已基本毁坏，地面已难看到多少遗存。唯北城尚有残墙存留，残存长 130 余米，最高处 1.2 米，残存宽 5.5 米。文帝祠庙遗址位于太陵东南原下 1 里多的陵角和陵东两村之间的高地上。当地人叫"祭祀坛"，《扶风县志》称"隋文帝祠"，宋代碑文称"隋文帝庙"。文帝祀庙，毁废已久，1953 年调查时，已为荒滩。当时只见到石碑一通，砂石柱础一排共 7 个，并有大量的瓦砾堆积，城墙和四角土阙尚存。据刘进山老人回忆，祠庙遗址在清乾隆时开垦为耕地，而陵园是清末宣统元年开垦为耕地的。1982 年 11 月，又对祠庙遗址进行了一次勘查。因这里进行过平整土地工程，故 1953 年以前所见到的一些情况，这次已不复见。1953 年调查时的残碑还在。采集的文物有砖、瓦、瓦当等。

据史书记载，隋文帝生前未为自己修建陵墓，其陵墓修建过程史书记载很简略，还有待日后调查、考证。

据史书记载，隋文帝是在尼姑庙里出生，且由一个尼姑抚养大。开皇五年（585 年）他受过菩萨戒，受佛教影响极深。所以在他的陵祠建筑中便反映出浓厚的佛教色彩。如莲花方砖和瓦当，尤其是菩萨瓦当更为突出。1972 年和 1973 年，陵湾大队在寺院内取土，发现两眼古佛洞。出土大量隋唐至宋的黑白及青瓷残片和砖瓦残片，并且有完整的陶制罗汉、石刻观音像出土（标本现存扶风县博物馆）。尤其是出土的石刻观音像，造型较瘦，背后较平，具有十分明显的隋代造像风格。这座古寺与祠庙遗址一样，都在陵前，且左右对称，很可能就是大业元年（605 年）于太陵所造的寺院旧址。

988.法门寺调查简报

作　者：西北大学历史系、扶风县博物馆联合调查小组
出　处：《文博》1985 年第 6 期

陕西省扶风县法门寺是一座四海知名的佛教古刹，1956 年公布为省级重点文物保护单位。1981 年秋，关中地区暴雨，寺中"真身宝塔"西半壁坍塌，塔中一些佛像、佛经随之而下，或四处飘散，或被压在砖砾之中。考古人员清理了现场，并进行了初步的调查研究。简报分为：一、历史悠久的寺塔，二、罕见的佛教经卷，三、佛像与装藏等几个部分。有照片。

据介绍，法门寺位于陕西省扶风县法门镇，始建于东汉，北魏前称"阿育王寺"，隋文帝时改名"成实道场"，唐武德八年（625 年）改名"法门寺"，被视作圣地，成为善男信女的朝拜中心。唐中宗和韦后等曾下发入塔供养。这个藏头发的石匣盖 1978 年秋在塔基西南方向地下 1 米深处发现，上有铭文。清理的经卷，计有宋刻《毗卢藏》，元刻《普宁藏》和《秘密经》、1939 年的写经等。这次各清理出铜、石、泥佛造像 51 件，其中铜造像 48 件，石造像 1 件，泥塑佛像 2 件。这些造像基本上保存完好，仅个别缺首残指。造像中最大的高 83.3 厘米，最小的高 15.5 厘米。部分有确切纪年。

989.法门寺塔第二次清理简报

作　者：扶风县文化局、扶风县博物馆　王仓西、侯若冰
出　处：《文博》1987 年第 3 期

号称"关中塔庙始祖"的法门寺，位于扶风县城北 10 公里的法门镇，坐北向南，南北长 180 米，东西宽 51 米，占地 9180 平方米。整个寺院为典型的四合院式，中央耸立释迦佛舍利"真身宝塔"，塔前是铜佛殿五间，后面大雄宝殿三间及东西耳房各一间，西边是鼓楼（1983 年重建），东边是钟楼基座和明成化八年铸造的铁钟一口。1981 年秋，霪雨连绵。8 月 24 日早 9 时、晚 19 时许，宝塔从裂缝处分两次向西南方坍崩约三分之二。佛像跌落，佛经飘散。重修时考古人员进行了两次清理，1985 年第二次清理出自唐至民国造像铜佛 50 尊，石佛像 2 尊。简报配以照片、手绘图，介绍了第二次清理所获造像、佛经等。

简报特别指出，在两次清理佛经中，发现一些特殊版式的经卷，其特点是：有些原来并非折装，现看到的折装，为上塔时所折叠，大部分每面折装处无宽疏行，无千字文编号，每版行数，字数不等，字体、纸质各异。这些佛经，版式有别于宋

元各版，很值得重视与研究。特列表附后，予以介绍。《文博》1987年第4期有雒长安先生《千年古刹藏珍奇——法门寺塔基地宫发现大批珍贵文物》一文，可参阅。

990.扶风贤官村唐鎏金铜造像窖藏

作　者：高西省

出　处：《文博》1987年第5期

1965年5月，陕西扶风县午井乡贤官村村民在城关南台村南胜利机械厂一区工地施工时，发现一鎏金铜造像窖藏。造像出土后由县博物馆收藏，共出土多件，只征集到46件，其他散失。简报配以照片予以介绍。

据介绍，这批鎏金造像，以观世音菩萨为最多，占总数的三分之一。估计这批鎏金造像基本上都是初唐和盛唐的遗物。当为唐武则天灭佛时，被附近的兴龙寺僧徒埋入地下。

991.扶风法门寺塔唐代地宫发掘简报

作　者：陕西省法门寺考古队　韩　伟、王占奎、金宪镛、曹　玮、任周芳、
　　　　　淮建邦、傅升岐等

出　处：《文物》1988年第10期

法门寺是我国境内的著名古刹之一。至迟在北魏时，寺内当已有珍藏释迦牟尼佛真身玉骨的宝塔。法门寺位于陕西省扶风县城以北约10公里的法门镇。寺内原有明代建造、民国年间修葺的十三层八角砖塔一座，1981年8月该塔因霆雨等原因倒塌。为重建此塔，考古人员在拆除原塔残余部分后，对塔基及其外围进行了较大规模的发掘清理。简报分为：一、遗迹，二、出土遗物，三、结语，共三个部分，介绍了1987年、1988年的发掘情况。有彩照、拓片。

据介绍，发掘证实，大量的出土文物证明法门寺内确曾建造过用以保护地宫、供奉释迦牟尼真身舍利的设有回廊的方形木塔。法门寺地宫文物是唐代皇室遗留。这批文物数量大，等级高，内容丰富。其中纺织品种类齐全，是这批文物的显著特点之一。文物中法器与供养器占较大比重，许多法器和供养器上多装饰密教纹样，表明密宗在晚唐的皇室信仰中占有重要地位。现存文物均系咸通十五（874年）正月藏入地宫，但其中的阿育王塔、水晶棺等器物却表现出明显的盛唐风格。新出现的器物中主要是茶具。这批文物的錾文内容程式化，注明打造机构、器物名称、时间、重量、监造官员等。这批文物为研究唐代金银器制造及组织、纺织品织造、晚唐衡制，

以及唐代社会生活史、宗教史等提供了极其珍贵的实物资料。此外，玻璃器、秘色瓷也值得重视。文后附有专家所撰《法门寺塔地宫所出纺织品》一文。

992.扶风法门寺唐代地宫发掘简报

作　　者：法门寺考古队　韩　伟、任周芳、淮建邦、傅升岐、王占奎、金宪镛、
　　　　　曹　玮
出　　处：《考古与文物》1988 年第 2 期

法门寺是我国境内的著名古刹之一。相传始建于东汉桓、灵年间（147～159 年）。至迟到北魏时，寺内当已有珍藏释迦牟尼真身玉骨的宝塔。隋唐时代，法门寺见宠于朝廷，隆盛显赫，非同一般。后历宋、元、明、清诸朝，虽大势已趋衰落，然仍香火不断，以至于今。该寺院位于陕西省扶风县城以北约 10 公里的法门镇，东南距省府西安直线距离约 98 公里。寺内原有明代建造、民国二十八年修葺的三级八棱砖塔一座，此塔于 1981 年 8 月因霪雨等原因倒塌。为重建此塔，需对其塔基部分进行发掘清理。此次发掘工作从 2 月 28 日开始，至 10 月 30 日暂告一段落。简报分为"遗迹""出土遗物"和"结语"等共五个部分。有拓片、手绘图。

据介绍，发掘了明代塔基、唐代地宫基槽，发现遗物均出自地宫内。可分作两大类：一类是佛指舍利，共出四枚；另一类是为迎送佛指舍利而奉献的物品，主要是金银器、瓷器和琉璃器，此外还有珠宝玉器、铜铁器、漆木器、石质器、杂器以及大批纺织物品、货币。纺织品因地宫内的自然保护条件差，多已炭化、粘结，目前正进行整理工作，当另文报导。共出土 121 件（组），可分成生活用具、供养器和法器三类。瓷器 16 件，其中有秘瓷碗 5 件。琉璃器 20 件。简报称，这批文物对研究唐代金银器制造及组织、纺织品织造、晚唐衡制，以及唐代社会生活史、宗教史提供了极珍贵的资料。

993.陕西凤翔县城南郊唐墓群发掘简报

作　　者：雍城考古队　尚志儒、赵丛苍
出　　处：《考古与文物》1989 年第 5 期

1982 年基建时发现，共清理隋唐墓葬 332 座。简报先行介绍了其中的 155 座唐墓及 1 座隋墓。155 座墓中有 34 座发现有殉人，共计 87 人，其中不少为杀死后殉葬。可能有战俘。此处应为一规模庞大的公共墓地，但有的墓主人应身份较高。

994.凤翔出土一批唐三彩和陶俑

作　者：赵丛苍

出　处：《文博》1989 年第 3 期

20 世纪 70 年代以来，陕西凤翔县境内陆续发现数宗唐三彩、陶俑等唐代文物，均出土于墓葬。简报分为：一、三彩俑及三彩器，二、陶俑及陶器，共两个部分。有彩照。

据介绍，1978 年 4 月，糜杆桥公社太相寺大队农民平整土地时发现一座唐墓，出土有各类三彩俑。据挖得者言，当时发现近 20 件，有数件在挖掘过程中散失。现存 15 件。计有三彩武士俑、三彩镇墓兽、三彩马、三彩骆驼、三彩男侍俑、三彩女侍俑等。简报推断该墓时代大致在武周初年。简报称，这批三彩俑造型优雅，釉质甚好，是现今所见唐三彩中的精美之作。

1982 年 7 月，县城南郊搞修建工程时，发现一座盛唐末墓，多数文物残碎损失，仅存完整者天王俑、镇墓兽各 1 件。

1976 年，高王寺大队农民在该村西取土时，发现一座唐墓，出土陶俑等文物 5 件。

1982 年，县城南关村东搞建筑时，发现一座唐墓，出土陶俑 5 件。简报称，这三批文物应均为中唐遗物。

女侍俑，1 件，1976 年出土于南指挥公社八旗屯大队七队村口一唐墓中。形象逼真，神态活灵活现，观之意味无穷，是今所见唐代陶俑中难得的精妙之品，令人叫绝。据其造型风格，当为盛唐时期。同墓出土的还有陶砚 1 件。

简报指出，凤翔县在唐代为凤翔府署所在地，并曾一度升称"西京"，是关中西部的政治、经济、军事、文化中心，在交通方面也占有很重要的位置。唐代墓葬在凤翔发现较多，1982 ~ 1985 年，在凤翔县城南郊的唐墓区内经过部分发掘，清理出以殉人为显著特征的墓葬共 300 多座，据调查所知，该墓区内的墓葬数量要远远大于这个数字。在县境内其他地方，亦常有唐墓发现。上述记叙的三彩、陶俑等唐墓所出文物，可为该地唐墓乃至唐代考古研究增补重要资料。

995.陕西陇县东南乡党家庄唐墓发掘简报

作　者：王桂枝、胡百川

出　处：《考古与文物》1990 年第 1 期

陇县位于关山脚下，汧河两岸。地属山川沟壑形成的台地，是秦陇两地接壤的县城。东南乡党家庄杨沟渠村位于县城西南 5 公里之处。1987 年 1 月该村的村民在盖房挖地基时，发现一古墓。简报分为：一、墓葬形制，二、出土器物，三、结语，共三个部分。有手绘图。

据介绍，该墓为土木封顶的竖洞墓。由墓室和墓道组成，方向正东，棺内仅残存部分骨架，其中两段肢骨置于棺室之外，当被盗过。随葬品仅有劫余的陶俑、陶器、塔形罐、铜器盖等。简报推断为唐代墓葬。

996.岐山县博物馆藏隋代石造像

作　者：庞文龙
出　处：《文物》1991 年第 4 期

1979 年 9 月，陕西岐山五丈原镇红星村在处士沟修建农技试验厂时，从地下挖出 3 件汉白玉石造像，同时伴出夯土、瓦砾等建筑遗物，推测当地似为一古寺院遗址。造像出土时，衣纹上涂有朱砂，颈部均断折（后经粘接修复）。现入藏岐山县博物馆。简报配以照片予以介绍。

据介绍，3 尊造像为：开皇十二年（592 年）造释迦如来佛像 1 座和菩萨立像 2 座。开皇十二年造像上有铭文，简报录有全文。3 尊造像同时出土，知均为隋代遗物。

997.陕西麟游慈善寺石窟的初步调查

作　者：常　青
出　处：《考古》1992 年第 10 期

陕西麟游，自古即以隋唐皇室夏宫——九成宫而闻名于世。在九成宫遗址周围，分布着一定数量的佛教石窟及摩崖造像。位于今麟游县城东约 8 里处的漆河西岸崖面的慈善寺石窟，可作为其中的代表作。1958 年 6 月间，考古人员对该石窟作了初次调查，并于同年发表了调查成果。1990 年 10 月，考古人员借九成宫第 37 号殿址发掘之机调查了该石窟，在此对石窟的现状略作描述，并提出一些初步的看法。简报配以手绘图、照片予以介绍。

据介绍，慈善寺石窟自北向南依次分布三窟，均坐西向东。慈善寺石窟的各窟龛造像，都具有鲜明的唐代特有的艺术风格，唯其年代略有早晚之分。第一窟的开凿与主佛及南壁坐佛的时代，简报推断约为唐高宗早期；第二窟时代简报推断约在唐高宗中晚期，下限可至武周时代。第一窟南壁倚坐佛龛与第二窟基本同时；第三窟应晚于第二窟。石窟南部崖面龛像，在造型上则与第二窟比较接近。

简报称，慈善寺石窟的调查，为比较唐两京佛教艺术样式，提供了一个重要例证。

998.岐山郑家村唐元师奖墓清理简报

作　者：宝鸡市考古队　刘明科
出　处：《考古与文物》1994 年第 3 期

1992 年 3 月，岐山县枣林乡郑家村的"无名大塚"被盗开一个洞。考古人员当即前往查看现场，从 4 月 10 日至 5 月 11 日对此墓进行了清理发掘。该墓在当地称作"无名大塚"是因为其封土特别高大，但墓主人是谁并不清楚。这次发掘清理中，发现该墓不仅地面封土高大，而且地下墓室、甬道、墓道也很宏大。墓志铭表明其墓主是死于垂拱二年（686 年）的唐使持节、唐督鄯州刺史、上柱国、开国男、河源道经略副史元师奖。此次发掘弄清了该墓的基本情况，抢救出了已遭破坏的文物。简报分为：一、墓葬位置及形制，二、出土器物，结语，共三个部分。有照片、手绘图。

据介绍，元师奖墓位于岐山县南塬枣林乡郑家村南，东距眉林公路约 200 米。1974 年平整土地兴修水利时，墓塚被夷平。该墓为多天井的大型砖室墓，多次被盗，出土修复成型器物 75 件，墓志 1 合（简报未作具体介绍）。元师奖出自豪门士族世家，以军功卓著起家，卒于垂拱二年。元师奖墓纪年准确，虽遭多次盗扰，随葬器物严重损坏，但仍不失其时代特色，为研究初唐器物提供了断代标准。出土的墓志、器物及壁画对研究唐代官制、军事、民族关系及地理具有重要意义。

今有刘琴丽先生《唐代武官选任制度初探》（社会科学文献出版社 2006 年版）一书，可参阅。

999.陕西麟游县麟溪桥佛教摩崖造像

作　者：中国社会科学院考古研究所西安唐城队、麟游县博物馆
出　处：《考古》1995 年第 10 期

麟游，是陕西省佛教石刻造像保存较多的县份之一。麟溪桥摩崖造像，位于今麟游县城东 1 公里许、麟游老城外西南角、杜水北岸约 150 米处的东西向山崖间，现属杜阳路 2 号——麟游县木器厂院内的最北端。麟溪桥位于摩崖石刻的东北处，该桥为 1957 年重建。麟溪桥摩崖造像目前能见到者有 19 龛，现自东向西共编 19 个龛号，即 K1 ~ K19。简报配以手绘图予以介绍。

据介绍，计有坐佛、立佛、菩萨、弟子像等，有的已残缺。简报推断其年代在唐初唐玄宗、武则天前后。

1000.隋仁寿宫唐九成宫 37 号殿址的发掘

作　者：中国社会科学院考古研究所西安唐城工作队　安家瑶、丁晓雷

出　处：《考古》1995 年第 12 期

1978 ～ 1982 年，考古人员在陕西省麟游县新城区及其周围进行了多次考察和发掘，发现了很多重要遗址，充分证实了隋仁寿宫、唐九成宫遗址即在今天麟游县新城区。几年来的考古发掘和研究成果都将收录在《九成宫发掘报告》一书中。正当该报告即将完成出版之际，37 号殿址的发现和考古发掘的完成为这部报告增添了最新内容。这一发现被《中国文物报》评为 1994 年十大考古新发现之一。简报分为五个部分予以介绍，有照片、手绘图。

据介绍，隋唐都城都在西安，天气炎热，隋开皇十三年（593 年），隋文帝下诏兴建仁寿宫，开皇十五月三月刚刚竣工隋文帝即来避暑，前后来过 6 次。仁寿四年（604 年）隋文帝死于该宫，接着隋炀帝继皇帝位也是在仁寿宫。隋代灭亡之后，仁寿宫随之废弃。唐代初年，高祖和太宗忙于南征北战，无暇避暑。贞观五年（631 年），群臣建议修筑离宫，以避炎暑。当时的国家百废待兴，人力财力都很紧张。在这种情况下，太宗选择了一个折中方案，即以隋仁寿宫为基础，加以修缮，增建禁苑、武库、官署，并改名为九成宫。唐太宗曾 5 次到九成宫避暑。唐高宗即位后，曾于永徽二年（651 年）将九成宫改名为万年宫，乾封二年（667 年）又恢复为九成宫。唐高宗曾 8 次来九成宫避暑，并于咸享二年（671 年）在九成宫增建了太子新宫。高宗之后，武则天久居东都洛阳，继之玄宗在骊山扩建了温泉宫，辉煌壮丽的九成宫逐渐荒芜，并于开成元年（836 年）毁于洪水。北宋时有人将倒塌下来的残砖瓦清理到殿阶基下面，利用旧砖瓦石料在殿基面上盖起简陋的房子。北宋以后不久，一场大水或地震引起山体滑坡，37 号殿址从此掩埋于黄土之下直至此次被发掘。37 号殿址的考古发掘填补了中国建筑史上隋代宫殿建筑的空白。

简报强调，由于隋仁寿宫、唐九成宫在历史上的重要地位，《隋书》《北史》《旧唐书》《新唐书》《资治通鉴》等正史都比较详细地记载了这座皇宫的兴建和皇帝到该宫避暑的具体时间。在这座离宫发生的重大历史事件也在正史中有所记述。

1001.千阳坡头唐墓清理简报

作　者：宝鸡市考古队　苏庆元
出　处：《考古与文物》1995 年第 3 期

坡头唐墓位于千阳县冠家河乡坡头村。1988 年 10 月文物普查时发现。因天井塌陷，考古人员遂对该墓进行了抢救性清理，将其编号为 M1。

清理情况简报分为：一、墓葬形制，二、随葬器物，三、结语，共三个部分。有照片。

据介绍，该墓为长斜坡墓道多天井单室土洞墓，由墓道、天井和墓室组成。出土文物共 28 件，出土的镇墓兽，均为初唐风格。简报推断此墓的时代为初唐时期。

1002.隋开皇三年鎏金佛造像与石造像

作　者：王桂枝
出　处：《文博》1995 年第 4 期

宝鸡县双柏阳乡村民在取土中发现隋开皇三年鎏金造像和石造像各一尊。据当地村民讲，传说这里是古代一个很有名气的地方官居住的地方。简报配以照片予以介绍。

据介绍，开皇三年鎏金铜造像，立佛通高 19 厘米，床足上刻造像记：开皇三年二月□□□□一区□□□□□□□□□□。开皇石造像，圆龛内雕一佛二菩萨居于龛中。造像质地为汉白玉料，由于长期受地下水的浸蚀，石质化。造像背部有铭，也有开皇年号。

简报称，佛教在我国流行甚广，隋唐时期是中国佛教的鼎盛时期。上至皇亲国戚，下至平民百姓，为能得到佛的庇佑和赐福，而大造佛像。隋代虽然立国只有37年，但在政治上统一了中国，隋文帝改变了周武帝毁灭佛法的政策，而兴佛教巩固其统治地位。所以杨坚称帝后，接二连三下诏崇佛。据文献记载，隋文帝一生建寺达3792 所，造塔110 座。佛教的风行，必然推动佛教造像艺术水平的发展。

法国研究东方文化的著名学者雷纳格鲁塞在《从希腊到中国》一书中说：佛教诞生在印度，而给佛造像的不是创立并信仰佛教的印度人，而是跑到印度居住的希腊人，以后佛教造像沿着古老的丝绸之路，传入中国，中国反倒成了佛教造像最多、艺术成就也最高的国家。

1003.陕西麟游县东川寺、白家河、石鼓峡的佛教遗迹

作　　者：中国社会科学院考古研究所西安唐城工作队、麟游县博物馆　常　青等

出　　处：《考古》1996 年第 1 期

麟游县地处关中西部，位于丝绸之路西出长安的南北两道必经重镇——彬县与凤翔之间，又属隋与初唐时期皇室夏宫——九成宫的所在地，名胜古迹颇多。在佛教遗迹方面，是宝鸡地区保存最集中、最多的区域。1958 年 6 月，陕西省文管会作了初次调查，并简要报导了千佛院、麟溪桥、慈善寺的情况。以后，有的专家学者也对麟游的佛教遗迹作过简要论述。1990 年秋与 1991 年春季，考古人员对上述佛教遗迹作了全面的调查。简报分为：一、东川寺摩崖龛像，二、白家河摩崖龛，三、石鼓山夹石窟，四、几点说明，共四个部分。有手绘图、照片。

据介绍，麟游县西南约16 公里的九成宫镇永安村，位于青莲山南麓，眉（县）麟（游）公路自南向北穿过该地区。在公路的东侧，有一面南、东西走向的山崖，东川寺摩崖龛像即位于该崖间。东川寺摩崖现存两龛，第1 龛的时代简报定为北魏晚期，第2 龛的时代为唐昭宗大顺元年（890 年），简报录有发愿文、题记原文。白家河摩崖龛西距今麟游县城3.5 公里，时代简报推断为唐高宗、武周两朝之际。石鼓峡石窟位于今麟游县城北5 公里许，据题记等推断，年代为8 世纪末至9 世纪初，即唐代德、顺、宪宗之际。

1004.陕西麟游县慈善寺南崖佛龛与《敬福经》的调查

作　　者：中国社会科学院考古研究所西安唐城队、麟游县博物馆　常　青

出　　处：《考古》1997 年第 1 期

慈善寺位于今陕西省麟游县城东8 公里处。漆水河西岸崖面分布有三窟，漆水河由北向东折处的南山崖面间分布有九所佛龛，这些均为慈善寺的组成部分。此外，在西崖第二窟立佛右下侧保存有石刻《敬福经》一部，可补佛藏所集之缺。考古人员曾对慈善寺西崖三大窟进行过调查并发表了《陕西麟游慈善寺石窟的初步调查》一文。1993 年6 月与1994 年7 月2 日，又先后两次到慈善寺石窟，对南崖九所佛龛和石刻《敬福经》进行了调查并作了较详细的记录。调查所得的资料简报分为：一、南崖诸佛龛，二、《敬佛经》石刻，共两个部分，对南崖佛龛和刻经予以介绍，有手绘图。

据介绍，南崖九龛不规则地呈东西向排列，尺寸大小不一，且无统一的布局规划。南崖九龛，除第1、7 龛外，都含有初唐佛教雕刻艺术的基本特征，但在具体风

格方面仍有一些差别。简报推断：第一窟主佛与南壁坐佛约属于唐高宗早期，北壁坐佛稍晚一些；第二窟造像约在唐高宗中晚期，下限可至武周时期；南崖第5、8、9三龛约与第二窟年代同期，第8、9龛约属唐高宗中晚期，第5龛可能略晚一些，其下限可至武则天时代；3、4、6龛约在唐高宗晚期至武周时代；第7龛造像技艺不精，虽也模仿唐人手法，但已无唐代特有的神韵，且龛顶凿人字形槽的做法也不同于其他龛。因此，简报认为它有可能是唐以后宋、明间所补刻。

西崖第二窟刻有佛经一部，经中有许多字已漫漶不清，经后没有年款，从其典型的唐楷书体来看，《敬福经》凿刻的时间，大约在隋开皇九年至唐高宗年间。

1005.陕西千阳县上店发现唐代铜佛造像窖藏

作　　者：高次若、刘明科

出　　处：《考古与文物》1997 年第 1 期

千阳县地处宝鸡市北，境内多山区，古丝绸之路从县境通过。近几年来，这里先后发现过几批铜佛像窖藏，引起了考古界的关注。1986 年 11 月，该县上店乡磨朝村村民在地里挖坑栽苹果树时，再次发现一铜佛造像窖藏，与铜造像共出的还有一枚开元通宝。

简报分为：一、铜像的造型艺术，二、年代推断，三、相关的几个问题，共三个部分。有照片。

据介绍，出土有鎏金铜造像 11 件等一批铜佛像，简报认为这个窖藏的下限时间应在天宝九年（750 年）。唐代是佛教发展的全盛时期，除武宗皇帝以外，历代皇帝对佛教文化都很重视，不具备毁佛的社会因素。唯武宗执政后于会昌五年对佛教文化进行了一次沉重打击，展开了一场声势浩大的反佛运动，造成了铜佛像和寺庙各种法物器具的严重损坏。因此这一窖藏很可能是武宗灭佛时埋入地下的。

简报称，这批铜佛造像，最引人注目的是，不论是铜质的还是鎏金铜质的，除一件是弟子造像，一件是莲枝梗七佛造像外，其余全是菩萨立像。我国对观世音菩萨的信仰源自印度，丝绸之路是其传入的必经之路。千阳县地处关中西部，古丝绸之路从县境通过。因此，这里出土的大量菩萨造像，自然是受到西域佛国文化影响的结果。菩萨造像除标本 3 外，几乎都是裸体、细腰、大臀、丰乳，体修长呈舞姿，这些都是西域佛国文化最典型的特征。不但在丝绸之路上的铜佛像造型艺术上表现得十分突出，而且在敦煌早期壁画中表现得也极为明显。因此，这批造像和莫高窟一样，反映了丝绸之路上印度文化突出的佛国情调。这一窖藏中的精品，应为武则天时期铸造。

1006.宝鸡剧院出土唐瓷碗

作　者：卢　元

出　处：《文博》1997 年第 5 期

1997 年 7 月 28 日，宝鸡剧院基建时，在距地面 4 米深处挖出一件瓷碗。简报配以照片予以介绍。

据介绍，此碗为白釉碗。碗内使用垫饼叠烧，底心留有支烧痕，这种情况是我国唐代首创的装烧工艺技术。初期用三岔垫饼，其后还逐渐出现五岔垫饼以及托珠支烧等。宋代以后，由于烧装技术和窑具的改进，瓷器多采用"单件烧"，一件匣钵装烧一件瓷器，碗心再无支烧痕。稍后虽有叠烧，但不在碗心使用垫饼，而是在碗心刮釉一圈，使坯体重叠。宝鸡剧院出土的这件瓷碗，碗心留有五点支烧痕，为判断瓷碗烧造年代提供了可靠依据。简报初步认为，这件瓷碗的年代大致在唐末至宋初。

简报称，该瓷碗釉质晶莹润泽，玻璃质感强，反映了石灰质釉制备的较好技术水平，利用两色彩釉，在釉中创造装饰纹样，并呈现出了搅釉艺术效果，这也是技术和艺术上的重要突破。

简报指出，这件瓷碗的发现对研究唐末陶瓷技艺和我国陶瓷史具有一定的意义。

1007.凤翔铁丰唐墓发掘简报

作　者：陕西省考古研究所雍城考古队　田亚岐、肖建一、石　磊、穆晓雷

出　处：《考古与文物》2001 年第 2 期

1999 年 5 月间，在凤翔县县城南环路旁发现一座唐墓，考古人员对该墓葬进行了发掘清理。

简报分为：一、墓葬形制，二、随葬器物，结语，共三个部分。有手绘图、照片。

据介绍，此墓南北向，墓道在南，墓室在北，由斜坡形墓道、天井及墓室组成。该墓系土圹式，墓道平面为长方形。在天井的开口处发现一具人骨，骨架散乱，似为二次迁葬；在墓道的开口处则发现散乱的一堆兽骨。该墓共出土 8 件随葬器物，均为橙红色的粉彩陶，无其他着色装饰。

简报借助随葬器物类比，推断这座唐代墓葬的年代在盛唐时期，墓主身份等级、富裕程度均不高。

1008.陕西岐山蔡家坡石窟考古调查报告

作　者：陕西省考古研究院、宝鸡市考古队、岐山县博物馆　田有前、张建林
出　处：《考古与文物》2009 年第 5 期

蔡家坡石窟，位于陕西省岐山县蔡家坡镇宋家尧村西侧，现处于西北机器厂家属区内北侧的断崖上，为历次考古调查及文物普查所遗漏。2008 年 2 月初，该石窟由当地文物爱好者于安君先生在无意中发现，并随后报告相关文物部门。2008 年 2 月下旬，考古人员对该石窟进行了调查与测绘。简报分为：一、概况，二、1 号窟，三、2 号窟，四、3 号窟，五、4 号窟，六、5 号窟，七、结语，共七个部分。有照片、手绘图。

据介绍，5 座石窟可分为三类：大像窟、洞室佛殿窟、龛式供佛窟，前两类与后一类分属不同时期。1 号窟是一座大像窟，主尊立佛造型高大，形体瘦长。从总体造型仍可看出有北朝早期造像特点。3 号窟系洞室佛殿窟，窟内造像粗糙简拙，千佛小像更为简单，仅具轮廓。造像比例失当，往往上半身过长，造型清瘦，面部及颈部尤为明显，与关中地区北魏造像碑多相似，应当是关中北魏时期佛教造像地方特色的表现。2 号窟、4 号窟的窟形、造像组合、造像风格基本一致，为初唐至盛唐之间遗物。5 号窟略晚，应为盛唐时作品。

1009.陕西扶风发现钱币窖藏

作　者：扶风县博物馆　汪玉堂
出　处：《考古与文物》2012 年第 2 期

2007 年 9 月 18 日，扶风县在修建法门寺合利广场时挖出一窖藏钱币，共计 80 余斤。简报配以拓片予以介绍。

据介绍，计有汉代、新莽、南朝陈、唐代钱币，95% 以上为唐代钱币。简报认为是唐武宗灭佛时匆匆埋入地下的。

1010.凤翔翟家寺隋唐墓葬发掘简报

作　者：陕西省考古研究院、宝鸡市考古研究所、宝鸡先秦陵园博物馆、
　　　　凤翔县博物馆　田亚岐、耿庆刚、张　程、刘　爽、卢烈炎、王欣亚、
　　　　景宏伟、孙宗贤等
出　处：《文博》2013 年第 1 期

2011 年 6 月，为配合凤翔县过境公路建设，考古人员在宝鸡市凤翔县翟家寺村

发掘清理古墓葬 10 座，其中东周、秦墓葬 2 座（另行报道），隋唐墓葬 8 座。简报分三个部分介绍了隋唐墓葬的发掘情况。

第一部分墓葬形制。根据墓道形制不同可分为两种类型：竖井墓道洞室墓和长斜坡墓道洞室墓。

第二部分随葬器物。共出土随葬品 32 件（组），包括陶俑、陶器、铜器、杂器四类。

第三部分结语。此次发掘的 8 座墓葬，均为中小型墓葬，时代从北周至中晚唐。简报指出，隋唐时期凤翔一度曾号称西京，与成都、长安、洛阳、太原并称"五京"，在一定程度上起到都城长安的陪都作用。

简报称，翟家寺隋唐墓葬时代跨度较大，墓葬形制完整，出土器物较丰富，此次考古发掘为研究隋唐时期凤翔的历史提供了重要的参考。

咸阳市

1011.乾陵勘查情况

作　者：杨正兴
出　处：《文物》1959 年第 7 期

乾陵是唐高宗与武则天的合葬墓，位于陕西省乾县西北约 6 公里的梁山上，1958 年 12 月，考古人员为配合水利工程对乾陵进行了勘查。

据介绍，乾陵墓门及隧道已找到，隧道长达 65 米，隧道口等处用铁栓板石条堵塞，铁栓板与石条间用白铁浆灌缝，相当坚固。乾陵内城四面墙基比较完整，地表上唐代砖瓦等很多。内城东西全长 1450 米，南北全长 1582 米。

1012.唐乾陵勘查记

作　者：陕西省文物管理委员会　杨正兴
出　处：《文物》1960 年第 4 期

乾陵位于陕西乾县西北 6 公里之梁山，是唐高宗与武后合葬的地方，距西安 80 公里，地当要冲。出乾县城北门转向西北约 1.5 公里的张家堡，有高达 8 米的土阙 2 个，是乾陵第一道门前建筑遗址，也是御道起点（本地人叫雁门嘴），向北即是"御道"，受风雨冲刷形成大小不同的深沟。北行 3 公里为南二峰，各高约 40 米，其上有 15 米高的土阙，上部还保留一段砖墙。据《长安图志》载：左侧应有狄仁杰以下 60 人画像祠堂，现存一些破砖碎瓦。土阙的中间留有些瓦砾，是第二道门遗址。梁山是个圆锥形的石灰岩山，山巅分为三，北峰最高即乾陵，南二峰较低，左右对峙。山的周围为耕种作物的台地，山后群岭重叠，南面为关中平原，西面紧靠黄巢沟，周围环境极优美。1957 年政府拨款予以修复，1958 年 12 月，考古人员又前往勘查。简报配以照片、手绘图予以介绍。

据介绍，考古人员调查了陵园内现存石刻情况，找到了乾陵隧道，了解了墓门上部情况，勘查了乾陵内城的全部范围，认为乾陵不曾被盗。

今有王双怀先生《中国唐代帝陵》（陕西人民出版社 2020 年版）一书，可参阅。

1013.唐永泰公主墓志铭

作　者：武伯纶

出　处：《文物》1963 年第 1 期

永泰公主墓志 1960 年 9 月于唐乾陵东南约 3 里之陪葬墓中出土。正方形，体积较大，每边 1.44 米。志盖周围雕饰忍冬蔓草及十二生肖花纹，颇华丽，中间篆书三行，行三字，曰："大唐故永泰公主志铭。"简报配以照片予以介绍并录有志文全文。

据介绍，永泰公主为武则天孙女，后下嫁武则天侄孙武延基，两人为姑表兄妹。志文撰写者徐彦伯有文集 20 卷行于世，《全唐文》中仅存其文 6 篇，无此志文。志文多处可补《新唐书》记载之缺。如永泰公主出嫁时间、永泰公主之死等，均可补史书之缺。

1014.陕西咸阳唐苏君墓发掘

作　者：王世和、韩　伟、贾瑞原

出　处：《考古》1963 年第 9 期

该墓位于咸阳市东北 17.5 公里的顺陵西南，1960 年春因洪水冲刷暴露，1961 年 11 月至 1962 年 8 月发掘。

发掘发现，该墓早期曾被盗，有 4 个盗洞。劫余随葬品有陶俑 352 件及瓷器、铜器、铁器等，墓志仅存志盖，有壁画 14 幅，但几乎已全部脱落。

由志盖，知墓主人姓苏，生平不详。下葬时间上限应在总章元年以后，至迟不会到开元年间。根据墓的规模、随葬品情况，简报认为死者为三品以上官员。

1015.唐永泰公主墓发掘简报

作　者：陕西省文物管理委员会　杭德州等
出　处：《文物》1964 年第 1 期

永泰公主是唐高宗李治和武则天的孙女，中宗李显的第七女。公主名仙蕙，字穠辉，死于唐大足元年（701 年），时年 17 岁。于神龙二年（706 年）与驸马都尉武延基合葬于乾县之北原，陪葬乾陵。墓东距西安 76.5 公里，西兰公路从墓的围墙内西部穿过。西邻韩家窑，东为东金村，北是西金村，南靠马家坡，西北距乾陵 2.5 公里。1960～1962 年发掘。简报分为：一、墓的位置和发掘经过，二、墓葬形制，三、葬具和葬式，四、随葬器物，共四个部分。有手绘图等。

据介绍，永泰公主墓的结构可分墓道、甬道、前室、后室四个部分。墓道部分可细分为墓道口、过洞、天井、小龛等部分。结构材料可分为土筑和砖砌两种。该墓早年被盗，且盗洞中有一直立人骨架，估计为盗墓者。劫余的随葬品有俑 878 件等。墓室中人骨保存不完整，葬式不明，但尚可看出是两人合葬。

1016.唐顺陵勘查记

作　者：陕西省考古研究所　王世和
出　处：《文物》1964 年第 1 期

顺陵是国务院 1961 年公布的全国重点文物保护单位之一，它位于陕西省咸阳市东北 35 里，坐落在渭河北岸第二道原上，北距陈家村约 2 里。顺陵，是武氏（武则天）母亲杨氏的坟墓。根据文献记载，杨氏死于咸亨元年（670 年）九月，以王礼葬咸阳，当时称杨氏墓，墓名改过多次。杨氏墓名称的屡改，反映了武则天在政治上的兴衰和统治者内部的斗争（李、武两家所代表的政治集团的矛盾）。1962 年，考古人员前往勘察。

简报分为：一、陵园范围、城垣和陵墓，二、石刻，三、顺陵残碑，四、陪葬墓，五、小结，共五个部分。有手绘图。

据介绍，陵园范围南起土阙，北至石马，长 1264 米，东西以高大的石坐狮为界，宽 866 米，共占地面积约 110 万平方米。南面的两个土阙呈不规整的长方形，东西并列，相距 50 米，高均约 7.20 米，周围堆有唐代砖瓦碎片颇多。陵园内现存石刻，分布在陵前、后和东西两边，以陵前最多，陵后次之。陵前有独角兽、石狮、石人和石羊等，陵后有石狮、石马，陵东西两边有石狮。其中陵前的独角兽和石狮是渭河北岸诸陵石刻中最出色的艺术作品，是现存唐代石雕刻中的珍品。

陵前原立有石碑，今已无存，在咸阳市博物馆仅存残碑两块，共百余字，已不足《金石萃编》所著录同一碑文文字的半数。碑立于长安二年（702 年）正月（杨氏死后32 年），据文献记载，明嘉靖卅四年（1555 年）地震碑毁，当时县令取之修渭河堤，碑遂亡。今存残碑系近代从河中捞起。碑原立何处，已无人知道。

此次勘查，在内城南门前 241 米处发现一废墟，周围积有破碎砖瓦，老乡称其为碑大寺或碑塔寺，相传此处原立一大石碑，或许顺陵碑原立于此。建寺的年代亦无从可考，据老年人说，建寺是为了保护石碑，据此推测，寺建于明嘉靖卅六年以前。

陪葬顺陵可查的有杨氏之孙武三思一人，可能还有其他陪葬墓，尚待勘探。

1017.唐建陵探测工作简报

作　　者：陕西省文物管理委员会　王玊忠、程学华
出　　处：《文物》1965 年第 7 期

建陵是唐肃宗李亨的陵墓，位于陕西省醴泉县以北 15 公里的武将山。东与九嵕山唐太宗的昭陵遥相对峙，西望梁山唐高宗与武则天合葬的乾陵。据《唐书·肃宗本纪》：宝应二年三月（763 年）庚午，葬肃宗于建陵，陵墓建筑虽已破坏，但陵墓石刻基本上是完整的。1961 年 9 月上旬，考古人员对陵园范围及陪葬墓进行了实际调查和必要探测。

简报分为：一、陵园现况，二、地面石刻文物，三、陪葬墓，共三个部分。有手绘图等。

据介绍，传说武将山一带在唐朝以前，还是整片的森林，自唐太宗埋葬九嵕山后，这里逐渐开辟，人烟日益增多。由于林木破坏，且山麓坡陡，水土流失就格外严重，故建陵园门司马道一带，因雨水冲刷，已形成一个深沟。建陵陵园范围内主要的遗物遗迹有角楼遗址，各门前的土阙，断续的夯土和残碎的砖瓦。这里的石刻基本分为两类：一类是分布在陵园四门前的石蹲狮，每门前各二，共计 8 只；另一类是南门外的整群石刻，共 40 余件，由南往北计有：华表 1 对、翼马 1 对、鸾鸟 1 对、石马 5 对、石人 10 对。陪葬墓发现的有 3 个，包括郭子仪墓，其他墓因封土已削平，只能靠发掘才能发现。

据史载，肃宗7 个女儿：长乐、宁国、和政、大宁、宜宁、永和、延光。可以说，建陵中章敬皇后和李怀让之墓一定包括在内。是否有肃宗女儿的墓，有待进一步研究。

1018.唐章怀太子墓发掘简报

作　者：陕西省博物馆、乾县文教局唐墓发掘组

出　处：《文物》1972 年第 7 期

章怀太子李贤是唐高宗李治与武则天皇帝的第二子。该墓为乾陵陪葬墓之一。位于乾陵东南约 3 公里的乾陵公社红星大队杨家窪生产队北面的高地上。该墓发掘工作于 1971 年 7 月 2 日开始，至 1972 年 2 月下旬基本结束。简报分为：一、墓葬结构，二、随葬器物，三、结语，共三个部分。有手绘图等。

据介绍，章怀太子墓尚存 18 米高封土，整个墓地占地约 39 亩。墓由墓道、过洞、天井、甬道、前室和后室组成，全长 71 米。该墓曾被盗，所幸壁画 50 多组尚保存完好。有墓志及雍王墓志出土，简报未录志文全文。但志文可补两《唐书》之处甚多。如志文称李贤字仁，两《唐书》却说字明允。

又，据《文物》1983 年第 7 期报道，1972 年在陕西乾县发掘的唐乾陵陪葬墓章怀太子李贤墓出土一件有铭文的鸟兽纹铜镜，该墓的发掘简报中未作报道。据介绍，此镜厚胎平缘，半球形钮，钮座双线方格内饰莲瓣纹，主要纹饰为鸾鸟、凤凰、龙、麟组成的鸟兽纹。其外有楷书铭文一周："鉴若止水，光如电耀，仙客来磨，灵妃往照，鸾翔凤舞，龙腾麟跳，写态征神，凝兹巧笑。"铭文圈外饰浮雕花草、鸟兽纹，镜边缘饰缠枝花草纹。此镜出于唐李贤墓内，应是唐代皇室贵族的日常生活用具之一，是唐代初期铸造的一件工艺精美的器物。

1019.唐懿德太子墓发掘简报

作　者：陕西省博物馆、乾县文教局唐墓发掘组

出　处：《文物》1972 年第 7 期

唐中宗长子懿德太子李重润（682 ~ 701 年）墓，位于唐高宗和武则天乾陵的东南隅，是乾陵陪葬墓之一。在今乾县县城西北约 3 公里的乾陵公社永红大队韩家堡生产队北面。1971 年 7 月 2 日开始，考古人员发掘了懿德太子墓。简报分为三个部分予以介绍，有手绘图等。

据介绍，懿德太子墓可分为地面和地下两个部分。地面上有封土堆高 17.92 米。整个陵园南北长 256.5 米、东西宽 214 米，陵园四角有夯土堆各一，南面有土阙一对。阙南有石狮一对，石人二对（一对只残留底座），石华表一对（已残，倒塌后埋入地下）。在土阙以北地段内当地农民曾发现过大量的唐代长方砖、瓦片和壁画残片，估计当时此处曾有房屋建筑。懿德太子墓全长 100.80 米，由墓道、六个过洞、七个天井、

八个小龛、前甬道、后甬道、前墓室、后墓室等八个部分组成。该墓曾被盗，但仍出土有玉质哀册、贴金彩绘甲马、陶俑、金器、铜器、铁器等。40幅壁画也保存尚好，石棺上的石刻线画也很珍贵。未见墓志，墓主人《旧唐书》有传，大足元年（701年）被杖杀，年仅19岁。

1020.唐郑仁泰墓发掘简报

作　者：陕西省博物馆、礼泉县文教局唐墓发掘组

出　处：《文物》1972年第7期

郑仁泰墓位于礼泉县烟霞公社马寨村西南约半华里处，是唐太宗昭陵的陪葬墓。简报分为：一、墓的结构，二、葬具与葬式，三、随葬器物，四、结语；共四个部分。有照片。

据介绍，该墓为一高出地面约11米的大土堆，当地人称"尖塚"。塚南有石虎、石羊各3个，墓由斜坡墓道、天井、过洞、甬道、墓室等组成。该墓曾被盗，葬式不明，壁画保存尚好，劫余随葬品有石俑、彩绘釉陶俑、唐三彩等。有墓志，计1270字。由志文知墓主人叫郑仁泰，死于龙朔三年（663年），麟德元年（664年）十月二十三日下葬。简报未录志文全文。

1021.唐李寿墓发掘简报

作　者：陕西省博物馆、文管会

出　处：《文物》1974年第9期

李寿（字神通，577~630年）墓位于陕西省三原县陵前公社焦村生产队，1972年墓内积水，天井塌陷。考古人员于1973年3月至8月对该墓进行了发掘。简报分为：一、墓葬形制，二、出土文物，三、结语，共三个部分。有照片等。

据介绍，地面残存的封土堆为不规则的圆锥形，高8.4米、周长61.4米，夯筑。紧靠封土由北向南排列着石人1件（残，另一件未见）、石羊2对（其中3件埋在地下）、石虎1对、石柱1对。墓由墓道、过洞、天井、小龛、甬道、墓室组成，全长44.4米。该墓曾被盗，仅出土男立俑1件、四耳白瓷罐4件等少量遗物。李寿墓是陕西省目前发掘的唐墓中时间最早的一座墓葬，出土大批精美的壁画和石刻，而龟形墓志和装修可以开合的石门的石椁，在考古史上非常少见。壁画的题材为出行图、狩猎图、世族地主庄园图等，详见本刊本期《唐李寿墓壁画初探》一文。石椁外部刻四神、十二生肖、武卫等。墓志简报未录全文。

1022.唐越王李贞墓发掘简报

作　者：昭陵文物管理所　言昭文
出　处：《文物》1977 年第 10 期

唐越王李贞墓位于陕西礼泉县烟霞公社兴隆村以东。该墓为昭陵陪葬墓之一，再向北约 10 公里，即为唐太宗昭陵。考古人员于 1972 年 9 月 16 日组织人力对李贞墓进行了正式发掘，至当年 11 月 9 日结束。简报分为：一、墓葬结构，二、出土文物，三、墓志中的几个问题，共三个部分。有照片、手绘图。

据介绍，越王李贞墓发掘时已无封土堆，据该村村民回忆，当年仅留有高约 1 米的一个小土丘，1949 年前已被夷平，多年来作为生产队的固定麦场使用，故地面已无任何痕迹遗留。距原封土正南约 52 米处有一深 30 厘米土坑，老农反映即是当年神道碑位置所在。石碑早被移动，碑身已断为两截。碑首篆额，四行，行四字，隐约可见："大唐故太子太□豫州刺史越□□□□"。碑面漫漶磨损，无一字可见。碑座已失散。墓由墓道、五个过洞、五个天井、甬道、墓室组成。在第二、五过洞两壁共有四个小龛。墓南北水平全长 46.10 米。墓室中全是淤土，死者葬式不明，仅发现人颅骨一个。出土遗物 130 余件，有俑、镇墓兽、银器、铜器、玉器等。有墓志出土，简报录有全文。越王李贞为李世民第八子，两《唐书》均有传，但志文与传多有出入。如下葬年两《唐书》均记为"开元四年"，而志文作"开元六年"（718 年）。

1023.昭陵陪葬墓调查记

作　者：昭陵文物管理所　云　石
出　处：《文物》1977 年第 10 期

昭陵是唐太宗李世民的陵墓，位于陕西省礼泉县九嵕山。这一处茔地是李世民生前亲自选定的。这一位颇有才略的封建皇帝很善于笼络统治集团内部的人物，不仅在生前对功臣、勋旧和各种人才作了适当的安排和使用，而且三次下令允许这些人死后陪葬，以表示"死生不忘"的意思。现在我们所看到的这个陵园区，高踞在九嵕山主峰上的是李世民的坟墓昭陵。由昭陵往南，30 万亩一片地方，散布着一大批陪葬墓，包括李世民的家属、亲戚以及开国功臣和其他上层人物，数量之多，在历代帝王陵寝陪葬墓中可数第一。关于究竟有多少人在昭陵陪葬，有关资料的记载颇有出入。两《唐书》中明确记有"陪葬昭陵"的74 人，游师雄《昭陵图》列85 人，《唐会要》记为155 人，《长安志》记为165 人，到清代徐乾学的《读礼通考》记为

153 人，《礼泉县志》记为203 个。上述这些不同记载，两《唐书》所记当然只限于书中有传的人物，74 人必然少于实际数字；《礼泉县志》是根据过去的各种记载加以综合，"出者不减，入者加之"，不管是否一冢而异名，有一个算一个，这种计算方法所得的结果又显然多于实际数字。

1949 年以后，考古人员曾作了多次调查。到 1965 年为止，发现了 153 座墓葬。1972 年昭陵文物管理所成立以后，再一次作了调查研究，除对原有陪葬墓进行了核实登记以外，又新发现墓葬遗址 14 座，连前共计 167 座。近两年来，配合修筑公路、农田基建等工程，曾清理了 11 座墓葬，其中有安元寿墓（简报未发），入葬年代为高宗永淳二年（683 年），墓志中有"陪葬于昭陵"的记载。同时，在调查中还发现了宇文崇嗣墓，可能是从其父宇文士及而葬的。这两个墓都不见于过去各家的记载。这种情况，说明了过去的记载固可作为参考，但并不能完全信赖，昭陵陪葬墓的数字和墓主，还需要依靠实际的调查研究来最后确定。现在发现的 167 座墓葬，可以确知墓主的姓名、身份及入葬时间的有 57 墓。简报分为：一、陪葬墓的外形分类，二、从葬和合葬的一些情况，三、几个问题，共三个部分。有照片、手绘图。

简报称，昭陵的陪葬者，无论从史书记载以及表格中调查所得来看，其身份都限于功臣、密戚。唐代葬制规定比较严格，据墓主的不同身份，从坟茔的外形到随葬品等都有所区别。从数量上来看，文武大臣的人数要远比皇族为多。由此可见太宗、高宗两朝对于"功臣"的重视。如果仅凭这一点还不足以说明问题（因为按照一般情况，功臣的人数总是多于皇族的），那么整个墓葬的形制还是一个有力的证据。皇族的坟墓，除了三个嫡出公主规格比较高，其他庶出的皇子、公主和妃子，墓葬形制都没有超越臣僚的墓葬。后者之中，像魏徵、李靖、李勣的坟墓，其规模尤为宏大特殊。这种做法，着眼于整个地主阶级利益的巩固，而不局限于维护一家一姓的尊荣，说明了唐太宗确实是一个比较有眼光的地主阶级政治家。简报讨论了陪葬者的身份、陪葬墓的位置排列、陪葬墓的高度等问题。简报有表格，列有 57 个已确知姓名的陪葬墓墓主姓名、身份、埋葬时间、墓葬形制、高广尺寸等。

1024.唐阿史那忠墓发掘简报

作　者：陕西省文物管理委员会、礼泉县昭陵文管所　王玉清、荀若愚

出　处：《考古》1977 年第 2 期

阿史那忠墓位于礼泉县烟霞公社西周村西边约 300 米处，是唐太宗李世民昭陵的陪葬墓之一，西北距九嵕山——太宗陵约 3.5 公里，地面有残缺的封土堆和 2 通石碑。一通为原立神道碑，下部被淤土埋没，碑头为六螭首，圭面篆刻"大唐故右

骁卫大将军薛国贞公阿史那府君之碑"。另一通为清毕沅所立，上刻"唐赠镇国大将军薛国公阿史那忠之墓"。1972 年 6 月，考古人员发掘了这座墓。简报分为：一、墓的结构，二、出土器物，三、结语，共三个部分。有手绘图。

据介绍，墓由斜坡墓道（包括墓道口、5 个过洞和 5 个天井）、甬道和墓室三部分组成。第四天井下有小龛两个，第一、二、三过洞，甬道和墓室均为砖结构，但因盗墓者破坏，墓道和甬道顶全塌陷，只有过洞券砖保存完好。全墓南北水平距离长 55 米，墓室近正方形，墓室底距现在地平面深约 12.7 米。未见葬具、人骨。残存的随葬品有陶俑 74 件等。最大收获是出土墓志 1 合。知墓主为唐代突厥族将领阿史那忠。此人两《唐书》均有传，但志文多处可补史传之阙。由志文知，阿史那忠上元二年（675 年）卒于洛阳家中，享年 65 岁。

简报称，阿史那忠在贞观十八年（644 年）和总章年间（668 ~ 670 年）曾两次出师完成安抚西域的任务。它证明太宗李世民和高宗李治时期，现新疆维吾尔自治区的天山南路（指西域四镇——焉耆、龟兹、疏勒和于阗等地）已属唐王朝的政治管辖。志文还记载阿史那忠在唐代担任重要武职达 45 年之久，在他任职期间，曾东征、北伐、西抚、南驰，经营四方，为我国多民族的国家的统一事业作出了贡献。

1025.唐尉迟敬德墓发掘简报

作　者：昭陵文物管理所　呼延塘菱
作　者：《文物》1978 年第 5 期

尉迟敬德墓位于陕西礼泉昭陵（九嵕山）东南约 20 公里，县城东北约 18 公里的烟霞新村。宝鸡引渭水灌溉支渠从西向东通过墓道，与此平行有一条沥青公路穿过。墓周地势平坦，墓爆突出，当地人称该墓为"东尖塚"或"敬德塚"。该墓发掘工作于 1971 年 10 月 22 日开始，至 1972 年 1 月 18 日结束。简报分为：一、墓葬结构，二、出土文物，三、对墓志铭文中一些问题的探讨，共三个部分，有照片。

据介绍，尉迟敬德墓封土呈尖锥形，堆基直径长 26.5 米、高 8.8 米（除淤积层，距原地面高 11.2 米），全经夯筑，夯层迄今仍清晰可见。距封土堆南 49.5 米处有尉迟敬德石碑（神道碑）一通。碑文曾经《昭陵碑考》《文苑英华》等书著录。碑面文字剥蚀严重，碑上部约三分之二的文字漫漶殆尽，下部约三分之一字迹尚存。据记载得知，碑文 40 行，行 78 字。墓由墓道、4 个过洞、4 个天井、前后甬道和前后墓室组成，水平全长 56.3 米。在第三过洞和前甬道两壁共有 4 个小龛。该墓曾被盗，出土遗物中较重要的是墓志 2 合：一为尉迟敬德墓志，计 2118 字，楷书；一为其妻苏氏墓志，计 1104 字。简报未录两志志文全文。

以 2 合墓志志文及尉迟敬德神道碑碑文与史书对勘，可以互证互补之处甚多。如敬德的出身，个别记载中说是铁匠。这种说法通过历史小说的渲染，在民间广为流传。但碑文、志文中有敬德曾祖、祖父、父亲三代为高官的记述，苏氏志文中所记苏门三代也是高官。而且苏氏死得很早，大业九年（613 年）就死了，当时敬德尚未知名。他们结婚时，必是门当户对，那么敬德少年时是否当过铁匠，就很值得研究了。

1026.陕西礼泉唐张士贵墓

作　者：陕西省文管会、昭陵文管所　王玉清
出　处：《考古》1978 年第 3 期

张士贵墓位于礼泉县烟霞公社马寨村西南约 300 米处，是唐太宗昭陵的陪葬墓之一，北距唐太宗陵约 5 公里。该墓在地面上留有高约 9.1 米、直径约 20 米的封土堆。从 1972 年 1 月起，配合农田水利建设发掘清理了这座墓。简报分为：一、墓的结构，二、出土遗物，三、结语，共三个部分。有手绘图、照片、拓片。

据介绍，张士贵墓由墓室、甬道和墓道三部分组成，出土器物有动物模型、釉陶器、瓷器片等。张士贵墓志 1 合，志文共 2892 字，岐氏墓志盖 1 方，未见志石，简报未录志文全文。墓中出土的张士贵墓志，记载张士贵生平事迹颇多，简报与《新唐书》和《旧唐书》本传互相校正。志文书写人梓州盐亭县令张玄靓，此人所写的字，形状方正，笔回瘦劲，书体介于虞、褚之间，但以褚体的成分居多。简报称，这块墓志的出土，也为研究我国书法艺术提供了新的资料。

1027.唐桥陵勘查记

作　者：王世和、楼宇栋
出　处：《考古与文物》1980 年第 4 期

唐代诸帝王陵墓除昭宗和陵在河南省外，其余 18 座均散列于陕西省渭河北岸北岭之阳，西起乾陵（乾县梁山），东至泰陵（蒲城县金粟山），横亘乾县、礼泉、泾阳、三原、富平、蒲城六县约 150 公里，以唐长安为中形成一弧形，南隔关中平野，与秦岭遥对。考古人员于 1963 年 4 月至 11 月间，对陕西省蒲城县境内的 4 座唐陵（睿宗桥陵、玄宗泰陵、宪宗景陵、穆宗光陵）进行了勘查。其中桥陵保存较好，作了重点勘查，试掘了墓道，探查了陵墙，实测并绘制了陵的平面图，记录了石刻情况。简报分为：一、总貌，二、墓道的试掘，三、陵墙的探测，四、石刻，五、

陪冢，六、其他，七、追记，共七个部分。有照片、手绘图。

据介绍，唐桥陵位于蒲城县西北15公里西贾家村村北约1公里之丰山，是唐睿宗李旦之墓。据试掘得知，若墓道全以石条封固无误，按墓道北端底与南端底的高差20米推算，北端可垒砌石条约30层，故墓道内的全部石条约计3900块。陵园内现存石刻共53件，分布在四门外两侧，以南门神道两侧最多，由南向北计有石华表、石獬豸、石鸵鸟、石马、石人、石狮等40件；北门次之，有石狮、石马、石人等9件；东、西两门最少，仅各有石狮一对。

桥陵陪葬墓，文献所载互有出入，根据这次实地勘查，有唐碑之冢，其名位当然无疑。而无碑之四冢，武家村与李家村间的三冢，其名位恰与《元和郡县图志》等所载的惠庄、惠宣、惠文三太子墓方位正合，故此三冢可断为三太子墓。鄗国长公主墓北之无碑冢，尚存疑，似与桥陵陪葬无关。从勘查所得资料看，桥陵陪葬名位的记载，以《唐会要》所载与实际勘查较为符合，即三太子、三公主、一名臣（云麾将军李思训）。

简报最后说，简报于1964年写就后即送出准备发表，可惜因十年"文化大革命"，一直未得公诸于众。此次发表，仍依旧稿，现仅就1980年8月2日至8日再次对桥陵进行复查的新情况补述于下：

一是原立陵前"唐睿宗桥陵"之碑，现已断裂为两截，置于陵西原蒲城县农中院内。

二是原压于神道西侧南起第四石马前回埝下的牵马石人及原压于神道东侧南起第十石人东北回埝下的无头小型女像，皆已不见，据说已被毁。

三是陪冢中，金仙长公主墓已于1973年进行了发掘。

1028.长武县郭村出土唐张智慧墓志

作　者：阎志和

出　处：《考古与文物》1981年第2期

1980年9月30日，陕西省长武县枣元公社郭村大队第五生产队取土时，发现一座唐墓，内有墓志铭1合。墓志盖篆刻"大唐故队正张君之铭"九个字。同时，还出土风帽俑2件，幞头俑9件，陶马2件。简报配以拓片予以介绍。

据介绍，志与盖长和宽均为34厘米，厚6厘米，正方形。墓志楷书，共273个字。简报录有志文全文。

由志文知，墓主人张智慧，系正议大夫兼泉州刺史之子，在赴泉州看望父亲路上闻父去世，忧伤过度，于乾封元年（666年）病故于洛阳，安葬于陕西省长武县。

1029.咸阳发现大批唐代货币

作　者：秦　文
出　处：《考古与文物》1981 年第 4 期

该批唐代货币重约9.75 公斤，系1980 年5 月部队施工时发现。其中除一枚货泉外，均为开元通宝、乾元重宝。简报称，这批钱中只有开元旧钱和乾元钱，而未见会昌五年（845 年）铸造的开元新钱。因此这批钱应是乾元二年二月以后、会昌五年之前窖藏的，应属中唐时期使用的货币。出土货币为研究中唐货币经济提供了实物资料。

1030.陕西永寿孟村发现隋代铜镜

作　者：朱捷元
出　处：《文物》1982 年第 3 期

1978 年5 月陕西永寿县永太公社孟村大队二队农民在该村附近平整土地时，发现鎏金铜钵1 件、铜盆1 件和隋代铜镜3 面，随即送交陕西省博物馆收藏。据反映，这5 件器物是一起出土的，铜镜、铜钵均放置在铜盆内。简报配以拓片予以介绍。

简报从这几件铜镜的形制、纹饰、铭文推断，均具有隋代铜镜的风格。

1031.咸阳市出土一件唐代金壶

作　者：李毓芳
出　处：《考古与文物》1982 年第 1 期

1969 年，咸阳市的西北医疗器械厂在搞基建过程中，发现金壶一个，送咸阳市博物馆收藏。简报配以照片予以介绍。

据介绍，金壶通高21.3 厘米、口径6.6 厘米、底径6.6 厘米、圈足高0.6 厘米。简报认为，从花纹装饰来看，壶盖唇部饰流转的波纹，全器为蔓草、鸳鸯和莲瓣等巧妙组合的生动图案，这些都是唐代花纹装饰的基本特点。蔓草纹很繁缛，但不丰满；仰莲瓣较丰满，但结构不紧凑，呈松散状，这些又使金壶具有中晚唐特点。

1032.唐杨谏臣墓出土的几件文物

作　者：关双喜、刘向群

出　处：《文博》1985 年第 4 期

陕西省博物馆有一批 1952 年在陕西省咸阳市边防村杨谏臣墓出土的文物。由于时间相隔久远，墓形已无从查考。随葬品有陶器、瓷器、铜镜等 23 件。简报配以照片予以介绍。

据介绍，计铜镜 1 面、绞胎贴面瓷盂 1 件、三彩小壶 1 件、三彩砚 1 件、三彩马 1 件、彩绘女俑 1 件、彩绘胡服俑 1 件、砖墓志 1 块。志文已模糊不清，但仍可辨认出墓主人叫杨谏臣，死时年仅 12 岁，开元二年（714 年）下葬，应为官宦子弟。

1033.长武郭村发现唐张智慧墓

作　者：阎志和

出　处：《文博》1986 年第 5 期

陕西省长武县枣元乡郭村农民，在宅地取土时，发现一座唐墓，内有墓志一合，其盖篆刻"大唐故队正张君之铭"，同时出土男陶立俑、女陶立俑 12 件，陶马 2 件。

据介绍，墓志楷书，273 字，简报录有墓志全文。这座唐墓，是一正方形砖室墓。墓志书者虽未具名，但书法刚劲秀丽。十二尊立俑和两匹陶马，造型生动。

1034.唐贞陵调查记

作　者：泾阳县文教局调查组　刘随群

出　处：《文博》1986 年第 6 期

贞陵是唐宣宗李忱的陵墓，1956 年 8 月由陕西省人民政府公布为第一批重点文物保护单位。贞陵位居泾阳县白王乡崔黄村北的北仲山，距县城 30 公里。陵园横跨泾阳、淳化两县。

李忱（810～860 年）是唐宪宗李纯的次子。847 年即位，改元大中，在位 14 年。晚唐时期，国势日衰，然而宣宗尚能收复河陇一带，曾被誉为"小太宗"。

1954 年，考古人员对陵园进行了勘查钻探，调查情况简报分为：一、位置、面积，二、城基、门址，三、土阙、角楼，四、祭坛，五、献殿，六、下宫，七、寝宫道口，八、地面石刻，九、其他文物，共九个部分。有手绘图。

自乾陵以后，唐帝王诸陵基本上有了同一制度，地面石刻有比较固定的位置，但也有例外。贞陵陵园布局基本上承袭了原有格局，又有其独到之处。贞陵陵园西城墙北段开凿在山巅自然石崖上的小道，代替了土筑夯打的城墙，这种依山开凿修建的方法，可以说是中国古代建筑中的范例之一。

简报称，贞陵早在五代时期已被盗，地面石刻文物亦屡遭破坏。目前所存遗物遗迹仍为研究晚唐时期的政治、经济及雕刻艺术提供了宝贵的实物资料。

1035.昭陵发现陪葬宫人墓

作　　者：昭陵博物馆　孙东位
出　　处：《文物》1987 年第 1 期

几年来，陕西昭陵博物馆在昭陵陵园附近东侧的山坡上先后发现陪葬宫人墓6座。这些墓葬没有封土的痕迹，墓室小、随葬品极少，墓志制作粗糙，志文也很简略。尽管如此，这些墓志文等也能提供一些有用的史料，对研究唐代葬制还是很有价值的。

简报分为：一、昭容一品韦氏墓（韦尼子墓），二、亡宫五品墓，三、三品亡尼墓，四、西宫二品墓，五、无名宫人墓，六、七品典灯墓墓志，共六个部分，配以照片、拓片、手绘图，介绍了新发现的昭陵陪葬宫人墓。

简报称，唐太宗昭陵，陪葬墓数量之多是其一大特点。陪葬者有皇族的妃子、公主、王子，有三品以上的文武功臣，有公主与驸马、王与妃以及功臣的子女等。各种不同身份、不同葬制的陪葬墓多达 167 座。但是，这些陪葬墓不包括埋葬在昭陵陵园的宫人墓。《唐会要》陪葬名位条曰："若宫人陪葬，则陵户为之成坟。"过去研究昭陵陪葬名位的各家著述，都未论及宫人陪葬，而近年来在昭陵发现的这些宫人墓，墓葬卑狭简陋，墓志制作粗糙，殉葬品简单，证实了《唐会要》的记载有据。

简报录有《七品典灯墓墓志》全文：

大唐故亡（脱"宫"字）七品墓志铭并序　亡典灯者，不知何许人也。闲和禀性，淑慎居心。爰在幼年□□内职。隙电不留，泉途遽迫，以仪凤二年十二月廿六日葬于城西，礼也。哀哉！乃为铭曰：天长地久，其灵若浮。夜台何邃，华屋难留。陇塞风急，日惨云愁。贞顺不朽，播淑芳猷。

志文称墓主为"典灯"。唐宫内职位有尚宫、尚仪、尚服、尚食、尚寝、尚功等。尚寝局下属有"司灯二人，正六品；典灯二人，正七品；掌灯二人，正八品"。"爰在幼年，□□内职"，意当谓"爰在幼年，即供内职"，最后升任典灯之职。"葬于城西"的"城西"，应指长乐公主墓园之西。此墓是 1975 年农民平整土地时挖出的，墓葬已遭破坏，位置在长乐公主墓北西阙的西侧。

1036.昭陵出土唐代铜钱

作　　者：昭陵博物馆　孙东位
出　　处：《考古与文物》1987 年第 1 期

1978 年，礼泉县烟霞公社安驾庄大队农民赵允在昭陵陵园区内平整土地时发现一罐唐代铜钱，共约 3000 枚。简报配以拓片予以介绍。

据介绍，此批钱币中"开元通宝"最多，最有研究价值的是会昌"开元通宝"。此钱背面铸有地名，所铸地名计有"昌"（扬州）、"京"（京兆府）、"洛"（洛阳）、"梁"（梁州）、"宣"（宣州）、"潭"（湖南）、"襄"（襄阳）、"兖"（兖州）、"润"（浙西）、"兴"（兴元府）、"洪"（江西）、"越"（越州）、"平"（平州）、"广"（广州）、"蓝"（蓝田）、"荆"（江陵府）等 16 处，其中"蓝"字字样有两种。会昌年间铸钱地，史载有 22 处，皆铸地名。此次，在一罐之中就发现 16 处铸钱地名，确属少见。

1037.唐安元寿夫妇墓发掘简报

作　　者：昭陵博物馆　陈志谦等
出　　处：《文物》1988 年第 12 期

安元寿陪葬昭陵，其墓在陕西礼泉县赵镇新寨村东南约 1 公里处，北距昭陵九嵕山主峰约 8 公里，封土前 21 米处是东西横贯昭陵陵园的北环公路。1972 年 12 月至次年 1 月，为配合公路的修筑和农田水利建设，考古人员对该墓进行了清理。

简报分为：一、墓葬结构，二、墓内壁画及墓门石刻，三、随葬品，四、结语，共四个部分。有彩照、拓片、手绘图。

据介绍，墓葬全长 60.2 米。封土为圆形，高 8 米、直径 17 米，由于顶部秃平，当地人称为"平冢"。该墓由墓道、5 个天井、甬道、墓室等组成，有 2 个盗洞，仅见零碎人骨。

简报称，此墓曾被盗扰，仅有劫余随葬品 100 余件。其中唐三彩女立俑等十分精美。墓志 2 合及壁画 10 幅幸得保存。简报录有志文全文。

简报称，墓主人安元寿在两《唐书》均无传，仅《唐会要》卷 72 有安元寿曾为夏州群牧使的点滴记载。墓志记载安元寿生平较详，可补史书之缺。根据安元寿墓志可知，安元寿字茂龄，凉州姑臧（今甘肃武威）人，卒于永淳二年（683 年），时年 77 岁，于光宅元年（684 年）下葬。安姓应为安息胡人之后，出于安国，后辗转居于姑臧。安元寿之曾祖父安弼、祖父安罗、父安兴贵曾历仕北周、隋、唐，其家为历代官宦世家。安元寿16岁即追随李世民，入秦王府任右库真。在著名的玄武门之变中，他被"委以腹心，奉敕被甲于嘉猷门宿卫"。此门是从皇宫到秦王府的必经之门。安元寿虽未参与机密，也未在玄武门前厮杀，但宿卫嘉猷门，保卫秦王府，也担负着相当的责任。因而，太宗登基后，论功行赏，"特拜公千牛备身"。安元寿在贞观年间曾任千牛备身、果毅都尉，出使过西域。在高宗时期，历任折冲都尉、右骁卫郎将、左监门卫中郎将、忠武将军、云麾将军、右骁卫将军、右威卫将军等职，并曾参加过平息贺鲁叛乱的远征。因此在他死后，以"藩朝左右，备立勋庸"而受"恩诏"，"特令陪葬昭陵"。

安元寿之妻翟氏，根据翟氏墓志可知，翟氏名六娘，下邳人。卒于圣历元年（698年），卒年89岁。她比安元寿小三岁，晚逝15年。开元十五年（727年），即在她死后近30年，其孙将她与安元寿合葬于昭陵。晚葬30年的原因，如志文所载是因卜筮，竟历30年才遇到适宜时日可以下葬。可见当时人们对陪葬昭陵的重视，以及卜筮影响的深远。安元寿及夫人翟氏两次下葬相隔43年之久。

1038.彬县出土隋造像碑

作　者：杨忠敏
出　处：《文博》1988年第2期

1987年4月29日，彬县新堡子乡白店村发现隋开皇十五年造像碑一通，现收藏于彬县文化馆内。简报配以照片予以介绍。

据介绍，这座造像碑系红砂石，是隋文帝杨坚开皇十五年（595年）四月所造。碑顶已残缺，通高138厘米，上刻佛像。所刻文字简报录有全文。

1039.唐昭陵长乐公主墓

作　者：昭陵博物馆　陈志谦
出　处：《文博》1988年第3期

长乐公主是唐太宗李世民第五女，长孙皇后所生，贞观十七年（643年）诏陪昭陵。其墓在礼泉县烟霞乡陵光村，西北距昭陵陵山仅约1000米。1986年2月，该墓被盗，同年8月30日至11月10日，考古人员对该墓进行了发掘。简报分为：一、墓葬形制，二、出土文物，三、该墓的几个特点，四、墓志中几个问题的探讨，五、合葬问题，共五个部分。有照片、手绘图。

据介绍，长乐公主墓的封土为方形覆斗式，底部呈正方形，每边长30米，顶部呈长方形，东西8米，南北5米，直高9.8米。封土前后原各有四个土阙，至今，南面的4个还在，北面尚存最东边的2个，原神道碑（今存昭陵碑林）早年倒塌。

1965年秋，经探测，在墓道口8米处发现碑头、碑身、碑座散离，埋入地下0.5米。碑头为六螭下垂，碑座为龟形。碑高3米、宽1.02米、厚0.3米。碑圭篆刻"大唐故长乐公主之碑"，碑文已磨灭。墓前原有石人、石羊、石虎、石柱各一对，今石人一残一全，石羊、石虎基本完好，石柱尚存一座。该墓由墓道、天井、过洞、小龛、甬道、墓室六部分组成，水平全长48.18米，有壁画2幅。未发现合葬迹象。出土遗物有123件，以釉陶为大宗。该墓规格较高，构造特殊，文物精美，当年施工似很紧迫。有墓志，简报未录志文全文。据称志文可补《新唐书·长乐公主传》。

1040.淳化县发现开皇十四年造像

作　者：姚生民

出　处：《文博》1988年第4期

1986年8月，淳化县文化馆在考古调查中，于淳化县固贤乡谈村发现隋代开皇十四年（594年）四面线雕石造像碑一通，随后收藏在县文化馆。简报配以拓片予以介绍。

据介绍，石造像碑正视呈梯形，上端两角弧形，底下有石榫。碑高83厘米，上宽46厘米，下宽55厘米，厚18厘米。石面用双界格线隔为上下两部分，上截又用双界格线隔为左、中、右三区，中间线雕花兰，左右线雕面向中间的蹲狮。下截中间刻文8行，行18字，简报录有全文。石碑两侧的文字已剥蚀不清。

1041.唐李承乾墓发掘简报

作　者：昭陵博物馆　陈志谦

出　处：《文博》1989年第3期

李承乾是唐太宗李世民的嫡长子，武德九年（626年）立为皇太子，贞观十七年（643年）被废为庶人，从黔州，后来死于徙所。唐玄宗开元二十六年（738年），诏陪昭陵。其墓在今陕西省礼泉县烟霞乡东周新村的西边，西北距昭陵约9公里。1972年10月至12月，考古人员对该墓进行了发掘清理。清理情况简报分为：一、墓葬结构，二、随葬品，三、墓志，四、碑石，五、结语，共五个部分。有照片、手绘图。

据介绍，李承乾墓属长斜土洞墓，由封土、墓道、过洞（5个）、天井（5个）、壁龛、甬道、墓室构成，水平全长35.4米。封土，圆锥形。高2.5米，直径6米。与邻近的陪葬墓封土相比，显得实在太小，因而当地人叫"牛犊冢"。棺木已朽，未见骨骸。有盗洞。出土男立俑54件、女立俑1件、男骑马乐俑10件、陶器、墓志等。

简报录有墓志志文全文。另发现有已残的神道碑，简报录有碑文全文，中多缺字。

简报称，李承乾在两《唐书》均有传，记述生平较详。因曾贵为太子却又深染纨绔劣习、不可救药而被废，诸史书也多有记载。今碑、志文字之简实属罕见，但同史书相对照，仍不失其一定的历史研究价值。

简报称，从考古情况看，李承乾身后绝不是如《新唐书》所言"葬礼甚盛"，理由如下：

一是李承乾墓全长仅 30 多米，墓道最宽处也不过 1.4 米，墓室最大处 3.1 米，其规模几乎跟昭陵陵园内一些不封不树的宫人墓差不多。

二是据勘察，李承乾墓地封土一千多年来，亏损甚微，跟昭陵陵园内其他墓葬相比，显得很小，封土高仅 2.5 米。

三是开元年间，正是唐三彩工艺的黄金时代，此间稍具规模的墓葬多有三彩俑和器物出土。李承乾葬于开元二十六年，其墓中未见一件三彩。

四是李承乾墓的出土文物全是红陶质，这且不论，单从类型上看，仅有乐俑和家禽家畜俑，没有消灾避邪的镇墓兽，也没有威伟壮观的将军俑。从随葬品的规格上看，比宫人墓高出不大，同陪葬昭陵的文臣武将相较，简直有天壤之差。

五是李承乾墓志仅 48 厘米见方，118 字，叙事极简，跟昭陵陵园内七品、五品亡尼墓志的规格不相上下，碑文也十分简陋。

1042.唐昭陵段蕳璧墓清理简报

作　者：昭陵博物馆　陈志谦、张崇信
出　处：《文博》1989 年第 6 期

段蕳璧是唐太宗李世民外甥女，永徽二年（651 年）病卒，陪葬昭陵。其墓在今礼泉县烟霞乡张家山村北面的山梁上，西北距昭陵约 5 公里。1978 年 10 月至次年元月，考古人员发掘了段氏墓。发掘情况简报分为：一、墓葬结构，二、随葬品，三、壁画，四、石刻，五、结语，共五个部分。有照片、手绘图。

据介绍，墓地封土扁平，高 7 米，宽 24 米。封土南 16 米的地下，墓道西侧发现一残破的石羊，可知墓前原有石刻群。墓为长斜坡土洞式，南北向，由墓道、过洞、天井、壁龛、甬道和墓室组成，水平全长 46.2 米。早年被盗，人骨散乱。劫余随葬品以彩绘红陶为主。墓中有列戟图、男侍图等壁画。有墓志，简报录有全文。

关于段蕳璧，史书无载。段威生文振，文振生纶，纶尚高密大长公主，公主乃高祖李渊第四女。两《唐书》与段氏志文所记相符。志文又云：段氏乃高密大长公主之女，以 35 岁卒于永徽二年，知段氏乃太宗李世民之外甥女，高宗李治之表姊。

1043.唐张仲晖墓发掘简报

作 者：陕西省考古研究所、泾阳县文管会

出 处：《考古与文物》1992 年第 1 期

唐代张仲晖墓位于泾阳县太平乡石刘村东约 50 米处。该墓是当地在取土时发现的，考古人员于 1987 年 12 月 16 日至 30 日对此墓进行了发掘清理。简报分为：一、墓葬形制，二、出土文物，三、结语，共三个部分。有拓片、手绘图。

据介绍，张仲晖墓处于被当地人称为"高高山"的高台地上。由于长时期的取土及其他原因，这里已被挖掘成一个大土壕，发现此墓时，壁画已有所暴露。这是一座长斜坡单室砖墓。平面呈刀把形。墓道长 10.2 米、宽 1.28 米。出土有瓷瓶、陶俑、开元通宝等少量遗物。壁画剥落严重，有墓志 1 合，简报录有志文全文。

1044.咸阳市渭城区出土唐代陶质龟砚

作 者：咸阳市渭城区文管会　李朝阳

出 处：《考古与文物》1992 年第 3 期

1989 年 6 月，文管会进行文物安全检查时，考古人员在渭城区底张乡眭村土壕内发现龟砚一方。该砚为陶质，龟头，足残，仅左后腿完整。简报配以照片予以介绍。

简报介绍，武周时期，佛事兴旺。该砚出土地点，瓦砾遍地，为周隆寺遗址，简报认为此砚很可能为寺院遗物。关中地区罕见龟形砚，其制作工艺属唐代形制风格。简报推断其年代为中唐。它的出土为后人提供了一件唐代文具实物。

1045.彬县出土唐代郭顺墓志铭

作 者：曹　剑

出 处：《文博》1992 年第 5 期

1991 年 3 月，陕西省彬县太峪乡张村某农民在修庄基挖窑洞时挖出唐墓一座。墓为土室土穴，唯以手印砖封门。墓中除出土墓志铭一方、柱石经幢及残损陪葬品等物，现彬县文化馆收藏外，其他因有村民窑基，暂未清理。简报配以照片予以介绍。

太峪乡张村位于泾河南 20 里的高原边，此原古称新平原，因东汉设新平郡于此得名。西北靠彬县水口原、东南临太峪河川。太峪河为泾河支流。墓志盖呈覆斗状

正方形。盖中部篆刻"大唐故郭府君墓志铭"九字，志文楷书，27 行，行 27 字。简报录有墓志志文全文。

据介绍，郭顺，新旧《唐书》无记载。据墓志记述，其原籍为山西太原。其伯父郭握、父亲郭挟均在山西任职，官至御史中丞、州刺史、御史大夫、河东马步都虞侯的四品军政要职。郭顺自身所任文武官共十职，概括了他的一生经历。按郭顺死于 888 年，享年 49 岁，当生于 839 年。何时从军，无法推定，但从他所任职务的品阶高低和先后次序来看，大致可以推断出他是以"守怀王府司马"入仕的。王府司马，从四品。唐制，以低阶任高阶为守。所以说郭顺初任此职时官阶还低于四品。郭顺于 888 年夏历八月七日，因病死于泥阳（今甘肃省宁县东南）之西丰义镇使官舍。当年十一月九日，埋葬于今彬县太峪乡张村。简报还就郭顺原籍太原，死于泥阳，何以葬于彬县作了考证。

1046. 咸阳市渭城区出土的唐墓志

作　者：马先登、李朝阳
出　处：《文博》1993 年第 2 期

简报配以照片等，介绍了咸阳市郊区出土的数方唐代墓志。这些墓主人身份多为皇亲贵戚、将相僧尼。

一为寿昌公主墓志盖。1987 年 8 月，咸阳机场扩建时，在机场西北的底张乡岳家村征集到该墓志盖。墓葬早已被破坏，志石佚失。志盖呈覆斗状，正方形，边长 61 厘米、厚 12.5 厘米，盖顶亦呈方形，边长 33 厘米、刹长 16 厘米、唇厚 3.5 厘米。大理石，顶面阴刻篆书"唐故寿昌公主墓志铭"九字，四刹饰线刻蔓草花纹。寿昌公主，《唐会要·卷六》记载："睿宗十一女，……降崔真。""长寿二年为户婢诬，……武后杀之宫中。"（见旧《唐书·后妃列传》）。其丈夫崔真，新旧《唐书》无传。

二为谯国夫人墓志铭。墓志 1 合，出土于渭城区渭城乡渭城湾北塬。青石，呈覆斗状正方形。楷书，简报录有志文全文。据谯国夫人墓志，夫人姓武名本，祖居沛国，后迁居太原。其祖父被武则天赠为蜀王。父武嗣宗官至临川郡王宗正寺卿，后封为管国公、幽州刺史。而旧《唐书·外戚传》记："嗣宗为管国公，建安郡王……，中宗时，嗣宗为曹州刺史"；新《唐书·外戚传》记："嗣宗临川王……嗣宗管国。"此志文可正《唐书》之误，补武氏族谱之缺。夫人之夫官为左卫高思府时毅都尉。

三为赵孝颙墓志。1989 年 3 月，周陵乡陈老虎寨村村民王仁杰在村北洪淹沟取土时发现唐墓志一方。该唐墓属再迁葬，无陪葬遗物。大理石制成，呈方形。楷书，计215字，简报录有志文全文。赵孝颙，生卒年月不详，唐高祖时授官建节尉，高宗时任凉州昌松、兰州金城、陇州汧源三县县令。死后先葬后迁归故里。同迁葬的还有赵士通，隋朝大督伯闰，唐朝府兵折冲贵德三人。赵孝颙故里为咸阳县延陵乡，乡名源于汉成帝延陵。该墓所在地陈老虎寨村东距延陵2里许，西距平陵12里，这一带应是唐咸阳县延陵乡辖区。

四为德业寺亡尼七品墓志。墓志出土于渭城坡刘村南一带。青石，正方形，制作粗糙。盖顶阴刻篆书"大唐故□尼七品墓志"九字三行。志文楷书12行，每行12字，共99字。简报录有全文。德业寺为唐时咸阳北塬尼庵。坡刘村一带多次出土亡尼墓志，从志文看，亡尼不知姓名，自小从良家选入宫中，晚年出宫归心佛家。死于武后永昌三年，终年72岁。

1047.陕西彬县五代冯晖墓彩绘砖雕

作　者：杨忠敏、阎可行

出　处：《文物》1994年第11期

1992年1月8日晚，陕西省彬县底店乡二桥村村民在公安干警的配合下，抓获了盗掘该村冯家沟古墓的罪犯，收缴了40余块彩绘砖雕。同年4月中旬至6月上旬，考古人员对被盗古墓进行了抢救性发掘清理。简报配以彩照予以介绍。

据介绍，此墓位于陕西省彬县底店乡二桥村西南约1公里处的冯家沟内坡地上，三面环山，坐北向南。封土残高4.2米，墓葬由墓道、甬道、前室、耳室、后室几部分组成。全长44.42米。除墓道外，均用长方形、方形或模形砖垒砌，并用草拌泥、青灰渣、白灰浆分别混合粉刷。各个角落绘有图案、人物壁画，还有砖雕乐舞队等。同时出土的其他文物有瓷盂、碗、壶、杯、鎏金铜饰、铁锁、玉饰、石器，"开元通宝"铜钱112枚，墓志1合。简报未录全文。根据志文，知此墓墓主为五代后周朔方军节度使、中书令、卫王冯晖。冯晖其人，《旧五代史》《新五代史》均有传。冯晖墓建成于五代后周显德五年（958年）。

简报称，从墓室土堆中清理出砖雕残块，经拼合修复共计54块（本应为56块，其中东壁6号与西壁3号被盗，尚未追回），上下两块拼合为一个整形人物，计28人。甬道两侧，由北向南，东西各14人；东壁男性，西壁女性，各组成乐、舞、戏演出队，为墓主吹、敲、弹、跳。在男女队前墙壁上，各彩绘一个乐队指挥。这是研究五代时音乐、民俗等方面情况的珍贵资料。

1048.唐昭陵新城长公主墓发掘简报

作　者：陕西省考古研究所、陕西历史博物馆、昭陵博物馆　韩　伟、马志军、
　　　　　朱天舒

出　处：《考古与文物》1997 年第 3 期

新城长公主墓位于礼泉县烟霞乡东坪村北，西北距唐太宗昭陵约1.5 公里。1994 年10 月下旬至1995 年 6 月，由法国巴黎的陕西历博之友协会筹款出资，对该墓进行了发掘清理。简报分为：一、地面遗存概况，二、墓的形制与结构，三、葬具及葬式，四、随葬器物，五、壁画，六、石刻，七、结语，共七个部分。有手绘图、照片。

据介绍，该墓坐落在烟霞乡东坪村村北的一个小山梁上。夯筑封土呈覆斗形，位于近坡顶处，南北长约40 米，东西长约42 米，封土南侧高约15 米。封土堆南北各有一排4 个并列的土阙，分别为四个角阙和南、北门阙，每排两边的为角阙，中间的两个为门阙，当地人形象地称之为"八抬轿墓"。地面石刻现有墓碑、石人等。墓碑位于封土南约40 米处，略向西偏离墓道中轴线，已残。该墓为长斜坡墓道单砖室墓，坐北朝南，由斜坡墓道、过洞（5 个）、天井（5 个）、壁龛（8 个）和甬道、墓室组成，现总长50.8 米。盗扰严重，石棺床被盗墓者撬起，人骨散乱各处。劫余随葬品有293 件彩绘陶俑及金箔、玉石佩件、琉璃器、青釉器等。壁画抬轿图、侍女图等，石门构件以及棺床上有石刻。有墓志，简报录有全文，中多缺字。新城公主的生平，《新唐书·诸帝公主》中的记载甚简略，其在太宗诸女中序列第二十一："新城公主，晋阳母弟也，下嫁长孙诠，诠以罪徙巂州，更嫁韦正矩，为奉冕大夫，遇主不以礼，俄而主暴薨，高宗诏三司杂治，正矩不能辨，伏诛。以皇后礼葬昭陵旁。"墓志中的记载略详，可与其传记互证，又可补其之不足。志文中"公主讳字，陇西狄道人……（高宗）皇帝之同母妹也。"简报认为新城长公主确非正常死亡，其"暴薨"应与驸马都尉韦正矩有关。新城公主死于龙朔三年（663 年）。

1049.陕西彬县发现唐代巨碑

作　者：根　远、跃　进

出　处：《文博》1997 年第 2 期

1992 年，彬县县城东街拓宽马路时，发现一巨型唐碑的碑首和龟趺。碑首与碑身断裂，碑身尚未发现。简报配以照片予以介绍。

据介绍，圭额阴刻篆额曰"唐司德高公德政之碑"。碑首甚为完整，高147 厘

米、宽150厘米、高95厘米。按一般唐碑比例推算，此碑碑身不会少于260厘米，碑石通高可能在5米以上。检《唐刺史考》，高姓而曾出任邠州刺史者凡五人（高固、高崇文、高霞寓、高承简、高承恭）。唐代司徒与太尉、司空并称三公，一人，正一品。邠州五位高姓长官中生前有"司徒"称号者只有高霞寓一人。

高霞寓，范阳人，曾为高崇文麾下猛将。《旧唐书·本传》记载他在穆宗长庆元年（821年）授邠宁节度使。《册府元龟》卷440亦载此期高霞寓曾以检校工部尚书兼邠州刺史、御史大夫、充邠宁等州节度观察等使。四年（824年），加检校司空，又加司徒。"（敬宗）宝历二年（826年），疽发首，不能理事，求归阙下。其夏，授右金吾卫大将军、检校司徒，途次奉天而卒，年五十五，赠太保。"（《旧唐书·本传》）此碑篆额中的"高公"极有可能就是高霞寓。检中国古代石刻文献，在宋代陈思所撰《宝刻丛编》卷十中引《诸道石刻录》有唐韦处原撰、王良客书之《唐邠宁节度高霞遇德政碑》，按"霞遇"乃"霞寓"之讹。此极可能就是我们今天看到的《唐司徒高公德政之碑》。那么，何以两者名称有所不同呢？简报推测，唐邠宁节度高霞寓德政碑为刻于碑身碑文首行的原题，而且可能是原题的省称。限于圭额的面积少而字大，不能容纳许多字，唐碑额总相对简短。而原题多将碑主官号一一罗列，甚为齐全，故二者多不尽一致。简报说，如果以上推测还能成立的话，此碑当立于824～826年，宋代以后埋入地下。

1050.唐崇陵调查简报

作　者：刘随群

出　处：《文博》1997年第4期

崇陵是唐代第十位皇帝德宗李适的陵墓，位于泾阳县北20公里蒋路乡蒙家沟村的嵯峨山之阳。陵园范围横跨泾阳、三原两县。1956年8月由陕西省公布为重点文物保护单位。唐代帝王陵墓，都是依山为陵，又有定制的城垣及地面石刻文物。虽然德宗时国势渐衰，但陵园建制依然宏伟壮观。1984年5月8日至6月7日，考古人员对陵园进行了勘查钻探。简报分为：一、位置、面积，二、城基、门址，三、门阙、角楼，四、祭坛，五、寝宫道口，六、遗存文物，共六个部分。有照片。

据介绍，陵墓位于嵯峨山南麓，居高临下。陵寝处于几条山脉交汇处，恰似一枝九瓣莲花的中央，谓之"莲花穴"。城垣基本依山势构筑，平面布局近似梯形。南城基全长2850米，宽6米；北城基1300米、东城基1870米、西城基2220米，三面城基均宽3.5米。墙属于夯筑，夯层厚8～13厘米。内城平面面积约为42433375平方米，周长近9公里。显然，《长安志》"崇陵封内四十里"的记载有些夸张。朱雀门、玄武门、青龙门、白虎门址已找到。四门前对称的宫阙大部被毁，角楼也仅剩遗迹。朱雀门正南约80米，为祭坛遗址。寝宫道口已确定。朱雀门正南的神道两侧排列石刻计33件，计石狮1对、石翁仲9对等。另有建材等遗物。

依据《旧唐书·温韬传》所载，崇陵早在唐末五代时即被温韬所掘，地面石刻也备遭破坏，从散失在寝宫道口的大量砖石看来，崇陵被盗是极其严重的。通过这次实际勘察钻探，发现陵园遗迹依然存在，封内面积虽然小于昭陵、乾陵，但是陵园布局及地面设置是一脉相承的。这次调查，为研究唐代中期政治、文化、外交及建筑艺术等提供了珍贵的实物资料。

1051.陕西兴平发现唐郭英奇墓志

作　者：韩若春
出　处：《文博》1998年第3期

1993年3月中旬，陕西省兴平县西吴砖厂取土时，发现一唐代土洞墓，考古人员对该墓进行了抢救性清理，出土青石质墓志1合，另有50余件陶质文物。其中以墓志最为重要，为关中地区唐墓研究和唐代书法艺术研究以及方志整理工作提供了新的资料。简报配以拓片予以介绍。

据介绍，墓志呈方形，青石质，顶面分三行竖书"大唐故郭府君墓志铭"9字，字体行书，极富王羲之笔意。志文35行，满行35字，保存较好。简报未录志文全文。

据志文记载，墓主人为唐杜武将军、守左威卫大将军兼五原太守郭英奇。太原晋阳人，于天宝十三年（754年）七月葬于金城县成国乡，享年62岁。其父郭知运为开元初西北边镇名将，官至冠军大将军、左武卫大将军、陇右经略使等职，其兄英杰，弟英义在新、旧《唐书》中均有传，惟英奇无载，简报称，墓志的出土，填补了史书的空白，对考证郭氏家世有重要价值。

1052.咸阳师专唐墓清理简报

作　者：咸阳市文物考古研究所　刘卫鹏
出　处：《文博》1998年第5期

1995年5月初，为配合咸阳师专图书楼基建工作，考古人员清理唐墓一座。简报分为：一、墓葬形制，二、随葬器物，三、结语，共三个部分。有手绘图、照片。

据介绍，M7由墓道、封门及墓室三部分组成。随葬器物共17件，分磁器、铜、银三类。简报推断M7是座初唐时期的夫妻合葬墓。

1053.唐契苾明墓发掘记

作　者：解　峰、马先登

出　处：《文博》1998 年第 5 期

契苾明是唐初著名少数民族将领契苾何力之子，曾任左鹰扬卫大将军兼贺兰州都督等职。生于贞观二十三年（649 年），证圣元年（695 年）死于凉州姑藏县任上，万岁通天元年（696 年）归葬于咸阳之先茔，即今咸阳市渭城区药王洞村北约 400 米处的铁一局三处家属院内。1973 年，考古人员对该墓墓道部分进行了清理。1992 年 8 月至 1993 年 3 月，对墓室部分又进行了抢救性发掘，当时，前后室所处的地方均已塌陷为两个深约 2 米的大坑，经试掘和钻探，前室积水严重，无法操作，遂仅对后室进行了常规性的大开挖式的发掘清理工作。通过两次发掘，基本上搞清了其葬俗和葬制，特别是出土了一批具有相当历史和艺术价值的珍贵文物。有关情况简报配以照片予以介绍。

据介绍，该墓地面上原有一个规模很大的封土堆，待第二次发掘时，已被蚕食殆尽，仅于前后室间偏西处残留一高 4.8 米、周长约 42 米的不规则的圆锥体，原立有一碑，素面圭额减底平钑篆书三行，行五字，题"大唐故大将军凉国公契苾府君之碑"。碑身阴刻正书 37 行 77 字，首行题"大周故镇军大将军行左鹰扬卫大将军兼贺兰州都督上柱国凉国公契苾府君之碑铭并序"，碑文多漫漶，但尚可识，其中有武周时新造文字多个。《金石萃编》和《关中金石记》等均录有全文。从内容可知，该碑系由肃政御史大夫上柱国娄师德撰，著名书法家殷仲容之子殷玄祚书，契苾明次子契苾嵩于先天元年（712 年）十二月十六日立。该碑 1962 年移入咸阳博物馆存。

整个墓由墓道、过洞、天井、小龛、前后甬道和前后墓室组成。墓葬所出的文物主要包括石刻文物、三彩器以及其他随葬品等。壁画残块说明该墓曾绘有壁画，所出三彩器、陶瓷器及其他随葬品超过700 多件。简报称，单峰驼形象在唐三彩中极为罕见，牵马俑为三彩中仅见之物。简报指出，契苾明族源于契苾氏，即《魏书》中高车六姓之一，是活动于伊吾以西、焉耆以北的阿羯田山一带的一个著名部落，606 年曾建契苾汗国，因以为姓。契苾明墓发掘之后，在附近村子里又征集到契苾何力四世孙契苾通的墓志，在昭陵发掘了祔葬于父的契苾明的胞妹、契苾夫人的墓葬。

简报称，这些考古发现和成果对于研究关中地区的唐墓，特别是西北民族史、契苾氏家族等来说，无疑是弥足珍贵的。

相关背景，可参阅章群先生《唐代蕃将研究》（台北联经出版事业公司 1986 年版）一书。

1054.唐永康陵调查记

作　者：巩启明

出　处：《文博》1998 年第 5 期

中德考古人员合作唐陵调查研究的课题项目，于 1996 年秋及 1997 年春两次赴三原县唐永康陵进行调查。简报配以照片、手绘图予以介绍。

据介绍，唐永康陵是唐高祖李渊祖父李虎之墓，位于三原县陵前乡石马道村北及侯家村西南约100 米处。今日陵区陵冢除封土及部分石刻外，陵园地面建筑墙垣、城门、阙楼荡然无存，已是禾稼遍野的平坦耕地。简报怀疑此墓是从甘肃省清水县迁葬于此的，可惜永康陵神道碑已佚，无以为证。简报还介绍了12 座陪葬墓的情况。

1055.唐献陵踏青记

作　者：巩启明

出　处：《文博》1999 年第 1 期

考古人员于 20 世纪 50～60 年代曾对分布在关中地区的唐十八陵进行过调查，20 世纪 70 年代中期对唐十八陵也进行过调查，后来的 20 年间，人为和自然的因素使多数陵区地貌、景观、建筑遗址、石刻情况有所变化，考古人员 1995 年至 1997 年，曾三次赴三原县对唐献陵进行踏查。简报配以照片、手绘图予以介绍。

据介绍，唐献陵是唐高祖李渊的墓葬，位于三原县东北徐木乡永会村东北、秦窑村北、代庄东、永合一组西及富平县南庄南。《长安志》所记"封内二十里"即陵区范围的大约面积，若将全部陪葬墓包括在内，实际陵区面积就更大了。今日之陵区除存有高大的陵冢封土、陪葬墓及部分石刻外，陵园地面建筑荡然无存。陵台四周筑有墙垣，为神墙，略呈方形，周垣东西长 467 米，南北长 470 米。调查中发现有墙段夯层尚在。神道两侧华表一对、犀牛一对还在，基本完好。当地人反映，早年石犀以北还有依次排列的石人三尊，均属东列，皆面西，高 2 米多，身着长袍，双手持笏，文官模样，惜已不存。据《唐会要》记载，唐献陵有陪葬墓 25 座，实际不止。多次调查及近年来复查，已发现尚存封土者 26 座，已经夷为平地封土不存者 20 座，已遭破坏及发掘清理者 6 座，合计 52 座。

简报指出，唐高祖李渊献陵，是唐朝第一座皇帝陵墓，其陵寝制度既源自前朝又有所发展，各项设施都为后来陵寝制度的进一步发展和完善打下了基础，甚至对后世有着深远的影响。

1056.唐昭陵李勣（徐懋功）墓清理简报

作　者：昭陵博物馆　陈志谦、张崇信

出　处：《考古与文物》2000 年第 3 期

李勣，本姓徐，名世勣，字懋功，是隋朝末年瓦岗军的创始人之一。武德元年（618 年），李勣归唐，高祖李渊赐以皇姓。唐高宗永徽年间，避太宗李世民讳，遂单名勣。李勣在唐历三代皇帝而荣宠不衰。总章二年（669 年）十二月卒，次年二月陪葬唐太宗昭陵。

李勣墓在昭陵陵园中心区（即今昭陵博物馆院内），北距昭陵约 11 公里。1971 年，考古人员配合农田水利建设清理了李勣墓。墓的地表遗存及清理情况简报分为：一、地表遗存，二、墓葬结构，三、随葬品，四、壁画，五、墓志，六、结语，共六个部分。有照片、拓片、手绘图。

据介绍，李勣墓的墓地封土保存比较完好，是由3个高约18米的大土堆呈倒品字形构成，占地3000多平方米。据两《唐书》记载，是依汉卫（卫青）、霍（霍去病）故事，起冢象阴山、铁山、乌德鞬山，以示破突厥、薛延陀之功。昭陵诸多陪葬墓中，有5座象征性的墓冢，这是规模最大、特征最突出的一座。墓前又有神道碑一通，这是昭陵陵园中最大的一通碑石，始立于仪凤二年（677 年）十月。李勣墓属长斜坡土洞式，由墓道、过洞、天井、壁龛、甬道、墓室构成。此墓绘有壁画，惜大多脱落。李勣墓志志文楷书阴刻，55 行，满行54 字，简报未录志文全文，夫人墓志盖已破缺。

简报指出，李勣自武德元年（618 年）冬归唐至总章二年（669 年）十二月病亡，在唐51 年，历高祖、太宗、高宗三代皇帝，在开创李唐江山、巩固边防、开拓疆域的事业中，担当重任，功绩卓著。贞观时期，最大的边患莫过于漠北的突厥汗国。贞观十七年以前，高宗李治为晋王时，遥领并州大都督，授李勣光禄大夫，行并州大都府长史。从职官爵位上讲，李勣在唐起步高（黎州总管、上柱国、莱国公），落点也高（太子太师），一生可谓善始善终。他在寿终正寝之时，享受较高的荣誉，也是情理中事。李勣墓的成墓时间简报推断在显庆五年九月至麟德二年十一月间。

1057.陕西长武出土一批唐代鎏金铜造像

作　者：刘双智

出　处：《文博》2002 年第 2 期

1993 年 5 月 20 日（即农历四月初八日），长武县昭仁镇东关村村民崔天发修庄基挖土时，在距地表 80 厘米处，发现一批铜质造像，造像和泥土、炉灰、废铜渣混在一起。考古人员到现场调查清理，共计清理出造像 39 件，其中有佛像 12 件，菩萨像 26 件，武士像 1 件。简报分为：一、佛造像，二、菩萨造像，三、武士造像，共三个部分。

据介绍，佛造像共计 12 身，除 3 身立像外，其余均为坐佛。共同特征是：全部有背光，有束腰须弥座，2 躯床失，其余都坐于带足床上。造像全为释迦牟尼像。菩萨造像共计 26 身，除 4 身为半结跏趺坐外，其余全部特征是跣足立于束腰须弥莲座上，有背光，一手持佛尘，一手提净瓶。武士造像仅 1 身。为护法武士立像，通高 29.5 厘米，头戴灰帽，面部雕刻较细，下腭有长须。右臂平端，小肘残，左臂前屈，掌平端。身着铠甲，腰束带。两腿并立，足下有榫，座失。

简报称，长武出土的这批造像没有纪年铭文，简报推断应为唐代作品。从造像的出土地点看，长武县昭仁镇东关村为明代长武城东门外，位于大唐昭仁寺之东，当与大唐昭仁寺有关。

1058.永康陵调查

作　者：姜宝莲、秦建明

出　处：《文博》2002 年第 6 期

永康陵为唐太祖李虎的陵墓，李虎为唐代开国皇帝李渊的祖父，西魏时"以功参佐命"为八柱国之一，曾为尚书左仆射，被封陇西郡公。北周受禅立国后，追封唐国公。唐高祖李渊由太原起兵，经过多年鏖战，夺得政权，建立李唐王朝。以李虎受命唐国公有开国之瑞，唐武德元年六月，追尊李虎为景皇帝，庙号太祖，陵曰永康。该陵在新旧《唐书》中均有记载，而且与唐时的陵墓制度及庙制等都有密切的关系，因此，研究唐陵，不能不首先注目于永康陵。2002 年初，考古人员对该陵进行了调查。

简报分为地理位置与环境、陵区布局、神道石刻与陵阙、陪葬墓、讨论等几个部分。有手绘图。

据介绍，据《新唐书》所记，永康陵在（三原县）北 18 里。《长安志》亦称：永康陵在（三原）县西北 18 里，封内 25 里。从考古调查情况来看，永康陵封土位于今三原县城东北 18 公里的陵前乡侯家村西南，与村落相距 100 米。陵周分布有四个主要村落，陵东南为陵前村，陵西南为石马道村，东北为侯家村，西北为朱家村。今位置与文献所记有异，两者都以三原县城为基点，但距离不同。这主要是三原县城址在历史上有所变动。陵区内中部为陵园，现地面上仅存覆斗形封土，陵园垣墙及门阙业已平毁，陵园南门外存一残石兽，以此可推知陵园南门的大致位置；陵园南门外为陵墓神道，神道两侧排列有石刻雕像；神道南端是陵阙。据文献记载与考古调查永康陵有多座陪葬墓，大约都分布在陵区范围内。陵前石刻均列于神道的两侧，石质皆为青石，据调查，自南向北依次有华表一对、天禄一对、石马两对、石人一对、门兽一对。简报指出，唐永康陵的石刻处于过渡阶段，其对研究中国古代陵墓石刻的发展历史也有重要价值。

简报称，从历年考古与文献记载的情况分析，永康陵的陪葬墓至少在 10 座之上，已知者有李寿、李孝同等，多为家族陪葬，另还有宫人墓等。其中李寿墓已经过考古发掘，李寿为李虎之孙，高祖李渊从弟，为淮安靖王。其墓地面有圆丘形封土，为五天井斜坡墓道单室墓，全长 44.4 米，墓道、过洞、天井、甬道及墓室均绘有壁画，内容有仪仗、出行、狩猎、农牧、杂役伎乐等壁画，并出土有金器、玉器、陶器、瓷器等 300 余件文物。墓前设神道，神道两旁有华表、虎羊、石人等石刻。

简报还讨论了永康陵是否为迁葬的问题，指出：唐初在都城大兴城的东北角兴建政治中枢大明宫，作为朝廷。而大明宫的中轴正与永康陵为南北一线，遥相呼应，这种安排，恐非一种偶然的巧合。永康陵作为李唐王朝的祖陵，其重要地位在此处又一次得以体现。

1059.唐肃宗建陵出土石生肖俑

作　者：昭陵博物馆　李浪涛
出　处：《文物》2003 年第 1 期

1974 年，位于陕西省礼泉县城北 15 公里的唐肃宗建陵内城门外，相继出土 2 件兽首人身石生肖俑。俑是当地村民平整土地时发现的，现收藏到昭陵博物馆。简报配以照片予以介绍。

据介绍，2 件生肖俑均以灰白色石灰岩雕凿，着宽袖袍服，腰系革带，足穿高头履，双手执笏于胸前，肃穆站立于方形基座上。2 件生肖俑为马首人身俑和猴首人身俑。这 2 件石生肖俑出土地点相距千余米，位于不同的山梁，但其质地、形制一致，且同出于建陵陵园内，应属建陵附属文物。

简报称，建陵是唐代第八位皇帝肃宗李亨的陵墓，因山为陵，修筑于安史之乱以后的 762 年，宝应二年（763 年）三月庚午葬肃宗于建陵。建陵石刻同稍早的泰陵一样，是唐代帝陵石刻从巨大、夸张向写实、优美过渡的分水岭，具有承上启下的特征。泰陵以前的乾、定、桥三陵朱雀门外两侧的石人均为武将装饰，形象巨大而粗犷；从泰陵起，朱雀门外的石人分为左文右武，每侧 10 人，石刻形体变小，向精细、优美变化。

1060.陕西淳化金川湾三阶教刻经石窟

作　者：中国社科院世界宗教所、陕西省考古研究所　张　总、王保平
出　处：《文物》2003 年第 5 期

淳化县位于陕西中部偏西泾水之阳，在西安市西北方向约 100 公里处。秦代曾在淳化甘泉山建林光宫，西汉于此所建甘泉宫，不仅是汉武帝的避暑胜地，且经常举行重大国事活动。汉武帝得匈奴金人，以为是佛像，祭之于此甘泉宫，随之派张骞通"西域"。1981 年文物普查时发现的唐代金川湾石经窟，此窟刻经为佛教史上已湮灭的三阶教教徒所为，窟中所刻经典，有三阶教祖信行所撰的数经，为存世孤本。这对研讨中国佛教教派、教籍以及石窟刻经史方面极有意义。简报分为：一、概况，二、经像内容，三、小结，共三个部分介绍了考古调查情况。有彩照、手绘图。

据介绍，该遗址 1981 年文物普查时发现，金川湾刻经窟位于石桥乡金川湾村西侧、冶峪河南岸，西北方距县城约 40 公里。其周围西、南、北面皆环山、北邻泾旬公路。洞窟凿于南山之下石崖，方位坐南朝北，距小河约 60 米，距山顶 300 余米。据县志，该石经窟古名为"石佛堂"。简报推断此窟开凿年代为龙朔二年（662 年）至咸亨元年（670 年）之间。经对此窟进行的全面考古清理调查，知窟内东西两壁共刻佛经 8 部，总字数原达 16 万字，现存经文字数仍在 6 万字以上。

1061.陕西长武郭村唐墓

作　者：长武县博物馆　刘双智等
出　处：《文物》2004 年第 2 期

郭村唐墓位于长武县枣元乡郭村西南约 200 米处。1985 年 5 月当地村民挖土时发现墓葬，考古人员当日赶到现场。经调查，该墓与 1980 年发现的唐张智慧墓相距 5 米，两墓同一方向。考古人员对该墓进行了清理发掘。简报分为：一、唐张智慧墓，二、唐张臣合墓，三、结语，共三个部分，配以彩照、拓片、手绘图，介绍了这两座唐墓的清理资料。

据介绍，1980 年发现了唐张智慧墓，1985 年，在距张智慧墓 5 米处，发现了其父张臣合墓。张臣合墓为方形单室穹隆顶砖墓，出土随葬器物 139 件，种类有陶俑及动物模型、陶器皿和石墓志。墓葬虽属中小型墓，但出土的陶俑制作精致，大部分为彩绘贴金，其中环髻女俑、昆仑俑、马背乐队俑等，在陕西地区发掘的唐墓中较为罕见。

两墓均出土有墓志，简报未录全文。据志文，张氏祖籍山西晋阳，后定居于安定郡乌氏县（今甘肃泾川县）。张智慧为张臣合第三子，因父在扬州，前去探望，半路惊闻父死，一病不起。乾封元年（666年）死于洛阳。

据志文，张臣合"武德二年授骠骑将军，时年廿有五"，"麟德元年……遘疾弥留……十一月十五日死于扬州之旅馆，春秋七十有二"，知其生于隋文帝开皇十三年（593年）。张臣合曾祖张洛成，祖张永贵，父张明达，《魏书》《周书》《隋书》均无传，但由志文知其为北朝将帅世家，三人分别任魏骠骑大将军、右光禄大夫修武县开国侯，北周平远将军、开府仪同大将军，唐银青光禄大夫、麟州灵台县令。

张氏家族籍贯为山西晋阳，李渊起兵反隋就自晋阳始，张臣合应有参加李唐集团的客观优势。在李渊父子创业之初，张臣合授封通议大夫，朔方道安抚大使；武德二年（619年）25岁授骠骑将军；武德八年（625年）31岁兼苑游军长史；贞观二年（628年）34岁授左武卫礼义府军，除壮武将军，监州刺史；贞观十六年（642年）48岁转甘州（今甘肃省张掖地区）刺史；贞观二十三年（649年）55岁加正议大夫，瓜州（今甘肃省敦煌东）刺史；显庆元年（656年）62岁授朗州刺史；龙朔三年（663年）69岁改授泉州刺史。张臣合一生事唐高祖、太祖、高宗三朝，直到麟德二年（665年）年72岁时客死扬州。其三子张智慧长途奔丧，由于极度悲哀，于乾封元年（668年）归葬故里乌氏县。由于扶唐功绩卓著，死后朝廷伤悼，赐以灵车，递还故里。由长子右监门校尉张公信、次子金州洵阳县令张公超治丧吊唁，破土筑墓，瘗葬于故里豳州宜禄之岐原。综合张臣合、张智慧父子墓志，可知两志为同时刻制，志文相互补充。两座墓葬同一天安葬，形制均为方室覆斗顶，墓室父大子小，墓向一致，父前子后，无疑是张氏家族茔地。其他家族成员的墓葬尚未发现。

1062.唐昭陵陪葬蒋王妃元氏墓发现题记石柱

作　者：陕西昭陵博物馆　李浪涛
出　处：《文物》2004年第12期

2002年夏，陕西省礼泉县烟霞镇西周村西100米处，即唐太宗昭陵陪葬墓区编号111号无名墓正南微偏西76米处，出土一灰白色石柱及石座。柱身上下榫卯均残断，未见柱顶。刻有阴线方格的范围刻有题记，竖3行，行7字，共21字。正书"蒋王故妃元氏墓／石柱一双显庆元／年十一月卅日葬"。2004年4月，又在该墓东侧50米处发现另一石柱残段。每面阴线刻蔓草纹（一面已模糊）。除石质颜色不同外，纹饰与前一石柱一致，属元氏墓石柱无疑。应为前柱铭中"石柱一双"所指的另一石柱。

简报配以拓片、照片予以介绍。

简报指出，带题记石柱的发现在昭陵陪葬墓中尚属首例。它的发现确认了昭陵111号陪葬墓的墓主人，系唐太宗第七子蒋王妃元氏，埋葬时间为唐高宗显庆元年（656年）十一月三十日。而柱上自铭"石柱"，亦为此类墓前建制称谓之第一手资料。

简报查对了有关文献，《资治通鉴》卷202（671～681年）载："箕州录事参军张君澈等诬告刺史蒋王恽及其子汝南郡王炜谋反，敕通事舍人薛思贞驰传往按之。十二月，癸未，恽惶惧，自缢死。上知其非罪，深痛惜之，斩君澈等四人。"又据《新唐书》卷三，本纪第三"上元元年……十二月癸未，蒋王恽自杀"知，蒋王死于上元元年（674年）十二月癸未，赠司空、荆州大都督，陪葬昭陵。此时距元氏陪葬昭陵已经18年，夫妇是否合葬不得而知（已发掘的赵王李福墓属夫妇合葬墓），有待今后考古发现。又蒋王妃元氏在新、旧《唐书》无传。

1063.唐肃宗建陵出土石武将头

作　者：陕西省昭陵博物馆　李浪涛
出　处：《文物》2005年第11期

2003年3月，位于陕西省礼泉县城北15公里的唐肃宗建陵南门外司马道700米处，即司马道南起第一对石人中间偏南处、96米处深的沟底，出土一件石武将头。它是由昭陵乡石马岭村村民董益亮在放羊时发现的。发现时头像面部朝下，冠尖向南，纵卧在南北向的沟道底部。据发现人讲，30年前他曾在沟底见过这件石人头，这些年一直在寻找。由于前年雨水较多，沟底水量大，才将石人头冲出。村民发现后随即报告了建陵文管所所长符同舟，这件石武将头现由昭陵博物馆收藏。简报配以照片予以介绍。

据介绍，石武将头高70厘米，最宽处在两腮部，宽34厘米、厚28厘米。石质青灰，头戴云纹"大冠"，冠顶出二组，冠后垂类似幞头的两角带。石人面部上窄下宽，双眉紧蹙，二目圆睁。眼眶、眼珠轮廓清楚，眼帘、眼睛内外眦阴刻的细线纹也清晰可辨。鼻翼张开，双唇紧闭，下颚轮廓清晰，下巴处蓄一撮山羊胡须。整体造型饱满而不臃肿，具有稳健庄严之感。从现状分析，头像脱离身体时间应在千年以上。鼻尖、两耳、冠尖处微残，右腮下可见衣领局部，左腮以下残，其余部分保存较好。

唐肃宗李亨"宝应二年三月庚午，葬于建陵"，建陵石刻雕凿年代应与此相当，即763年。建陵陵前石人有文武之分，文官在东侧，武将在西侧，各为10人，且个性鲜明，互不雷同。在10个武将中，头部残损的3件分别是南起第5、7、10号。其中第5号石人从嘴部以上残缺；第7号仅冠残，石人头属于这2件的可能性被排除。唯有第10号石人从颈部残缺，与新出土石人头残损程度基本吻合。10号石人躯体，是10件武将唯一在胸前裲裆以外加有一条横甲带的，也是建陵石武将中雕刻最为精致的。其石质青灰，剑饰、袖口的雕刻精美，衣服的质感、纹理等交代清楚，疏密适度，圆润流畅，特别是两袖手腕间如花结般的衬袖刻画细致，应是高手所为。

简报指出，唐代帝王陵墓石刻均在露天列置，千余年的风雨剥蚀，自然或人为损坏时有发生，致使数量减少，相貌躯体变瘦，与初始状态相去甚远。建陵石人头的出土，为研究唐代帝陵石刻的造型艺术、变迁状况及风雨剥蚀程度提供了新的实物资料。

1064.礼泉县烟霞乡出土的两件释迦、药师纪年像座

作　者：昭陵博物馆　李浪涛
出　处：《考古与文物》2005年第5期

20世纪70年代后期，昭陵博物馆征集到两件纪年释迦、药师石刻像像座，据经手人张学勤先生告知，像座出土于礼泉县烟霞镇老西周、东周村之间以北180米。简报配以照片予以介绍。

据介绍，两像座造型一致，均为整石雕成的八面体束腰覆莲座。两像座底层正面及相邻左右两面刻有题记，均为阴刻楷书。题记记录了等身释迦、药师佛像的雕凿者是杨思谅，撰文与书写者是苟若金，刻字人是徐行颙，雕凿于开元二十三年（735年）。石刻像座题刻中的确切纪年及明确的释迦、药师佛名称，为研究盛唐时期民间佛教信仰提供了新的资料。

简报称，在佛座出土地，同时还出土了大量带"官"字戳印条砖，并有"官寺""宝宁寺"印款的残砖。推测在唐开元以后，此处曾建有寺院，很可能就是砖款上的"宝宁寺"。

1065.咸阳隋代萧绍墓

作　者：咸阳市文物考古研究所　谢高文等
出　处：《文物》2006年第9期

2000年，在西安咸阳机场二期扩建工程中发现了大量古墓葬，考古人员进行了

发掘，其中编号为 M229 的墓葬出土 1 合墓志，知其为隋代萧绍墓。简报分为：一、墓葬形制，二、随葬器物，三、结语，共三个部分。有照片、拓片、手绘图。

据介绍，墓葬由墓道、两个过洞、两个天井、甬道和墓室组成。此墓有一盗洞，平面近椭圆形，系早年被盗，直通墓底。出土劫余的遗物 13 件，有陶俑、陶羊头、陶磨、陶碗等。有墓志 1 合，共 19 行，满行 19 字，墓志录有全文。简报指出，有明确纪年的隋墓不多，此次发掘，为研究隋史提供了新的实物资料。

据志文，墓主萧绍，史书无传。墓志记载的其曾祖萧秀、祖萧扰、父萧济，史书均有传。其曾祖萧秀和梁武帝萧衍是同父异母的兄弟，父亲是梁太祖萧顺之，《梁书》《北史》均有传。墓志记载萧秀为梁安成康王，与史书记载相符。其祖父萧扰，《周书》《北史》皆有传。萧绍之父萧济，字德成，史书有记载，附于其父萧扰传记之后。《周书》载："少仁好，颇好属文。"墓志中记载萧济为"隋仪同三司、郓州刺史"，萧济曾为"郓州刺史"，史书未载，可补史书之缺。

根据墓志的记载，萧绍，字敬绪，江南徐州兰陵人也。在北周任"主笠下士"。《通典》卷二一"符宝郎"条记载："后周有主玺下士，掌国玺之藏。隋初，有符玺局，置监二人，属门下省。炀帝改监为郡，大唐因之。长寿三年，改为符玺郎。开元初，复为符宝郎。"可见，"主玺下士"这一职官名称是北周特有的，职掌国玺之藏，隋代初期可能也曾沿用。志文又称萧绍在隋朝"迁东宫内率府司仓，转任汉王司法参军"，唐宋时期，"司法参军"这一职官仍旧存在。志文中的"汉王"指隋文帝杨坚之子杨谅，《隋书·高祖纪》云："开皇元年……（封）皇子雁门公广为晋王，俊为秦王，秀为越王，谅为汉王。"

墓主萧绍于开皇十七年（597 年）在长安县雅政里宅去世，年仅 38 岁。仁寿三年（603 年），归葬雍州径阳县奉贤乡靖民里。

1066.唐肃宗建陵出土一件兽面脊头瓦

作　者：昭陵博物馆　李浪涛
出　处：《考古与文物》2006 年第 5 期

20 世纪 70 年代，在唐肃宗建陵南门石蹲狮西侧出土一件灰陶质兽面脊头瓦。简报配以照片予以介绍。

据介绍，该兽面瓦平面近似方形，上窄下宽，表面为高浮雕状，后背坦平。坦背与浮雕间的上部有一中空的腔。正面通高 27 厘米、下宽 26 厘米，中上部连同中空的腔高起 13 厘米。背部高 24 厘米、宽 22 厘米、厚 2 厘米。浮雕兽面立体感强，巨目阔口、方腮饰络腮胡，舌尖抵上颚，獠牙上翘位于虎齿两侧，虎齿前挑，门齿细小而密集，舌下大齿外露，鼻尖上翘，鼻孔宽扁，双眉粗短，双角较大竖卷于头顶并呈透雕状。

简报指出，与此兽面瓦近似的还有临潼华清池遗址和昭陵寝宫遗址出土的兽面脊头瓦，这三件兽面脊头瓦与昭陵北司马门遗址出土的兽面脊头瓦差别明显，时代较后者晚，应为中唐时期。

1067.2002 年唐昭陵北司马门遗址发掘简报

作　者：陕西省考古研究所、昭陵博物馆　王小蒙、张建林、张　博、李浪涛
出　处：《考古与文物》2006 年第 6 期

唐太宗昭陵位于陕西省礼泉县东北部，是关中唐十八陵中海拔最高的陵园。通过调查，现知陵园的重要建筑群遗址有 3 处：九嵕山南侧偏东山梁下的南司马门及献殿遗址；西南侧台地上的寝宫遗址；北侧山坡的北司马门遗址。此外，还有山腰南侧和东侧的石窟、石室遗迹。九嵕山南侧和东侧的山坡及山下东、南部的开阔平原地带则是昭陵的陪葬墓区。包括陪葬墓区的陵园总面积约 20 平方公里，地跨礼泉县烟霞、赵镇、北屯 3 个乡镇。1982 年、2002 年考古人员对北司马门遗址进行了发掘。简报分为：一、出土遗迹，二、出土遗物，三、结语，共三个部分，介绍了 2002 年的发掘情况，有手绘图。

据介绍，北司马门遗址位于烟霞乡高尧村，为一祭祀性质遗址。遗物有唐代砖瓦等建材及明清祭祀碑 8 通。简报称，此遗址据《旧唐书》从贞观十年（636 年）开始修建，有过三次大规模营建或改建。宋末五代时已处于失控状况。曾被盗挖，破坏严重。明代在唐代建筑基础上又修建了祭坛。

简报称，昭陵北司马门遗址的发掘，第一次廓清了唐代北司马门和清代祭坛建筑遗址的总体布局，揭示了大部分建筑个体的基址结构和特征，对于一些陵园建筑的功能有了新的认识，如覆瓦的夯土围墙、列戟廊的推定等。出土的一大批唐代和清代的建筑构件对研究唐代及明清建筑工艺有重要价值。遗址的发掘是近年来唐代帝陵陵园考古及唐代建筑遗址考古的重要收获，对研究唐代陵寝制度发展与演变、陵园布局和结构、唐代建筑的形制和工艺均有重大意义。

今有《丝绸之路与唐帝国》（日本森安孝夫著，中译本北京日报出版社 2020 年版）一书，多处论及昭陵，可参阅。

1068.隋元威夫妇墓发掘简报

作　者：陕西省考古研究院、咸阳市文物考古研究所　刘呆运、赵海燕、
　　　　李　明、苏庆元、徐雍初、尚爱红
出　处：《考古与文物》2012年第1期

2010年1月，考古人员对位于咸阳市底张镇布里村的隋元威夫妇墓进行了发掘。该墓为斜坡墓道、三天井的单室土洞墓，呈"甲"字形。墓内出土有陶器、瓷器、铁器、贝壳、铜镜、铜钱、墓志等。元威隋开皇十年死于寿州，开皇十一年葬于小陵原，隋仁寿五年和夫人于氏合葬于咸阳洪渎川。

简报分为：一、墓葬形制与结构，二、葬具葬式，三、随葬器物，四、结语，共四个部分。有手绘图。

据介绍，该墓由墓道、过洞、天井、甬道和墓室构成。水平总长度23.2米，墓道开口距现地表深约0.5米，墓室底距现地表深7.8米。棺木已朽。棺内葬二人，遗骨保存较差。男性位于东侧，女性位于西侧，皆为仰身直肢，头南足北。该墓曾被盗，随葬品共59件，有各式陶俑、陶模型明器、瓷器、陶器、铜币、铜镜、铁剪、铁镊、墓志等。随葬品主要位于墓室的西南、东南角、甬道及棺床附近。铜镜为隋制，十分精美。白瓷器为隋代邢窑产品。简报录有墓志志文全文。

根据出土的两合墓志志文记载，该墓墓主人为隋仪同三司、潞县伯元威与夫人长平郡君于宜容的合葬墓。元威（538～590年）字智威，代郡桑乾（今河北蔚县）人，史书无传；于宜容（544～601年），恒州善武（今山西右玉县）人。该墓系二次葬，元威早卒，于开皇十一年（591年）十一月七日先葬于"大兴之小陵原"即今之西安市长安区韦曲、王曲街道办事处一带。仁寿元年（601年）十月二十八日，与夫人于宜容合葬于"咸阳洪渎川"，即今之咸阳市渭城区东部西安咸阳国际机场一带。

简报称，元威的曾祖突六拔，北魏任羽真、殿中尚书、散骑常侍，其祖、父亦任高官，但史籍均缺载。元威初仕北周，又仕隋，终官为河北道大使、寿州总管府司马（从四品阶），晋爵潞县开国伯（正三品阶）。于宜容封长平郡君。从元威历官的情况看，推测其祖辈或父辈是跟随北魏孝武帝迁入关中的北魏皇族后裔之一，居住于西魏、北周长安城中，因此元威夫妇历经多年外任客死他乡后仍归葬大兴城附近的"小陵原""洪渎川"。

1069.唐高祖献陵陵园遗址考古勘探与发掘简报

作　者：陕西省考古研究院　张　博、胡春勃、张建林等
出　处：《考古与文物》2013 年第 1 期

唐献陵陵园遗址的考古调查、勘探、发掘工作意在通过大面积考古调查、勘探和小面积发掘来全面了解陵园的范围、布局、形制、保存状况等信息，为献陵陵园遗址保护规划的制定提供科学详实的依据。简报分八个部分进行了介绍，配有手绘图。

第一部分为唐献陵概况及以往调查情况。唐代开国皇帝李渊的（566～635 年）献陵位于陕西省三原县县城东北部约20 公里处的徐木源上。陵园遗址区东西横跨三原、富平两县，陵园封土、南神道位于咸阳市三原县徐木乡永合村地域内，下宫位于塬下的徐木乡唐村；陵园北门位于渭南市富平县华庄子村，献陵陵园北建筑群遗址和陪葬墓区位于富平县吕村乡新庄村。早在20 世纪70 年代中期，刘庆柱、李毓芳二位先生就对唐十八陵进行了系统调查工作，并将调查成果公布于《陕西唐陵调查报告》中。其中就有对献陵陵园、石刻及陪葬墓调查成果的开创性叙述。1995 年至1997 年，巩启明先生曾三次到三原县对献陵进行踏勘，发表有《唐献陵踏查记》。

第二部分为此次调查的献陵陵园形制和遗址分布情况，第三部分为献陵北遗址，第四部分为献陵陪葬墓，第五部分为参考发掘，称此次考古发掘工作主要为两处，一处为献陵南门遗址，另一处为献陵北遗址建筑基址F1、F5 和洗土坑K29。第六部分为石刻清理，称献陵四门现存石虎6 件。

第七部分出土遗物，介绍说此次考古发掘出土遗物以各类建筑材料为主，包括条砖、方砖、筒瓦、瓦当、板瓦、滴水、鸱尾等，条砖多数有戳印文字，部分板瓦也有戳印文字，但是筒瓦上尚未发现文字。瓦当以莲花纹瓦当为主，且花纹样式较多。

第八部分为几点收获，认为通过对献陵陵园的全面调查和考古勘探，陵园的范围和布局已经大体清楚，对南门门址、门阙的发掘发现，殿堂式的陵园大门以及门外三出阙的设置从献陵起即基本定型，直到晚唐变化不大。献陵陵园由于四周地面较为平坦，农业生产活动较为发达，陵园建筑损毁和破坏较为严重。陵园北部的大型建筑遗址在唐陵中是第一次发现。

简报称，此次发掘还搞清楚了献陵陪葬墓的数量、形制、分布规律等问题。可以确定的献陵陪葬墓93 座。其中已发掘清理者6 座，可以明确墓主的有淮南大长公主、虢王李凤、房龄大长公主、嗣虢王李邕。

1070.陕西咸阳隋鹿善夫妇墓发掘简报

作　者：陕西省考古研究院、咸阳市文物考古研究所　刘呆运、李　明、苏庆元、
　　　　徐雍初、尚爱红、邵安定等

出　处：《考古与文物》2013 年第 4 期

2008 年至2010 年，考古人员在西安咸阳国际机场二期扩建工程建设范围内发掘了古代墓葬300 余座，其中有隋代纪年墓葬4 座。其中隋鹿善夫妇墓位于陕西省咸阳市渭城区北杜镇边方村东北1100 米处，新建西安咸阳国际机场3 号航站楼基址的西侧，东北距2 号航站楼约570 米。发掘工作始于2009 年6 月20 日，至9 月7 日全部结束，发掘编号：2009 机场二期M301。

简报分六个部分，配有拓片和手绘图。

据第一部分墓葬形制与结构介绍，该墓系斜坡墓道多天井带围沟的双室土洞墓，墓葬平面略呈"中"字形，坐北向南。由围沟、墓道、过洞、天井、甬道和墓室等部分组成，墓葬水平总长度48.5 米，墓道开口距现地表0.5 米，墓室底距现地表9.5 米。有3 个盗洞，1 个为早期盗洞，2 个为现代盗洞。

第二部分为葬具葬式，称由于该墓被多次盗扰，加之长期进水淤积，葬具与墓主骨架已荡然无存。葬具与葬式均已不清。

第三部分随葬器物介绍说，该墓内共出土随葬器物94 件（组）。随葬品原摆放位置分为三组：第一组放置于甬道的中部与北部，这一组随葬品应为原始放置。第二组主要随葬品以墓志为中心，堆放于墓志两边。第三组散置于前室东北部及后室填土中，这一组应为盗扰所致，非原始位置。该墓随葬品按种类可分为陶、陶模型明器、陶器、珠玉器、其他小件和墓志等。

出土青石墓志1 合。正方形，出土于甬道内石门以北，出土时志盖覆于志石之上，上首朝南。志盖长67 厘米、宽70 厘米、厚8.5 厘米，盝顶，顶面正中划方界格，阳刻篆书"周故上大将军河内国鹿壮公之墓志铭"四行，行四字。顶面四周、四刹和四侧均素面。志石长66 厘米、宽69 厘米、厚8.5 厘米，划细线棋格，阴刻楷书共31 行，满行30 字，共868 字。

最后为结语，指出根据出土的墓志志文的记载，该墓系北周赠上大将军、金安齐平广沧六州诸军事、六州刺史、河内郡开国公鹿善与夫人隋河内国太夫人刘氏的合葬墓。

鹿善（542 ~ 576 年），字基诞，济阴乘氏（今山东菏泽）人，史书无传。鹿善祖鹿悆《魏书》卷七十九、《北史》卷四十六有传，与其父鹿生皆为北魏良吏。悆东魏初任梁州刺史，大统三年（537 年）被郑荣业擒附关西，因居长安。鹿善父既袭

爵"定陶侯"，应系鹿悆世子，仕西魏至大小丞相府从事中郎（隋代避讳，称为"从事内郎"）。鹿善在北周仕宦经历简单：19 岁以皇帝侍卫官左侍上士起家，历小司金大夫、司金大夫（正五品）、同州总监，加勋至骠骑大将军、开府仪同三司。北周建德五年（576 年）十二月，鹿善追随周武帝宇文邕参加对北齐的战争，阵亡于并州，年仅 35 岁。北周朝廷追赠其为上大将军、金安齐平广沧六州诸军事、六州刺史，追封河内郡开国公，邑二千户，谥曰"壮"。追赠之勋、官、爵皆为九命。世子鹿愿袭爵河内郡开国公，仕隋为上大将军、信州总管。隋开皇二年（582 年），鹿善遗孀刘氏（541 ～ 593 年）拜河内国太夫人。开皇十三（593 年）年刘氏卒，十五年（595 年）十月与鹿善合葬于洪渎原。此时鹿善已过世 19 年。

简报指出，鹿善夫妇墓带有典型的北周墓葬风格。但该墓的随葬器物却全部是隋代制作的。依据墓志志文的叙事，该墓当建于北周建德五年（576 年）鹿善阵亡之后，随葬器物和墓志则是隋开皇十五年（595 年）十月刘氏合葬时置入的。

简报认为，由于鹿善系"为国捐躯"，其"饰终之典，有加恒数"，墓葬规格符合北周国公级别墓葬的特征。特别是该墓的围沟，规划整齐，为研究北周、隋代墓葬兆域制度提供了第一手资料。

1071.唐高祖献陵陵园遗址考古勘探与发掘简报

作　者：陕西省考古研究院　张　博、胡春勃、张建林
出　处：《考古与文物》2013 年第 5 期

2010 ～ 2011 年，考古人员对唐高祖李渊献陵陵园遗址和陪葬墓区展开全面考古勘探。2012 年对陵园南门门址、南门西侧门阙基址，以及献陵北建筑遗址I 号大殿基址、西侧 II 号配殿基址进行了考古发掘，陵园遗址的整体范围、布局和陵园建筑基址的形制得到较为全面的了解。简报分为：一、唐献陵概况及以往调查情况，二、此次调查的献陵形制和遗址分布情况，三、献陵的遗址，四、献陵陪葬墓，五、考古发掘，六、石刻清理，七、出土遗物，八、几点收获，共八个部分。有手绘图。

据介绍，陕西唐陵大遗址保护项目是国家文物局2005 年首批确定的全国100 个大遗址保护项目之一，该项目自2006 年正式开始，至2012 年底已经先后完成乾陵、顺陵、建陵、贞陵、崇陵、桥陵、泰陵、景陵、光陵、定陵、献陵等唐代帝陵的考古调查、勘探、测绘工作。唐献陵陵园遗址的考古调查、勘探、发掘工作是这一项目的年度项目，意在通过大面积考古调查、勘探和小面积发掘来全面了解陵园的范围、布局、形制、保存状况等信息，为献陵陵园遗址保护规划的制定提供科学详实的依据。通过对献陵陵园的全面调查和考古勘探，陵园的范围和布局已经大体清

楚，对南门门址门阙的发掘发现，殿堂式的陵园大门以及门外三出阙的设置从献陵起即基本定型，直到晚唐变化不大。遗址出土的一批建筑材料为初唐建筑材料断代提供了依据。

渭南市

1072.潼关县老虎城村一座古代陶窑中出土的隋唐造像

作　者：陕西省文物管理委员会
出　处：《文物》1963 年第 3 期

1963 年 10 月 6 日，潼关县文化馆向省文化局和省文管会函告潼关县太要公社老虎城村附近发现了过去出土的一批石造像，来函中叙述这批造像是塌陷的佛洞内出土的，在一部分像的上面刻有上元、仪凤等年号，简报配以照片予以介绍。

据介绍，老虎城村位于新潼关县城（吴村）东南约 7.5 公里的秦岭山麓。造像的发现，是生产队饲养员在村的正南约 200 米叫做阎王砭地方的土崖下掘干土垫圈时，发现了土内埋有石像，当天生产大队即打电话报告给县文化馆。在文化馆姚馆长的领导下，组织进行挖掘和清理工作，计清理出的石、陶造像共 13 件（其中有陶造像 2 件）。在省文管会派人到达潼关县以前，造像已全部转送至潼关县文化馆了。考古人员经调查得知造像出自一处废弃的汉代陶窑，应为唐武宗灭佛时埋藏于此的。造像本身，大多为隋唐遗物。

1073.唐李凤墓发掘简报

作　者：富平县文化馆、陕西省博物馆、文物管理委员会
出　处：《考古》1977 年第 5 期

李凤是唐高祖李渊的第十五子，封为虢王。该墓是李凤和妻刘氏的合葬墓，位于富平县吕村公社吕村大队北吕生产队正西约 250 米，是唐高祖（李渊）献陵的陪葬墓之一。1972 年因雨水冲开，当地百姓将部分砖石取出，1973 年 9 月 30 日至 11 月，考古人员进行了清理。简报配以拓片、照片、手绘图予以介绍。

据介绍，李凤墓的结构可分地上和地下两部分，由于年代久远，地面文物无一幸存，封土堆因雨水冲刷和取土已遭到严重破坏，从现存的情况看，为覆斗形，系夯筑，夯层特别坚实。墓由墓道、过洞、天井、甬道、墓室、小龛等六部分组成，

全长 63.38 米。墓室略呈正方形，穹隆顶，地砖似用油浸泡过，乌明发亮，因多次被盗，石棺部分被盗走，部分被撬开，仅余骨头残片，葬式不明。随葬品劫余有鎏金铜马蹬、男仪仗俑、骑马乐俑等。其中出土的三彩双联盘等，将唐三彩的历史又提前了三十多年。有壁画及墓志 2 合。虢王李凤墓志，楷书，有 3000 多字。虢王妃刘氏墓志，楷书，1240 字，简报均未录志文全文。墓中还出土了册书刻石 5 块，内容可补《唐大诏令集》中有关李凤的册文。

据史载，李凤是唐太宗、高宗两朝统治阶级中极端残暴荒淫的人物之一，出土的志文中，却以很大的篇幅渲染歌颂他。但是，在欧阳修和刘昫著新旧《唐书》时，已不得不对他的残暴有所流露。据志文，他葬于唐上元二年（675 年）。

1074.陕西蒲城县发现高力士残碑

作　者：陶仲云、白心莹
出　处：《考古与文物》1983 年第 2 期

高力士碑是关中的名碑，地点在蒲城县保南公社山西大队，立于唐玄宗泰陵陪葬墓高力士墓前。该碑多年前断为两截，下半截丢失。考古人员于 1963 年发现并运回了该碑的上截，1971 年秋又在山西大队第六队饲养室土窑顶上发现了下半截。1980 年冬全碑运回蒲城县文化馆，准备年内修复展出。全碑连额高约 4.05 米、宽约 1.42 米、厚约 0.25 米，共 30 行，每行 55 字，共约 1650 字，行书，简报录有全文。

据简报介绍，关于高力士的家世、官爵、食邑、妻子死亡时间等，都是传略而碑详，可补史书之阙。高力士卒于唐代宗宝应元年（762 年），墓碑立于代宗大历十二年（777 年）五月，其间相隔 16 年。当是代宗追念高力士侍奉玄宗有功而立碑表彰的。同刊同期有魏光先生《唐高力士碑的几个有关问题》一文，可参阅。

1075.陕西韩城小金盆村唐代白氏家族墓清理记

作　者：呼林贵、任喜来
出　处：《考古与文物》1988 年第 4 期

1986 年，韩城市苏东乡小金盆村村民取土时发现了一座唐墓。考古人员进行了清理，前后共发现了 4 座唐墓。简报分为：一、墓葬形制，二、出土遗物，三、墓志铭，四、结语，共四个部分。有拓片、手绘图。

据介绍，墓葬已遭破坏，仅知两墓为竖穴土坑墓道墓。葬具、葬式已不清楚。出土遗物计有铜器 32 件、瓷器 2 件及陶器、骨器等。M3 早年出土墓志盖 1 座，

M1 出土墓志 1 合，简报均录有全文。知 M1 墓主人为白敬宗夫妇。白敬宗死于唐武宗会昌六年（846 年）八月二十日。夫人李氏死于唐懿宗咸通十四年（873 年）十月二十一日。M2 墓乃是其长子白知让在唐僖宗乾符六年（879 年）十一月十七日将父母合葬于祖茔右侧时形成的。合葬的时间距其父死已 33 年，距其母死已 6 年多了。据志文和史书，简报列有白氏家族表，其可考最早祖先为秦国大将白起。白居易，是白敬宗父辈之人。

1076.唐房陵大长公主墓清理简报

作　者：安峥地

出　处：《文博》1990 年第 1 期

大长公主是唐高祖李渊的第六女，其墓属唐高祖献陵的陪葬墓之一，位于富平县吕村乡双宝村北约 250 米处，在献陵东北方约 2.5 公里。1949 年前，此处为民间墓园，1975 年一农户发现此公主墓。经文物工作者清理，出土壁画、石刻等文物多件。简报分为：一、墓葬形制，二、壁画，三、随葬器物，共三个部分。有照片、手绘图。

据介绍，房陵大长公主墓开元以后已被盗过，地面封土堆及所有文物无一幸存。墓由墓道、过洞（5 个）、天井（4 个）、甬道、墓室及小龛（6 个）等六部分组成，全长 57.8 米。斜坡墓道水平长 17.5 米、宽 2.56 米。石椁，内无一物，葬式不明。墓内壁画大部残落，仅存人物画 27 幅，全系侍女图。石墓志 1 合，字体类欧体，809 字，简报仅节录了部分文字。由志文知，大长公主咸亨四年（673 年）去世，享年 55 岁。

1077.富平县宫里发现唐代砖瓦窑遗址

作　者：刘耀秦

出　处：《考古与文物》1994 年第 4 期

富平县宫里乡三元村（又名桑园村）村民在多年取土过程中，挖出古代砖瓦窑址二处。考古人员进行调查，取得了一些资料，摸清了窑址概貌。简报配以手绘图予以介绍。

据介绍，该窑址共分两处。第一处为群窑，暴露于深坑中，地层扰乱，现存的窑体在坚硬的黄土层上，窑址内含布纹板瓦片、筒瓦片及粗细绳纹砖块，向南100 米处还存有残窑址烧结面三四处。第二处，在距 I 号群窑西南 500 米处的平地中有窑体两个，有残存窑壁烧结块，内有大量的屋脊构件、兽面梯形方砖残块、绳纹砖块以及个别的手印砖块等。这一群窑，简报推断可能从修建唐陵开始，最迟到唐简陵修完停止烧制。5 座帝王陵及陪葬墓修好，官方人员离开而弃置，后来遭水淹没。

1078.富平县新发现的唐墓壁画

作　者：井增利、王小蒙
出　处：《考古与文物》1997 年第 4 期

1994 年 1 月，考古人员在唐献陵陪葬墓区发现一座被盗唐墓。该墓位于吕村乡朱家道村南约 500 米处，地面原有大冢，因农田建设取土，已矮至 3 米左右。从盗洞下去，穿过一段甬道，便可进入墓室内。墓室穹隆顶，4 米见方，墓底散布着被扰乱的棺床石板，随葬品未见，亦无墓志，墓主身份不明，唯一的遗留是栩栩如生的壁画。简报配以照片、手绘图予以介绍。

据介绍，墓室顶部壁画脱落较严重，依稀可见有群星，东部稍南处是一太阳图案，下书"九"字。推测墓顶原绘星象图。另有乐舞图、仙鹤图、牵牛图、山水图、卧狮图等。壁画笔法熟练，艺术价值很高。

1079.唐惠庄太子墓发掘简报

作　者：陕西省考古研究所、蒲城县文体广电局　韩　伟、王育龙、邢福来
出　处：《考古与文物》1999 年第 2 期

唐惠庄太子李㧑，初名李成义，后因避唐玄宗之母昭成窦后之讳而改名，是唐睿宗李旦之次子。其母柳氏，掖庭宫人。因其母身贱，险被武则天弃之。垂拱三年（687年）封为恒王。神龙元年（705 年），迁为司龙少卿，加银青光禄大夫。睿宗时，进封为申王及右卫大将军。景云元年（710 年）七月，迁为殿中监，兼检校右卫大将军，后转为光禄卿，右金吾卫大将军。先天元年（712 年）八月，行司徒兼益州大都督。开元二年（714 年）带司徒兼幽州刺史，并历任邓、虢、绛三州刺史。开元十二年（724年）十二月二十四日病薨，册书追赠惠庄太子，二十七日陪葬于桥陵，是距桥陵最近的一座陪葬墓。由于惠庄太子李㧑墓多次被盗，考古人员于 1995 年 10 月 9 日至 1996年 5 月 30 日对惠庄太子墓进行了发掘，同时对墓葬周围进行了地面钻探。简报分为：一、地理位置与发掘经过，二、地面遗迹与遗物，三、墓葬形制，四、随葬器分布概况，五、出土遗物，六、壁画，七、葬具，八、结束语，共八个部分。有手绘图、照片、拓片。

据介绍，惠庄太子墓是继金仙公主墓之后对唐桥陵陪葬墓进行发掘的第二座陪

葬墓。惠庄太子墓中出土的遗物以大宗的各式陶俑为主，瓷器很少且多残片，不见金银器和三彩器，而且天井、过洞、壁龛、墓室数量均少于永泰公主和懿德太子两墓，也不见石棺、石椁等葬具，简报认为这一方面可能是"号墓为陵"这一制度发生了变化，另一方面是与唐玄宗李隆基在开元前期进行的一系列改革和整顿有关。关于惠庄太子的年龄，史书无载，据其排行次子，参照让皇李宪和唐玄宗李隆基之生年，惠庄太子约生于678～685年，薨于公元724年，其年龄40岁左右。

简报称，对惠庄太子李㧑墓的发掘，为研究唐代皇室诸子丧葬制度、壁画题材、册命制度等提供了科学的材料。

1080.唐高力士墓发掘简报

作　　者：陕西省考古研究所
出　　处：《考古与文物》2002年第6期

唐高力士墓位于陕西省蒲城县保南乡山西村，西南距县城15公里。它是唐十八陵中最东端的玄宗泰陵的唯一陪葬墓，西北距泰陵主峰金粟山约2公里。1992年公布为陕西省重点文物保护单位。地面上现残存有封土堆。墓前原先立有"大唐故开府仪同三司赠扬州大都督高公神道碑"一通。早在清乾隆之前，碑已断为两截。清王昶《金石萃编》载有其上半截碑文，下半截不知去向。直到1963年南距封土约90米处原生产队饲养室窑洞顶部坍塌，才在土中被发现。此后，神道碑经修复，保存在县博物馆。碑文约1650字，记载了高力士的世系、官职、政治功绩、死因等。并说明此墓的下葬时间是在唐代宗宝应年间（762～763年）。

高力士系历史名人、高官显宦，其墓自古至今不断遭到严重盗扰。早期盗洞有两个，其一由第四天井西北角向下打破墓室东南角，另一个从第一天井东壁向下破坏砖封门和石门后进入墓室。近年的一个盗洞是1996年使用炸药爆破形成的，该盗洞入口在封土堆西面果园内，盗洞破坏墓室西北角，幸而由于墓室内淤土太多及棺床石板所堵未能进入。还有一个盗洞自墓道东10余米处利用当地村民储水窖向西南掘进，打破甬道东壁砌砖，也没有进入墓室内。另外，在封土周围还发现近10个盗洞，均未进入墓室内。

1999年7月至10月，考古人员对该墓进行了抢救性发掘，出土陶俑、墓志等文物二百余件。发掘情况及收获简报分为：一、墓葬形制，二、壁画，三、线刻画，四、随葬品，五、结语，共五个部分。

据介绍，墓葬坐北朝南，由封土、墓道、过洞、天井、壁龛、甬道和墓室八部分组成。此墓甬道、墓道至墓室都有壁画，墓中的石构件（石门和石棺床）以及石墓志上均有线刻画。此墓的随葬品只有陶俑、铜钱和墓志石三类。墓志，青石质，志文阴刻行书体，共计1420字，简报录有志文全文。

墓志明确记载，该墓的下葬时间是唐代宗宝应二年（763年）四月十二日，而高力士最高官职为从一品的散官开府仪同三司，从一品的爵位齐国公，正三品的实职内侍监。简报整理有高力士的世系简表。

简报称，高力士是唐代乃至整个中国封建时代最著名的大宦官。他身处中国封建社会的发展顶峰，与"开元盛世"的缔造者唐玄宗李隆基共始终，目睹和参与了大唐帝国由盛转衰的全过程，是一位非常重要的历史人物。正是由于他的特殊身份，不但历史学家对他非常重视，而且普通民众也对有关他的话题很感兴趣。高力士墓的发掘，不仅为唐代历史和中国宦官史的研究增添了重要资料，也为陕西省旅游事业的发展提供了新的景点。

1081.唐章陵调查简报

作　者：陕西省考古研究所　巩启明、王保东、李江红
出　处：《文博》2003年第3期

20世纪五六十年代，考古人员对分布在关中的唐十八陵进行考古调查时，曾对章陵进行过调查，20世纪70年代又对章陵进行过调查，但已发表的有关章陵资料极为简单，给研究者、保护管理者及科普著作带来诸多困难。为解决章陵资料空缺的问题，考古人员于1999年及2002年两次赴富平县对章陵进行实地调查测绘。简报分为"概况""上宫""结语"等七个部分，有照片。

据介绍，章陵是唐文宗李昂的陵墓，在关中唐十八陵中居第十四位。章陵位于富平县城西北约15公里的天乳山。五代时曾被盗掘。章陵和丰陵在唐十八陵中属破坏最严重的。直到1949年以后，对章陵的保护才得到重视，1956年被陕西省人民政府公布为第一批省级重点文物保护单位。后来，于"文化大革命"中又遭到一次严重破坏，玄宫羡道被炸，石条掘出，一片狼藉，阙址被耕地蚕蚀，石刻被砸，碑楼被拆。直到改革开放以来，各级政府文物部门才开始认真采取保护措施。1995年成立章陵文物保管所，2001年被国务院公布为全国重点文物保护单位。

简报称，李昂，初名涵，元和四年（809年）十月十日生。穆宗李恒第二子，敬宗李湛弟。宝历二年（826年）敬宗被宦官刘克明等所杀，宦官王守澄等杀刘克明，迎李昂即位于长安宣政殿，改元"大和"。李昂登基后，针对敬宗好游宴、喜击球、不理朝政、国势衰败的状况实行改革，裁减政府冗员1200余人，释放宫女3000余人，禁止各地奉献，严惩贪污受贿买官的腐败行为，反对奢侈，提倡俭朴，规定公卿士

族子弟不先入国学习业，不得应明经进士；如遇水旱灾害，尽快赈灾抚恤，安定民心，平时听政之余，唯以书史自娱，不事声色游猎；因之，朝野相贺，以为天下太平有望。但由于朋党之争，宦官专权，朝风日坏，李昂也无挽救此种危机的能力和魄力，致使国势更加衰败。当时的党争主要是以牛僧儒为首的牛党与以李德裕为首的李党之争。牛党依靠宦官权势姑息藩镇势力，李党反对，实际是宦官与朝官之争。李昂先利用宦官内部矛盾，用仇士良毒死王守澄，又重用土庶地主势力李训等，发动"甘露之变"，欲一举铲除宦官势力。不料机密泄漏，宦官仇士良等带领禁兵大肆诛杀朝官，死者数千人，李昂也遭软禁，由此朝政尽为宦官把持。不久，开成五年（840年）正月李昂病死于大明宫太和殿，终年33岁，在位14年，谥曰元圣昭献皇帝，庙号文宗。八月十七日葬于章陵。

简报指出，章陵虽说营建于国势日衰的晚唐时期，但为了维护至高无上的皇权，以及先祖创立的陵寝制度，遂使章陵规模、气势不减中唐，上宫的玄宫、衙殿、行墙、神门和门阙、神道石刻的品类和数量、下宫的规模以及乳台、鹊台等建筑设施仍较壮观，当然若与初唐、盛唐诸先祖陵相比就大为逊色了。从章陵兆域的整体来看，其所反映的晚唐政治、经济、文化衰败现象已经开始出现。

1082.唐节愍太子墓发掘简报

作　者：陕西省考古研究所　王小蒙、刘呆运
出　处：《考古与文物》2004 年第 4 期

唐节愍太子墓位于陕西省富平县宫里乡南陵村刘家堡西北 200 米处，距中宗定陵东南 2 公里。1995 年 3 ～ 12 月，考古人员对该墓及陵园进行了钻探和发掘清理，并临摹和揭取了出土壁画。简报分为：一、陵园布局与陵前石刻，二、墓葬形制，三、壁画内容与布局，四、出土遗物，结语，共五个部分。有手绘图、照片。

据介绍，节愍太子陵园大体呈南北向窄长的长方形，为多天井双室砖墓，全墓从墓道至墓室绘满壁画，其中以墓道北段、第二过洞及前甬道的壁画保存最好。唐节愍太子墓出土文物以各类陶俑为大宗，占总数的 70% 以上，其余还有陶瓷器、三彩、铜器、铁器、玉器、谥册、哀册等。

节愍太子系中宗第三子，名李重俊。中宗共四子，韦皇后生懿德太子李重润，后宫生重福、重俊、重茂。节愍太子李重俊，圣历元年（698 年）被封为义兴郡王。神龙元年（705 年）封为卫王、拜洛州牧，实封千户，不久，迁为左卫大将军，遥领扬州大都督。神龙二年秋，被立为皇太子。为人"性明果，然少法度"，曾矫诏起兵杀武三思等人，事败被杀。唐睿宗即位后，为其昭雪。他于鄠县被杀后被枭首献

太庙，遗体应在此墓中，并非只是衣冠冢。考古发掘中，墓室出土肢骨一节，很可能就是太子本人的骨骼。

简报最后说，节愍太子墓与懿德太子、章怀太子等皇室贵族墓相比，不属于厚礼特葬，但大体还是依礼改葬。其陵园和墓葬的总规模在中宗时代贵族墓中已属上乘，石人、石狮等陵前石刻群的配制，哀册和谥册的使用都依照了太子的级别。唯墓室的尺寸小和未用石门这两点，稍嫌简疏。李重俊英年早逝，改葬时，一子尚幼，再加上睿宗弟继兄位，中宗一支正是被抑的对象，其地位和影响可想而知，在这种情况下，李重俊墓葬的内部配制置上有些缩减也是有可能的。

1083.陕西潼关税村隋代壁画墓发掘简报

作　者：陕西省考古研究院　李　明、刘呆运等
出　处：《文物》2008 年第 5 期

2005 年 1 月初，有人举报在陕西潼关县税村有一座大型古墓被盗，考古人员前往调查，初步推断为初唐大型壁画墓。墓内的石门和墓志已被盗，但壁画的保存情况较好。2005 年 3 ~ 12 月，对该墓进行了抢救性的考古发掘，出土有线刻石棺和丰富的随葬器物，并揭取了墓道壁画。简报分为：一、墓葬位置，二、墓葬形制，三、葬具与葬式，四、随葬器物，五、结语，共五个部分。有彩照、手绘图。

据介绍，该墓位于陕西省潼关县高桥乡税村北约 300 米的农田里，东南距县城约 10 公里。向北约 3000 米的渭河岸边即为东汉杨震家族墓地，向东有隋楚国公杨素墓。该墓为长斜坡墓道多天井和壁龛的单室砖墓，平面呈"甲"字形，坐北朝南。由墓道、过洞、天井、壁龛、砖券甬道和墓室等组成，墓底距地表深 16.6 米。随葬器物 250 余件（组），有陶俑、陶器等。

简报指出，该墓是迄今考古发掘的规模最大、等级最高的隋代墓葬，为探索隋代皇族墓地和隋代高等级墓葬制度提供了线索。墓中出土的壁画和石棺是研究隋代美术的实物资料，具有重要的学术价值。

简报怀疑此墓墓主人为杨勇。杨勇系隋文帝杨坚长子，文帝即位，立为皇太子。开皇二十年（600 年）十月在宫廷斗争中失败，与诸子一并被废为庶人。仁寿四年（604年），被炀帝"伪为高祖敕书"赐死，追封房陵王，不为立嗣。他的 10 个儿子也相继被害。杨勇虽然是杨广政治上的敌人，但毕竟还是他一母同胞的兄长，也曾执掌东宫 20 年，况且杨勇从失败到身亡完全是杨广一手构陷造成的，已身登大位的后者对于前者给予"官给"的厚葬符合其个人当时的心理状态和社会舆论的诉求。从墓葬规模、葬具的配置和随葬品的规格看，潼关税村隋代壁画墓有可能是做过太子且

死后被迫封为房陵王的杨勇之墓。简报还指出，隋代亲王墓葬所在地史书语焉不详，很怀疑该墓附近还有隋代高等级墓。

《文物》2008 年第 3 期，有李明、刘呆运先生《陕西潼关税村隋代壁画墓线刻石棺》一文，可参阅。

1084.唐嗣虢王李邕墓前遗址发掘简报

作　者：陕西省考古研究院　张　蕴、卫　峰等
出　处：《文物》2009 年第 7 期

2004 年，因唐献陵陪葬墓之一的嗣虢王李邕冢被盗掘而被迫对其作了抢救性发掘。工作初期搜寻墓道开口时，意外发现一处配属李邕墓葬的大型唐代临时建筑遗址。简报分为：一、地层堆积，二、形制结构，三、原貌推测，四、结论，共四个部分。有照片、手绘图。

据介绍，该临时建筑遗址位于李邕墓墓道以南的大片空地上，呈南北长而东西窄的矩形，面积约 377 平方米。简报认为系配合墓葬的某种短期需要而建，使用时间就在棺椁下葬前后，墓葬回填之前，简报推测其用途似有以下几种：

1. 棺椁运至后暂时停放其内，以备下葬。

2. 棺椁自敞开的墓道口进入墓室后，送葬者可入内凭吊亡灵，观览墓内陈设、壁画、葬具等。

3. 下葬后依唐人礼俗，可能于墓前举办某种仪式。

4. 李邕出身高贵，地位显赫，卒后又得皇帝御赐物品随葬，遗址南部的 3 座祭台应为摆放御赐物品与祭品、祭器之处。

简报认为，在墓前设置帐篷一类临时建筑，是唐人丧葬礼仪的需要，其规模设置因亡者身份而定，虢王李邕墓前建筑规格，应是亲王等级的体现。以往进行的诸多大型唐墓的发掘，因受地域、保存程度等因素影响，同时也因该类建筑属临时性，所留遗迹浅薄模糊、易遭破坏损毁的原因，没能发现墓前临时建筑的遗存，故李邕墓前临建遗址的发现与发掘具有重要意义。

1085.唐睿宗桥陵陵园遗址考古勘探、发掘简报

作　者：陕西省考古研究院　张建林、张　博
出　处：《考古与文物》2011 年第 1 期

桥陵位于蒲城县西北约15 公里的丰山，是唐睿宗李旦的陵墓。李旦是唐代第五位

皇帝，高宗李治第八子，则天皇后第四子，卒于开元四年六月（716年），时年55岁，庙号"睿宗"，谥号"大圣贞皇帝"，开元四年冬十月葬于桥陵。桥陵"因山为陵"。在丰山主峰南坡半山腰处向山体内开凿墓道，修建玄宫。围绕陵山修筑城垣，城四角均置角阙，四面各开一门。四门外各有石狮1对，门阙1对，南、北门外均有神道。北门神道两侧置列仗马3对；南门神道两侧由南向北分别置华表1对、翼兽1对、鸵鸟1对、仗马5对、石人10对。神道南端有乳台阙1对。陵园西南有下宫建筑群，整个陵园最南端还筑有鹊台阙1对。桥陵陵园建筑遗址除了门阙、角阙之类高台建筑目前在地面上还残留土包外，其余如城垣、门址、下宫宫殿等建筑地面上已经找不到明显的痕迹。桥陵石刻少数遭到损坏甚至佚失，但在关中唐陵中仍属于整体保存状况较好的。

20世纪对桥陵的考古调查前后有三次，1963年、1973～1978年、1993年。1995～1996年、2000～2001年考古人员还对桥陵的两座陪葬墓作了发掘并出版了发掘报告。2007～2009年，作为全国100个大遗址保护项目之一，又进行了详尽的勘探、发掘。简报分为：一、唐桥陵概况及以往调查情况，二、桥陵下宫勘探，三、桥陵陪葬墓勘探，四、考古发掘，五、出土遗物，六、结语，共六个部分。有手绘图。

据介绍，通过考古勘探，确认了桥陵下宫遗址的准确位置、范围和总体布局。桥陵下宫遗址规模宏大，总面积达206515平方米。整体布局规整，由两重墙垣构成内外宫城，大型建筑均在内宫城中。内宫城形成两进院落，建筑基址呈规整的轴对称布局，大型夯土台基分别位于两进院落的中轴稍偏北位置，应该是下宫的主体建筑寝殿、便殿。内外宫城之间较为空旷，只在西北角和东南角发现有一些建筑基址，而且形成封闭的院落，有可能是下宫或陵园管理机构的建筑。而通过对陵园南门门址、南门外西侧门阙、西侧番酋殿的发掘，对这几座建筑基址的平面形状和结构有了较多的了解。对陪葬墓的数量、分布、规模、结构也有了更全面的认识。即使是已发掘过的陪葬墓如惠庄太子墓，也有新的发现。

1086.唐玄宗泰陵陵园遗址考古勘探、发掘简报

作　者：陕西省考古研究院、蒲城县文物局　张　博、张建林
出　处：《考古与文物》2011年第3期

泰陵是唐玄宗李隆基的陵墓，位于陕西省蒲城县城东北15公里的椿林乡，距西安市约130公里。1963年、1973～1978年、1995年、1997年分别进行了调查，发掘了陪葬的高力士墓。2008～2009年，为配合国家大遗址保护工程，考古人员进行了详尽的勘探、测绘，并对城垣东门门址、东南角阙和西侧蕃酋殿遗址进行发掘。简报分为：一、唐泰陵概况及以往调查情况，二、陵园遗址勘探，三、考古发掘，四、

石刻调查，五、出土遗物，六、结语，共六个部分。有手绘图、照片。

据介绍，现陵园的范围、遗迹的分布、城垣的走势等情况已经基本清楚。泰陵陵园范围南至鹊台、北至北门门阙，南北直线距离为 4187 米；西至西门门阙、东至东门门阙，东西直线距离为 1291 米。在五龙山最东端，与北门址略成一线的姬家沟还有一处泰陵石刻的石料开采点，该点距离东门址东西垂直距离为 1826 米。地面建筑已不存，石刻数量较多但保存较差。在陵区的考古调查和发掘中出土了大量的遗物，主要是各种建筑材料，包括条砖、筒瓦、板瓦、瓦当、鸱吻等。

简报称，此次新发现有唐代采石场遗迹，此采石场正是为泰陵建设服务的。泰陵石刻中的番酋像多达 14 件，也让我们对泰陵番酋殿的认识更为全面。泰陵石刻体量明显小于桥陵，但此后的唐帝陵石刻均延续泰陵石刻制度，少有变化。

1087.唐嗣虢王李邕墓发掘简报

作　　者：陕西省考古研究院　张　蕴、卫　峰、马明志、高明韬
出　　处：《考古与文物》2012 年第 3 期

唐嗣虢王李邕墓位于陕西省富平县杜村镇北吕村西北，唐献陵陪葬墓区东北方，北临石川河南岸，西南距李凤墓 250 米，东南距北吕村 300 米。2004 年 3 月遭盗掘，考古人员对该墓进行了抢救性考古发掘。该墓为长斜坡墓道、五天井、三过洞、前后甬道、前后墓室、六个壁龛之大型砖券墓葬。因盗掘严重，随葬品大部分佚失，残余壁画亦损坏较甚。简报分为：一、墓葬形制，二、出土器物，三、装饰壁画，四、结语，共四个部分。有手绘图、照片。

李邕墓封土上部已完全损毁，封土基础南边发现较大面积临时建筑遗址，该遗址在已发掘的唐代墓葬中尚属首次发现，是专为李邕葬礼配备之临时可拼拆式建筑，其发掘简报已发表于《文物》2009 年第 7 期，本简报中不再包含。墓葬全长 47 米，由斜坡墓道、过洞、天井、壁龛、前甬道、前墓室、后甬道、后墓室八部分组成。葬具、葬式已被破坏，随葬品仅剩墓志 2 合及陶器、瓷盒、铜饰片、壶门砖、铁刀等。壁画可辨认的内容包括瑞禽、青龙、白虎、出行仪仗等，墓道北壁绘制城楼图、出行人物图、列戟图、门卫图、调鸟仕女图、牛车图、担子图、抬箱出行图、牵马出行图、花树草木图、马球图等。

简报称，此墓明确为袝葬身份，说明唐献陵陵区内陪葬者具有各自的家族墓园，这对研究陵园整体布局、设置具有重要意义。李邕墓使用了前、后双墓室形制，超越了王的丧葬制度，似可证明在位皇帝之长辈具有特殊身份，亦可用前室较小的双墓室葬制。李邕墓壁画设计为连续长卷式，具有一定故事情节，是装饰壁画新的设

计理念。

简报认为，唐嗣虢王李邕墓墓葬封土、形制、壁画、墓前遗址规模均反映了盛唐时期王或王以上等级的丧葬标准与规格，并有一定新意。

延安市

1088.黄龙县发现一面月宫纹镜

作　者：齐鸿浩
出　处：《文博》1986年第5期

1985年5月6日陕西省黄龙县文物管理所收集到铜镜一面。铜镜直径20厘米、边厚0.5厘米、半球状纽高1.1厘米，重1050克。简报配以照片予以介绍。

据介绍，镜沿为八曲，半球状纽上部有一个直径5.7厘米的单线圆圈，圈内中间有一株桂树，树右有一个玉兔持捣药杵做捣药状图饰，树左有一蟾蜍，整个构图布局合理。故事取材于民间神话传说。整个镜断面呈阶梯形自里向外分三阶逐渐加厚。这一铜镜是崾崄乡邢家原村农民耕地时所得。从纹饰特征看，简报推断应为唐代遗物。

1089.延长发现一批隋唐佛教石造像

作　者：姬乃军、王　沛、陈明德、袁继民
出　处：《文博》1990年第3期

1981年9月，文物普查时在延长县罗子山乡石佛村发现一批佛教石造像。简报配以照片予以介绍。

据介绍，这批石造像共7尊，包括佛弟子、菩萨、侏儒。这批造像应为佛光寺遗物。据民国三十三年本《宜川县志·卷二〇·宗教祠祀志》载："佛光寺，在县北一百五十里永安乡石佛村。"据延长罗子山当地人谈，这批石造像是1972年农田基建时从石佛村西发现。佛光寺遗址的确切位置还有待进一步考察。但是，这批造像为佛光寺遗物，则应无疑。

简报称，这批造像应为稽胡族的作品。在北魏前期，陕北和山西北部曾出现了一个部族，魏时称为山胡，北周时称为稽胡。稽胡族曾长期在陕北东部生活，在这块土地上留下了自己的足迹。到中唐以后，稽胡族的活动再不见于史籍，可能是逐渐与汉民族融合了。这批造像"胡人"形象明显，与中原造像风格明显不同。至于造像的年代，简报推断为隋唐时期。

1090.唐西州岸头府果毅都尉杨敏墓志考

作　者：程双印、刘合心
出　处：《文博》1992年第1期

1987年6月，洛川县皇丈乡太平村农民王春季在村北破土修窑时，发现唐果毅都尉杨敏之墓，可惜墓室已被破坏，惟存出土的两方墓志及青铜盘、铜镜等6件残损文物，现均收藏于洛川县博物馆。简报配以拓片予以介绍。

据介绍，一方为大唐西州岸头府果毅都尉上柱国广镜县开国男杨公墓志铭，无志盖，共2块，略呈正方形。志楷文书，字迹漫漶，共33行，约600字。出土时2块志石合在一起，靠放在墓室西北角。

一方为大唐故游骑将军上柱国广饶县开国公杨君墓志，志文楷书，字迹清晰，书法谨严刚劲，有魏体风骨。仅13行，共约150字。志盖线刻九个方连内各饰变形牡丹纹。像这样志盖不书墓志名号，仅以花饰装饰的墓志还属少见。2方墓志志文简报均已收录。

据志文称，2方墓志的主人同为杨敏。但前志称，杨敏字桃汤，广饶县开国男，封邑三百户。后志则称，杨敏字依仁，广饶县开国县公。字号不同，无从订正，古人取两个字号也是有的。广饶即广饶故城，在今山东省广饶县东北。

简报称，前志制作草率，石质很差，杨敏的爵号爵品也无加封。杨敏的实际职位果毅都尉，唐制为五品武官，与其爵号开国男的爵品相符，所以前志可能为初葬时仓促所为。它记述墓主的生平较为详细，有较高的史料价值。后志制作精细，杨敏的爵位高于前志所云，又增加游骑将军的散官名号，大概为其死后所褒奖追封，该志制作当晚于前志。志文说杨敏死于贞观十七年，贞观二十三年才得葬于故里，墓志可能是再葬时重制。两志同穴，互为补充，故后志内容也就无需像前志那样详细。

简报指出，前志说，杨敏死于贞观十七年（643年），享年49岁，后志则说他死于贞观十八年。贞观二十三年（649年）葬于洛川县太平之原，则两志无异。据前志所云推断，杨敏当生于隋文帝开皇十五年(595年)，卒于唐太宗贞观十七年(643年)，卒于志文中所说的"洛川县南"，指旧治，即今旧县镇。其葬地太平村，在今旧县镇南，仍沿用唐时旧名。果毅都尉是杨敏的职事官，上柱国是他的勋品，广饶县开国公是他的封爵，食邑三百户则是爵位所带的虚封。

简报称，杨敏墓志的出土，为进一步研究杨氏家族的迁徙、分布和西魏至隋唐兵制、官制诸问题提供了珍贵的实物资料。同时，也补充了史籍的某些阙漏。

1091.安塞出土唐代谢寿墓志铭

作　者：姬乃军
出　处：《文博》1992 年第 2 期

1982 年春季，陕西安塞县砖窑湾镇杨家沟村农民在望庄台耕地时发现墓志铭一方，当年 9 月，延安地区文管会办公室征集并收藏。望庄台位于西川河小支流杨家沟河左岸的一处二级台地上，东北依山，西南临水。西川河又为延河的支流。简报配以照片予以介绍。

据介绍，墓志无盖。志石略呈正方形。左右两侧线刻如意云纹。墓志文共 19 行，每行 9 字至 22 字不等，共计 380 字。字为楷书，其中部分"之"字作草书。简报发有墓志志文全文。谢寿其人，据墓志铭记述，其远祖为东晋琅邪王道子领扬州刺史、录尚书、都督中外诸军事谢安。至其祖父谢谦、父谢俨均历军职。谢寿于唐德宗建中元年（780 年）随父从军，时年仅 13 岁。唐宪宗元和七年（812 年），谢寿 45 岁时，才被提升为中下级军职。元和十三年（818 年），谢寿又被提为先锋十将。之后，谢寿便解甲归田。至唐武宗会昌二年（842 年）正月二十三日患病，三月十七日病故。会昌三年（843 年）十一月十日，将谢寿与其先亡的夫人王氏合葬，墓志铭当刻于此时。墓志铭撰文者为王俦，书写者未署名，可能也是王俦。

简报中讨论了关于安塞县地名的由来。简报称，谢寿墓志铭中最有价值的，当为"延州防御安塞军"一句中"安塞"名称的出现。简报认为谢寿墓志铭的发现，对研究"安塞"地名的渊源和使用有着很重要的价值。

1092.洛川县寺家河唐代佛教密宗造像石窟

作　者：刘合心、段双印
出　处：《文博》1992 年第 5 期

寺家河佛教密宗造像石窟，位于洛川县槐柏乡寺家河村东约 300 米处的北山之麓，依山而凿，石窟门向南，距洛川县城约 20 公里。

据介绍，寺家河石窟进深 3.2 米，宽 3.3 米，高 2.2 米，平面呈马蹄形。据石窟右侧坛基壁上题刻，寺家河石窟开凿建造于唐开成元年（836 年）五月。宋、元以迄清康熙年间，屡有修葺。寺家河石窟现已公布为洛川县县级重点文物保护单位。

寺家河石窟内的正面和左右两侧作佛坛坛基，坛基壁上雕刻着唐、宋时期的礼佛图佛龛5处，以及唐代、宋代、元代和清代题记5处。坛基上雕刻佛像、菩萨、罗汉、阿难、迦叶像共15尊。简报配以手绘图予以介绍。

据介绍，洛川县寺家河石窟，建造于唐开成元年，不久，即经历了唐武宗会昌五年（845年）的灭佛事件却得免遭损毁厄运，实属难得。窟内坛基上众多的礼佛图和"崇宁五年（1106年）""至元二十一年（1284年）""至正九年（1349年）"和"康熙十八年（1679年）"等题记，是研究寺家河石窟宗教活动兴衰的宝贵资料。

1093.唐代和运墓志考释

作　者：姬乃军
出　处：《文博》1993 年第 3 期

和运墓志，1978 年出土于陕西富县茶坊镇黄甫店村唐墓中。此墓位于该村村中心一处平缓坡上，坐北面南。墓志有盖，盖呈覆斗形。墓志边长 52 厘米，厚 7.3 厘米。志盖篆书。志文行书，共 18 行，满行 22 字。该墓志现存富县文管会办公室。简报配以拓片予以介绍。

简报录有志文全文，知为唐代官员和运墓志。此人死于开元十七年（729 年），享年 72 岁，但碑文是开元二十年（732 年）所写。简报称，和运墓志是陕北一带出土的为数极少的唐志之一，志文书法俊美，文理通顺，修辞优美，尤其是对考证陕北地望，更属弥足珍贵，因之具有一定的历史、学术和艺术价值，值得引起我们的重视。

1094.西延铁路甘泉段汉唐墓清理简报

作　者：陕西省考古研究所、延安地区文管会、甘泉县文管所　马志军　张建林、
　　　　王育龙
出　处：《考古与文物》1995 年第 3 期

1991 年 4 月，西铁一局在修建西延铁路道镇至延安段的施工过程中，于甘泉县城西北部的鳖盖峁、太平梁等地发现了一批古墓葬。考古人员对这批古墓葬进行了抢救性清理，共清理墓葬 19 座，其中汉墓 9 座、唐墓 1 座、明清墓 6 座。另外 3 座墓因破坏严重，未出器物或出土器物甚少，时代难以确定。其中 8 座汉墓（汉墓 M18 因出土一批漆器，尚在修复之中，资料后发）以及 1 座唐墓的清理情况简报分为：一、概况，二、汉墓，三、唐墓，四、结语，共四个部分。有手绘图、照片。

据介绍，鳖盖峁位于甘泉县城西北，甘泉县中学的西北部，西临洛河，东傍涝山沟，因状似鳖盖而得名。西延铁路从其中部穿过，M1、M2、M6、M8、M9即分布在西延铁路鳖盖峁地段的中部及北部。太平梁位于鳖盖峁之北，其间由一条东西向公路分隔。西延铁路在太平梁进入甘泉隧道北去，M10、M14、M15、M16均位于甘泉隧道口的南部。其中除 M10 为唐墓外，其余均为汉墓。

据介绍，汉墓一期墓 4 座，简报推断年代为汉代早期；二期墓 3 座，年代仍应为西汉中期；三期墓 1 座，年代约在东汉中期。简报推断唐墓 M10 为唐代前期。

1095.陕北洛川县出土唐代白胎陶俑

作　者：陕西省洛川县博物馆　刘忠民
出　处：《考古与文物》2005 年第 4 期

2003 年夏，洛川县秦关乡廉湖洞村发现一竖穴式土坑墓，该墓室南北长 2 米，东西宽 1.3 米，残高 1.2 米，无铺地砖。墓内共出土较完整文物 6 件。简报配以照片予以介绍。

据介绍，出土文物有镇墓兽、铜镜各 1 件，天王俑 2 件，开元通宝 3 枚。另外，还出土银簪、陶罐各 1 件。该墓出土的白胎天王俑和镇墓兽有盛唐风格，出土的开元通宝制作精良，钱币的重量及尺度也与中唐以后铸钱粗陋、钱体轻小的特征差异较大，简报推断该墓年代应为盛唐时期。

1096.洛川出土唐代鎏金铜造像

作　者：刘忠民
出　处：《考古与文物》1995 年第 6 期

洛川县博物馆于 1981 年从本县槐柏乡杨侯村征集回一组窖藏鎏金铜造像 48 尊，其中各类佛像 12 尊，菩萨像 34 尊，罗汉像 1 尊，天王力士像 1 尊。这组造像工艺精美，体态轻盈而丰满。过去曾作过消息报道。简报配以照片摘要予以介绍。

据介绍，佛造像有 4 尊，菩萨造像 4 尊。洛川出土的这组造像没有纪年铭文，其造形、装饰大多与宁夏西吉县及陕西蓝田县水陆庵出土的唐代鎏金造像基本一致，简报推断亦应为唐代之物。

简报又介绍，1985 年在洛川县城南约 50 公里的古鄜城村出土了一批北魏到隋代的造像碑。1981 年文物普查时在县南 10 公里的寺家河村发现唐开成元年开凿的小石窟一处；在县北约 40 公里的董子河村发现了唐贞观十九年的摩崖造像。1987 年在县北约 25 公里的高家河村发现宋代摩崖造像一处。这批窖藏造像的出土地距县城约 30 公里，简报称，这充分说明北魏至唐宋佛教在洛川的盛行是遍及各地的。

简报最后说，这组造像的数量之多，工艺之精，对研究中原地区佛教工艺向陕北地区佛教工艺过渡提供了难得的实物资料。

1097.陕西延长的一批唐代窖藏造像碑调查

作　　者：夏　清等

出　　处：《文博》2008 年第 2 期

1996 年陕西省延长县七里村乡农民修建窑洞时发现了一批唐代窖藏造像碑，共 8 件，交予县文管会保存。简报配以照片予以介绍。

据介绍，这 8 件窖藏造像碑，基本属沙石质，保存状况一般，几乎每件造像碑都有不同程度的残损，可能在入土之前曾遭到人为破坏，经有心人归置、集中起来匆匆入土。碑上有唐贞观十八年、永徽元年等纪年。简报称，根据延长出土的这批唐代窖藏造像碑的现有发愿文以及图像，可以看出唐信众的信仰对象定格在阿弥陀、弥勒、地藏身上。往生是净土信仰的核心，是对生命归宿的一种思考，或说是已经成为当时人们现实生活的重要组成部分。

1098.新发现的唐武令璋石椁和墓志

作　　者：王勇刚、白保荣、宿　平

出　　处：《考古与文物》2010 年第 2 期

2002 年春，陕西省志丹县杏河镇派出所收缴了一批涉案文物，其中有一套石椁和墓志一直保存在派出所院子里。据说这套石椁和墓志共同出土于陕西省靖边县红墩界乡龙洞河村北山梁上的一座古墓内，所以应同属一位墓主。墓葬已被盗墓者完全破坏，仅存石椁和墓志，后被文物贩子盗运到志丹县境内。简报分为：一、石椁，二、墓志，三、有关问题的讨论及墓志考释，共三个部分。有拓片、手绘图。

据介绍，石椁已残，但仍可看出是一座由椁底、椁壁和椁顶三部分构成的面阔三间、进深两间的庑殿顶殿堂式结构，长约 270 厘米、宽 18.5 厘米、残高 163 厘米。椁壁由 10 根椁柱和 10 块椁板组成，椁柱、椁板上有精美的花叶、仕女、乐舞等线刻图案。墓志 1 合，楷书，528 字，简报录有志文全文。通过走访调查，并将石椁与墓志的质地、装饰手法、纹饰特征等进行仔细比对，基本可确认石椁与墓志出土于同一墓葬。由志文可知，武令璋死于天宝七年，而正式安葬是在六年后的天宝十三年，因此石椁的年代是唐玄宗天宝十三年，即 754 年。

由墓志可知，武令璋是山西太原人，生于唐高宗上元二年（675 年），卒于唐玄宗天宝七年（748 年），志文中提及的武令璋祖孙五代人均不见于史传，其父武思贞身为羽林大将军，武令璋本人也为银川太守，均官居要职，地位显赫，两《唐书》亦无记载。此人为何葬于夏州统万城？简报称，唐代夏州地区有一系与武则天同宗的武姓家族存在，他们的祖辈在隋末唐初自山西太原迁徙而来，并在武则天当政时达到鼎盛，许多人得到朝廷重用，地位显赫。如武宽赠银夏都督、武思贞为羽林大将军、武征为定远将军、武令珪为蒲州甘泉府别将等。但是随着武则天的去世，武氏家族被清洗，为了避祸，武氏族人纷纷与武则天划清界限。所以，卒于武则天证圣元年的武征言其与武则天同宗，卒于开元十八年的武思贞仅言其为沛人，而卒于开元二十五年的武令珪却称自己是上朔方人，均对其祖籍讳莫如深。卒于天宝七年的武令璋虽也说自己是太原人，但志文却只字不提与武则天有任何关系。

今有王永兴先生《唐代经营西北研究》（兰州大学出版社 2010 年版）一书，可参阅。

1099.陕西延安新出土唐吐火罗人罗何含墓志

作　者：西安碑林博物馆　段志凌

出　处：《文物》2014 年第 8 期

2010 年 3 月，延安市城南虎头峁出土唐罗何含墓志一合，现藏延安市文物研究所。简报分为：一、罗何含的国属吐火罗及其家属世系，二、罗何含的军事生活与浑瑊、浑镐父子及李如暹、李良僎父子，三、结语，共三个部分。有拓片。

据介绍，墓志砂石质。志文楷书，共 26 行，多为满行 27 字，后 6 行满行 53 字，简报录有志文全文。简报指出，吐火罗与唐王朝的关系十分密切，遣使朝贡、入仕宿卫之事新旧《唐书》中屡有提及，但其后裔以及内附部众情况鲜见文献记载，目前考古材料也十分少见。罗何含墓志明确指出其先辈是"吐火罗国王之密属也""皇火罗国大首领"，为入唐吐火罗人的研究增添了资料。简报称，墓志记叙了吐火罗王族祖孙三代为唐王朝宿卫禁廷、戍边守土、和合蕃汉，以至爵封郡王、勋晋柱国的功绩及其子孙绵延、落籍延州，是研究唐王朝与西域各国关系及民族历程的重要参考资料。

汉中市

榆林市

1100.靖边出土唐杨会石棺和墓志

作　者：郭延龄

出　处：《考古与文物》1995 年第 4 期

1991 年 6 月 24 日，一批窃贼盗掘了陕西省靖边县红墩界乡杨家村东陈梁山上的一座唐代墓葬，由于村民报案及时没有造成毁灭性的破坏。这是一座具有重要考古研究价值的墓葬，其出土的墓主文物有两件：一为石棺，一为墓志。简报配以照片予以介绍。

据介绍，石棺长 250 厘米、宽 172 厘米、高 174 厘米，重 500 公斤。石棺外形似歇山顶式房屋，由 28 块青石板组成。其中顶盖 4 块，立柱 10 根，帮板 10 块，底座 4 块。石棺内壁为彩绘。该石棺经陕西省文物鉴定委员会鉴定，定为一级文物。现存靖边县剧团。

墓志为青石质，志文为楷书，实有文字 263 个。简报录有墓志志文全文。志文载：墓主杨会，"字云会，弘农人也。祖，朝议大夫、庆州白马县令行；父，朝议郎，甘州司马绪"；"嗣子思敬等"。据考证，杨会、杨行等，诸史均未见记载。杨会开元二十三年（735 年）正月初九卒于私第，终年 68 岁，开元二十四七月七日葬于统万城东州里原。

简报称，杨会墓志发现于地处西北边陲的靖边县，具有不可低估的意义。它对于杨氏家族史的研究，对于大夏统万城位置的确定等，都是重要的资料。

安康市

1101.安康出土一唐鎏金铜佛像

作　者：徐信印

出　处：《文博》1987 年第 3 期

1986 年 3 月，安康县吉河区晏坝乡中河村村民王生洲在中河南 2 里许的半山坡（俗称毛狗洞）打火粪、挖石坎时，发现铜质鎏金佛像一尊。据云铜像出土时仅距地表约 30 厘米，铜像倒竖，座下长有一山苔。地区文物部门闻讯后立即奔赴铜像所出土的村舍进行了考察。简报配以照片予以介绍。

据介绍，此鎏金铜佛像重 0.3 千克，通高 13.5 厘米。佛像赤足盘趺座上，面容端庄丰腴，眉目清秀。虽无铭文记载，但从其造型观察，应为唐代遗物。

1102.旬阳发现唐代鎏金铜造像窖藏

作　者：张　沛
出　处：《文博》1992 年第 2 期

1983 年 12 月和 1986 年 7 月，旬阳县长沙乡农民华荣志先后献送出土鎏金铜造像 6 件、须弥座足床 1 件（残）、"乾元重宝"铜钱 2 枚。经考古人员实地调查，发现为一窖藏。窖藏位于小棕溪（汉江南岸支流，长约 15 公里）沟垴半坡上，离地面约 50 厘米，是 1983 年秋季阴雨连绵造成局部滑坡而暴露出的。器物系直接入土窖藏，未见盛器，附近亦无古代遗迹。出土时共有鎏金铜造像 8 件，当场被好奇者砸毁一件（仅留足床），又不慎失落一件。保存完好的 6 件简报配以照片予以介绍。

据介绍，与鎏金铜造像一起出土"乾元重宝"二枚。其一枚圆形方孔，楷书"乾元重宝"四字。据《新唐书·食货志》，约为唐代安史之乱后的肃宗乾元元年（758 年）所铸。另一枚较前枚为大，背面外廓有重轮，世称"重轮乾元钱"。简报据此可知，这一窖藏藏于唐肃宗乾元年间，窖藏中所藏鎏铜像的制作年代亦不晚于此时。

商洛市

1103.陕西商洛地区出土一件唐代双鸾奔马镜

作　者：王昌富
出　处：《文物》1988 年第 7 期

1986 年 6 月，陕西商洛地区制药厂工地挖柱基时发现一件铜镜。镜旁有一具骨架，但未见墓室和棺木。铜镜出土时受到破损，已修复。简报配以拓片予以介绍。

据介绍，铜镜正面呈铅灰色，边缘和镜背面纯黑光洁，微凹，葵缘。半球形纽，无纽座。内区为高浮雕纹饰，纽两侧各有一鸾，展翅翘尾。上方有一奔驰的骏马，备鞍，口衔枝蔓，四蹄腾空，马头顶部突出一物，似为独角。下方为鹦鹉觅食，落于穗头。外区在弘纹与葵花形镜缘之间，饰两两对称的云纹、葵花纹、花果纹、回字形纹；

葵花纹中分别铸"千""秋"二字。

此镜纹饰布局疏朗，构图秀丽。简报推断应为唐镜。

1104.陕西商州市发现唐代墓葬群

作　者：王昌富、陈良和
出　处：《考古》1996 年第 12 期

1992 年 12 月 29 日，商州市工商银行家属楼基建工地在施工中发现墓葬。共清理唐墓 10 座、明墓 1 座，另有 1 座宋墓已被全部挖毁，仅在乱土中清理到一枚"元祐通宝"钱币。这次清理的唐墓中，有两座形制和规模基本相同，其余唐墓则属于另一个类型。

根据这些唐墓的类型和完整程度，简报分为：一、墓葬形制，二、随葬器物，三、小结，共三个部分，配以手绘图等，选出其中的 5 座并依次编为 M1 ～ M5 予以介绍。

据介绍，这批唐墓属于小型墓葬，墓室结构简单，随葬器物少，墓主身份属于平民或贫民阶层。M2 中东侧土堆下的一具尸骨与墓主人头向相反，与墓主人的关系尚不明确，可能是殉葬。

此批墓葬的年代，简报推断为中唐或较晚时期。

甘肃省

兰州市

嘉峪关市

金昌市

白银市

天水市

1105.甘肃天水市发现唐代永安寺舍利塔地宫

作　者：莎　柳

出　处：《考古与文物》1992 年第 3 期

1987 年 4 月 10 日，甘谷 204 工程队在天水市陈家庄修建天水宾馆施工时，发现舍利塔地宫一座，考古人员赶到现场时，地宫部分已遭破坏。简报配以手绘图予以介绍。

据介绍，地宫坐北向南，从残留部分看，砖石结构正面呈四方形。据碑文和《旧唐书》载，玄宗于开元二十七年（739 年）加尊号曰"圣文神武皇帝"。天宝元年正月加尊号曰："开元天宝圣文神武皇帝。"据此记载可知，此舍利塔是在一定的历史背景下建立的（唐王朝为强化皇权利用宗教以达到其统治目的，而一些宗教领袖欲借唐王朝政治势力以扩大弘扬其教派之威力）。舍利塔碑的落款为"永安寺比丘海印敬造"。虽然在地方志史载中还未发现有关唐代天水永安寺的记载，简报认为根据中国古代建筑史关于古代佛教建筑有寺必有塔的特点，这里必然有寺存在。这为研究唐代天水佛教发展状况和永安寺寺址提供了可靠的实物资料。

1106.天水市发现隋唐屏风石棺床墓

作　　者：天水市博物馆　张卉英
出　　处：《考古》1992 年第 1 期

1982 年 6 月，天水市上水工程指挥部在市区石马坪施工时发现古墓葬一座，考古人员进行了清理。该墓位于天水市石马坪文山顶，距市区约 1 公里，墓向正北。简报分为：一、墓葬形制，二、随葬器物，三、结语，共三个部分。有手绘图、照片。

据介绍，该墓为竖井单室墓，墓道平行砖砌，上呈拱形券顶。墓室平面呈正方形，四壁略向外弧。随葬器物有：乐伎俑 5 件，鸡首瓶、烛台金钗、石枕、铜镜各 1 件，墓志 1 件，志文不清，隐约可见硃砂痕迹。简报推断：墓主是一个有身份的贵族阶级。根据屏风画的内容、绘画风格、建筑艺术人物造型、乐器组合等方面考证，该墓年代上限约在隋代，下限约为初唐。

简报称，屏风石棺床的问世是研究我国古代建筑、绘画艺术、民族音乐、服饰特色、生活习俗等的宝贵资料，具有十分重要的学术价值。

武威市

1107.甘肃武威南营发现大唐武氏墓志

作　　者：宁笃学
出　　处：《考古与文物》1981 年第 1 期

武威县城以南约 30 里的南营公社青嘴湾、喇嘛湾一带，曾发现过许多唐代吐谷浑慕容氏墓葬，出土了好多块墓志，现保存在武威县文庙。1978 年 9 月，考古人员在青嘴湾已被破坏的一座单室砖墓中，又发现了唐代开元二十四年（736 年）的墓志 1 合。字迹极少，部分有毁损，绝大部分保存完好，系楷书，字体清晰，书法柔媚。简报录有志文全文。

根据墓志序文，死者系武则天的侄孙女。其祖父承嗣为武周朝中书令，系武则天的侄子；父延寿为唐朝卫尉卿，系承嗣的第四子。据史书记载，死者丈夫名叫慕容曦皓，为唐朔方军节度副使，并封燕王。嗣子慕容兆，为右金吾卫泌州安乐府果毅都尉，均属慕容氏晚期的官吏。墓主于开元二十三年（735年）十月二日死于京兆长安，时年33岁，至次年十月三日，刚好一年，迁葬于此。

简报称，这个墓志的发现，为研究吐谷浑慕容氏的历史、世系方面提供了重要的资料。

1108.甘肃武威发现隋唐墓志

作　者：甘肃省武威市博物馆　黎大祥
出　处：《文物》1993年第10期

1988年12月，甘肃省武威麻纺厂在修地下污水管道时，在武威市北郊金羊乡宋家园村发现了唐代砖室墓葬，考古人员进行了抢救性的清理发掘。经过清理，出土唐代墓志铭1合和一批花墓砖，随后又在宋家园村七组村民家中征集到20世纪70年代此处出土的隋代墓志1合。现均收藏于市博物馆。简报配以拓片，介绍了这两块墓志和清理的墓葬情况。

据介绍，隋代墓志铭1合，志盖呈方盝顶形，边长51厘米、厚6厘米，盝顶上部边长27厘米、厚9厘米。正中刻真书"成公府君墓志"三行六字。志石方形，边长50厘米、厚6厘米，志文20行，满行22字，除左上角残缺一块外，其他保存完整，字迹清晰。简报录有全文。唐代墓志1合，呈方形，志盖、底均边长47厘米、厚6厘米。志盖四边杀面上雕青龙、白虎、朱雀、玄武图案，正中有一石龟，背驮盖铭真书"郭府君墓志铭"二行六字，出土后被当地民工凿损。志文楷书，17行，满行17字，保存完好，字迹清楚可辨，简报亦录有全文。

据隋代墓志所记，墓主人叫成蒙，字永锡，为东郡人，卒于开皇四年（584年），享年74岁。志称：成蒙曾除授大城、力乾二令。据唐志志文，墓主人郭长生，字遐龄，为并州太原人，卒年34岁。夫人许氏，颍川人，卒于永徽二年（652年），永徽三年（653年）正月合葬于州西显美乡。

张掖市

平凉市

1109.甘肃秦安县唐墓清理简报

作　者：甘肃省博物馆文物队

出　处：《文物》1975 年第 4 期

1965 年 9 月，秦安县叶堡公社杨家沟生产队农民在村南 2 华里的石家坬山坡上平整土地时发现古墓葬，考古人员进行了清理。简报仅将一号墓的情况配以照片予以介绍。

杨家沟生产队位于秦安县城西北 30 华里，从 1965 年 9 月至 1966 年初，先后共清理了 6 座唐代墓葬，同时，为了弄清这个地区古墓葬的分布情况，又用探铲进行了较为详细的勘探。这几座墓葬都在早期就已被盗掘，仅一号墓的遗存尚多，其余各墓几乎均已盗空。

据介绍，一号墓位于五、六号墓之间，为方形砖室墓，由墓室、甬道、墓道、耳室等几部分组成。这次出土盗余的随葬器物 180 多件，主要是三彩俑。此外，在耳室甬道口发现刻字砖一块。砖面粗糙不平，字迹模糊不清，勉强可辨识。此砖发现后，为了搞清文字内容，曾在附近进行了钻探勘查，但未发现任何迹象。这些没有弄清的线索，只能存疑。这块字砖是该墓中唯一的文字记载，值得重视。从字砖残存"□□三年"的字迹结合第二个缺文残迹进行推断，似应为神龙或景龙三年。出土的三彩俑类的造型手法与艺术形象，都具有明显的盛唐作风。因此此墓的时代，推断为景龙三年，简报认为其可能性很大。

1110.甘肃庄浪铜虎符

作　者：甘肃省博物馆、庄浪县文化馆　薛英群、丁广学

出　处：处：《考古与文物》1980 年第 2 期

1974 年，在甘肃省庄浪县阳川公社葫芦河南岸的曹家塬发现一批铜虎符，均为右半，计14 枚。符系黄铜铸造，为立虎状，高4.5 ~5 厘米，长6.5 ~7 厘米，重42 ~51 克，大小不一。正面为阴刻小篆某某"府"三字，背面阴刻楷书某某"卫"和某某几（数字），两行各三字。内侧胸部有"十"字形对榫，上部脊梁处有阴刻小篆某某"卫铜虎符之"几（数字）八字的半爿字，耳下有一小穿孔，合符后可穿

联在一起。简报分为：一、"府"与"卫"，二、兵符与符上编数，三、庄浪虎符的时代，共三个部分。有照片。

简报收录了有铭文的虎符上的铭文，并给予初步解说。庄浪这批铜虎符的时代，简报认为应是隋代末年。铜虎符虽早已有之，但符上铭以鹰扬府名，显然时代不会更早，至于后期"唐用铜鱼符，宋以虎豹符，明以金牌"，与庄浪铜虎符相去甚远，尤其符上"系之以卫府，冠之以地名"更是大业三年（607年）以后兵符上之特色，非它符所有，故初步断为隋末遗物。

简报称，庄浪位于甘肃东部，是联结天水、陇东、关中地区的交通要衡。庄浪发现成批铜虎符，是否是隋末兵败，内库有职吏携符逃亡。由于全为右半，按规定当存内库，有职吏逃到庄浪，隋王朝大势已去，遂埋符于地下，也未可知。

1111.灵台舍利石棺

作　者：秦明智、刘得祯
出　处：《文物》1983 年第 2 期

1957 年秋季，甘肃省灵台县人民政府在城内寺咀修建房屋时，挖出砖砌窖室一座，取出舍利石棺、雕绘砖和唐大中四年墓志等十余件文物。简报配以照片予以介绍。

据介绍，寺咀位于灵台县城东北部，为一小台地。相传宋代前后此处是一座规模较大的寺院，并有佛塔，这座窖室可能就是佛塔的基址。据有关人员说，窖室用青砖筑成，方形，东南壁有室门和甬道。正中砖砌莲座，上置舍利石棺。左、右壁和后壁镶有雕绘砖六块。墓志一方，用白灰固定在砖券盝顶口部，铭文向下，正中凿一圆孔，悬挂铜镜一面。石棺内置漆盒1件，玻璃瓶3只，盛舍利子。发现的墓志为卒于唐大中四年（850年）的陈惟江墓志，与石棺应无直接关系，但志文对研究神策军有帮助，简报未录志文全文。石棺的制作和瘗入年代，简报推断为五代至宋初之际。

1112.唐刘自政墓清理简记

作　者：平凉地区博物馆　刘玉林
出　处：《考古与文物》1983 年第 5 期

1982 年发现并清理，为一"凸"字形长方形砖券墓，出土有塔式魂罐、瓷钵、墓志、铁券函、铜镜、银钗等遗物。墓主人据志文叫刘自政（781～851 年），今徐州人，生前应为三品高官。

1113.甘肃秦安发现唐代瑞兽葡萄镜

作　　者：杨国祯、孙　磊
出　　处：《文物》1988 年第 8 期

1986 年 7 月，秦安县五营乡陈峡村农民种地时发现唐代瑞兽葡萄镜 1 件。简报配以照片予以介绍。

据介绍，镜面平滑光亮，直径 29 厘米。兽纽，无纽座。高线圈分为内外两区，饰有蜻蜓、鸟雀及姿态各异的神兽，间以葡萄蔓枝叶，均为高浮雕。

简报称，此镜制作精细，共饰珍禽瑞兽 34 只，形象生动，充分体现了唐代铜镜精湛的铸造工艺。

1114.甘肃崇信武康王庙

作　　者：崇信县博物馆　陶　荣
出　　处：《文物》2006 年第 3 期

平凉市崇信县地处甘肃东部，属关山余脉与陇东黄土高原的结合带。武康王庙位于崇信县城东街，占地 3337 平方米，主体建筑面积 276 平方米，附属建筑面积 76 平方米，保护范围 6600 平方米。1993 年公布为甘肃省级重点文物保护单位，2001 年公布为第五批全国重点文物保护单位。简报分为：一、历史概况，二、寝宫，三、拜殿，四、余论，共四个部分。有照片、手绘图。

据介绍，武康王庙，又名李元谅寝宫，俗称城隍庙。是为奉祀唐代武康郡王、陇右节度使李元谅修建的。李元谅（732 ～ 793 年），唐代安息人。本姓安，自幼由宦官骆奉先抚养，改姓骆，名元光。唐德宗建中四年（783 年），骆元光率军平定朱泚之乱，收复长安，因功加检校尚书左仆射，封武康郡王。贞元三年（787 年），吐蕃向大唐请和，双方商定会盟于平凉。但会盟时吐蕃劫盟，骆元光率部救援，使主帅浑瑊脱险，随行官员千余人皆被俘。当时如无骆元光的机智果断，唐军必全军覆没。为此唐德宗予以嘉奖，并赐其姓李氏，改名元谅。贞元四年（788 年），封陇右节度使，驻守良原（今灵台县梁原）。不久，又拓展防区，新筑崇信城，置崇信军防御吐蕃。"崇信"一名，取"尊崇诚信，保境为信"之意。从此吐蕃畏惧，长期不敢侵犯，边境平安无事。贞元九年（793 年），李元谅卒于良原，年 62 岁，葬于崇信城北梁坡半山上。唐贞元十至十三年间（794 ～ 797 年），崇信百姓为李元谅建祠塑像，春秋祭祀。宋绍圣四年（1097 年），崇信知县主持重修祠庙。朱元璋洪武三年（1370 年），县民李斗等人将庙迁建于城内，旧址原在旧城东门外一百二十步。天顺七年（1463 年），崇信知县吉泰将原武康王庙守元时期的四根镌题石柱移入新址，建亭于殿前。万历三十三年（1605 年），将大殿改为寝宫，别建正殿于前。崇祯六年（1633 年），兵燹致殿亭俱毁，仅存寝宫。清顺治八年（1651 年），知县武全文依故址建新殿（拜殿）。光绪二十五年（1899 年）知县陈兆康重修正、献殿（寝宫和拜殿）。1941 年民国政府崇信县知事对城隍庙进行修葺，利用殿宇储粮。1949 年中华人民共和国成立，寝宫划拨县粮食部门储粮，后改为粮食加工车间。现庙中仅存寝宫和拜殿。

简报指出，武康王庙虽经明代迁建和历代多次维修，但大木构架的整体风格仍保留了宋元时期的建筑特征，铺作以及梁架结构的做法和山西壶关下好牢宋墓的建筑结构相同。无论柱头铺作、补间铺作的制作手法，还是脊搏下的叉手、大斗、蜀柱等，处处都显示着宋元的建筑风格，而后檐结构则更是保留有唐代建筑的特征。

酒泉市

1115.敦煌佛爷庙湾唐代模印砖墓

作　者：甘肃省博物馆　郭晓瑛
出　处：《文物》2002 年第 1 期

为配合敦煌机场改扩建工程，考古人员于 1995 年 7～11 月，在敦煌市东郊省级文物保护单位佛爷庙湾——新店台汉唐墓群进行了考古发掘，其中发掘唐代模印砖墓 6 座。简报分为：一、墓葬概况，二、随葬器物，三、模印砖，四、结语，共四个部分。有彩照、拓片、手绘图。

据介绍，6 墓均为斜坡墓道的方形砖室墓，均曾被盗。墓室中装饰了不同图案的模印砖，题材有“骑士巡行”“胡商牵驼”以及四神、怪兽、植物等，纹饰精美，别具特色。墓中还出土了墨绘红陶罐、彩绘男女俑和镇墓兽等。墓葬年代为 7 世纪末、8 世纪前期的盛唐时期。

简报指出，现有考古资料表明，我国最早的模印砖遗物，见于秦代的咸阳宫殿遗址，两汉时期在陕西、河南、四川等地墓葬中得到广泛应用，东汉晚期开始见于江南，魏晋南朝时期则主要流行于江南地区。通过敦煌佛爷庙湾唐代模印砖墓的发掘，可以看到，模印砖在墓葬中的使用已延续到唐代。其空间分布则出现从江南到河西的地域跳跃。

庆阳市

1116.甘肃宁县出土唐代彩绘俑

作 者：甘肃省庆阳地区博物馆 许俊臣
出 处：《考古与文物》1982 年第 4 期

1979 年 6 月初，甘肃宁县城关李长儒在城东北侧秋树沟的沟畔，发现了一座唐墓，考古人员进行了清理。简报配以照片予以介绍。

据介绍，这是一座长方形土圹墓，南北向。墓室的西南角有一盗洞，人骨和棺木已朽，葬式不清。墓中仅出土彩绘灰陶罐 1 件，灰陶杯 1 件，开元通宝钱 2 枚，另外有墓志 1 合，打磨规整，但未成书。珍贵的是此墓出土了一批彩绘陶俑。经过细心整理和修复，完整或基本完整的有 15 件。

简报称，这是庆阳地区出土最多、个体最大的一批陶俑，为研究唐代历史提供了重要的资料。

1117.甘肃庆城唐代游击将军穆泰墓

作 者：庆阳市博物馆、庆城县博物馆 王 春等
出 处：《文物》2008 年第 3 期

2001 年 4 月 23 日，在甘肃省庆城县城北发现唐代砖室墓一座。墓葬位于庆城县城关镇封家洞村赵子沟开发区，南距庆城县城 2.5 公里。墓葬被严重扰乱，数件文物散失。考古人员赶赴现场，对墓葬进行了抢救性清理，编号简称 M2。简报分为：一、墓葬形制，二、随葬器物，三、结语，共三个部分。有彩照、手绘图、拓片。

据介绍，该墓为带墓道和甬道的单室砖墓，曾经两次被盗，剩余的随葬器物有陶俑、陶器、墓志、铜镜、货币等。其中陶俑均用黏土烧制而成，表面涂有彩绘，种类有天王俑、镇墓兽、袒胸胡人俑、文官俑、武官俑、牵夫俑、侍女俑等。陶模型有骆驼、马、牛等。简报录有墓志全文。据墓志记载，墓主人穆泰是陇西天水人，生于唐高宗显庆五年（660 年），卒于唐玄宗开元十八年（730 年），历任庆州洪德镇副将、灵州河润府左果毅都尉、丰安军副使、定远大使等职，例授游击将军上柱国衔。墓内出土的陶俑，做工精致，色彩艳丽，神态逼真，是不可多得的精品。有的俑为典型外来胡人形象。

简报指出，庆城县地处甘肃东部，一度是陇东地区的政治、经济、军事、文化中心。唐代在此设置庆州，是汉族与北方少数民族接触较多的地方，此次发掘的穆泰墓，填补了庆阳地区盛唐时期考古遗存的空白。

定西市

陇南市

临夏州

甘南州

1118.甘南藏族自治州出土唐代花砖

作　　者：甘南藏族自治州文化馆　李振翼
出　　处：《考古与文物》1981 年第 1 期

1973 年 4 月，考古人员在甘肃甘南卓尼县调查唐李晟碑时，在阿子滩公社菜子村，发现了两块完整的唐代花砖。花砖出土于古墓之中。简报配以照片予以介绍。

据介绍，砖系模制，正方形，边长 32 厘米，厚 5.5 厘米。上面各有姿态不同的浮雕的雀一只。这种花砖当地人称为"凤砖"。据说过去还出土过"龙砖""人物宝瓶砖"等。根据花砖的装饰风格等，简报认为这两块花砖应是唐代之物。

青海省

西宁市

海东地区

海北州

黄南州

海南州

果洛州

玉树州

海西州

宁夏回族自治区

银川市

石嘴山市

吴忠市

1119.唐代慕容威墓志浅释

作　者：钟　侃

出　处：《考古与文物》1983年第2期

1974年，宁夏博物馆张心智先生于同心县韦州清理了一座经过盗掘的唐墓，墓内随葬器物只剩有白瓷小盒2件、白瓷小碗1件，均系清代一般瓷器，唯该墓出土的两方墓志，对研究唐代吐谷浑的历史颇有价值。简报对该墓志进行了录文并解说。

据介绍，此方墓志无盖，系用黑灰色青石制成，因石质欠佳，故个别文字不清。志文共33行，用行书撰写。由志文知墓主为慕容威，生于武则天证圣元年（695年），死于至德元年（756年），享年62岁。简报称，唐代吐谷浑慕容氏墓志，至今已出土了10方。除慕容威志发现于宁夏同心县之韦州外，其余9方均发现于甘肃武威县，盖因慕容威时凉州早已被吐蕃攻陷，其死后不得归故茔之故。

简报说，慕容威墓志虽有炫耀门第等辞，但仍不失为研究唐代吐谷浑历史的一篇重要资料。志文中不少内容为《唐书》吐谷浑传未载，或可补吐谷浑后期之历史。

今有周伟洲先生《吐谷浑史》（广西师范大学出版社2006年版）一书，可参阅。

1120.宁夏盐池唐墓发掘简报

作　者：宁夏回族自治区博物馆　吴峰云、何继英、田建国等
出　处：《文物》1988 年第 9 期

1984 年，考古人员于苏步井乡发现古墓葬 2 座，经复查，确定是一处唐代墓群。1985 年 6 月至 7 月，考古人员对这处唐墓群进行了发掘清理。简报分为三个部分，有照片、拓片、手绘图。

据介绍，墓群位于盐池县西北约 48 公里苏步井乡境内的窨子梁上。窨子梁亦称窨子山，平均海拔 1500 余米，石膏岩质。近代以来，山梁逐渐被流沙覆盖，形成了一座座绵延起伏的沙丘。考古人员在沙丘上已发现的 2 座墓葬周围，又探出墓葬 4 座。按照从西向东的顺序，分别编号为 M1 ～ M6。6 座墓皆为依山开凿的平底墓道石室墓。墓道起于山丘的缓坡处，墓室门开凿于山丘的横切断面上，上部无封土。除 M1 处，其余 5 墓早年均曾被盗，随葬品只剩下劫余的陶器、骨器等。但 M3 出有墓志一合，简报附有志文全文。

据志文，墓主人卒于唐武周久视元年（700 年），并使用了不少武周所造新字。M3 出土的天王俑衣纹线条流畅，女俑面颊饱满，马俑体态丰腴、比例匀称，也反映了这一时期的特点。其余各墓虽无确切的纪年，但从墓葬的形制来看，与 M3 基本相同，简报推测它们的年代也应在盛唐前后。在葬俗方面，除 M1 使用木棺外，其余各墓均未发现葬具。其中 M4、M5、M6 内的尸骨直接陈放在石棺床上或壁龛内。6 座墓中有单人葬、双人葬，还有多人聚葬于一室的现象，M4 葬尸骨 4 具，M5 尸骨多达十余具，应是一种聚族而葬的现象。

简报还据志文探讨了"鲁州"所在地及管辖范围。并认为 M6 石门上所刻舞蹈，应是文献中记载的"胡旋舞"。

固原市

1121.宁夏须弥山圆光寺石窟

作　者：朱希元
出　处：《文物》1961 年第 2 期

圆光寺石窟，位于宁夏固原西北 45 公里须弥山东麓。现全山共有 60 多窟，保存佛像的只 17 有窟龛，计魏 2 窟、隋末唐初 2 窟、唐代 13 窟，此外还有一些宋金小龛。

简报配以照片、手绘图予以介绍。

据介绍,北魏造像仅存2窟,可看到云冈、龙门、南北响堂山北朝造像的手法。隋唐窟可见敦煌莫高窟、山东云门山的影响。晚唐造像保存最多。

1122.宁夏固原唐史道德墓清理简报

作　者:宁夏固原博物馆　韩兆民、韩孔乐

出　处:《文物》1985年第11期

1982年11月,考古人员对位于固原县城西南6公里的南郊公社小马庄大队王涝坝生产队的2座古墓进行了清理。墓地在王涝坝村东北约400米的西原上,周围地势平坦开阔。两墓相距100米,编号分别为M1、M2。根据M1出土的墓志得知,墓主为唐给事郎兰池正监史道德,葬于唐高宗仪凤三年(678年)。简报分为四个部分,有拓片、手绘图。

据介绍,M1为斜坡墓道土洞墓,由封土堆、墓道、天井、过洞、甬道、墓室组成,曾被盗。M2也曾被盗。简报认为此处应为家族墓地。M1虽被盗,但仍出土有覆面饰件、外国金币及墓志等。简报录有墓志志文全文。

据志文,墓主史道德为八品官,负责养马。此人似乎是胡人后裔。

1123.宁夏固原唐梁元珍墓

作　者:宁夏固原博物馆　罗　丰等

出　处:《文物》1993年第6期

考古人员于1986年8～12月对宁夏固原县南郊乡羊坊村一座古墓(86M3)进行了清理。

简报分为:一、墓葬形制,二、墓葬壁画,三、出土遗物,四、几点认识,共四个部分。有拓片、手绘图。

据介绍,墓葬位于固原南郊乡羊坊村村西缓坡之上。墓葬坐北向南,由封土、墓道、过洞、天井、甬道、墓室等6部分组成。墓室砌砖,棺床上铺一层开元通宝,尸体原置钱上,已朽。室内有壁画,天井、墓道等处也有壁画,保存尚好。

墓志楷体,全文452字,有些字已漫漶不清,但大体尚可辨认,有武则天造字。简报未录全文。由墓志知墓主人叫梁元珍,世代为望族,但本人为布衣,对祖、父等均无记载。这一做法在唐代墓志中并不多见。

1124.宁夏固原市南塬唐墓发掘简报

作　者：宁夏文物考古研究所、固原市原州区文管所　陈晓桦、余　军
出　处：《考古与文物》2007 年第 5 期

为配合银川—武（汉）高速公路建设，2003～2004 年，考古人员在市农校西先后共发掘墓葬 43 座。其中东汉砖室墓 2 座，北朝及隋墓 7 座，中小型唐代墓 34 座。简报配以拓片、手绘图，介绍了遗物相对较多的 5 座唐墓。

据介绍，简报重点介绍了 M1、M9、M15、M29、M36 这 5 座唐墓，其中除了 2 座单室砖墓外，其余均为洞室墓。多被盗扰，出土遗物中较重要的有八瓣葵花形规矩纹铜镜、萨珊卑路斯银币。M29 出土两具骨架，经鉴定为白种人。

今有（美）薛爱华先生《撒马尔罕的金桃：唐代舶来品研究》（中译本社会科学文献出版社 2016 年版）一书，可参阅。

1125.宁夏固原九龙山隋墓发掘简报

作　者：宁夏文物考古研究所　陈悦新、陈　伟等
出　处：《文物》2012 年第 10 期

2004 年春，为配合银川—武汉高速公路建设，考古人员对固原市原州区西南开城乡九龙山北缘的汉唐墓葬区进行钻探发掘。墓葬区南距银平公路约 1 公里，北距固原绕城公路约 300 米。其中 2 座墓葬（编号 2004YKJM4、2004YKJM33）的发掘情况简报分为：一、2004YKJM4，二、2004YKJM33，三、结语，共三个部分。有彩照。

据介绍，2 墓均为单室土洞墓，随葬器物有金器、瓷器。M4、M33 均无纪年，根据墓葬形制和出土遗物特征，简报推断 M4 和 M33 的年代均为隋代。

简报称，此墓的发掘为进一步深入研究西北地区在中国历史发展过程中的民族融合和东西文化交流提供了丰富的资料。

中卫市

新疆维吾尔自治区

1126.新疆天山以北岩画述略

作　者：成振国、张玉忠
出　处：《文物》1984 年第 2 期

考古人员在北疆伊犁哈萨克自治州的阿勒泰地区、塔城地区和博尔塔拉蒙古自治州发现了许多岩画。简报配以照片、手绘图予以介绍。

据介绍，从内容看，岩画可分五类：一为动物图像，天山以北最常见的岩画是动物图像。动物的种类有牛、马、羊、鹿、狗、骆驼、熊和飞禽等。一幅岩画上所凿刻的动物数量多寡不等，有单独一个的，也有三五成群的。二为行猎图像，未见集体围猎图。三为放牧图像。四为舞蹈图像。五为符号、人头等抽象的图像。简报推断，天山以北岩画制作时间一般不晚于 8 世纪，约相当于中原地区的唐代，作画者可能是突厥人之前活动在这一区域的其他古代游牧民族。

乌鲁木齐市

克拉玛依市

吐鲁番地区

1127.交河城调查记

作　者：观　民
出　处：《考古》1959 年第 5 期

交河古城位于新疆吐鲁番县西 10 公里处雅尔乃孜沟村。简报配以照片予以介绍。

据介绍，古城遗址南北长约1000米，当地人传说有3个门，有陶片、砖瓦等遗物。城中央有一条南北长约350米、宽约10米的大道，大道南端有路通往古城的南门，大道中间有路通往古城的东门，大道北端正对着全城最大的寺院。大道两旁的建筑都是在高而厚的土墙以内，临着这条大道没有门户遗迹，只有巷口与城内纵横的街巷相通。这些纵横的街巷把建筑群分割成若干区，颇像中原古城市中的坊、曲。循着这些街巷进去才能看到院落的门户。建筑遗址中看到一些引人注意的建筑法：遗址虽然被拆走了所有的木材结构，但从痕迹上仍可以看出原来建筑几乎全不用木柱，靠土墙支持屋顶。城中也有许多多层建筑，同样不用木柱，是在墙上挖出小孔，用来在两墙之间横架木椽，木椽的间隔约30～50厘米不等。原来上面可能铺着木板。这里的土墙多数是生土墙，做法是在地面确定了墙的位置之后，把墙内外的土挖去，这样树起墙来。古城始建应是6世纪初高昌国时期，一直到15世纪还有人住，但遗址规划等更多表现为隋唐风貌。

1128.吐鲁番阿斯塔那唐墓中有重要发现

作　者：吴　震

出　处：《考古》1959年第12期

考古人员于1959年10月22日开始在吐鲁番县阿斯塔那进行墓葬发掘。从已清理结束和正在进行清理的两座墓（TAM301、TAM302）看，虽曾遭严重破坏，但仍有重要发现。简报先行予以介绍。

据介绍，两墓顶均有绢画，从残存情况看，是以木钉将绢画平张钉在墓室顶上的。302号墓中之绢画从木钉范围推测长约2.3米，宽约1.3米。根据其残存部分看：一片有一男像上部，左手持矩；一片有一右手持类似矩形物；另一片有蛇身交缠形。绢画上部有一日形，其他空隙处填以边红内白的圆点以象征星辰。这与黄文弼先生《吐鲁番考古记》一书所载之"伏羲女娲画像"内容一样。301号墓顶绢画仅存一角，其上也有边红内白的点形，推测其内容也和前者一样。

两墓尸体（302号墓中3具，301号墓中1具）均足穿黑色纸鞋。这种鞋是用有字废纸裱迭剪裁，以白线缝成，外表涂黑。301号墓中的一只鞋已破，字纸中有一片写有"贞观"年号。两墓随葬陶器均系灰陶，器表加白、红彩饰，302号墓中的陶器并有黄绿色线条勾成的纹饰，惟因盗掘破坏，几乎无一完整的。301号墓中所出的灰陶小盌内尚发现有面制饺子，三盌中各置1只，保存甚好。另有一种插木棒的小面饼，也保存得很好。两墓保存着很多线织品残片，素绢最多（尸体以素绢包裹）。301号墓中还有彩色织锦，花纹非常精致。302号墓中除素绢外，尚有黄色、紫色的丝织品。

简报称，在 302 号墓中发现有墓志，置于墓道前端右侧。直书朱铭 9 行，大部分可读。从铭文知墓主赵松柏死于永徽四年（653 年），生前为高昌国都官主簿行都官参军事，后高昌属唐，为武骑尉。

1129.阿斯塔那 336 号墓出土的几件泥俑

作　者：王致中
出　处：《文物》1962 年第 7、8 期合刊

1960 年 4 月新疆维吾尔自治区吐鲁番阿斯塔那（三堡）北区，因扩大农田，在古墓区垦荒。考古人员前往进行了清理。简报配以照片予以介绍。

简报介绍，这次发掘清理了大小墓葬 30 座，出土随葬器物不下千余件。较重要的有绢画、织锦、纸写文书、陶器、木冥器、面制食品以及大批泥俑。这批考古研究的重要资料，目前正在进行整理并编写正式发掘报告。这里仅就这批出土的泥俑，试行探讨几个问题。

简报指出，这批泥俑为数极多，虽然大多残破不全，精确数字无法统计，但仅已经修整复原的，大小已达 140 多件，从俑的形象来看，简报推断为唐代无疑。全国其他地区发现的多是陶俑，新疆则多为泥俑，除小件马俑有合模压制的痕迹可寻外，其余大多是手工捏造的。

1130.吐鲁番县阿斯塔那——哈拉和卓古墓群清理简报

作　者：新疆维吾尔自治区博物馆
出　处：《文物》1972 年第 1 期

1966 ~ 1969 年，考古人员先后四次配合农田水利建设，在吐鲁番县阿斯塔那—哈拉和卓地区进行古墓葬发掘。这四次共发掘古墓 105 座，出土文物（据不完全统计）达 1020 件（号）。简报分为：一、墓葬时代及特点，二、重要发现及其意义，共两个部分。有照片、手绘图。

据介绍，主要收获是出土了贞观十四年（640 年）户籍册、延寿八年（631 年）出钱籍账、长安三年（703 年）严苟仁租葡萄园契约等，反映了唐代均田制在"西域"实行情况和当地租佃关系等。出土的绵、绮等标本 46 件，可为我国丝织工艺史研究提供实物。波斯萨珊朝银币、东罗马金币及其仿制品的发现，也反映了当时中西交通的盛况。

这批墓葬的时代，从南北朝至隋唐不等，但遗物以隋唐时代居多。

1131.1973 年吐鲁番阿斯塔那古墓群发掘简报

作　者：新疆维吾尔自治区博物馆、西北大学历史系考古专业
出　处：《文物》1975 年第 7 期

1973 年 9 月，考古人员对吐鲁番阿斯塔那村以北，公路以东的墓葬进行了发掘。简报分为：一、张雄夫妇合葬墓的发现与张怀寂墓的确定，二、罕见的葬具、珍贵的历史档案，三、唐朝设立的政权机构有效治理西州地区，四、晋—唐时期的吐鲁番盆地是汉族和兄弟民族聚居地区，五、精美的工艺品，显示了我国古代劳动人民的惊人创造力，共五个部分。有照片、手绘图。

据介绍，共发掘墓葬 38 座，其中仅 2 座未经盗扰。发现的墓志证实此地为张氏家族茔地。其中有出土墓志的张雄夫妇合葬墓，其次子张怀寂墓等。简报未录志文全文。据志文，知张雄死于贞观七年（633 年），其妻为高昌王族，死于武则天垂拱四年（688 年）。张雄父子几代人，均为经营西北做出了贡献。此次发掘出土的"高昌吉利"铜钱、由出土木构件复原的"阁楼"、唐代木俑、双面锦及缂丝等，均十分珍贵。

1132.新疆阿斯塔那三座唐墓出土珍贵绢画及文书等文物

作　者：李　征
出　处：《文物》1975 年第 10 期

1972 年，考古人员在吐鲁番阿斯塔那古墓群东南段，清理了唐代西州豪门张氏家族的茔区，在三座墓中发现珍贵的彩绘绢画和一批文书、泥俑、木制器皿等文物。早期墓葬经过盗扰，尸体和随葬品都已残乱。简报配以照片予以介绍。

据介绍，187 号出土有木框联屏绢画、文书 28 件，内容多为高昌交河二县官私文牒，石刻墓志一方，志文大都剥落，可识别字不多。简报推断 187 号墓的年代，上限大致在长安二年（702 年）至四年，下限应在天宝时期。

230 号墓主室门口积沙内出土另一联屏式绢画，有木框一段相连，框上裱绛紫绫边。墓中出残文书共 43 件，墓志和墓盖各一方，楷书 31 行，行 30 字，简报未录全文。志文说明墓主张礼臣，生前为游击将军上柱国，死于长安二年（702 年）十一月二十一日，三年（703 年）正月十日入葬。张礼臣是张怀寂之子，张怀寂是长寿元年（692 年）收复安西四镇的副元帅。此墓也是合葬墓。简报推断张礼臣墓所所记长安二年，应是此墓年代的上限。墓中一件官方账簿有开元九年（721 年）正月十日纪事，提供了此墓年代的下限。

188 号墓停尸台下也出木框联屏绢画，以牧马为题材。墓志 1 方，志文 23 行，行 26 字，载昭武校尉沙州子亭镇将张公夫人麴娘死于开元三年（715 年）十月，同年十一月入葬。同墓男尸入葬时间无墓志可查，但文书中出有开元四年（716 年）勘安西坊玄觉寺牒，说明男尸入葬较晚。

简报称，以上 3 座唐墓中发现的绢画是我国古代绘画艺术的珍品，为我国美术史的研究增添了新资料。

1133.新疆鄯善县吐峪沟发现陶棺葬

作　者：吐鲁番地区文管所　姚洪亮
出　处：《考古》1986 年第 1 期

1981 年 9 月，鄯善县吐峪沟千佛洞文物保管员反映当地发现陶棺葬，考古人员闻讯赶往现场，清理了 2 座墓葬，编号为 81SATM1、M2。简报配以照片、手绘图予以介绍。

据介绍，2 墓均为崖壁土洞墓。墓内仅一具陶棺，内装一具成年男性骨架，无任何随葬品。简报认为系唐代和尚墓。据当地老乡说，该墓区以前曾出土过和人体大小差不多的大型灰陶棺，棺内人骨架仰身直肢，陶棺形状与这次出土的 1 号棺相似。这种陶棺葬很可能是历史上当地出家僧人流行的一种葬俗。

1134.吐鲁番阿斯塔那古墓群 360 号墓出土文书

作　者：柳洪亮
出　处：《考古》1991 年第 1 期

1966 年，吐鲁番文管所在阿斯塔那古墓群清理 360 号墓，出土文书 2 件、纸鞋 1 只。由于库房积压，1975 年开始在国家文物局古文献研究室整编陆续出版的十册《吐鲁番出土文书》中未能收入。查原始资料，知墓葬为斜坡墓道洞室墓，死者头向南，还出土有 1 件墓志，但库藏文物中不见有 1966 年出土的墓志，故缺。从纸鞋中拆出文书 12 片（66TAM360：3～1 至 3～12）。其中 6 片由同一卷子裁剪，原件二面书写，内容不同，可算作 2 件，这样纸鞋共拆出文书 8 件，连同前面 2 件，共为 10 件。简报分为：一、录文，二、释读，三、结语，共三个部分。有照片。

据介绍，文书内容为官牛领料、器物账单、法律文书等。墓中文书纪年最早的为贞观十七年（643 年），最晚的为开元二年（714 年），没有纪年的多有武周新字，少数没有断代标志的大体在此范围。墓葬年代在开元二年之后，但距墓中纪年最晚的文书也不会太远，下限当不会晚于开元之末（715～741 年）。

1135.1986 年新疆吐鲁番阿斯塔那古墓群发掘简报

作　者：吐鲁番地区文管所　柳洪亮
出　处：《考古》1992 年第 2 期

1986 年 9 月中旬，吐鲁番市阿斯塔那乡棉花收购站修建仓房、水池，平整场院，挖出墓志 2 方，塌毁墓葬 1 座，发现了一片墓地。9 月 22 日至 10 月 5 日，考古人员进行了抢救性发掘。共发掘墓葬 8 座，编号 86TAM384～391，出土了一批珍贵文物，其中墓志和文书具有重要的史料价值。发掘的收获简报分为：一、地理位置与墓葬形制，二、葬具与死者服饰，三、出土的文字资料，四、其他遗物，五、结语，共五个部分。有手绘图、照片。

据介绍，这次发掘的 8 座墓葬，有 6 座同属于一个张氏坟院，另外 2 座他姓墓葬也位于这一坟院的附近。这片墓地在棉花收购站院内，地处阿斯塔那居民村北部，这里原来是戈壁滩，系阿斯塔那古墓群南缘。这次发掘的墓葬，东至公路约 300 米，西北距 1965 年发掘的 65TAM38 号墓约 350 米。

墓葬形制有竖穴偏室墓和斜坡墓道洞室两种。出土的文字资料包括墓志和文书两类。8 座墓葬中出土了 5 方墓志：

1. 延昌十六年（576 年）张蘕其夫人杜氏墓表（86TAM390:1），志呈方形，墨书汉文 6 行。“延昌”是高昌王麹乾固的年号，延昌十六年十二月廿二日，是 577 年 1 月 26 日。简报录有志文全文。

2. 延昌廿七年（587 年）张忠宣墓表（86TAM385:1），志方形，先用尖器刻划出竖行线栏，朱书汉文 4 行。“虎牙将军”是高昌国官名。简报录有志文全文。

3. 延寿十三年（636 年）张显祐妻庙表（86TAM387:1）

志表涂一层黑色，朱书汉文 6 行。“延寿”是高昌王麹文泰的年号，十三年为 636 年。延寿十三年三月廿三日，干支为癸丑，高昌墓志干支中的“癸”多写作“水”。志文中的“庙”，是对墓的崇称。“领兵将”是高昌官名。简报录有志文全文。

4. 张师儿夫妇墓表（86TAM386:1）

志墨书汉文 7 行。志文分为两部分，中间有空行隔开，前三行有关张师儿，后四行有关其妻王氏。“延和”是高昌王麹伯雅的年号，十八年为 619 年。延寿十四年为 637 年，说明妻子晚于其夫近 18 年而卒。简报录有志文全文。

5. 龙朔二年（662 年）氾武欢墓志（86TAM391:1）

朱书汉文 11 行。唐龙朔二年为 662 年，龙朔二年十二月廿九日已是 663 年 2 月 12 日。龙朔二年十二月朔在丙戌，西州墓志干支中的丙多写作"景"（避李昞讳）。简报录有志文全文。

棉花收购站的工人在平整场院时从一个墓道中挖出 2 方墓志，后因墓葬地面铺上砖并堆放了棉花而没有发掘，仅编有器物号，附录于此。

6. 延寿七年（630 年）张谦祐墓志（86TAM:1）

志用朱色打出竖行线栏，朱书汉文 7 行。简报录有志文全文。

7. 贞观十六年（642 年）张谦祐妻严氏墓志（86TAM:2）

志呈方形，朱书汉文 6 行，满行 7 字。"景戌"即丙戌。志文末尾两行字迹模糊不清。简报录有志文全文。

至于文书，8 座墓中有 7 座出土有文书资料，除随葬衣物疏、追赠令等完整的文书本身是随葬品的一部分外，大多数都是出自纸帽、纸鞋。出土文书资料总计约 70 件，有兵部奏行文书、夏田契约、借贷契约、历书等，内容涉及高昌地区的政治、经济、军事、文化等社会生活的各个方面。

简报指出，出土墓志纪年最早的为高昌延昌十六年（576 年），最晚的为唐龙朔二年（622 年）。所出文书纪年均在此范围之内，简报推断这批墓葬的具体年代在此期间。其中张氏坟院的 6 座墓葬（86TAM385～390）属麴氏高昌时期，2 座他姓墓葬（86TAM384、391）属唐西州时期（389 号墓女尸也葬于西州时期）。

自 1959 年以来，在阿斯塔那—哈拉和卓古墓群发掘墓葬 400 余座，墓葬形制有斜坡墓道洞室墓和竖穴偏室墓两种。以往普遍认为竖穴偏室墓只存在于西晋置屯田至高昌国初期（3～6 世纪初），麴氏高昌时期已不见这种形式的墓葬。这次发掘的 384 号墓，出土有唐显庆四年的文书，确证唐西州时期仍然存在竖穴偏室墓。386 号墓内女尸呈屈肢葬，也是少见的现象。

简报称，由随葬衣物疏等有关资料分析，高昌郡时期道教观念在葬俗中占有重要地位。

1136.吐鲁番出土的草编粽子

作　者：王珍仁、孙慧珍

出　处：《文物》1994 年第 10 期

新疆维吾尔自治区吐鲁番出土的草编粽子，现藏于旅顺博物馆。该馆收藏的新疆地区出土文物，全部系日本大谷光瑞（净土真宗西本愿寺教派第 22 代长老）派遣的"中亚探险队"先后三次（1902～1904 年；1908～1909 年；1910～1914 年）

在我国西北地区（主要是吐鲁番一带）的采集发掘品。大谷探险队的这批文物因历史原因分散于日本、韩国和中国。留存于中国的文物，除了部分经卷藏于北京图书馆外，其他均藏于旅顺博物馆。简报配以照片予以介绍。

据介绍，1994 年 3 月，该馆工作人员在整理、捡选新疆（吐鲁番）出土的唐代文书碎片时，发现了这件混入纸屑中的草编粽子，当即引起了专家学者的高度重视。粽子采用草篾编制而成，大小共有 5 枚，均呈等腰三角形，与今日北方部分地区民间所食用的粽子形状如出一辙。其用途当为儿童身上的吉祥饰物。

简报指出，吐鲁番出土的这件草编粽子，是目前已知仅有的一件，它的发现对于研究唐代这一地区民间社区文化提供了重要的物证。端午节吃粽子这一民俗何时传入新疆地区已无据可查，但至迟在唐代已经流传应无庸置疑，吐鲁番地区的风俗习惯在唐代已与内地有着很多的一致性。

1137.新疆吐鲁番地区交河故城沟西墓地康氏家族墓

作　者：吐鲁番地区文物局　李　肖、张永兵、张振峰等
出　处：《考古》2006 年第 12 期

交河故城沟西墓地位于故城西侧，与故城隔沟相望，故称沟西墓地。它是故城沟南、北、西三处墓地中面积最大的一处，是故城历代居民的公共墓地之一。除了 20 世纪初外国探险家的盗掘外，从 20 世纪 30 年代至 90 年代，历经四次考古发掘：1930 年中国考古学家黄文弼先生发掘了 200 余座墓葬；1956 年中国科学院考古研究所刘观民等先生指导新疆考古专业人员训练班实习发掘 22 座墓葬；1994 ～ 1996 年新疆文物考古研究所与日本早稻田大学两次合作发掘 13 座墓葬，并对墓地进行详细的调查和系统的测绘；2004 年 10 月上旬和 2005 年 10 月上旬，吐鲁番地区文物局对近年来由于风蚀、盗扰等因素而裸露的墓葬进行了抢救性发掘。简报分为：一、墓葬位置，二、墓葬形制，三、出土遗物，四、结语，共四个部分介绍了 2004 ～ 2005 年的发掘情况。有彩照、手绘图、拓片。

据介绍，此次发掘了 36 座墓葬，墓葬形制大多为斜坡墓道洞室墓，另有竖穴偏室墓和斜坡墓道带天井洞室墓。随葬品有陶器、木器、泥器、铁器、铜器、金币、银币及墓志、文书等。交河沟西墓地的大多数墓葬是聚族而葬，用砾石围砌茔院形成家族墓地。院内的墓葬数量不等，少者一二座，多者数十座。康氏家族墓地茔院内计有 33 座，是沟西墓地最大的茔院墓地之一。茔院坐西向东，长方形，东部有长方形门道，墓的方向与茔院方向一致，墓冢南北成行，东西成排，排列有序，依此可以看出康氏家族是当年交河故城内的一个大家族。从墓志志文分析，康氏

是有一定政治地位的官宦家族，为粟特地区昭武九姓中康国人的后裔，而且已入籍汉化，成为高昌国及唐西州属民。这支康姓家族应该是和车师人后裔联姻通婚的汉化粟特人家族。骨灰罐附葬在墓葬中的现象也应当是粟特人固有丧葬习俗的遗留。

根据墓葬形制、墓志和出土文书等推断，简报认为该墓地时代为麴氏高昌国晚期至唐西州早期。

1138.新疆吐鲁番地区木纳尔墓地的发掘

作　者：吐鲁番地区文物局　李　肖、张永兵、张振峰等
出　处：《考古》2006年第12期

木纳尔墓地位于新疆维吾尔自治区吐鲁番市区东侧，北距312国道400米，南临安乐故城，西依苏公塔。这次发掘的墓葬分别位于3个洪水、溪流冲刷成的台地上，该墓地地处葡萄地中央，近几年来由于开垦农田、修建葡萄凉房等，墓地不断被侵蚀，大部分墓葬也被盗掘。2004～2005年，考古人员先后三次对3个台地被盗墓葬进行了发掘。墓葬编号以台地为单位，如M101意为1号台地01号墓葬。

简报分为：一、墓葬分布，二、墓葬形制，三、出土遗物，四、结语，共四个部分。有彩照、手绘图。

据介绍，墓葬形制大多为斜坡墓道洞室墓，另有竖穴偏室墓和斜坡墓道带天井洞室墓。随葬品有陶器、木器、泥器、铁器、铜器、金币、银币及墓志、文书等310件（组）。根据墓葬形制、墓志和出土文书等推断，该墓地时代为麴氏高昌国晚期至唐西州早期。这次发掘的3个台地共出土墓志6方，纪年最早的为2号台地张氏莹院M203出土的延和八年（609年）张容子墓志，最晚的为1号台地宋氏家族茔院M102出土的唐显庆元年（656年）西州永安人武欢的衣物疏。

简报认为，2、3号台地应为安乐故城居民墓地，墓主为平民百姓者居多，1号台地有斜坡道带天井洞墓，墓主一般有地位，应为永安城内豪门。M311出土隋代四瑞兽铭文铜镜一面，风格与隋唐时期中原地区流行的瑞兽铭文镜相似。墓地还出土了波斯银币和仿东罗马金币，金币大多数钻有小孔。其中M102出土的金币顶边缘焊接一圆环，它们出土于人头骨部位，由此看来它不仅作为货币流通，还主要作为死者的佩饰。

简报指出，此次发掘发现了不少珍贵的文物，纪年墓志和文书的出土，更是为研究高昌国至唐西州时期的政治、经济、文化提供了珍贵的文字资料。

1139.新疆吐鲁番地区巴达木墓地发掘简报

作　者：吐鲁番地区文物局　李　肖、张永兵、张振峰等
出　处：《考古》2006 年第 12 期

巴达木墓地位于新疆吐鲁番市二堡乡巴达木村东，北距哈拉和卓墓地 1 公里，南距高昌故城 4 公里，西距阿斯塔那墓地 3.5 公里，东距吐峪沟乡 11 公里。墓地位于火焰山南麓冲积地带，地势开阔平坦。2004 年 10 月，考古人员对被盗墓葬进行发掘。简报分为：一、墓葬分布，二、墓葬形制，三、出土遗物，四、结语，共四个部分。有彩照、手绘图等。

据介绍，共发掘了 79 座墓葬，这些墓葬的形制为斜坡墓道洞室墓和斜坡墓道天井洞室墓。随葬品有陶器、木器、泥器、铜器、金币、银币、骨器、墓志和文书等计 700 余件（组）。根据墓葬形制、墓志和出土文书等判断，这批墓葬的时代为麴氏高昌国至唐西州时期。

简报称，此次发掘出土了墓志 10 件，计砖墓志 5 块、土坯墓志 4 块、木制墓志 1 件，另有文书 49 片（汉文 46 片、粟特文 3 片）。这些出土文字材料为研究相关历史提供了十分珍贵的史料。

简报指出，麴氏高昌国至唐西州时期，这一地域是家族聚居区。从这次出土的文字资料来看，墓主姓氏有白、康、竺、买以及祖籍山东汉人（志文无姓氏）。另在 1 号台地白氏家族茔院 M107 出土粟特文书，2 号台地康氏家族茔院 M247 出土粟特文残片。其他还有白姓龟兹人、康姓康国人（粟特九胡姓国的宗主国）、天竺人（印度人）等。另从这一墓地保存较好的干尸来看，人体特征为长颅，面上宽、下窄，高鼻，深目，黄发，他们似为居住在高昌国的"胡商"或"客胡"。2 号台地东南部墓葬打破 2 号台地东北部康氏家族茔院围沟，这说明随着麴氏高昌国的灭亡和唐西州的建立，这一墓地成了多民族的公共墓地。

简报还说，这次发掘出土的随葬品以陶器、木器为大宗，大部分陶器器表彩绘莲纹和珠纹，个别木器皿也绘有莲纹。莲纹在佛教艺术中扮演着极为重要的角色。从菩萨的台座、背光到佛塔的栏楯、石柱的装饰都饰有莲纹。由于麴氏高昌国、唐西州的统治者极力推广佛教，以及佛教自身强大势力的影响，佛教在这一时期这一地区达到鼎盛时期，高昌北的柏孜克里克千佛洞、吐峪沟千佛洞、交河故城佛塔建筑等都是佐证。而聚居在这一区域的各族人民深受佛教文化的影响，将莲纹绘画到他们的生活器皿上，祈求佛祖保佑，使他们长寿、健康、丰产，过上富足的幸福生活。

至于出土的成组泥俑，展现了贵族的生活以及仆人的生活、工作状况。这次发

掘还出土一批珍贵文物，如伏羲女娲绢画、粟特文书、纪年墓志、葡萄缠枝纹铜镜、"高昌吉利"铜钱、仿罗马金币、萨满波斯银币和彩绘泥俑等，均为研究麹氏高昌国、唐西州时期的政治、经济、文化等提供了有价值的实物资料。

1140.新疆柏孜克里克千佛洞窟前遗址发掘简报

作　者：新疆文物考古研究所　吴　勇、胡望林、佟文康等
出　处：《文物》2012 年第 5 期

柏孜克里克千佛洞位于新疆维吾尔自治区吐鲁番市胜金乡木日吐克村南约3公里的火焰山中，位于木头沟沟谷西壁断崖上。2009 年8 ～9 月，为配合柏孜克里克千佛洞窟前抢险加固工程，考古人员对工程涉及区域进行了抢救性发掘清理。共清理洞窟、房址、佛塔等各类遗迹55 座。发掘清理情况简报分为：一、地层堆积及发掘方法，二、发掘概况，三、出土器物，四、结语，共四个部分。有彩照、手绘图。

据介绍，此次清理洞窟、房址、佛塔等遗迹 55 处。简报推断遗址主体年代为高昌回鹘时期。出土器物包括陶器、木器、石器、铁器、骨器、织物、文书等，在一些洞窟中还发现了壁画和地画。简报称，此次发掘为深入了解柏孜克里克千佛洞的文化内涵提供了新的实物资料。

1141.新疆吐鲁番阿斯塔那墓地西区 2004 年发掘简报

作　者：吐鲁番学研究院　张永兵等
出　处：《文物》2014 年第 7 期

阿斯塔那墓地西区南边紧邻水渠，由于水渠堵塞决口致使大量渠水流入墓地，造成一批墓葬毁坏，其中两座受害比较严重，墓室坍塌，另外几座墓葬也因进水遭到了不同程度的破坏。2004 年 3 月，考古人员对受损较严重的 9 座墓葬及时进行抢救性清理。发掘情况简报分为：一、地理位置，二、墓葬形制，三、出土遗物，四、结语，共四个部分。有彩照、手绘图。

据介绍，墓葬形制均为斜坡墓道洞室墓，有单人葬、夫妻合葬和多人葬。葬具均为芦苇编制的草席，这是吐鲁番麹氏高昌至唐西州时期墓葬的主要葬具。单人墓中出现稻草人，其用途象征配偶陪葬。其中，M396出土 1 枚波斯库思老二世（590 ～ 628 年）萨珊银币，其形状、图案与交河沟西、木纳尔、巴达木等墓地出土的波斯萨珊银币相同。墓葬中出土了数量较多的文书，有些纪年明确，如"载初元年""开元

七年""永昌元年"等。从墓葬形制、出土遗物及出土文书分析，简报推断这批墓葬年代应在唐西州时期（640～795年）。

哈密地区

和田地区

1142.新疆民丰大沙漠中的古代遗址

作　者：新疆维吾尔自治区博物馆考古队

出　处：《考古》1961年第3期

民丰县是新疆和阗专区最东的一个县，西近于阗县，东接库尔勒专区的且末县境，南靠昆仑山脉，北面伸入塔克拉玛干大沙漠中。

1959年9月底，考古人员结束了在于阗县的工作，到了民丰县，稍加休息，决定前往该古城进行调查。10月8日离开了民丰县，于14日下午到达了传说的古遗址中心点"炮台"，开始了调查和文物标本的采集，并且在一些重点地区进行清理工作，共工作了9天。简报分为：一、工作情况，二、采集和清理的遗物，三、小结，共三个部分。有拓片、手绘图。

据介绍，采集和清理的遗物有1000余件（其中包括木简和木牍），遗物大部分为木质的，另有铜、铁器、陶器、石器和其他类。

简报称，这段路径和《大唐西域记》所述基本相符，可能这就是《大唐西域记》所说的古尼壤城。现在民丰县维吾名称"尼雅"（即很远的地方之意），民丰河名"尼雅河"。所谓"尼雅"可能是"尼壤"的转音。

1143.新疆和田地区策勒县达玛沟佛寺遗址发掘报告

作　者：中国社会科学院考古研究所新疆队　巫新华、郭　物、雷　然、
　　　　钟　建、艾　力、艾则孜、买提哈斯木等

出　处：《考古学报》2007年第4期

新疆和田地区策勒县达玛沟乡所在区域分布着许多重要佛教遗址。20世纪初，沿达玛沟水系从南到北先后发现了喀达里克、克科吉格代、巴拉瓦斯特、老达玛

沟、乌宗塔堤、喀拉沁、丹丹乌里克等著名佛教遗址，出土大量的珍贵佛教文物。然而，上述佛教遗址全部位于今达玛沟绿洲及其北部地区，达玛沟南部地区基本上没有发现佛教遗迹。2000年3月，当地牧羊人在达玛沟南部托普鲁克墩挖掘红柳根柴时发现佛教塑像，此后考古工作者先后对这里的佛寺进行了发掘。简报分为：一、达玛沟托普鲁克墩1号佛寺遗址，二、达玛沟托普鲁克墩2号佛寺遗址，三、达玛沟喀拉墩1号佛教遗址，四、相关问题讨论，五、结语，共五个部分。有彩照、手绘图。

简报指出，于阗是我国佛教传入的必经之地，原本盛行小乘，5世纪初，盛行大乘佛教，成为我国古代西域大乘佛教的中心，也是中原大乘佛教的策源地。魏晋至隋唐，于阗一直是中原佛教的源泉之一，如华严部经典，就大多是从于阗取得梵本，于阗僧人提云般若、实叉难陀等，都为汉译华严经典作出过贡献。于阗佛教艺术的"于阗画派"风格影响着我国佛教艺术的发展，于阗绘画甚至还可以说是西藏佛教艺术的渊源地之一，影响远至日本。达玛沟为和田地区佛教遗迹分布最为密集之地，遗址所在地统称达玛沟。两汉之际为西域绿洲小国"篦摩"所在地，其后为于阗国所并。"达玛"二字或应为"达摩"。托普鲁克墩1号佛寺建造年代简报认为是6～7世纪，即为中原隋唐之时。2号佛寺建造年代可能为8世纪，正当盛唐之时。喀拉墩1号佛寺建造年代可能为7世纪，正值初唐之时。3座佛寺或许均在10～11世纪连年战火中被毁。

简报指出，对东亚佛教如此重要的地区，在香火断绝近千年之后，又有如此重要遗迹和资料重新被揭示，可谓学术界、佛教界的一件大事。

1144.新疆和田达玛沟佛寺考古新发现与研究

作　者：巫新华

出　处：《文物》2009年第8期

2002～2006年，考古人员对位于新疆和田地区策勒县达玛沟乡的佛寺遗址进行了考古勘探与发掘。简报分为：一、发掘基本情况，二、年代，三、形制与布局，四、题材与内容，五、从达玛沟佛寺看于阗和吐蕃的关系，六、从达玛沟佛寺佛画看于阗画派，七、结语，共七个部分。有彩照、手绘图。

据介绍，托普鲁克墩1号佛寺是目前发现的中古时期最小的佛寺，也是塔克拉玛干沙漠地区保存最完好的佛堂建筑形式的佛寺，根据佛寺建筑遗迹和壁画可以复原佛寺的原貌。托普鲁克墩2号佛寺的结构清楚，是西域大型回廊像殿的代表性建筑。喀拉墩1号佛寺出土的千手千眼观音壁画是迄今所发现的最新的密宗壁画。

1145.新疆策勒县达玛沟 3 号佛寺建筑遗址发掘简报

作　　者：中国社会科学院考古研究所新疆队　郭　物、仝　浔、巫新华等

出　　处：《考古》2012 年第 10 期

2010 年 1 月，在托普鲁克墩 52 号佛寺建筑遗址的西侧发现有零星壁画出土，考古人员前往现场勘察，初步认为此处为托普鲁克墩佛寺遗址内的建筑遗址，定名为 3 号建筑遗址（10CDF3），并于 2010 年 5 ~ 6 月对其进行发掘，总揭露面积约 800 平方米。简报分为：一、形制布局，二、出土壁画，三、出土遗物，四、结语，共四个部分。

据介绍，3 号遗址与 1、2 号佛寺建筑遗址同属一座大型寺院。3 号佛寺建筑是一处起居、学习、论经的综合性建筑。3 号遗址中出土的壁画图像具有比较突出的特点。从壁画用笔来看，较多体现了于阗画派"屈铁盘丝"式线描的艺术风格。壁画中所描绘的一批供养人像为 1、2 号佛寺建筑遗址所未见。其中着幞头帽的唐装男性图像尤为珍贵。简报称，其中首次发现的广场式庭院和僧房为研究当地的建筑史提供了新资料。遗址内出土的壁画，反映了 8 ~ 9 世纪唐人和吐蕃人对和阗地区的影响。

阿克苏地区

1146.新疆拜城亦狭克沟石窟调查简报

作　　者：新疆龟兹研究院、中国人民大学国学院历史语言研究所、北京大学中
　　　　　国古代史研究中心　台来提·乌布力、苗利辉、荻原裕敏、庆昭蓉等

出　　处：《文物》2013 年第 12 期

亦狭克沟石窟位于新疆拜城县克孜尔镇东南明屋塔格山亦狭克沟两侧的悬崖上，西北距克孜尔石窟 6 公里，东北距坦塔木佛寺遗址 8 公里。从克孜尔石窟出发，向东沿渭干河行进约 5 公里即到达亦狭克沟，沿沟谷向北行进约 700 米到达亦狭克沟石窟第 1 ~ 4 窟，继续前行约 1.5 公里到达第 5、6 窟。

亦狭克沟曲折幽深，夏季山洪到来时，洪水溢满沟谷，枯水期仅有细微泉水流过。洞窟前部大多塌毁，窟内淤土很厚。

1928 年，黄文弼先生曾前往亦狭克沟，对其中的 3 个洞窟进行了考察，在石窟中发现有岩画、古民族文字、维文，并认为此地是一处古代驿站。1991 年，吴焯先

生曾前往亦狭克沟考察了3个洞，发现两种古民族文字、大头羊岩画和龛台，并认为洞窟开凿时代不会晚于唐代。2009年起，新疆龟兹研究院和北京大学中国古代史研究中心联合组织部分研究人员多次前往该处石窟考察，发现两个新洞窟及一些婆罗谜文和察合台文题刻。简报分为四个部分，配有照片、手绘图。

第一部分洞窟分布、编号及形制。亦狭克沟石窟现共有6个洞窟第1～4窟（编号顺序由南向北）位于距谷口约700米的西侧崖壁上；第5、6窟（编号顺序由西往东）位于距上述洞窟约1.5公里的北侧崖壁上。洞窟类型分为僧房窟、禅窟和龛窟。

第二部分文字题刻。通过考察发现多处婆罗谜文与察合台文题记，此外还发现一处古民族文字题记。察合台文译为汉语即：

1. 乌黑的头发垂到了我的眉毛之上。

2. 萨比提艾合买迪阿訇、默合穆迪阿訇、阿依迪阿訇

3. 等人到此游。

4. 毛拉帖木儿（刻写的）。

5. 那天我和姑娘有约，她定会来我身边！

6. 几年以后毛拉阿巴拜克热到此一游。

7. 听说这里埋藏有驼十七个骆驼的宝藏，到此地没找到而游一天回去了。

第三部分火烧痕迹，在第5窟对面的山体上发现一块略平的台地，台地上发现有厚达0.4米的火烧灰烬痕迹。

第四部分为洞窟时代及相关问题。称亦狭克沟石窟目前共发现6个洞窟，第5、6窟为禅窟。没有发现带壁画和塑像的中心柱窟、大像窟和方形窟。亦狭克沟石窟可能是古代僧侣坐禅修行的场所之一。亦狭克沟石窟开凿年代上限应不早于6世纪，下限则不晚于8世纪初。使用年代则可能持续到10世纪以后，且龟兹僧徒在此居住、坐禅的年代下限，则有待更全面的龟兹石窟调查与出土写本研究加以考订。

喀什地区

克孜勒苏柯尔克孜自治州

1147.新疆乌恰县发现金条和大批波斯银币

作　者：李遇春

出　处：《考古》1959 年第 9 期

某工程队于 1959 年 5 月 21 日在克孜勒苏柯尔克孜族自治州乌恰县以西的深山中，发现了金条和大批波斯银币。考古人员闻讯后即去该地进行调查。简报配以拓片予以介绍。

据介绍，乌恰县是我国最西的一个县。该县三区名老乌恰（即乌鲁克恰提），附近是一片山地。据老一辈的人们说过去此地有一山谷小道通往苏联，后渐渐无人走了。工人在距老乌恰 9 公里处施工时，在斜坡一处石缝中发现了金条及古波斯币。出土时，金条与银币锈成一块，当时可能有包袱一类的东西，已腐朽无存。经清点，金条共 13 根，总重量 1330 克。银币完整的 878 枚，已残碎的 63 枚，加上考古人员又清理出的 6 枚，总计 947 枚。据考证，这批银币和金条，应是 7 世纪后半叶的遗物。简报认为，可能是唐代一位从事国际贸易的商人，遇到了强盗，仓促中将金条、银币藏于路旁，本人可能已经遇害，故一直原地保存至今。

巴音郭楞蒙古自治州

1148.焉耆国都、焉耆都督府治所与焉耆镇城——博格达沁古城调查

作　者：韩　翔

出　处：《文物》1982 年第 4 期

焉耆位于汉唐时期中西通道上，扼天山南麓丝路之咽喉，"四面据山，道险易守"（《大唐西域记》），位置十分重要。汉唐时期有焉耆国，唐贞观时又于此地置焉耆都督府和焉耆镇。因此弄清楚焉耆国都、焉耆都督府治所和焉耆镇城的确切位置，对于研究汉唐时期西域的历史，研究古代中西贸易的历史，都是有意义的。

为了弄清焉耆国都、焉耆都督府治所和焉耆镇城的所在，考古人员结合文物普查，做了一些考察工作。1976 年，用 46 天时间走遍了古代焉耆所属地区，调查和复查了所有已发现的古城、古墓、古遗址和千佛洞。对有争论的博格达沁古城进行了重点调查。1978 年、1980 年又两次对博格达沁古城及其周围古遗址进行了复查。简报分为博格达沁古城现状、焉耆国都、都督府治所和镇城的考证等几个部分予以介绍。有照片、手绘图。

据介绍，汉唐时期的焉耆国，范围大致包括今天的焉耆、和硕、和静、博湖四县和库尔勒县的一部分。在这些古城中，博格达沁古城的建筑规模最大、建筑形式最突出。"博格达沁"，在维语中就是高大宏伟的城的意思。该城位于今焉耆县城西南 12 公里处。平面大致呈长方形，周长 3000 余米，古城墙墙基还在。

简报认为，哈拉木登旧城不是焉耆王都，博格达沁古城才是焉耆王都员渠城。唐代焉耆王兼任焉耆都督，都督府治所自然也设在这里。根据实地调查结合文献考察可知，博格达沁古城在唐以前一直是焉耆国都城，唐焉耆都督府治所在这里，开元七年（719 年）设置的焉耆镇城也在这里。

昌吉回族自治州

1149.新疆阜康出土唐代青铜犁

作　者：戴良佐
出　处：《农业考古》1996 年第 3 期

近年来，阜康市的六运古城在距地表 3.5 厘米左右出土 1 件犁铧尖，青铜质。1988 年由阜康县文管会征集。犁残长 29.4 厘米，宽 17 厘米，犁尖残缺 3 处。经鉴定属汉至唐二级文物。另外，在昭苏县乌孙古墓曾出土 1 件汉铁犁，焉耆县唐王城发现过 1 件唐铁铧。而青铜犁铧的出土，在新疆系属首次，弥足珍贵。

简报称，六运古城位于今阜康市九运街乡，距市区约 4 公里。据考为庭州属唐俱六城守捉。守捉为军以下军事单位。由征调的戍卒驻守，每年换防。这些戍卒，有战事则打仗，无战事则守戍边防。此青铜犁铧可能系戍卒耕田的农具。

简报指出，唐代青铜犁的出土，对研究唐代西域的屯田制、犁耕的发展以及制铜工艺都具有学术价值。

1150.新疆木垒干沟遗址发掘简报

作　者：新疆文物考古研究所　田小红、吴　勇、佟文康等
出　处：《文物》2013 年第 12 期

干沟遗址位于新疆木垒哈萨克自治县照壁山乡河坝沿村东南百余米处，北距县城约 11 公里。遗址地处木垒河东岸二、三级台地上，地面散布有少量陶片、细石器等遗物。为配合木垒哈萨克自治县三眼泉水库的建设，2011 年 4 ～ 5 月，考古人员

对位于水库淹没区内的干沟遗址进行了考古发掘，分为四个部分加以介绍，配有多幅照片和手绘图。

第一部分为遗址，介绍了居住面、墙基、灶灰坑、柱洞、红烧土面等遗址，以及出土的陶器、石器、骨器及羊等动物骨骼。

第二部分为墓葬。简报介绍说，干沟遗址的墓葬一部分位于本次发掘的遗址区内，另一部分位于遗址北部和东部的二、三级台地上，具有大分散、小片集中的分布特征，部分墓葬有打破早期遗迹的现象。此次共发掘墓葬62座，出土器物109件。

从墓葬形制看，部分墓葬地表有封堆标志。封堆由卵石、山石和土混合堆积而成，平面多呈圆形或椭圆形。墓葬按墓室形制可分为竖穴土坑墓、竖穴石棺墓和竖穴偏室墓三种。其中竖穴土坑墓38座、竖穴石棺墓10座、竖穴偏室墓3座，另有15座墓葬封堆下无墓室。墓室填土多为黄色土，土质较硬，夹杂少量砂石。葬式均为单人葬，其中竖穴土坑墓和竖穴石棺墓多为二次葬，竖穴偏室墓则以一次葬为主。

从出土器物看，本次发掘62座墓葬共出土器物105件，主要有陶、铜、铁、石、骨及木器等。其中陶器17件（含陶片）、铜器58件、铁器17件、石器11件、骨器1件、木器1件。

第三部分为殉马坑，称地表有封堆，由卵石和土混合堆积而成，中间石块较大，四周为小石块，较低平，平面略呈圆形，直径4.8米、高0.18米。殉马坑为不规则长方形竖穴，坑底葬有马1匹，骨骼凌乱不完整，仅有部分脊椎骨、肋骨和肢骨。

第四部分为结语。简报将此次发掘的收获归纳为以下几点：

第一，遗址内涵丰富，不仅发掘出墙基、灰坑、灶、柱洞、居住面等遗迹，还出土了一批陶器残片、细石器、磨制石器、铜器和动物骨骼等遗物。磨制石器多为生产工具，细石器多为加工石器后剩下的废料，成品很少。陶片部分上施红彩，花纹为简单的条纹，不见晚期墓葬中常见的变形三角形纹、圆涡纹等。初步推断干沟遗址的年代相当于青铜时代早期。

第二，墓葬形制特征明显，以竖穴土坑墓为主，竖穴石棺墓和竖穴偏室墓所占比例较小。葬式以二次葬为主，仰身直肢一次葬较少。部分墓室内无人骨。随葬器物以铜器为主，陶器数量较少。部分墓葬内出土羊、马等动物骨骼。墓葬和遗址之间存在打破关系，墓葬年代当较遗址为晚。初步推断以M32、M42和M43为代表的竖穴偏室墓的年代为唐代。

第三，此次发掘是迄今为止在木垒境内一次性发掘遗址遗迹现象最丰富、墓葬数量最多的。遗址和墓葬中出土的彩陶单耳罐、彩陶豆目前仅见于东疆和吐鲁番鄯善地区，而陶器上的宽带耳为甘青地区古代文化中所常见。

简报指出，这批材料为进一步研究新疆史前时期文化的渊源、发展以及古代新疆天山南北地区古代文化间的交流和传播及其与内地诸文化之间的联系提供了实物资料。

博尔塔拉蒙古自治州

伊犁哈萨克自治州

1151.新疆考古的发现——伊犁的调查

作　者：黄文弼

出　处：《考古》1960 年第 2 期

伊犁之名首见《唐书·突厥传》，称"伊丽"，实为"伊犁"之异名，在中国极西北部，属新疆维吾尔自治区哈萨克自治州。考古人员到伊犁考察是在 1958 年 7 月初，考察了莫索湾的古迹，再西行经乌苏、精河，12 日到达伊犁，开始工作。共调查了伊宁、绥定、霍城、特克斯、察布察尔、昭苏 6 县，至 8 月 11 日返回乌市。发现古城十余座，玛札寺庙数处及古塚石雕人像等若干处。

简报分为：一、古城，二、霍城，两部分择要介绍。有照片。

据介绍，此次调查所发现的古城属于伊犁区者共 11 座。除清代所建或情况不明者外，比较重要的约有 4 座，计有吐鲁番吁子旧城、霍城等，简报还介绍了霍城附近的石雕像、昆仑山岩石刻画等。

简报称，以上遗址、遗迹的时代应为唐代，但后世还在沿用。

塔城地区

阿勒泰地区

1152.新疆哈巴河县出土唐代铜镜

作　　者：赵养锋

出　　处：《考古与文物》1985 年第 4 期

1982 年秋，新疆维吾尔自治区哈巴河县农民在该县西北方挖渠道中发现铜镜一面，现收藏于阿勒泰地区文管所。简报配以照片予以介绍。

据介绍，此镜是一带柄手镜。镜重 460 克，镜背铸有人物、流云、鸟、龟、花卉等纹饰。人物相貌端庄，举止文静；动物栩栩如生，静中有动；花卉缠枝绕顶，浓丽妖艳。整个画面艺术精湛，技巧娴熟，富有生活气息。哈巴河县出土的这面小巧玲珑的带柄手镜，从铸造工艺与纹饰风格来看，应是唐代中期之物。但那株缠枝花卉，似为缠枝牡丹，缠枝牡丹在宋镜中颇为流行，故简报推断该镜的最下限不会超过北宋。

石河子市

阿拉尔市

图木舒克市

五家渠市

香港特别行政区、澳门特别行政区、台湾省

参考文献

一、参考文献分为上编、中编、下编。

二、上编收录本书收录的考古核心刊物（以《北京大学中文核心期刊目录》2011 年版考古学科为准，略加调整）。中编系非核心刊物及以书代刊的连续出版物、某一地区考古成果汇编等举要。下编是面对非考古专业读者的相关书籍。

三、上编依《北京大学中文核心期刊目录》2011 年版给出顺序排列；中编依通行的省市自治区直辖市顺序排列。省市自治区下排列不分先后。

上 编

1.《文物》

创刊于 1950 年，国家文物局主管，文物出版社主办。初名《文物参考资料》，1959 年改为《文物》。1971 年曾停刊一年。现为月刊。

2.《考古》

创刊于 1955 年，由中国社会科学院考古研究所主办。1955～1959 年，用《考古通讯》的刊名，1955～1957 年为双月刊，此后改为月刊，1966 年 6 月至 1971 年 12 月停刊，1972～1982 年为双月刊，1983 年至今为月刊。有《考古（1955～1996 年）》《考古（1997～2003 年）》两张全文检索光盘出版。2007 年 3 月起，实行双向匿名审稿。

3.《考古学报》

创刊于 1936 年 8 月，由国立"中央研究院"历史语言研究所主办，刊名《田野考古报告》，列为专刊之十三。第二册（1947 年 3 月出版）更名为《中国考古学报》，至 1949 年共出版四册。第四册出版于 1949 年 12 月，由中国科学院历史语言研究所主办。1950 年 8 月 1 日，中国社会科学院考古研究所成立（当时为中国科学院所属研究机构），继续主办，于 1950 年 12 月出版第五册。自第六册（1953 年 12 月出版）更名为《考古学报》至今。1954 年变更为半年刊，1956 年变更为季刊，1960 年又变更为半年刊，1978 年起改为季刊，每年 1、4、7、10 月的 30 日出版。2007 年 3 月起，实行双向匿名审稿。

4.《考古与文物》

1980 年创刊，陕西省考古研究所主办，季刊。1982 年改为双月刊。该刊曾编有若干期《考古与文物》辑刊，多为研究性文章；还编有《考古与文物丛刊》，为不定期刊物，有少许发掘报告，但内容较宽泛，古文字学、古人类学等方面文章均收。

5.《中原文物》

河南省博物馆主办，1977 年创刊时名为《河南文博通讯》，1981 年改名《中原文物》，季刊。2000 年改为双月刊。有《〈中原文物〉十五年叙录（1977～1992）》一书。

6.《北方文物》

黑龙江省考古研究所、考古学会主办，1981 年创刊，初名《黑龙江文物丛刊》，季刊。

7.《华夏考古》

河南省考古研究所、河南省文物考古学会主办，创刊于 1987 年，季刊。

8.《四川文物》

四川省文物局主办。1984 年创刊，双月刊。出版有《〈四川文物〉二十年目录索引（1984 ～ 2003）》。

9.《江汉考古》

1980 年创刊，先以不定期形式共出了五期（至 1982 年底为止）。从 1983 年第 1 期（即总第 6 期）起改为季刊，向国内外公开发行。1989 年第 3 期起，由湖北省文物考古研究所主办。

10.《农业考古》

1981 年创刊，为国内外唯一的专门发表有关农业考古学研究成果的大型学术刊物。原主办单位为江西省博物馆、江西省中国农业考古研究中心。1985 年由江西省社会科学院历史研究所和江西省中国农业考古研究中心主办；1994 年起由江西省社会科学院和中国农业博物馆联合主办；2003 年起由江西省社会科学院主办。双月刊。

11.《文博》

1984 年 7 月创刊，陕西省考古研究所主办；陕西省博物馆、秦始皇陵兵马俑博物馆参办。双月刊。

《文博》虽未列入 2011 年版《北京大学中文核心期刊目录》，但考虑到该刊的质量及陕西省作为文物大省的地位，此次仍然予以收录。

中　编

1. 北京市

《考古学社社刊》

北京燕京大学考古学社编，1934 年创刊，1937 年停刊。

《考古学集刊》

中国社会科学院考古研究所主办，1981 年创刊，科学出版社出版，年刊。自第 16 期开始以专业论文为主。

《考古学研究》

北京大学考古文博学院、中国考古学研究中心编，16 开平装，科学出版社、北京大学出版社不定期出版。

《北京文物与考古》

1983 年创刊。

《北京文博》

北京市文物事业管理局主办，1995 年创刊，季刊。

《北京考古》

北京市文物研究所编，北京燕山出版社 2008 年始不定期出版。

《三代考古》

中国社会科学院考古研究所夏商周考古研究室编，16 开平装，科学出版社不定期出版。

《中国道教考古》

线装书局不定期出版。

《中国古陶瓷研究》

紫禁城出版社出版的连续出版物。

《石窟寺研究》

中国古迹遗址保护协会石窟专业委员会编，文物出版社不定期出版。

《中国大遗址保护调研》

中国社会科学院考古研究所文化遗产保护研究中心编，科学出版社 2011 年始不定期出版。

《文物研究》

科学出版社连续出版物。

《九州》

商务印书馆连续出版物。

《古脊椎动物学报》

中国科学院古脊椎动物与古人类研究所主办。1957 年创刊时为英文版，季刊，1959 年创刊中文版。1961 年英文、中文版合并，1966 年停刊，1973 年复刊。

《文物资料丛刊》

《文物》编辑委员会编，文物出版社不定期出版。

《古代文明》

北京大学中国考古学研究中心编，文物出版社不定期出版。

《古代文明研究》

中国社会科学院考古研究所、古代文明研究中心编，文物出版社不定期出版。

《中国盐业考古》

科学出版社不定期出版。

《科技考古》

中国社会科学院考古研究所编，科学出版社不定期出版。

《水下考古》

国家文物局水下文化遗产保护中心编，上海古籍出版社 2018 年出版第 1 辑。

《中国国家博物馆馆刊》

创刊于 1979 年，初名《中国历史博物馆馆刊》。原为半年刊，一年两本。1999 年改名《中国历史文物》，2002 年改为双月刊，2011 年改为《中国国家博物馆馆刊》，并改为月刊。

《首都博物馆丛刊》

首都博物馆主办，北京燕山出版社 2007 年始不定期出版。

《中国文物报内部通讯》

1991 年 7 月创刊，不定期出版。

《陶瓷考古通讯》

《玉器考古通讯》

《古代文明考古通讯》

以上三种"通讯"，均由北京大学文博学院主办。

《青年考古学家》

北京大学文物爱好者协会会刊，1988 年创刊。科学出版社出版。每年一册。

《故宫博物院院刊》

故宫博物院主办，1958 年创刊，双月刊。

《中国文物科学研究》

国家文物学会、故宫博物院主办，2006 年创刊。

《中国历史文物》

国家博物馆主办，双月刊。

2. 天津市

《天津博物馆集刊》

天津博物馆编，天津人民出版社出版，1998 年第一辑出版。

《天津考古》

天津市文化遗产保护中心编，16 开精装，科学出版社不定期出版。

《天津博物馆论丛》

科学出版社不定期出版。

《天津文博》

天津市文物博物馆学会编，1986 年创刊。

3. 河北省

《文物春秋》

河北省文物局主办，创刊于 1989 年，双月刊。

《河北省考古文集》

河北省文物研究所编，科学出版社不定期出版。

4. 山西省

《三晋考古》

山西省考古学会、山西省考古研究所主办，1994 年创刊。年刊，现由上海古籍
出版社出版。

《山西博物馆学术文集》

山西人民出版社不定期出版。

《晋中考古》

文物出版社不定期出版。

《运城地区博物馆馆刊》

运城地区博物馆主办。

《北朝研究》

中国魏晋南北朝史学会、大同平城北朝研究会编，16 开平装，科学出版社不定
期出版。

《文物世界》

山西省文物局主管，1987 年创刊，双月刊。

5. 内蒙古自治区

《内蒙古文物考古》

内蒙古文化厅、内蒙古考古博物馆学会主办，1981 年创刊，半年刊。

《草原文物》

内蒙古自治区文化厅、内蒙古考古博物馆学会主办，1984 年创刊，1997 年由年刊改为半年刊。

《鄂尔多斯考古文集》

伊克昭盟文物工作站 1981 年创刊。

《内蒙古包头博物馆馆刊》

内蒙古包头博物馆主办，2000 年创刊。

6. 辽宁省

《辽宁文物》

辽宁省博物馆主办，1980 年创刊。

《辽海文物学刊》

1986 年创刊，辽宁省博物馆、文物考古研究所主办，半月刊。

《辽宁考古文集》

辽宁省文物考古研究所编，16 开平装，科学出版社不定期出版。

《辽宁省博物馆馆刊》

辽海出版社不定期出版。

《沈阳故宫博物院院刊》

沈阳故宫博物院主办，1995 年创刊，半年刊。

《沈阳考古文集》

沈阳市文物考古研究所编，科学出版社 2007 年始不定期出版。

《大连文物》

科学出版社不定期出版。

7. 吉林省

《东北史地》

吉林省社会科学院吉林省高句丽研究中心主办，2004 年 1 月创刊。

《博物馆研究》

吉林省博物馆学会、吉林省考古学会主办，季刊。

《边疆考古研究》

吉林大学连续考古研究中心编，科学出版社不定期出版。

《亚洲考古》

吉林大学边疆考古研究中心编，科学出版社出版。该刊为英文版。

8. 黑龙江省

《黑龙江文物丛刊》

1985 年创刊，季刊，现已改名为《北方文物》。

《昂昂溪考古文集》

科学出版社 2013 年版。

9. 上海市

《上海博物馆馆刊》

创刊于 1981 年，上海人民出版社出版。后改名《上海博物馆集刊》，年刊。

《上海文博论丛》

上海博物馆主办。2002 年创办，季刊。

《文物保护与考古科学》

上海博物馆主办，1989 年创刊，现为双月刊。

《出土文献》

清华大学出土文献研究与保护中心编，2010 年创办，每年一辑。

10. 江苏省

《东南文化》

南京博物院、江苏省考古学会主办，1975 年创刊时名为《文博通讯》，1985 年改为《东南文化》。

《南京博物院集刊》

南京博物院主办，文物出版社出版。

《无锡文博》

1990 年创刊，季刊，原名《无锡博物馆通讯》。

《扬州文博》

扬州市博物馆主办，1990 年创刊，1992 年停刊。

《江淮文化论丛》

扬州市博物馆编，文物出版社不定期出版。

《徐州文物考古文集》

徐州市博物馆编，科学出版社不定期出版。

《苏州文博论丛》

苏州市博物馆编，文物出版社不定期出版。

《文博通讯》

江苏省考古学会编。1975 年创刊，1985 年改名为《东南文化》。

《江阴文博》

江阴市文物管理委员会编,半年刊。

《常州文博》

常州市博物馆编,1993 年创刊,半年刊。

11. 浙江省

《东方博物》

浙江省博物馆主管,创刊于 1997 年,季刊。

《杭州文博》

杭州出版社不定期出版。

《浙江省文物考古所学刊》

科学、文物出版社不定期出版。

《宁波文物考古研究文集》

宁波市文物考古研究所、文物保护管理所编,科学出版社不定期出版。

《东方建筑遗产》

宁波报国寺古建筑博物馆编,科学出版社的连续出版物。

《绍兴市考古学会会刊》

绍兴市考古学会编,不定期出版。

12. 安徽省

《安徽省考古学会会刊》

安徽省文物考古研究所、考古学会编,16 开平装,1985 年创刊,为科学出版社出版的连续出版物。

《安徽文博》

安徽博物院、安徽省博物馆协会主办,1980 年创刊。年刊。

《徽州文博》

黄山市博物馆协会主办。

《文物研究》

安徽省文物考古研究所编,科学出版社不定期出版。

13. 福建省

《福建文博》

福建省博物馆主办,1979 年创刊,半年刊。

《东南考古研究》

厦门大学出版社不定期出版,涉及东南亚国家考古成果。

14．江西省

《南方文物》

江西省文化厅主办，江西省博物馆、江西省考古研究所编辑出版。原名《江西文物》，1992 年改称《南方文物》，季刊。

《江西省博物馆集刊》

江西省博物馆主办，文物出版社不定期出版。

15．山东省

《东方考古》

山东大学东方考古研究中心编，16 开平装，为科学出版社推出的连续出版物。

《齐鲁文物》

山东省博物馆编，科学出版社不定期出版。

《海岱考古》

山东省文物考古研究所编，科学出版社不定期出版。

《胶东考古》

《齐鲁文博》

齐鲁书社不定期出版。

《山东省高速公路考古报告集》

科学出版社不定期出版。

《济南考古》

济南市考古研究所编，为科学出版社的连续出版物。

《青岛考古》

青岛市文物保护考古研究所编，为科学出版社出版的连续出版物。

16．河南省

《河南博物馆馆刊》

1936 年创刊，河南博物馆编辑出版，16 开，计已出版了 11 册。除了考古成果，还收录了动物、植物、矿物等方面的成果。

《中原文物考古研究》

大象出版社不定期出版。

《河洛文化论丛》

北京图书馆出版社不定期出版。

《动物考古》

河南省文物考古研究所编，文物出版社不定期出版。

《文物建筑》

河南省古代建筑保护研究所编，科学出版社不定期出版。

《郑州文物考古与研究》

郑州市文物考古研究院编，科学出版社不定期出版。

《郑州商城考古新发现与研究》

河南省文物考古研究所编，中州古籍出版社出版。

《洛阳考古》

洛阳市文物考古研究院编，中州古籍出版社出版的系列出版物，2017 年以来已出版十余册。

《洛阳文物钻探报告》

洛阳市文物钻探管理办公室编，文物出版社不定期出版。

《开封考古发现与研究》

开封市文物工作队编，中州古籍出版社 1998 年出版。

《开封文博》

开封市博物馆主办，1990 年创刊，半年刊。

《殷都学刊》

安阳师范学院主管，1980 年创刊，季刊。

17. 湖北省

《楚文化研究论集》

荆楚书社不定期出版。

《荆楚文物》

荆州博物馆编，16 开平装，科学出版社 2013 年始不定期出版。

《襄樊考古文集》

襄樊市文物考古研究所编，科学出版社 2007 年始不定期出版。

《鄂东北考古报告集》

湖北科学出版社 1996 年版。

《三峡考古之发现》

湖北科学技术出版社推出的连续出版物。

《湖北库区考古报告集》

国务院三峡工程建设委员会办公室、国家文物局编，科学出版社 2003 年始不定期出版。

《武汉文博》

武汉市文物管理处研究室编，1988 年创刊，季刊。

《清江考古》

湖北省清江隔河岩考古队、湖北省文物考古研究所编，科学出版社 2004 年出版。

《湖北南水北调工程考古报告集》

科学出版社不定期出版。

《葛洲坝工程文物考古成果汇编》

武汉大学出版社出版。

《长江文物考古简讯》

长江流域规划办文物考古队编，1958 年创刊，月刊。

18. 湖南省

《湖南省博物馆馆刊》

岳麓书社不定期出版。

《湖南考古辑刊》

岳麓书社不定期出版。

19. 广东省

《广东文物》

广东省文化厅、广东省文物博物馆学会主办，1996 年创刊，半年刊。

《广东文博》

广东省文物管理委员会主办，1983 年创刊，不定期出版。

《艺术史研究》

中山大学艺术史研究中心编，中山大学出版社出版，每年一本。

《华南考古》

广州市文物考古研究所等编，文物出版社 2004 年始不定期出版。

《羊城考古发现与研究》

广州市文物考古研究所编，文物出版社 2005 年始不定期出版。

《广州文博》

广州市文物局等编，1985 年创刊，文物出版社不定期出版。

《珠海考古发现与研究》

广东人民出版社 1991 年版。

《深圳文博论丛》

深圳博物馆编，文物出版社不定期出版。

20. 广西壮族自治区

《广西考古文集》

广西文物考古研究所编，文物出版社不定期出版。

《广西文物考古报告集》

广西壮族自治区文物工作队编，广西人民出版社 1993 年出版的一册汇集了 1950～1990 年的考古调查、考古发掘报告等。

21. 海南省

《海南省博物馆研究文集》

科学出版社不定期出版。

《西沙水下考古》

中国国家博物馆水下考古研究中心、海南省文物保护管理办公室编，科学出版社不定期出版。

22. 重庆市

《长江文明》

中国三峡博物馆主办，2008 年创刊，季刊。

《重庆库区考古报告集》

重庆市文物局、重庆市移民局编，科学出版社出版，大体每年一卷。

《大足学刊》

大足石刻研究院编，重庆出版社不定期出版。

23. 四川省

《四川考古报告集》

文物出版社不定期出版。1998 年出版第 1 集。

《南方民族考古》

四川大学博物馆、成都民族文物考古研究所编，1987 年创刊，中间因故停刊，2010 年复刊。科学出版社不定期出版。

《成都文物》

成都文物管理委员会主办，季刊。

《成都考古发现》

成都市文物考古研究所编，科学出版社出版，大体一年一册。据称自 2001 年以来，20 年间发表了 425 篇报告。

《四川古陶瓷研究》

四川省社会科学院主办，不定期出版。

《川南文博》

四川省宜宾市博物馆主办，1985 年创刊。

24. 贵州省

《贵州省博物馆馆刊》

贵州省博物馆主办，1985 年创刊，1988 年停刊，1992 年与《贵州文物》合并，改名《贵州文博》。

《贵州文物》

贵州省文管会主办，1982 年创刊，1992 年停刊。

25. 云南省

《云南文物》

云南省博物馆主办，1973 年创刊，1987 年停刊。

《云南考古文集》

云南民族出版社出版。

《茶马古道研究集刊》

云南大学出版社不定期出版。

26. 西藏自治区

《西藏文物考古研究》

西藏自治区文物保护研究所编著，平装 16 开，科学出版社 2014 年始不定期出版。

《西藏考古》

四川大学出版社 1994 年始不定期出版。

《西藏文物通讯》

西藏自治区文管会主办，1981 年创刊。

27. 陕西省

《周秦文明论丛》

三秦出版社不定期出版。

《西部考古》

三秦出版社出版的连续出版物。

《史前研究》

陕西省考古研究院、西安半坡博物馆主办，1986 年创刊，季刊。

《秦文化论丛》

西北大学出版社出版的连续出版物。

《陕西省历史博物馆馆刊》

西北大学出版社出版的连续出版物。

《陕西博物馆馆刊》

三秦出版社不定期出版。

《宝鸡文博》

1991 年创刊，不定期出版。

《秦陵秦俑研究动态》

秦始皇兵马俑博物馆主办，1986年创刊，季刊。

28. 甘肃省

《敦煌研究》

《西北民族研究》

《陇右文博》

甘肃省博物馆主办，1996年创刊，半年刊。

《简牍学研究》

西北师范大学、甘肃省文物考古研究所编，甘肃人民出版社1997年开始出版。

29. 青海省

《青海文物》

青海省文化厅主办，1988年创刊。

《青海考古学会会刊》

青海省文化厅文物处、青海省考古学会主办，1980年创刊，1985年停刊。

30. 宁夏回族自治区

《宁夏社会科学》

《西夏学》

宁夏大学西夏学研究院主办，半年刊。

31. 新疆维吾尔自治区

《新疆文物考古研究所丛刊》

《新疆考古》

新疆社会科学院考古研究所主办，后改为《新疆考古研究资料》，不定期出版。

《新疆文物》

《西域文史》

北京大学中国古代史研究中心、新疆师范大学西域文史研究中心合办，16开平装，由科学出版社不定期出版。

《吐鲁番学研究》

吐鲁番地区文物局编。

32. 香港特别行政区、澳门特别行政区、台湾省

《香港文物》

香港古物古迹办事处出版。

《香港考古学会专刊》

《"国立"台湾大学考古人类学刊》

1953年创刊，年刊。

《台湾省博物馆季刊》

创刊于 1948 年，现存 4 期，已停刊。

《故宫文物月刊》

台湾"'国立'故宫博物院"出版，1983 年创刊。

下 编

欲了解最新的考古成果、考古文献，有两套书是必须知道的：一套是《中国考古学年鉴》，自 1984 年以来每年一册，欲了解上一年度（如 2019 年出版的年鉴，反映的是 2018 年的信息）的考古成果、考古书籍、考古论文等，这是最权威的工具书之一；另一套是《中国重要考古发现系列》，这套书的优点是图文并茂，反映的就是书名所示年度的重要考古发现。如 2013 年出版的《2012 年中国重要考古发现》，说的就是书名所示 2012 年的事情。这两套书，均由文物出版社出版。

更深入一些的书籍，有三套书应该提到：

第一套是文物出版社出版的《中国文物地图集》，这套书按各省市自治区分册，如重庆分册、河北分册等。优点是将考古发现与地图结合，可以直观地看到某一地区考古发现的多少，但欲进一步了解，仅靠此套书是无法解决的。所以正确的使用方法是：将此书与其他书结合起来阅读。

第二套是《中国考古集成》（中州古籍出版社 2006 ～ 2007 年版），此书实际上就是将散见各处的考古文献汇集一处，这对使用者而言当然是极为便利。不过窃以为如改为《中国稀见考古文献集成》，或许更实用一些。

第三套是《中国考古学》，此为集中全国专家编写了十余年之久的国家项目，专业性较强。计划分为 9 卷，目前"新石器时代卷""秦汉卷""两周卷""三国两晋南北朝卷""夏商卷"等册已出版。全套书要出齐恐怕尚待时日。《考古》杂志 2011 年第 7 期有相关书评，有兴趣的话可以找来看看。

如果没有时间去浏览这些大套书的话，先看一些概述、综述性质的书是一个不错的选择。这里仅介绍国家文物局主编的《中国考古 60 年（1949 ～ 2009）》（文物出版社 2009 年版）一书。这部书是按省市自治区分开叙述的，囊括了 1949 年后几乎全部重大考古发现，有文有图，执笔者多为各省（自治区、直辖市）的考古专家，文简意赅，缺点是没有给出参考文献，无法以此为线索扩大阅读。当然，依照以往的惯例，可以预料日后会有《中国考古 70 年（1949 ～ 2019）》一类的书出版，希望那时会有所改进。文物出版社 2009 年出版的《中国文物事业 60 年》一书，或可视作《中国考古 60 年（1949 ～ 2009）》一书的姐妹篇，也可参阅。书中除了港澳台以外，各省（自治区、直辖市）均列有专节。另外，国家博物馆编、中华书局 2012 年出版的《文物史前史·彩色图文本》等，已出齐 10 册，几可视为中国考古的图片专辑。

陈淳先生的《考古学研究入门》（北京大学出版社2009 年版）、李朝远先生的

《青铜器学步集》（文物出版社2007年版）、刘凤翥先生的《遍访契丹文字话拓碑》（华艺出版社2005年版）等，当为比较专业的"入门"类书。四川文物考古研究院编过一本《少儿考古入门》（文物出版社2013年版），那是明言给中小学生看的。其实，一些大家写的集子，可读性颇强，不妨也当作入门书来读。如严文明先生的《足迹：考古随感录》（文物出版社2011年版）、苏秉琦先生的《中国文明起源新探》（辽宁人民出版社2009年版，三联书店2019年新版）、李零先生的《入门与出塞》（文物出版社2004年版）、赵青芳先生的《赵青芳文集·考古日记卷》（文物出版社2011年版）、罗宗真先生的《考古生涯五十年》（凤凰出版集团2007年版）、石兴邦先生的《叩访远古的村庄》（陕西师范大学出版社2013年版）、杨育彬先生的《考古人生——杨育彬回忆续录》（科学出版社2021年版），等等。一些考古工作者亲历亲为的记载，也十分生动有趣。如王吉怀先生的《禹人絮语——考古随笔记》（中国社会科学出版社2017年版）、罗西章先生的《周原寻宝记》（三秦出版社2005年版），等等。事实上，此类书几乎已成为近几年的一个出版热点。如《了不起的文明现场：跟着一线考古队长穿越历史》（三联书店2020年版）、《我在考古现场：丝绸之路考古十讲》（中华书局2021年版）、《考古中国——15位考古学家说上下五千年》（中信出版集团2022年版）等，均很受欢迎。

这里要特别推荐李伯谦先生《感悟考古——写给青年学者的考古学读本》（上海古籍出版社2015年版）一书，这是考古大家唯一一本明言写给青年学者的考古学入门读本。另外，李学勤先生的《李学勤讲演录》（长春出版社2012年版），也是深入浅出的大家之作。陈洪波先生《中国科学考古学的兴起：1928～1949年历史语言研究所考古史》（广西师范大学出版社2011年版）、《中国文物研究所七十年（1935～2005）》（文物出版社2005年版）、《记忆：北大考古口述史》（北京大学出版社2012年版）、《考古研究所编辑出版书刊目录索引及概要》（四川大学出版社2001年版）等是众多考古机构类书籍中最值得推荐的几本。读此会对中国最高考古机构及最早的考古教育院系有一个基本了解。文物出版社2010年还出版过一本《春华秋实：国家文物局60年纪事》，读一读，对中国大陆最高文物考古行政部门，也会有所了解。学术史、研究史方面的书自也不应忽视。这方面的书籍应提到陈星灿先生的《中国史前考古学史研究：1895～1949》（三联书店1997年版）、《20世纪中国考古学史研究论丛》（文物出版社2009年版）、黄继秋先生的《百年中国考古》（江苏人民出版社2013年版）、李学勤先生的《20世纪中国学术大典·考古学、博物馆学》（福建教育出版社2007年版）等。最新的书籍，当然是王巍先生主编的《中国考古学百年史（1921～2021年）》（中国社会科学出版社2021年版）共12册，据称共有276名专家参加了此书的写作。

有几部书较有特色，但很难归类：一是国家文物局第三次全国文物普查办公室编的《三普人手记：第三次全国文物普查征文选集》（文物出版社2009年版），可一见奋战在文物普查一线的文保工作者的酸甜苦辣；二是中国文物保护基金会编的《天职——从"文保市长"到"文保书记"》（文物出版社2009年版），可了解地方官员的无奈与奋争；三是何驽先生的《怎探古人何所思：精神文化考古理论与实践探索》（科学出版社2015年版），不是讲考古的思想史，而是从考古材料出发研究思想史；四是《梁带村里的墓葬：一份公共考古学报告》（北京大学出版社2012年版），它是从一个村庄微观角度，讲述考古学。

最后应介绍文献学及工具书方面的书籍。首先应提到张勋燎、白彬先生编著的《中国考古文献学》（科学出版社2019年版）。至于工具书，有《中国考古学文献目录（1949～1966）》（文物出版社1978年版）、《中国考古学文献目录（1971～1982）》（文物出版社1998年版）、《中国考古学文献目录（1983～1990）》（文物出版社2001年版）等，虽说尚未构成一个完整的考古文献"数据库"，但总算有胜于无。期待着国家文物局相关数据库建设早日完善。还有一些小型的更专业的书目，如叶骁军编的《中国墓葬研究文献目录》（甘肃文化出版社1994年版），赵朝洪先生的《中国古玉研究文献指南》（科学出版社2004年版）。这些书目都很不错，但如不及时修订容易过时。史前方面，还有几部研究史和文献目录应该提到：吕遵谔先生的《中国考古学研究的世纪回顾——旧石器时代考古卷》（科学出版社2004年版）、严文明先生的《中国考古学研究的世纪回顾——新石器时代考古卷》（科学出版社2008年版），是很好的研究史专著。缪雅娟先生的《中国新石器时代考古文献目录（1923～2006）》（中州古籍出版社2014年版），为我们提供了该领域的专业目录。后两书的内容，从时代看有的已进入夏商甚至更晚的时期。

辞典方面，仅介绍三部：一部是上海辞书出版社2014年出版的《中国考古学大辞典》，由中国社会科学院考古研究所所长王巍先生主编。条目拟定者多为相关领域专家，历时7年编成。正文收有条目5000余条，附录中有"中国考古学大事记（1899～2012）"等也都很实用。这部辞典，可以看作是考古学领域的"牛津双解辞典"，颇具权威性。另一部是罗西章、罗芳贤父女二人编著的《古文物称谓图典》（百花文艺出版社2013年版）。李学勤先生在序中称此书"别出心裁，与众不同，是一部新颖又有重要应用价值的著作"。共收录各类文物（图）3553件（组），下分20大类，再依时代排列。此书的图片印制等尚有提升空间，期盼第三版时会更臻完善。第三部是文物出版社2012年出版的《常见文物生僻字小字典》，很实用。

报纸方面，应提到国家文物局主办的《中国文物报》周报。当然，最快捷的还是互联网。较权威的有中国社会科学院考古研究所的中国考古网（http：//kaogu.

cn)、中国考古网微信（zhongguokaogu/中国考古网）、中国考古网新浪微博（http：//e.weiho.com/kaoguwang）。

各地区也有一些不错的考古史及考古丛书等。

如北京市，推荐宋大川先生主编的《北京考古发现与研究（1949～2009）》一书，科学出版社 2009 年版，上、下两册。如觉此书太厚，可参见同一作者的《北京考古史》（上海古籍出版社 2012 年版）一书。另外，上海古籍出版社 2011 年出版的《北京考古工作报告（2000～2009）》，计 12 册，可视为北京考古事业的一个大型文献数据库。《北京考古集成》（北京出版社 2005 年版）15 卷也已出齐。

河北省，推荐河北省文物研究所编著的《河北考古重要发现 1949～2009》（科学出版社 2009 年版）一书。分旧石器时代、新石器时代、夏商周、秦汉、魏晋北朝、隋唐五代、宋辽金元明，共七个部分进行介绍。另有《河北文物考古文献目录》（河北人民出版社 2020 年版）。

山西省，山西是文物大省。相关书籍不少。从非专业人员阅读兴趣考虑，首先推荐《发现山西：考古人手记》（山西博物院、山西省考古研究所编，山西人民出版社 2007 年版）一书。该书 16 开一册，仅 175 页厚，插图 213 幅，记叙了山西省芮城县西侯度、清凉寺，吉县柿子滩、沟堡，绛县横水墓地，曲沃县羊舌墓地，黎城县西周墓地，侯马市西高祭祀遗址，大同市沙岭北魏壁画墓，太原市北齐徐显秀墓的考古发掘始末。读此一书，对山西省比较重要的考古发现，都会有一个初步的印象。《有实有积：纪念山西省考古研究所六十华诞集》（山西人民出版社 2012 年版）也可参考。

内蒙古，有《辽西区青铜时代考古文献选编：回眸药王庙、夏家店遗址发掘六十周年》（科学出版社 2020 年版）一书，把相关的考古发掘报告及研究论文集中于一书，使用起来当然很方便，何况收入的考古发掘报告又做了修订。

黑龙江省，可参阅黑龙江省文物考古研究所编《考古·黑龙江》（文物出版社 2011 年版）。

上海市，张明华先生《考古上海》（上海文化出版社 2010 年版）、上海博物馆编《上海市民考古手册》（北京大学出版社 2014 年版）等均可一阅。

浙江省，可参阅浙江省文物局编《发现历史：浙江新世纪考古新成果》（中国摄影出版社 2011 年版）一书。马黎先生的《考古浙江：历年背后的故事》（浙江古籍出版社 2021 年版），用浅白有趣的文笔，讲述了近十年来浙江省的考古工作，正好可与上一本书在时间上衔接起来。《浙江考古（1979–2019）》（文物出版社 2020 年版）汇集了相关最新成果。

安徽省，可参阅《流金岁月——安徽省文物考古研究所 50 年历程》（安徽省文物考古研究所 2008 年版）。

山东省，山东省文物考古研究所编《山东 20 世纪的考古发现和研究》（科学出版社 2005 年版），可作为了解山东省考古事业的一部入门书，但缺点是缺少近十年来的内容。

河南省，河南省是文物大省。可以推荐的书不少。如文物出版社 2011 年出版的《历程：洛阳市文物工作队三十年》，读来并不枯燥。同类书尚有《岁月如歌——一个甲子的回忆》《岁月记忆：河南省文物考古研究所 60 年历程》，均由大象出版社 2012 年出版。国家图书馆出版社 2009 年出版的《洛阳古墓图说》一书，以图解方式介绍了新石器时代至明代的古墓。《河南文博考古文献叙录（1986～1995）》（中州古籍出版社 1997 年版）、《河南新石器时代田野考古文献举要（1923～1996）》（中州古籍出版社 1997 年版），虽稍显过时，但仍不失为两部有价值的文献目录。

北京图书馆出版社 2005 年始陆续出版的《洛阳考古集成》，为 16 开多卷本，已出版"原始社会卷""夏商周卷""秦汉魏晋南北朝卷""隋唐五代卷"及"补编"等，汇集了近五十年来相关考古资料，可视为考古重镇洛阳的一项大型文献基本建设。

湖北省，楚文化研究会早在 20 世纪 80 年代即编有《楚文化考古大事记》，可作为工具书使用。

湖南省，文物出版社 1999 年出版有《湖南省考古五十年》一书，可参阅。

广东省，广东省文物局编《广东文物考古三十年》（暨南大学 2009 年版）一书，附有"广东省文物考古调查发掘简报、报告目录（1978～2008）"，可以视作广东省考古文献的入门目录之一。文物出版社 1999 年出版的《广东省考古五十年》一书也可参看。

近年来，不少经济大省纷纷推出本省文物、考古的集大成丛书，广东省自然也不例外。科学出版社近年所出《广东文化遗产》，下分"古墓葬卷""塔幢卷""石刻卷""近现代重要史迹卷""古代祠堂卷"等，广东相关文献，几乎全部囊括在内。

广州市文物考古所有《广州考古六十年》（广东人民出版社 2013 年版）一书，可了解广州市考古工作的情况。

重庆市，文物出版社 1999 年出版的《重庆市考古五十年》一书，可作为入门书来看。此后的考古发现，可参阅《重庆文物考古十年》（重庆出版社 2010 年版）。

四川省，比较值得推荐的有《巴蜀埋珍：四川五十年抢救性考古发掘纪事》（天地出版社 2006 年版），此书为四川省文物考古研究院编著，读者阅后对四川省 1949～2005 年间重大考古发现会有一个总体的印象。

贵州省，今有贵州民族出版社 1993 年版《贵州田野考古 40 年》一书，可参阅。

西藏自治区，夏格旺堆先生的《西藏考古工作 40 年》（文物出版社 2013 年版），是了解西藏自治区考古工作的一部综述类著述。

陕西省，陕西省是我国文物大省，从出版角度看，2006 年成立的陕西省考古研究院在全国各省市自治区中可以说是做得最好、最有规划的。该院已出版的丛书计有：

——"陕西省考古研究院田野考古报告丛书"，已出版五六十部；

——"陕西省考古研究院学术专题研究丛书"；

——"陕西省考古研究院专家学术研究丛书"；

——"陕西省考古研究院文物精品图录丛书"；

——"陕西省考古研究院译著丛书"。

陕西省考古方面的书籍众多，在此仅介绍《三秦 60 年重大考古亲历记》（三秦出版社 2010 年版）一书，此书 16 开，554 页厚，收文 71 篇，图文并茂，还有一些专业名词解释等小贴士，便于初学者阅读。读后对 20 世纪 50 年代的半坡遗址，60年代的蓝田猿人、70 年代的秦兵马俑坑和周原遗址、80 年代的法门寺地宫、汉唐帝陵和陪葬墓，90 年代的汉阳陵陪葬坑、周公庙遗址、梁带村芮国墓地等均会有所了解。文章中不乏考古人员的发掘过程、生活细节、真实想法等，读来颇为生动、形象。陕西省文物局、考古研究院编《留住文明：陕西"十一五"期间基本建设考古重要发现（2006～2010）》（三秦出版社 2011 年版）当然是更专业的综述了。尹申平、焦南峰先生主编的《薪火永传：纪念陕西省考古研究院 50 周年（1958～2008）》（三秦出版社 2008 年版），读后对陕西省考古最高学术机构陕西省考古研究院会有一定了解。罗宏才先生的《陕西考古会史》（陕西师范大学出版社 2014 年版），也可参阅。

工具书方面，《陕西考古文献目录（1900～1979）》仍有一定使用价值。《陕西文物年鉴》（陕西人民出版社）是少数几个出版有文物年鉴的省、市中最为实用的。

甘肃省、青海、宁夏，有李怀顺、黄兆宏著《甘宁青考古八讲》（甘肃人民出版社 2008 年版），介绍了甘肃、宁夏、青海从旧石器时代到明代的考古情况。另有《青海考古 50 年》（青海人民出版社 1999 年版）一书，也可参阅。

新疆维吾尔自治区，2015 年由新疆美术摄影出版社、新疆电子音像出版社、美国克鲁格出版社联合出版《西域文物考古全集》一书，共有"研讨与研究卷""精品文物图鉴卷""不可移动文物卷"三大卷 39 分册，是新疆维吾尔自治区文物局完成的对近万处文物资料的整理汇编，是以新疆 88 个县、市的不可移动文物资料为基础，融汇了多年来新疆文物考古取得的主要成果。按照古遗址、古墓葬、古建筑、石窟寺及石刻、近现代重要史迹及代表性建筑、文物等类别的体例依次汇编。这些细致的工作，不仅为新疆不可移动文物保护规划的制定、进一步的考古发掘提供了科学依据，更为西域古代文化的研究提供了全面和系统的资料。

香港特别行政区，商志（香覃）、吴伟鸿先生的《香港考古学叙研》（文物出版社2010年版）在回顾香港考古发现、考古发掘的过程中，不时加入自己的研究观点，可作为了解香港特别行政区考古事业的首选书。

澳门特别行政区，郑炜明先生的《澳门考古史略》（澳门理工学院2013年版）是了解澳门特别行政区考古事业的一部好书，只是在中国内地不太好找。

台湾省，有陈光祖先生主编、臧振华先生编著的《台湾考古发掘报告精选（2006～2016）》。又有李匡悌先生编著的《岛屿群相：台湾考古》（台湾"中央研究院"历史语言研究所2018年版）一书，分章叙述了台湾的考古学史、史前考古、田野考古、环境考古、科技考古、动物考古、历史考古、水下考古等。

中国考古学会有《中国考古学年鉴》，已如前述。河南等地考古机构也有《考古年报》，一年一册。博物馆方面，有《中国国家博物馆年鉴》《中国博物馆年鉴》。

后　记

　　考古发掘报告，包括前期的勘察报告、调查报告、钻探报告、航拍报告、试掘报告，中期的清理报告、发掘报告，后期的实验报告、整理报告、保护报告等，是我国几代考古工作者辛勤劳动的结晶，是我们认识考古学术成果的唯一文字凭证。考古发掘报告，反映的是祖先留下的珍贵遗产，而考古发掘报告本身，也已成为一座取之不尽、用之不竭的学术宝库。这座宝库，应该说不仅仅属于考古学界，甚至应该说不仅仅属于学术界，而应属于全体国民，属于人类文明。

　　然而，令人遗憾的是，多年以来，国人对考古发掘报告的了解和利用实在是太有限了。考古学"是 20 世纪中国学术界成绩最突出，对人类历史贡献最大的学科之一"。（陈星灿著《考古随笔（二）》，文物出版社 2010 版，第 251 页），历史学号称与考古学的关系"特别密切和重要"（赵光贤著《中国历史研究法》，中国青年出版社 1988 年版，第 29 页），但《中国古代史史料学》（安作璋主编，福建人民出版社 1994 年版，第 91 页）一书，对古代陵墓、建筑遗址、遗迹及相关实物等考古材料不还是以一句"因涉及考古学的专门知识，这里不再作介绍"交代了吗？究其原因，主要在于考古发掘报告专业性强，佶屈聱牙。考古学家俞伟超先生甚至说，他当年对斗鸡台的考古报告都"很难看得懂"，直至 1954 年"在陕西宝鸡发掘时，在当地琢磨才明白的"（曹兵武编著《考古与文化续编》，中华书局 2012 年版，第 330 页）。考古名家尚且如此，遑论其他？唯其如此，如果有一部通俗易懂而又信息量大的集中介绍考古发掘报告的工具书，不是多少能解决点问题吗？我个人以为，这一工具书最好是有提要的，仅仅是一部考古发掘报告的书目、篇名目录，对"数据"的"发掘"程度是不够的。人们需要了解：在哪儿、什么时候、发现或发掘出什么、这些遗迹或遗物有何特别之处、有何重要意义等基本信息。只有通过对这些基本信息的揭示，人们才会对考古发掘报告有一个大体了解，才谈得上去进一步利用。但这么多年了，却未见这样的工具书问世。诚如章培恒先生所言："要踏踏实实地、系统地研究某一门学问，非有这方面的较为完整的目录书指示门径不可。倘若没有呢？那就得自己动手去编。"（《日本现藏稀见元明文集考证与提要·序》，岳麓书社 2004 年版）这，也正是我们编纂《中国考古发掘报告提要》这一工具书的初衷和目的。如果说，《四库全书总目》囊括了大部分古典文献；那么，《中国考古发掘报告提要》则涉及主要的考古发现与考古发掘，只有既掌握了古典文献的基本内容，又了解了考古发掘的基本事实，才有可能真正融会贯通，将王国维先生的"二重证据法"落到实处。从这一角度看，将《中国考古发掘报告提要》视为"地下的《四库全书总目》提要"似无不可，尽管二者的作者水平与学术地位不可相提并论。

在工作开始之前，征求了多位不同学科、不同专业的专家、学者们的意见。有意思的是，持反对意见的人主要集中在考古圈内，考古圈外的人却大多表示赞同。反对的意见主要出自三点考虑：

一是"网上都有"。的确，不少刊物现已在网上可查全文。但经过逐刊、逐年、逐期的查寻发现，并非"网上都有"，有的刊物网上查不到，有的刊物缺年少期。更重要的是，仅在网上浏览，是无从享受纸本工具书的解说、集中、分类、检索等功能的。从务实的角度说，上网查询，毕竟是要产生费用的，有时一篇文章反复翻阅，既不方便，也不经济。这时恐怕即使是考古圈内的人，也会想要有一部工具书，有个基本了解后再有目的地上网查找相关文献，线上线下，相辅相成，岂不是事半功倍？

二是"大多知道"。这里所说的"大多知道"，是指某一地区的考古人员，对本地区的考古文献是很熟悉的。比如北京市的考古人员，对北京市这一亩三分地都挖出过什么，可以说是如数家珍。即便如此，仍然会让人产生以下推论：一是就算是对本地区的考古文献烂熟于胸，有一部工具书辅助查寻，又有什么坏处呢？二是谁真能保证当地考古人员人人都能对本地区的考古文献十分熟悉呢？三是考古这门学问和别的学科一样，少不了比较，仅仅是熟悉本地考古文献，是做不了什么大学问的。王巍先生不就讲过："考古资料如汗牛充栋，不仅业外人士很难了解其全貌，就连从事考古学研究的学者，对自己研究领域之外的考古成果也往往知之不多。"（《中国考古学大辞典·前言》，上海辞书出版社 2014 年版）四是考古圈以外的人，当然不可能做到"大多知道"。

三是"量太大了"。认为考古报告成千上万，编起来不胜其烦。其实不正是因为太多太繁，才有必要编纂相关工具书吗？马云讲未来的资本不是土地，不是金融，而是"大数据"。从做学问的角度讲，只有掌握了某一门学科的"大数据"，才有可能做出大学问。

与考古圈内形成鲜明对比的是，考古圈外的人却大多表示赞同，认为有这么一部工具书，对于查找和理解考古发掘报告是颇有益处的。北京大学李零先生早就谈到：考古圈内人"除了'报告语言'就不会说话"，而"圈外人看考古报告又如读天书，不知所云，不但不知道怎样找材料，也不知道怎样读材料和用材料"（《说考古"围城"》，载《读书》1996 年第 12 期）。复旦大学葛兆光先生则说："当外行人读他们的报告时，要么觉得他们的话让人难懂，要么觉得他们是在自言自语。""考古可以不断地挖出新的遗址，发现新的文物，但是无论如何，这只是学科内的事情。"（《槛外人说槛内事》，载《读书》1996 年第 12 期）其实这些学者，还是很关注考古发掘的。例如文献学家周勋初先生，就说他"喜欢看考古发掘方面的介绍"（《艰辛与欢乐相随——周勋初治学经验谈》，凤凰出版社 2016 年版，第 3 页）。但喜欢是一回事，能否真正看懂又是一回事。许宏先生不就讲过："考古学给人以渐渐与世隔绝的感觉。甚至与这个学科关系最为密切的文献史学家，也常抱怨读不懂考古报告，解读无字天书的人又造出了新的天书。"（王巍主编《追迹：考古学人访谈录 II》，上海古籍出版社 2015 年版，第 170 页）如果说，《四库全书总目》提要让人们对那些陌生的古代文献有了一个基本了解；那么，《中国考古发掘报告提要》也不过是想让人们对这些号称"天书"的考古发掘报告有个大致印象，仅此而已。

对于编纂《中国考古发掘报告提要》的看法不同，或许也是因为考古圈内、圈外对于考古发掘报告的关注点不一样：

首先，考古圈内更关注的是相关考古报告何时发表，是否规范。如郑嘉励先生指出："就考古工作者的职业道德而言，积压的考古资料必须适时发表。"（《浙江汉六朝墓报告集·后记》，科学出版社 2012 年版）张文彬先生也谈到："在我看来，客观、完整、及时将重要的考古资料公布于世，让学界鉴赏、研究，这是文物、考古工作者的天职，也是文物考古界的职业道德。恪守这个职业道德，对于我国考古学研究水平的提高乃至整个考古事业的发展，都是十分重要的，切不可等闲视之。"（《鹿邑太清宫长子口墓·序》，中州古籍出版社 2000 年版）而考古圈外更关注的，主要是已出版、发表的考古发掘报告如何利用。

其次，考古圈内更关注史前及夏商周三代考古，现在不少大学还是史前、三代考古各设一个教研室，其后的各朝各代统设一个"汉唐宋元考古教研室"。这是因为中国考古学诞生于 20 世纪 20 年代那个落后、屈辱的时代，"中国考古学一开始的主要工作，就是要寻求中国人类繁衍不息，中国文化源远流长，中国文明连接不断的证明"（王煜主编《文物、文献与文化——历史考古青年论集·序言》第一辑，上海古籍出版社 2017 年版）。以求重建民族自尊心和自信心。加之中国考古学源自欧洲，而欧洲"考古学要解决的主要是人类起源、农业起源、文明起源这三大问题"。（同前引文）不要说中世纪及近现代考古，就是古希腊、古罗马，在很长一段时间都"显然不是欧洲考古学的主要阵地，甚至更多的关注来自艺术史的学者"（同前引文）。这对中国考古学不可能没有影响。所以考古圈内不少人对战国以后的所谓"历史时期考古"兴趣不大。而考古圈外呢，自然更关注与自己搞的那一段所谓"断代史"有关的史料。

这么说，并不是说考古圈内的人都反对这个事，考古圈外的人都赞成这个事——不是这样的。考古圈外有的也颇不以为然，考古圈内的人也有的认为很有必要。如老考古人苏秉琦先生神骥出枥，指出考古学"新趋势的特点是向多学科、大众化发展。考古学的发展需要多学科素养的人来参加，社会上各行各业的人都能从这门学科中找到他们感兴趣的知识或材料，事实上还远远没能做到这一点，这主要是由于我们的工作还有许多薄弱环节"（《苏秉琦文集》（三），文物出版社2009年版，第113页）。苏秉琦先生这里所说的"我们"，应该是指考古学界。而自说自话、外人难读的考古发掘报告，理应属于"薄弱环节"之一，既然是薄弱环节，当然就有待改进和提高了。否则的话，就如同另一位老考古人张勋燎先生所指出的："如果搞其他学科史的人感到我们的历史时期考古对解决他们的问题完全没有帮助，那我们就是在玩古董，而不是研究考古了。"（《中国历史考古学论文集》下册，科学出版社2013年版，第261页）

不过，考古圈内和考古圈外在一个问题上的看法却惊人地一致：那就是都认为考古发掘报告花费了这么多的时间、精力和金钱，不好好利用，实在可惜。李伯谦先生曾讲过："我深知一部考古报告的诞生十分不易，从田野调查、发掘到室内资料整理、编写报告，一环扣一环，不知有多少人为此付出了辛劳和汗水。"（《大冶五里界·序》，科学出版社2006年版）。郭德维先生也曾谈到："凡整理过报告的人都知道，这是一项极其繁杂、十分琐碎的工作，既费神又费力，且短期难以完成，如果不是有很强的事业心，不下狠心用很长时间坚持做，是绝对做不好的。"（《随州擂鼓墩二号墓·序》，文物出版社2008年版）。宋建忠先生则感叹："常言道：巧妇难为无米之炊，但考古工作的现状常常是'好米难遇巧妇'，现在是物欲横流的时代，考古发现层出不穷的时代，人心浮躁不安的时代，现实的情况往往是'发掘抢着做，报告无人理'。因此，即使是一个重要的考古发现，报告的出版也常常是遥遥无期"。（《汾阳东龙观宋金壁画墓·序》，文物出版社2012年版）安金槐先生更直言："考古报告的出版是个大问题""编一本考古报告是要费大劲的""所以编考古报告要有点吃亏的精神"（曹兵武编著《考古与文化续编》，中华书局2012年版，第359～360页）。考古发掘详报时隔一二十年甚至更长时间才得以出版的例子比比皆是。如张忠培先生在《元君庙仰韶墓地》一书封三上写道："一九五九年写成初稿，二十四年后才贡献给读者。"（高蒙河《张忠培先生六十年学术论著要目编纂札记》，载《庆祝张忠培先生八十岁论文集》，科学出版社2004年版）王益民先生在《丁村旧石器时代遗址群》一书后记中，开篇即说此书费时20年。然而，好不容易有人不计名利将报告写了出来，又费尽千辛万苦申请到了经费，总算幸运地得以出版，命运又如何呢？除了图书馆、博物馆采购一些外，大都流往图书大集，成了打折书。北京大学陈平原先生讲："就拿我来说，明明知道正在削价出售的考古报告很有学术价值，可就是没有勇气把它们抱回家，原因是读不懂。"（《文学史家的考古学视野》，载《读书》1996 年第 12 期）季羡林先生也曾讲道："往往有这种情况，中国考古工作者发掘的某个地方，经过艰苦的劳动和细致的探索，写出了发掘报告，把发掘的情况和发掘出来的实物都加以详尽、准确、科学的描述，有极高的水平，但是往往不把这些发掘结果应用到历史研究上来。结果给外国的历史学家提供了素材。他们利用了这些素材，证之以史籍，写出了很高水平的历史专著。"（转引自张保胜《张懋夫妇合葬墓·序》，科学出版社 2017 年版）然后国内学界再"出口转内销"。这实在是一件令人深感悲哀的事情。

说完了考古圈内外关于考古发掘报告及《中国考古发掘报告提要》的看法，再来说说考古发掘报告本身。关于这一问题，比较令人感触的有两点：一个是"量"与"质"，一个是"繁"与"简"。

先说"量"与"质"。先说"量"。自 20 世纪 20 年代至今，究竟有多少考古发掘报告，谁也说不清楚。不仅考古圈外的人说不清，考古圈内的人也说不清，王巍先生曾谈到，1949 ～ 2009 年这 60 年，"公开出版的考古发掘报告已达 300 余部"（《新中国考古六十年》，载《考古》2009 年第 9 期）。可也有人说如今"每年出版的考古报告多达百册以上"（《新世纪的学术期刊的繁荣发展——纪念〈考古〉创刊 50 周年笔谈》，载《考古》2005 年第 12 期）。以书的形式出版的考古详报并不算多，都有不同的数字，更不用说以文章形式发表的考古简报了。

《中国考古发掘报告提要》收入的考古发掘报告，从收录标准看是偏宽的，不是仅收狭义的"考古发掘报告"，从篇幅来看，既收动辄几十万字的考古详报，也收几千字上万字的考古简报，还有几百字的所谓"微简报"。之所以连"微简报"也尽量予以收录，有两个原因：一是考古发现（发掘）本身就比较简单：或许只是发现了一件青铜器，或许就是发掘出一处窖藏；二是正是因为考古发掘过程简单，很大可能仅有此一介绍，除此再无音讯。但即使是这种"微简报"，也有可能蕴藏着丰富的信息（如某种文化的"边疆"在哪）。金泥玉屑，不可小视。

《中国考古发掘报告提要》收录了以书的形式出版的考古详报和在核心期刊（以《北大中文核心期刊目录》2011 版考古学科为准，略加调整）发表的考古简报、微简报共计 13000 多种。在非核心期刊和以书代刊的考古文献上发表的考古报告，估计还有四五千种，公正地说，这部分发掘报告的学术价值大多略逊一筹，计划日后以《中国考古发掘报告提要·补编》的形式出版。如此，仅是 20 世纪 20 年代末至

2015 年，已出版和发表的考古发掘报告，就几近 20000 种，差不多是《四库全书总目》所收书的一倍了。这个数字看似可观，其实仍只是我们这个五千年文明古国考古成果中的一部分。众所周知，祖先留下的遗迹、遗物，已发现的只是其中的一部分；对这一部分进行了清理、发掘的又只是其中的一部分；已发掘的这一部分中，写有考古发掘报告的又仅是其中的一部分；写有考古发掘报告能正式发表的，又只是其中一部分。不是有学者指出，"十个考古发掘项目中，只有四五个发表了简报或者报告"吗？甚至一些名列"全国十大考古新发现"的考古发掘，也尚未发表考古报告。（张庆捷《考古发掘报告积压的问题》，载 2011 年 9 月 23 日《中国文物报》）所以我们今天能够看到的考古发掘报告，看似珠渊瑶海、宏富之极，其实已是经过层层递减，实在是弥足珍惜。

再看"质"。既然是中国考古发掘报告，自然和别的事情一样，必定会带有中国特色。其表现之一，就是质量参差不齐。不像发达国家，考古报告的整体学术水平相对比较整齐。质量不一的一个重要原因，是时代造成的。张在明先生曾讲过："我们干考古时间长了，也有一种自豪感，我们是文科里边，理工科因素最多，科学性最强、最严谨的一门学科。比起哲学、文学、历史，还是比较自豪的。"（张在明《科学的态度，历史的真实——在全国文物普查培训班上的发言》，载《文博》2008 年第 1 期）但从事这一"科学性最强"的人又如何呢？不去提中华人民共和国成立初期留用的盗墓人员（参见《长沙砂子塘西汉墓发掘简报》，载《文物》1963 年第 2 期），也不提"大跃进"时由 8 位刚从中学毕业的姑娘组建的"刘胡兰"考古队（参见《河南南召二郎岗新石器时代遗址》，载《文物》1989 年第 7 期），"文化大革命"后期和改革开放之初的"亦工亦农学员"（参见《河北磁县东魏茹茹公主墓发掘简报》，载《文物》1984 年第 4 期），就是到了 20 世纪 80 年代末 90 年代初文物普查时，张在明先生不还在说，"中国就是这样的现实，大部分普查队员就是这样一个业务水平。当时陕西省上了 1000 多人，省上真正业务好的，懂考古的，上的人并不多"，甚至出现"照出来的胶卷大部分废了"，因为有时"镜头盖没打开，照完了，回来一冲是空的"，以致陕西省"90% 以上文物点都没有照片"（同前引文）。文物大省陕西省尚且如此，别的省区可想而知。近一二十年，考古队伍中的高学历人员多了许多，考古报告的质量有所提升，但仍然存在诸多问题。比如董新林先生谈到的"有意无意加以取舍，不按单位发表资料，使得资料零散"的问题，恐怕就不在少数（"期刊建设与考古学的发展暨纪念《考古》创刊 500 期学术研讨会"纪要，载《考古》2009 年第 5 期），而"资料完整不完整，是评判考古报告的质量高低的第一标准"（李伯谦《郑州大师姑·序》，科学出版社 2004 年版）。看来，的确如张忠培先生所言："中国考古学的成长史，离不开整个社会条件的制约。"（《中国考古学：走近历

史真实之道》，科学出版社 1999 年版，第 43 页）

应该指出，考古发掘报告在近年来有很大的进步，从量来说，取得国家专项资金支持得以出版的考古发掘详报越来越多，当然印量都不高，甚至有的书已出，考古圈内都不太了解（参见《考古》2011 年第 7 期载《中国考古学》一书书评），从质来说，海外学者曾批评："中国大陆在考古研究上不会问问题，即使问，也问得有限。有资料与有问题是两回事，如果只有资料而没有或问不出好的问题，资料也失去意义。"（许倬云《历史分光镜》，上海文艺出版社 1998 年版，第 297 页）而近年来出版的考古发掘报告，应该说已越来越善于问问题了。

再说"繁"与"简"。早在 20 世纪 80 年代，尹达先生就曾提出考古发掘报告"太简化，简化到史学家不能使用的程度"（《尹达同志谈考古学研究》，载《中原文物》1982 年第 2 期）。黄宽重先生则抱怨：考古发掘报告"偏重于墓葬结构、形制、出土陪葬物品的种类式样，如漆器、瓷器、石器等，特别着重于器物、墓室形制的描述，并讨论其意义。报告中虽然也注意到买地券，以及考订墓葬年代等等问题，却多忽略墓志资料"（《宋代的家族与社会》，国家图书馆出版社 2009 年版，第 15 页）。而墓志又恰恰是治史之人最需要的，着实令人恼火。王益人先生也指出已发表的旧石器时代考古发掘详报："可读的信息量实在太少，一个遗址出土几千件标本，读者只能看到十几件甚至一两件石器标本的插图和照片。难道这些标本就能代表这个遗址的所有信息吗？这绝不是我们想要的，也不能再走这样的老路了。"（《丁村旧石器时代遗址群：丁村遗址群 1976 ～ 1980 年发掘报告·代后记》，科学出版社 2014 年版）如此看来考古发掘报告似乎是越全、越厚越好。而当下 80、90 后的网友，又大多认为如今的考古发掘报告太过繁琐，不忍卒读。如有一位名叫王悦婧的网友提到初读考古发掘报告的印象："在刚开始阅读时，我深刻体会到了阅读的艰难，很多专业术语一知半解，而且有很多的疑问和不理解。"（王悦婧《阅读考古发掘报告的几点心得体会》，载 http：//www.do-cin.com/D-8333.6897.htm1）似乎考古报告越通俗，越简单为好。

那么，考古发掘报告的量与质的问题、繁与简的矛盾是否能有一个兼顾呢？我个人认为，撰写提要，恰恰就是一个比较好的解决方案。只有通过撰写提要，才能为考古发掘报告算一总账，知道还有哪些重大考古发掘迟迟未出报告，以致国家文物局不得不将其列入"限期整理"名单（参见《长治分水岭东周墓地》文物出版社 2010 年版，第 4 页）；只有通过撰写提要，才能分辨出哪些报告已不堪使用，需要出版修订本、增订本（参见霍东峰、华阳《也谈考古报告的编写》，载《内蒙古文物考古》2007 年第 2 期）；也只有通过撰写提要，才能使"繁"与"简"的矛盾得以平衡，需要更多信息的读者，可以沿着提要的线索去查找更多的资料；需要一般了解的读者，或许阅读几百几千字的提要就得以了解相关信息了。

尽管考古发掘报告尚存在着这样那样的问题，但诚如有学者指出："从某种意义上说，现今研究中国的古代历史和文化，如果离开考古学及其研究成果，是很难进行的。"（张之恒主编《中国考古通论》南京大学出版社2009年版，第38页）而对考古学成果的利用，抛开考古发掘报告，也是不现实的，同样是很难进行的。《輶轩语》曰："无论何种学问，先须多见多闻，再言心得。"欲了解考古成果、考古材料，一本一本、一篇一篇地去读考古发掘报告，当然是一个办法，但先行阅读考古发掘报告提要，也应不失为一种事半功倍的选择吧？如袁珂先生所言："积累应当说是做学问的基础，没有积累，任何学问也做不起来。"（《袁珂神话论集·代序》，四川大学出版社1996年版）《中国考古发掘报告提要》，只能说是考古发掘报告"提要学"的最初一点积累吧。也算是为贯彻习近平总书记提出的"建设中国特色、中国风格、中国气派的考古学"的指示，所做出的一点努力吧。

至于编纂此书的难处，先抛开编者的学术水平等主观因素不说，客观上的困难至少有三：

一是几无借鉴。此书的编纂属于首创，考古发掘报告的提要怎么写，谁也不知道；这么多提要依照什么原则进行编排，谁也没干过。只能是摸着石头过河，摸索着干。王杰先生曾指出："万事开头难，前人没有做过，第一次来做此事，自然就难。"（《楚都纪南城复原研究·序》，文物出版社1992年版）确是深知甘苦之言。而只要是首创之举，恐怕都难称完美。这在目录学史上不乏其例。比如《书目答问》，被称作是首部"面向广大读书人的，把书目与读者的密切关系放在首位"的杰作，但"《答问》体例不一，仓促之迹比比皆是"（《增订书目答问补正·前言》，中华书局2011年版）。这里要提到张在明先生在谈及考古文物普查图集时曾引用过的一个外国笑话，说是一个火车站火车老晚点，旅客们埋怨说，要列车时刻表有什么用？站长说，没有列车时刻表，你怎么知道列车晚点多少？张先生说："可是我们50多年了，连个列车时刻表都没有。文物事业的火车，就是在没有时刻表的情况下，跑了50多年。"（同前引文）蠡测其意，张先生意思是说，文物普查图集，也是类似列车时刻表这么一项基本建设。而《中国考古发掘报告提要》，不也应算是一项基本建设吗？何况是出于编者少数人之力，错讹肯定是还要超过文物普查图集，但正如张先生所言，"有了文物图集至少有了靶子，有靶子可打呀，没有文物图集，你连靶子都没有"（同前引文），编者不揣简陋，编纂《中国考古发掘报告提要》，实在是任重才轻，操刀伤锦；也不过是想给学界提供一个"靶子"吧，甚望高明缺者补之，误者正之，日后也有类似《四库全书总目提要补正》《中国丛书综录补正》一类专著问世，使其更趋完善，更便使用。

二是工程浩大。工作量有多大，可有个参照。《〈中原文物〉创刊十五年叙录（1977～1992）》（河南省博物馆1993年6月自印本）一书收录了1500余条25万字，每条都有提要。该书前言称："《中原文物》编辑部的全体同志，在完成自己繁重的本职工作之余，为编写这本书，不辞劳苦，牺牲了业余时间，经过一年的艰苦努力，克服经费上的困难，自筹资金，终于使此书出版发行了。"《中国考古发掘报告提要》所收是《中原文物》提要数倍，且参编人员也均为利用业余时间工作，这么一对比，其工作量之大，即可思过半矣。

原稿堆积如山

三是经费紧张。《中国考古发掘报告提要》是在未及申报任何项目，没有一分钱科研经费的情况下干起来的，经费之紧张自不待言。中国科学院院士叶大年先生常常开导学生们，要记住拿破仑的名言："先投入战斗，然后见分晓。"（日新编著《听大师讲学习方法》，天津社会科学出版社2004年版，第126页）这件事也是"先投入战斗"，困知勉行，干起来再说。

或许正是因为有这些难处，才会留下诸多遗憾：

从"量"来说，未能一步到位，收录的书籍肯定有遗漏，收录的文章更是缺少了非核心期刊和以书代刊这一块。估计还会有几千种。计划仿照《四库全书存目丛书》的先例，以补编形式出版。

从质来说，未能更臻完善。记得曾在《北京晚报》上看到北京大学考古系的同学写的文章，将发掘的先民住宅用今天的"两居室""三居室"来打比方。我们这部提要虽说也尽量往"浅白有趣"努力，但似乎尚无法做到如此直白。另外，不少重要的学术信息，也实在是无暇一一查找对应到位，这都只能是留下遗憾了。

这么一部有着诸多遗憾和不足的资料，为什么仍要野人献曝、布鼓雷门呢？这实在是因为我坚信考古发掘一定会有着学界急需的营养。诚如陈星灿先生所言："考古学是一门让人难堪的学问。它的发展日新月异，足以动摇被世代奉为金科玉律的东西。"（《考古随笔（二）》，文物出版社2010年版，第149页）不要说三星堆、红山、陶寺等足以改写上古史的考古发现，就是中古史，不少考古发现也一样会促使我们重新思考以往的一些"定论"。比如胡宝国先生就注意到："根据传统史料，到处都是豪族，到处都有豪族的影响，但在造像记中，我们又几乎看不到豪族的踪影。"（胡宝国著《将无同：中古史研究论文集》，中华书局 2020 年版，第 383 页）这至少会促使我们重新审读以往的文献记载，以求更加贴近历史真相。

还有几点需要特别说明一下：

一是大的原则是依时间排列。征求了不少人的意见，都愿意从最便利的途径得知某一朝代（如汉代）已发现了多少手工业遗址，已发现了多少皇陵。《中国考古学》系列，倒是依时间排列的，但那是考古学的专业书，圈外人看起来还是费力，何况还未出齐。

二是附录中的"参考文献"，列举的是一些最基本的书刊，注明的也是一些考古界最熟知的事实，算是照顾考古圈外的普通读者吧。

三是总主编刘庆柱先生统筹全局，负责大政方针的把控，已是千钧重负，尽管先生向来虚己以听，闻过则喜，但作为后学，已然兼葭倚玉，何忍再让先生推功揽过，分损谤议。故而收录之遗漏、分卷之可议、校读之疏忽等种种具体问题，理应由本人引咎自责，抉误补阙。

四是本《提要》总索引，待《补编》《续编》《外编》等出齐后，再统一编一个涵盖整个《提要》系列的总索引。

最后想说的是：编纂过程虽然充满艰辛，但好在有许多前辈、朋友的支持和帮助，大家一起来克服困难。要感谢中国社会科学院考古研究所、北京大学文博学院、北京大学图书馆、首都师范大学图书馆、文物出版社、科学出版社、中国大百科全书出版社、中华书局以及河南、山西、陕西等地考古部门的支持与帮助，要感谢傅璇琮前辈的肯定与提携，要感谢中国文史出版社的各位领导，各位编辑、印制、发行老师和项目负责人窦忠如先生，要感谢关心此书出版的范纬女士、卢仁龙先生，还有许多师友，恕不一一列举大名了。没有大家的支持和鼓励，这件事情是不可能做成的。

丁晓山
2016 年 8 月于首都师范大学
2021 年 10 月改定